融合型·新形态教材
复旦学前云平台 fudanxueqian.com

普通高等学校小学教育专业系列教材

小学数学课程与教学

（第二版）

主　编　赵宝荣　于文艳

副主编　王　皓　胡安波　荣　玲

编　委　赵宝荣　于文艳　王　皓　胡安波
　　　　荣　玲　李宁宁　娄　冉　王　菊

复旦大学出版社

复旦学前云平台
数字化教学支持说明

为提高教学服务水平，促进课程立体化建设，复旦大学出版社学前教育分社建设了"复旦学前云平台"，为师生提供丰富的课程配套资源，可通过"电脑端"和"手机端"查看、获取。

 【电脑端】

电脑端资源包括 PPT 课件、电子教案、习题答案、课程大纲、音频、视频等内容。可登录"复旦学前云平台"www.fudanxueqian.com 浏览、下载。

Step 1 登录网站"复旦学前云平台"www.fudanxueqian.com，点击右上角"登录/注册"，使用手机号注册。

Step 2 在"搜索"栏输入相关书名，找到该书，点击进入。

Step 3 点击【配套资源】中的"下载"（首次使用需输入教师信息），即可下载。音频、视频内容可通过搜索该书【视听包】在线浏览。

【手机端】

PPT 课件、音视频、阅读材料：用微信扫描书中二维码即可浏览。

 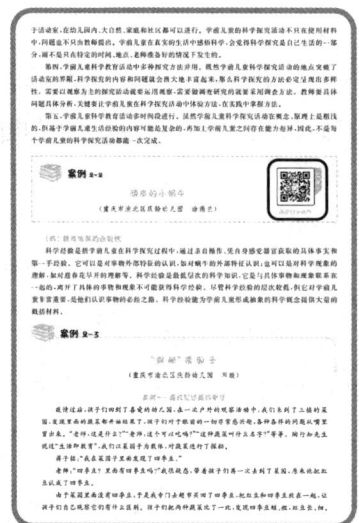 扫码浏览

【更多相关资源】

更多资源，如专家文章、活动设计案例、绘本阅读、环境创设、图书信息等，可关注"幼师宝"微信公众号，搜索、查阅。

平台技术支持热线：029-68518879。

"幼师宝"微信公众号

党的二十大报告对教育事业发展作出了重大战略部署，首次把教育、科技、人才进行一体化统筹安排和整体论述，提出了一系列新观点、新论断、新思想，如"统筹职业教育、高等教育、继续教育协同创新，推进职普融通、产教融合、科教融汇，优化职业教育类型定位"。这为职业教育的发展指明了方向，为职业教育的教材编写提供了根本原则。

2022 年 4 月教育部颁布了《义务教育数学课程标准（2022 年版）》，2022 年版课程标准使用了核心素养的话语体系来表达，并新增加了学业质量标准，在课程理念、课程目标、课程结构、课程内容、实施建议等方面也都有变化和调整。因此，与之相关的教育理念和教材也应发生变化。本教材正是在党的二十大报告精神和 2022 年版课程标准理念与内容的指引下，进行了修订。

本教材自 2019 年 8 月出版以来，使用范围覆盖了山东、江苏等地的数十所院校及小学，如济南幼儿师范高等专科学校、鲁东大学、泰山学院、淄博师范高等专科学校。本教材理论与实践结合紧密，且将教师资格证考试内容融入其中，在使用过程中受到了使用院校及小学的好评与认可。2022 年 8 月起，为了与基础教育改革一致，以及更好地满足教学的需求，在第一版的基础上进行了修订和完善。本版的第一章第三节、第六章、第七章、第八章、第九章均全部重新编写，目的是保证课程内容的表达和 2022 年版课程标准的说法保持一致，同时其他内容均根据课程标准做了修订与完善，所有小学数学案例均出自小学数学最新版教材。另外，根据读者使用反馈，本教材增加了不同内容的小学数学课堂教学短视频，以供教师上课时作为案例使用，也给师范生的模拟教学作出示范。

本教材遵循科学性、师范性、实践性的编写原则，依据"小学数学课程与教学"的课程定位与要求，是在"课证融合"理念下进行编写的，旨在培养师范生具有小学数学教师专业发展的理论知识和教学实践技能，不断提高他们研究小学数学课堂教学的能力。因此，我们以服务当前、着眼未来为原则，力求内容实用、易学，以教师、学生的视角引领全书，并能反映当前最新教学研究成果，突出师范特点。每章按"知识结构""学习目标""学习重点""学习导引""案例导入""学习内容""本章小结""复习题""本章主要参考文献"的顺序设计，开头简要说明本章的编写逻辑，以方便学生形成一定的学习思维。同时，根据本章重点内容介绍相应的学习方法，以便提高学习效率，然后由有趣案例导入引发学生的学习欲望。

知识点学习既有理论，又大量结合小学教师提供的案例，同时配备相应教师资格证考试原题及答案，以及习题和复习题，以巩固新知。

本教材由赵宝荣、于文艳任主编，王皓、胡安波、荣玲任副主编。具体编写的分工如下：第一章由淄博师范高等专科学校荣玲和济南幼儿师范高等专科学校于文艳编写，第二章由济南幼儿师范高等专科学校赵宝荣、于文艳编写，第三章由赵宝荣编写，第四章由赵宝荣、济南幼儿师范高等专科学校王皓编写，第五章由淄博师范高等专科学校胡安波编写，第六章、第七章由赵宝荣、济南市历下区龙奥学校李宁宁编写，第八章由于文艳编写，第九章由王皓编写，第十章由胡安波编写。所有小学案例由济南市高新区遥墙中心小学王菊、济南市槐荫区张庄小学娄冉提供、改编，全书由赵宝荣、于文艳进行统稿。

本教材在编写过程中，参考、借鉴了国内同行和兄弟院校的相关成果，特别是史宁中、曹一鸣主编的《义务教育数学课程标准（2022 年版）解读》，在此一并表示感谢。同时，复旦大学出版社编辑赵连光给予了大力支持，并为本书修订提出了宝贵意见，在此一并表示感谢。

编　者

目录

Contents

第一章
小学数学课程

 **知识结构**

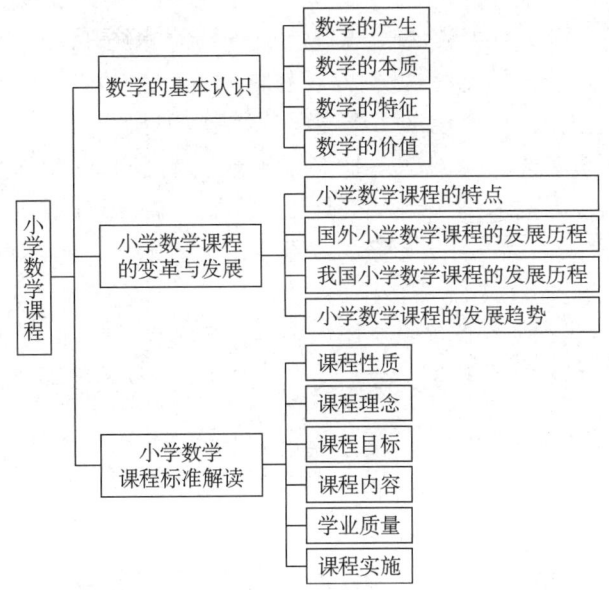

 **学习目标**

1. 了解数学的产生,理解数学的本质,掌握数学的基本特征。

2. 了解我国和国外小学数学课程的发展历史,了解小学数学课程的发展趋势,掌握小学数学课程的特点。

3. 理解小学数学课程目标、课程内容及课程实施建议的相关分析,掌握《义务教育数学课程标准(2022 年版)》(简称《标准》)的基本理念。

 **学习重点**

1. 理解数学的本质,掌握数学的基本特征。

2. 掌握小学数学课程特点和《标准》的基本理念。

 **学习导引**

数学是什么？小学数学有怎样的特点？我们应该具备怎样的数学课程与教学方面的知识？这是作为一名新时代的小学数学教师首先要厘清的问题。本章将从数学的基本认识、小学数学课程的变革与发展和小学数学课程标准解读等方面进行阐述。学习者应通过对《标准》的研读，在独立思考与交流合作中，积极参与学习活动，提高对小学数学课程的认识。

📦 案例导入

数学家波利亚说："给你一个煤气灶、一个水龙头、一盒火柴、一个空水壶，要烧一满壶开水，你应该怎么做？"答：把空水壶放到水龙头下，打开水龙头，灌满一壶水，再把水壶放到煤气灶上，划着火柴，点燃煤气灶，把一满壶水烧开。

他说："对，这个问题解决得很好。"现在再问你一个问题："给你一个煤气灶、一个水龙头、一盒火柴、一个已装了半壶水的水壶，如果想烧一满壶开水，你又应该怎么做？"物理学家这时会回答："把装了半壶水的壶放到水龙头下，打开水龙头，灌成一满壶水，再把水壶放到煤气灶上，划着火柴，点燃煤气灶，把一满壶水烧开。"但是，数学家的回答是：把装了半壶水的水壶倒空，就化归为刚才已解决的问题了。

这个故事能给我们什么启发呢？作为未来的小学数学教师，我们应该如何看待数学的本质？数学的核心价值是什么？我们应该具备怎样的数学课程与教学方面的知识呢？

第一节　数学的基本认识

数学是一门古老而又常新的科学，它与人类发展和社会进步息息相关。一方面，随着信息技术的飞速发展，数学更加广泛地应用于社会生产和人们的衣食住行等日常生活之中，是人类生活的工具；另一方面，数学是人类文化的重要组成部分，数学素养是每一位公民应当具备的基本素养，它促进了人的个体发展。作为促进学生全面发展教育的重要组成部分，数学在学校教育中占有重要地位，基础教育阶段更是如此。因此，深入认识和理解数学的本质及特征，对小学数学教育的研究有重要意义。

一、数学的产生

数学是怎么产生的呢？考察一下数学发展的历史，我们发现它存在两个起点：以实际问题为起点和以理论问题为起点。

（一）以实际问题为起点

数学随着人们为了了解客观存在的内部性质的需要，用以解决实践上的问题而产生。由于人们生活和劳动的需求，即使是最原始的民族，也会用手指或实物进行计数，进而发展到用数字记数。在现实世界中，数与形如影随形，难以分割；人们对土地进行丈量、对房屋建筑等空间和图形进行测量和运算，几何学由此产生。

（二）以理论问题为起点

人们为了了解思想存在的内部性质的需要，用以解决理论上的问题，数学随之产生。例如，伽利略认为，每个正整数与它的平方都能建立一一对应的关系，而这些正整数平方的集合应是正整数集合的真子集。这样，就构成了一个整体和它的部分相等的悖论，史称"伽利略悖论"。为了解决这个悖论，康托尔等做了研究，创立了集合论，并创造性地提出了"超越数"的概念。

当然，数学的起点最终还是现实世界，它更多地来自人类的实践过程，并伴随着问题的提出和问题的解决，使认识不断深化，进而达到对客观世界最本质、最一般的反映。

二、数学的本质

数学是什么？它是一门什么性质的学科？关于数学的本质，千百年来人们不断地思考和探索，许多伟大的数学家、哲学家和数学教育家都从不同的角度做出自己的阐释。公元前4世纪，柏拉图及其学生亚里士多德认为：数学的对象就是存在于思想之外的客观世界。随着19世纪中叶非欧几何的确立，人们才进一步认识到，数学除了存在于思想之外的客观世界，还存在于人们的头脑之中。恩格斯认为："纯数学的对象是现实世界的空间形式和数量关系，所以是非常现实的材料。这些材料以极度抽象的形式出现，这只能在表面上掩盖它起源于外部世界的事实。"这是对数学非常深刻的认识。

在这里，恩格斯强调的是数学的"起源"问题。我们知道，人们研究数学是从研究（欧氏）几何中的空间形式、古典算术或代数中的数量关系开始的。但是，随着数学的深入发展，数学的研究对象已不再局限于现实世界的事物，也不限于"空间形式"和"数量关系"，它可以是数学以外各个领域或数学理论本身提出的各种抽象结构、逻辑可能的形式系统和一般关系，是形象化了的思想材料。例如："数量"，不仅指实数，还包括向量、张量、矩阵，甚至还涵盖了代数结构中的元素。据此，数学也被赋予了多种含义，比如：数学是关于论证的科学；数学是研究结构的科学；数学是关于模式的科学；等等。由此可见，数学的研究对象需要进行进一步的哲学概括。因此，恩格斯说："数学——一种研究思想事物（虽然它们是现实的摹写）的抽象的科学。"[1]这一定义从哲学的角度，高度概括了数学的研究对象和学科性质。

随着数学科学的发展，人们对数学本质的认识也在不断深入。追溯数学产生与发展的历史，数学在人类实践活动中显示并不断拓展出独特的文化价值。因此，数学的本质内涵应该在文化的意义上加以系统理解。《标准》的"课程性质"部分指出：数学是研究数量关系和空间形式的科学。可见，这是根据恩格斯的论述给数学下的定义。同时，《标准》还指出：数学承载着思想和文化，是人类文明的重要组成部分。数学素养是现代社会每一个公民应当

---

① 恩格斯.自然辩证法[M].北京：人民出版社，1984.

具备的基本素养。数学不仅仅是一种知识体系，也是人类精神创造的结果和过程，是一个具有广泛意义的文化系统。可见，数学为人类的生存和发展提供了一个"文化支点"，有助于人们树立"大数学"的概念。

三、数学的特征

从数学的性质我们可以看出，数学具有高度的抽象性、逻辑的严谨性和应用的广泛性3个基本特征。

（一）高度的抽象性

其一，数学的研究对象是抽象的。数学的研究对象是现实世界的事物在数量关系和空间形式上的抽象，既有提炼数学概念的表征性抽象，又有探索数学理论的原理性抽象。现实世界中有 1，2，3……吗？现实世界中有点、线、面……吗？没有！现实世界中只有 1 个苹果、2 个橘子、墨点、光线……数学的任何研究对象都无法表现为现实世界中的一个实体存在，而是基于实体抽象出来的数学概念，以及它们之间的结构和关系。有了这些抽象的结构和关系，现实世界的很多问题就会得到简化。

其二，数学的研究方法具有抽象性。自然科学的研究通常以借助观察和实验等研究工具对研究对象加以说明或解释的实证主义研究为主，而数学的研究多以推理、类比和归纳等进行逻辑构建。并且，数学在研究过程中大量使用抽象的符号。

如在教学"乘法结合律"（图 1-1）时，让学生经历观察、比较、归纳等过程，发现并概括出什么是乘法结合律，有利于学生进行简便计算，进而用字母表示出这一运算定律。在这一过程中，其研究方法具有一定的抽象性，字母的运用使数学语言的概括性得到了进一步升华，有利于学生感受数学运算的简洁美，对提高学生的计算能力有着重要的作用。

其三，数学中的抽象有不同的水平和层次。数学是逐级抽象的，下一次的抽象是以前一次的抽象材料为其具体背景的。它不仅表现在直接从现实世界中抽象出相应的数量关系和空间形式，而且还表现为在已有数学知识基础上的再抽象。例如：代数中用字母表示数，字母相对于数就是一种较高层次的抽象。数学的逐级抽象性反映着数学的系统性，如果前面的概念、定理等没有掌握扎实，就很难借此抽象出更高一个层次的概念和定理。从这个意义上说，学习数学一定要打好基础，一步一个脚印，扎扎实实行进。

其四，高度的抽象必然有高度的概括。概括是把所研究事物的一般的、本质的属性联系起来，并推广应用到同类的其他事物，从而形成此类事物的普遍概念。例如：从长方形面积公式的推导推广到平行四边形面积的推导，再扩展到三角形、梯形、圆的面积公式的推导中去。因此，数学是具有高度概括性的学科，它的抽象与概括是相互联系、密不可分的。

（二）逻辑的严谨性

数学的严谨性是指数学中每个定理、定律都要经过严格的证明才能得以成立。数学的推理过程是逻辑严密的，其结论也是从一些基本概念或公理出发并通过严格的逻辑推理而得到的，这些结论都是确凿无疑的，平面几何的论证与推理就是这种严谨性的突出代表。

另外，数学的逻辑严谨性伴随着严谨的数学思维。它使人不仅能学会用感性思维观察世界，还能学会用理性思维判断正误。小学数学教学中，由于学生年龄和思维特点的限

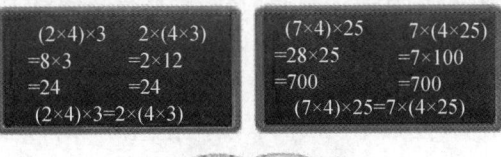

乘法结合律

● 观察下面的式子，你能照样子再写一组吗？说说你发现了什么。

$$(2×4)×3 \quad 2×(4×3)$$
$$=8×3 \quad =2×12$$
$$=24 \quad =24$$
$$(2×4)×3=2×(4×3)$$

$$(7×4)×25 \quad 7×(4×25)$$
$$=28×25 \quad =7×100$$
$$=700 \quad =700$$
$$(7×4)×25=7×(4×25)$$

> 三个数相乘，先把前两个数相乘……

● 请你利用生活中的事例解释你的发现。

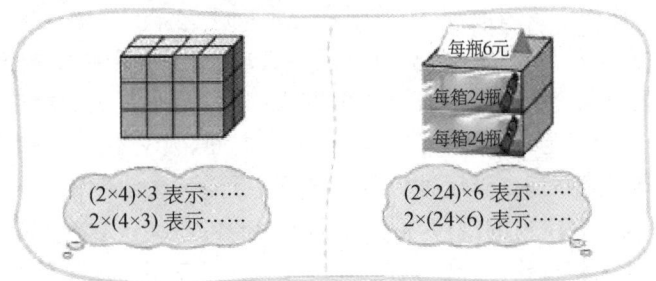

> (2×4)×3 表示……
> 2×(4×3) 表示……

> 每瓶6元
> 每箱24瓶
> 每箱24瓶
> (2×24)×6 表示……
> 2×(24×6) 表示……

● 用 a，b，c 代表三个数，你能写出上面发现的规律吗？想一想，认一认。

$$(a×b)×c=a×(b×c)$$

> 这是乘法结合律。

● 怎样计算简便？想一想，算一算。

$$125×9×8=\boxed{}$$

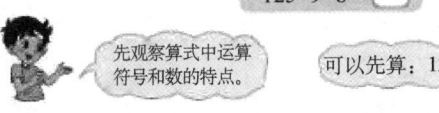

> 先观察算式中运算符号和数的特点。

> 可以先算：125×8。

图 1-1

制，并不要求每一个结论都用严格的逻辑证明来实现，但在思考方式上应体现逻辑的严谨性。

（三）应用的广泛性

随着知识经济和信息时代的到来，数学"无处不在，无所不用"，其应用范围非常广泛。随着各个领域研究对象的数量化趋势进一步增强，数学不仅在自然科学中得到广泛的应用，而且许多社会科学领域也越来越多地用到数学的原理和方法，并可借助数学的严密性和抽象性特点对研究对象进行更为精确的研究和描述。

数学不仅是各学科进行专业研究的工具或方法，它还是一种思维模式，即"数学方式的理性思维"，它广泛应用于社会生活与科学领域。日常生活中，人们在处理和表达事物时，往往要摒弃事物许多具体的特性，并且用一种简单的形式表现出来，这就是一种"数学化"的思维模式，可见数学具有无比重要的价值。

四、数学的价值

（一）数学的社会价值

数学是人们认识自然与社会的重要工具，从它产生之日起就与社会有着密切联系，它为人类提供了一种精密思维的模式。高科技时代，自然科学的各个研究领域都已进入更深的层次和更广的范畴，而数学正是研究其他科学的工具和语言。

数学是推动生产发展、影响人类物质生活方式的杠杆，它对人类的进步和社会的发展产生了积极作用。社会的需要是数学发展的支点，社会生产和科技的进步，不但为数学研究开辟了日益增多的新领域，而且为数学研究提供了新的手段，数学最大的社会功能就在于推动科学技术的发展。

（二）数学的文化价值

数学是人类文化的重要组成部分，数学文化不同于艺术、技术一类的文化，它属于科学文化，是一种理性文化。数学是一个具有广泛意义的文化系统，数学的概念、原理、公式、知识结构、方法、思想和观念所蕴含的真善美的客观因素，无不体现出数学的文化属性。一方面，数学追求一种完全确定、完全可靠的知识；另一方面，数学不断追求最简单的、最深层次的发展。它的所有研究都是在极度抽象的形式下进行的，这是一种化繁为简以求统一的过程。此外，数学不仅研究宇宙的规律，而且也研究自身的规律。它在不断否定、反思、批判自身的同时，也逐步地完善自我、发展自我。从这个意义上来讲，数学是人类理性文化发展的最高成就之一。

（三）数学的教育价值

数学的教育价值是指数学教育对人的发展的价值。数学科学对于人们认识客观世界、改造客观世界的实践活动，具有一定的教育意义。数学是科学的语言，数学这种符号语言具有简约性、确定性，是一种普适性语言。同时，数学又是计算的工具，数值计算是数学的基本功用之一。此外，数学还是科学抽象的工具，运用数学的抽象、数学模型的方法，在理想状态下分析最纯粹的过程，是科学研究的重要手段。

数学方法的思维功能是数学教育最突出的体现，通过数学培养学生的逻辑思维能力是最直接、最有效的方法。同时，数学也是学习发现问题、提出问题、分析问题和解决问题的最好方法。数学抽象思维除了它的抽象概括性、简明性、严谨性之外，还有辩证性，这就要求人们必须用辩证唯物的观点看待世界。

此外，数学在形成和发展人的科学世界观、道德品质和个性特征中具有重要作用。人们对真理的追求、对问题的实事求是的态度、做事的毅力、协同做事的团队精神，也是通过后天的学习和实践逐渐锻炼形成的，而数学教育对此有重要作用。

习题一

1. 请你谈一谈，数学有哪些特征？
2. 结合具体实例，试述数学的教育价值。

第二节　小学数学课程的变革与发展

　　《标准》指出："义务教育数学课程具有基础性、普及性和发展性。"小学阶段属于义务教育的初级阶段，小学数学课程的基本出发点是促进学生全面、和谐、持续地发展。小学数学教育要依据数学自身的特点，遵循学生的身心发展规律，从学生的生活经验出发，通过数学模型抽象日常生活的实际问题，培养学生的抽象思维和推理能力，促进学生在情感态度与价值观等方面的发展。

真 题 链 接

　　1.（2014年江西省教资考试真题）义务教育阶段的数学课程是培养公民素质的基础课程，具有基础性、_____和发展性。

　　A. 科学性　　　　　　　　　　B. 社会性

　　C. 普及性　　　　　　　　　　D. 民族性

答案解析

　　2.（2016年上半年教资考试真题）体现国家对学校的统一要求，作为学校办学的基本纲领和重要依据的是（　　）。

　　A. 课程计划　　B. 课程标准　　C. 教学大纲　　D. 教学目标

　　3.（2016年下半年教资考试真题）教育行政部门制定小学教学质量评价标准应依据（　　）。

　　A. 教学计划　　B. 课程标准　　C. 教学模式　　D. 考试成绩

一、小学数学课程的特点

（一）生活性

　　小学数学的内容与学生的生活具有密切的联系。一方面，数学来源于生活，小学的数学学习内容应当是现实的、有趣的和富有挑战性的，这些内容有利于学生主动进行观察、猜测、验证、推理与解决问题等活动；另一方面，数学学习是一种社会性的活动，学生周围的生活环境都可以成为其接受数学知识和进行数学实践的课堂。因此，小学数学既是一种知识形式，又是一种儿童活动；既是学校教学的一门学科，又是儿童生活中的一种思考方式。

（二）基础性

　　现实生活中处处有数学问题，人人需要用到数学知识。小学数学教育是大众教育，而不是精英教育；是人人受益，人人获得发展的教育，而不是适者生存的教育。因此，小学阶段的数学教育具有公共基础的地位，能为学生未来生活、工作和学习奠定重要的基础。

　　小学数学的学习并不是为了建构一个逻辑体系，而是要使学生能够学以致用，促进学生的终身可持续发展是小学数学教育的基本出发点。例如，我们在讲解数的运算时，并不是从定义出发,而是从学生生活中的实际事例出发,通过探究、交流总结出计算的法则。

（三）体验性

随着新课程改革的深入实施,小学数学教学的目标和内容都发生了很大的变化,有效教学的重心已经从传统的重视学生的解题能力,转向重视学生对知识的理解和运用,以及培养学生的思维能力和创新精神上。因此,新课程改革就是要将课程从"文本课程"转变为"体验课程","体验"自然也就成为新的学习方式的一个重要特征。数学教育也应当成为学生切身体验的一种活动,通过数学活动促进学生的全面发展。

（四）发展性

小学数学教育不仅关注数学知识技能的传授,也关注思想的感悟及经验的积累;不仅关注数学能力的提升,也关注学生情感态度与价值观的培养。也就是说,小学数学教育要满足学生全面发展的需求,为学生未来生活、工作和学习做好准备。

小学数学教育不仅要面向全体学生,而且要适应学生个性发展的需要;既要关注"人人",也要关注"个人";既要促使全体学生具备数学基本知识技能,也要为不同学生的多样化发展提供空间,让每一个学生的创造潜能都能在学习中得以开发,以达到小学数学教育的最优化。

二、国外小学数学课程的发展历程

数学素养是现代社会每一个公民应该具备的基本素养,数学教育大众化已成为时代的要求。分析其他国家小学数学课程改革的情况,对我国当前小学数学教育改革具有重要的借鉴意义。

（一）俄罗斯的小学数学课程改革

俄罗斯是世界数学强国之一,曾经产生了罗巴切夫斯基、切比雪夫等一大批世界级数学家。俄罗斯的小学数学教育改革发展历程对我国的小学数学课程研究具有一定的借鉴价值。

1. 课程改革的历程

20世纪俄罗斯中小学数学教育的改革,是在将数学作为研究现实世界的数量关系和空间形式的科学概念下进行的,其小学数学教育改革大体分为3个阶段。

第一阶段:20世纪初到20世纪70年代。1911年第一届全俄数学家代表大会决议通过:适时地从中小学数学课程中略去某些具有次要意义的问题,同时课程要能够鲜明地体现函数思想。1959年,苏联立法确定中小学实施11年学制,其中8年为义务教育。

第二阶段:20世纪70年代到90年代。70年代后,苏联科学院和教育科学院在数学家柯尔莫戈洛夫的带领下,重建了中小学数学教育的内容。但是用集合论方法编写的教科书难度较大,以至于学校拒绝使用这些教科书,学生对数学的兴趣下降,数学水平降低。

第三阶段:20世纪90年代以后。1991年俄罗斯教育部在《转换时期共和国教育的安定化和发展计划》中提出改革教育内容的决议,增强教学内容的基础性、客观性、全面性和非意识形态性。1992年颁布的《俄罗斯联邦教育法》规定实施九年全民义务教育,并出版发行了多套中小学数学教科书。2001年俄罗斯教育部开始组织进行国家统一考试的试验。

2. 课程改革的启示

通过以上梳理,可以发现俄罗斯的中小学数学教育正在从单一形式变成多种形态,从教育目的、教学内容、教学方式等方面提供了多种角度、多种形式的选择。在体现个性化的数学教育上，也具有了比以往更多的差异性与灵活性。可见，俄罗斯的中小学数学教育正朝着民主化、多元化、地方化、人文化等方面发展，数学教师有了更大的自由空间和自主性。

（二）美国的小学数学课程改革

1957 年，一场轰轰烈烈的"新数学教育改革"运动在美国迅速展开。1958 年，美国成立了由一些著名大学教授组成的"学校数学研究小组"（School Mathematics Study Group，SMSG），全面负责实验研究，以及从幼儿园到大学预科的全套教材编写工作，要求从中小学起就要用精确的现代数学语言去教授公理化的数学体系。

"新数学教育改革"运动迅速影响到其他西方国家，20 世纪 60 年代以后达到高潮，最后这场学校数学课程改革运动以失败告终。其主要原因是这次课程改革以培养精英为目标，过分强调了学科内容的现代化，超出了大多数学生的接受能力。另一方面，这次数学课程改革运动所使用的教材是由大学教授编写的，中小学一线教师被排除在外，这给课程的最终推行带来了一定的难度。1973 年，美国数学教育界出现了"回到基础"的教育思潮。

1. 美国的 NCTM 数学课程标准

全美数学教师协会（National Council of Teachers of Mathematics，NCTM）是美国民间数学教育研究组织。作为美国数学教育改革的倡导者，1989 年至 1995 年，NCTM 针对数学教育目的和教学过程、数学教师工作以及综合数学考核项目的方法颁布了 3 个标准。这3 个标准从教学、教师、考核 3 个方面构建了美国全国数学教育的指导性课程标准。2000 年又提出新世纪的《学校数学教育的原则和标准》，对美国乃至世界的数学教育具有很大的影响。

从 1989 年到 2000 年之间制定和执行的 NCTM 标准认为，数学教育具有 4 个方面的社会目的：第一，培养学生成为具有数学素养的劳动者；第二，使学生具有终身学习的能力；第三，使所有学生都有学习数学的机会；第四，使学生具有处理信息的能力。其核心是培养全体学生的数学素养。

从 1996 年起，NCTM 标准委员会开始通过不同途径广泛收集反馈意见，1998 年秋出台了国家数学标准讨论稿。2006 年 9 月 NCTM 发布了《数学课程焦点》，确定了学生必须掌握的关键数学知识与技能，并对 2000 年的 NCTM《数学课程标准》做了补充说明，进一步强调了数学基础的重要性。

2010 年，美国正式颁布了《州共同核心数学标准》（Common Core State Standards for Mathematics，CCSSM），这是数学教育改革的突破性成果，旨在打破各州之间分散的标准评价模式，建立与《州共同核心数学标准》一致的新的评价系统，实行终结性评价与形成性评价相结合的模式，并且重视评价人员队伍的高水平，以保证测验的高质量。

2. 课程改革的启示

纵观美国数学教育改革历程，回归基础是美国数学课程的发展趋势，改革强调知识的应用与实践，强调课程的整体评估。由此可见，美国数学教育改革的历程在曲折中逐步走向成熟，并力求为数学课程提出更明确的指导思想。课程改革使美国的数学教学质量大大提高，使美国的数学教育在世界上处于领先地位。

（三）日本的小学数学课程改革

日本与我国的小学数学课程有着千丝万缕的联系，考察日本的小学数学课程改革，对我国的小学数学教育具有一定的借鉴意义。

1. 课程改革的历程

日本文部科学省以"在宽松的环境里培养学生的生存能力，开展适应每个人的个性教育"理念为指导，于 1998 年 12 月和 1999 年 3 月对原课程进行修订。修订后的中小学数学《学习指导要领》（以下简称《要领》）自 2002 年起实施。

《要领》大幅度精简了"数与代数""图形与几何"等数学学习的内容，新加入了综合学习的内容，同时提倡个性化学习。由于大幅度削减了数学课程的内容和课时，"宽松教育"的理念在日本国内引起了强烈的反对声音。

早在 2005 年，日本中央教育审议会在《开创新时代的义务教育》的报告中就明确指出：培养"扎实的学力"才是提高义务教育质量的着眼点。2008 年进一步在本次课程修订的纲领性文件中明确了学力包括的三个重要因素：掌握基础的、基本的知识和技能；活用所学知识和技能，以及解决问题所必需的思维能力、判断能力和表达能力；学习的意愿。可见，日本此次课程修订，在延续上一次改革提出的培养学生"生存能力"的基本理念的同时，已将教育政策的重心由"宽松教育"转向了"扎实的学力"，不仅增加了培养学生数学表达能力的教学目标，而且增加了教学内容和教学时间。

为确保新课程顺利实施，日本文部科学省组织专家编写了《解说》，对新《要领》的修订背景、过程、方针和要点以及其所规定的教学目标、教学内容等，都做出了详细的解释和说明，新课程的推进非常平稳、顺利。

2. 课程改革的启示

日本在这次课程修订中，特别强调"掌握基础的、基本的知识和技能"的重要性，并把它作为"扎实的学力"的首位要素。在强调课程标准高水平的同时，日本的课程改革也没有忽视培养学生的数学兴趣，注重知识技能与数学活动、思维能力的培养相互结合。另外，日本政府通过定期进行全国中小学教育质量监测，全面、系统地收集本国教育状况的信息，为发现问题、修订课程提供了科学的依据。

三、我国小学数学课程的发展历程

我国的数学教育有着悠久的历史，周代的"六艺"中就有"数"。秦汉时期，相继出现了《周髀算经》和《九章算术》，这是我国最早使用的数学教材。唐代的《算经十书》被定为全国通用的数学教材，这是国家审定数学教科书的开端，对我国的数学教育产生了深远的影响。但是，从现代的学制、课程角度来看，我国真正在小学设置算术课程始于清朝末年，比很多国家要晚。

（一）清末民初至中华人民共和国成立前的小学数学课程

1904 年，清政府颁布了《奏定学堂章程》，即癸卯学制，这是模仿日本学制而制定的，是我国近代教育史上第一个正式颁布并在全国实行的学制。《奏定初等小学堂章程》中规定："算术，其要义在使知日用之计算，与以自谋生计必须之知识，兼使精细其心思……以便将来寻常实业之用。"这一教育思想与我们今天小学数学课程的基础性、实用性是一脉相承的。

清末的小学算术教材以模仿日本教材为主，而且内容极为简单。初等小学堂修业 5 年，高等小学堂修业 4 年，学制共为 9 年。辛亥革命以后，颁布了《普通课程暂行课程标准》，从此"课程标准"一词正式在我国使用。此后至民国初年，先后进行了数十次课程标准的修订，编写了多种小学数学教科书,但关于小学算术课程的内容大同小异。

(二) 中华人民共和国成立以来的小学数学课程

中华人民共和国成立以来,国家十分重视学校课程教材的建设。我国的小学数学课程历经多次改革,并先后颁布了 11 部小学数学教学大纲(课程标准)。与此同时,教材编写工作也历经多次改革,取得了很大成绩,为人才培养起到了重要作用。回顾这段历程,大致可分为 7 个各具特征的发展阶段。

1. 中华人民共和国成立初期

1950 年颁布了《小学算术课程暂行标准(草案)》,体现了社会主义教育与旧教育的不同,表明我国第一部小学算术课程标准就达到一定的水平。但是没有明确提出几何初步知识的教学目标、空间观念与解决实际问题的能力。

2. 学习苏联

20 世纪 50 年代初学习苏联,把各科的课程标准改为"教学大纲"。1952 年底颁布了《小学算术教学大纲(草案)》。这部大纲是参考当时苏联的小学算术教学大纲制定的,第一次确立了直观几何知识在我国小学算术课程中的地位。同年,人民教育出版社以苏联教材为蓝本编写新教材,开创了我国拥有系统教材体系的新局面。教学降低了小学算术的要求,致使不能满足我国大多数小学毕业生实际生活的需要。

3. 开展"教育革命"

1957 年,教育部颁布了新的《小学教学计划》,各地开展"教育革命",全面否定学习苏联经验,开始进行教材改革实验。1958 年,人民教育出版社改进了教材的编写形式,把讲解的内容和练习题分开,便于教师研究教材和进行教学。由于这套教材带有临时性,因此还存在一定的问题。

4. 加强"双基"教学

1961 年,人民教育出版社编写《十年制学校小学课本·算术(试用本)》共 10 册和《珠算(试用本)》1 册。不仅为缩短学制创造了有利条件,而且为以后的算术教学提供了有益的经验。

1963 年 8 月,教育部制定颁发了六年制的《全日制小学算术教学大纲(草案)》,第一次提出了培养学生空间观念的要求。这部大纲和相应的课本加强了基础知识教学,提高了难度,建立了"以四则计算为中心"的小学算术教学体系。

5. 重建课程教材

1966 年至 1976 年,此段时间文化教育事业严重倒退,教学体系处于混乱的状态。

1978 年,我国颁布了《全日制十年制学校小学数学教学大纲(试行草案)》,这是我国历史上第一部把小学算术课程拓展为小学数学课程的大纲。该大纲第一次从知识、能力和思想教育 3 个方面,明确了数学教学的目标。依据这部大纲,人民教育出版社陆续出版了《全日制十年制学校小学课本·数学(试用本)》。

1981 年,根据修订的教学计划和各地使用意见,人民教育出版社出版了《五年制小学课本·数学》。同时,为了适应"小学学制为五年、六年并存"的实际需要,又编辑出版了一套《六年制小学课本·数学》,共 12 册。这是使用时间最长、最稳定的小学数学课本。

1986 年,国家教委颁布了《全日制小学数学教学大纲》,这是中华人民共和国成立以来第一部没有"草案"两字的正式大纲。这部大纲在教学内容的安排上没有做大的变动,更加切合了小学数学教学的实际。

6. 实施义务教育

1992 年，国家教委制定并发布了《九年义务教育全日制小学数学教学大纲（试用）》，强调面向全体学生，体现了我国教育思想的一大转变。鉴于我国幅员辽阔，经济、文化发展不平衡，国家教委组织编写了多套系列教材，各省也组织编写了适合本地使用的实验教材，从而开创了我国义务教育教材"一纲多本"的新局面。

7. 实施素质教育

进入 21 世纪，"科教兴国"成为我国的基本国策。2000 年 3 月，我国颁布了《九年义务教育全日制小学数学教学大纲（试用修订版）》，着眼于素质教育的要求，对教学内容做了一些调整，减轻了学生过重的学业负担。

2001 年 7 月，我国颁布了《全日制义务教育数学课程标准（实验稿）》，在课程目标上更加注重对学生情感发展的尊重，内容体系上也力图反映学生的学习特点，以"四个领域"统整"三个学段"，在结构上体现出较大创新。

针对《全日制义务教育数学课程标准（实验稿）》实施过程中出现的不足，2011 年 12 月 28 日《义务教育数学课程标准（2011 年版）》正式发布。这是基础教育课程改革的一件大事，对全面实施素质教育、提高教育质量具有重要作用。

随着义务教育全面普及，教育需求从"有学上"转向"上好学"，必须进一步明确"培养什么人、怎样培养人、为谁培养人"，优化学校育人蓝图。《义务教育数学课程标准（2022 年版）》于 2022 年 4 月正式颁布。《标准》强化了课程育人导向，优化了课程内容结构，研制了学业质量标准，增强了指导性，加强了学段衔接。实施新修订的《标准》，对推动义务教育高质量发展、全面建设社会主义现代化强国具有重要意义。

四、小学数学课程的发展趋势

纵观我国和国外小学数学课程改革的情况，以科学审慎的态度分析小学数学课程的历史发展脉络，从中探寻一些带有规律性的历史经验，对于我们更好地把握当前的课程改革，明确今后数学教育的发展方向有重要意义。

（一）注重培养学生的数学素养

数学素养是现代社会每一个公民应该具备的基本素养，具有良好数学素养的人善于把数学中的概念结论和处理方法应用于一切客观事物，是提高民族素质、丰富人才资源这一战略的重要组成部分，也是社会发展与经济建设的需要，为学生的终身发展打下了基础。

（二）注重数学课程的应用性和实践性

数学课程的应用性和实践性，是当前国际数学课程改革的一个基本趋势，许多国家都在数学课程中增加了现代数学中具有广泛应用性的内容，以增强课堂教学中的操作、实验等实践环节。例如，NCTM 1989 年数学课程标准和 2000 年标准的基本特点之一都是强调数学应用；日本的数学课程设置了综合课题学习，也体现了对数学知识综合应用的关注。

（三）注重以学生为主体的数学活动

重视学生的主体活动是当前数学教育改革的热点问题，以学生为主体的学习活动对学生理解数学至关重要。因此，小学生学习数学应该是一个做数学的过程，而不应该是单纯地背数学、练数学、考数学的过程。活动是儿童的天性，对数学经验活动的研究是当前小学数学课程改革的基本内容。

（四）重视数学与其他课程的融合

数学教学与其他学科的有机融合也是近 20 年来数学教育改革值得注意的一个特点。数学课程中设置综合学习的内容可以使学生综合地运用各科知识和技能，形成综合解决问题的能力。例如，日本数学课程中课题学习是《学习指导要领》中新增设的内容，体现了数学课程综合化的趋势。

（五）注重数学教育的技术化

近年来，世界各国纷纷将信息技术应用于数学教育，十分重视计算机辅助教与学的研究与实施。我国《标准》指出："合理利用现代信息技术，提供丰富的学习资源，设计生动的教学活动，促进数学教学方式方法的变革。在实际问题解决中，创设合理的信息化学习环境，提升学生的探究热情，开阔学生的视野，激发学生的想象力，提高学生的信息素养。"数学教育的技术化趋势，已成为近年来数学课程与教学改革中引人瞩目的特点，值得我们密切关注。

 习题二

1. 结合小学数学教材，简述小学数学课程的特点。
2. 结合我国和国外小学数学课程改革的情况，请谈一谈小学数学课程改革的趋势。

第三节　小学数学课程标准解读

《标准》包括 6 个部分：课程性质、课程理念、课程目标、课程内容、学业质量、课程实施。

一、课程性质

《标准》中的课程性质分为两段。第一段先阐述数学的本质和作用，即"数学是研究数量关系和空间形式的科学"，紧接着强调了数学的抽象性，即"数学源于对现实世界的抽象，通过对数量和数量关系、图形和图形关系的抽象，得到数学的研究对象及其关系"。这样的表述，不仅强调了数学的研究对象是抽象的，还强调了数学的研究对象是通过对现实世界的数量和数量关系、图形和图形关系的抽象得到的。课程性质进一步阐述为"基于抽象结构，通过对研究对象的符号运算、形式推理、模型构建等，形成数学的结论和方法，帮助人们认识、理解和表达现实世界的本质、关系和规律"。这样的描述既显示了数学的作用，又彰显了数学的工具性。基于这样的理解，顺理成章地得到关于数学更为一般的表述："数学不仅是运算和推理的工具，还是表达和交流的语言。数学承载着思想和文化，是人类文明的重要组成部分。"第一段的结尾处分析了现代数学所面临的现状："数学是自然科学的重要基础，在社会科学中发挥着越来越重要的作用，数学的应用渗透到现代社会的各个方面，直接为社会创造价值，推动社会生产力的发展。随着大数据分析、人工智能的发展，数学研究与应用领域

不断拓展。"

第二段阐述数学的教育功能与义务教育阶段数学课程的要求。数学独特的教育功能指的是："数学在形成人的理性思维科学精神和促进个人智力发展中发挥着不可替代的作用。数学素养是现代社会每一个公民应当具备的基本素养。"这样的表述与第一段对于数学的述说一脉相承，数学为人们提供了认识、理解和表达现实世界的思想方法，这样的思想方法是理性的、科学的，因此，良好的数学教育，不仅要关注学生数学知识技能的掌握，还要关注学生数学思想方法的形成与发展，在这样的过程中受教育者的智力也会得到开发。可见，数学教育的功能及数学教育的基本性质和要求就是：数学教育承载着落实立德树人根本任务、实施素质教育的功能。

二、课程理念

课程理念是数学课程设计遵循的基本原则，阐述了数学教育对于促进学生发展的基本价值追求，以及制定课程目标、设计课程内容、实施教学活动、探索评价方式等方面的基本思路。

《标准》明确提出："义务教育数学课程以习近平新时代中国特色社会主义思想为指导，落实立德树人根本任务，致力于实现义务教育阶段的培养目标，使得人人都能获得良好的数学教育，不同的人在数学上得到不同的发展，逐步形成适应终身发展需要的核心素养。"这样的课程理念体现义务教育阶段的数学课程性质，体现新时代人才培养的要求，遵循义务教育课程方案提出的课程设计的总体要求，研究和吸收国内外近年来数学课程研究的重要成果，直面社会和科技发展对数学教育提出的新挑战与新问题。

（一）确立核心素养导向的课程目标

《标准》遵循"坚持全面发展，育人为本；面向全体学生，因材施教；聚焦核心素养，面向未来"等基本原则，确立体现学科育人价值的课程目标，使学生通过数学学习获得适应未来发展需要的知识、见识和素养。核心素养是在数学学习过程中逐渐形成和发展的，在不同领域和不同阶段有不同的表现，《标准》在总目标和阶段目标中都有具体的描述。

（二）设计体现结构化特征的课程内容

《标准》中明确要突出课程内容结构化，提倡核心素养导向的学科内容结构化重整，并加强跨学科主题学习，进一步体现数学课程与社会生活和学生经验的联系，把学科知识整合与跨学科实践体现在学科结构的重组、学习内容的选择与组织中。

课程内容选择以发展学生核心素养为导向，充分考虑学生的发展需求、数学学科的特点和社会科技的发展。一是在保持相对稳定的学科体系的同时，关注数学学科发展前沿；二是课程内容要符合学生发展需求、数学学科特点和社会科技的发展，对未来的公民提出新要求，课程内容的选择应当关注学生核心素养的发展。

课程内容的组织要有助于学生的理解与掌握，促进学生核心素养的形成。《标准》强调对内容进行结构化整合，体现在各领域下属主题的重整，将具有一致学科本质特征的内容整合为一个主题，有助于学生整体理解和把握课程内容；注重学习内容之间的关联。通过内容的整体分析和教学设计，实现对核心概念的掌握，促进学生对学习内容的理解和迁移，发展学生核心素养。处理好过程与结果、直观与抽象、直接经验与间接经验的关系，让学生经历概念的形成过程，这是帮助学生形成和发展核心素养的必由之路。

课程内容的呈现方式直接影响学生对学习内容的感知与理解。课程与教学内容应采用适合学生年龄特征和促进学生学习的呈现方式。《标准》特别强调"跨学科主题学习"。当人们面对复杂的真实问题或需要解决实际问题时，并非只用单一的学科知识与方法就可以完成，而是需要从整体上认识问题，选择恰当的知识与方法加以解决。因此，在课程与教学实践中需要为学生提供跨学科学习的现实情境，引导学生进行跨学科主题学习。

（三）实施促进学生发展的教学活动

教学活动的设计与实施是使课程从文本向实践转化的重要环节，是实现课程目标的基本途径。《标准》明确了核心素养导向的教学活动设计与实施的基本要求，提出在教学实践中应"准确把握课程要培养的学生核心素养。明确教学内容和教学活动的素养要求，培养学生正确价值观、必备品格和关键能力。设定教学目标，改革教学过程和教学方法，把立德树人根本任务落实到具体教育教学活动中"。具体教学活动的设计与实施要"注重'做中学'，引导学生参与学科探究活动，经历发现问题、解决问题、建构知识、运用知识的过程，体会学科思想方法。加强知识学习与学生经验、现实生活、社会实践之间的联系，注重真实情境的创设，增强学生认识真实世界、解决真实问题能力"。

（四）探索激励学习和改进教学的评价

评价是检验课程实施效果的重要一环，也是考查学习目标达成及学生成长状况的重要手段。《标准》要求"强化素养导向，注重对正确价值观、必备品格和关键能力的考查，开展综合素质评价。倡导评价促进学习的理念，注重提高学生自我评价、自我反思的能力，引导学生合理运用评价结果改进学习"。强化素养导向的评价意味着要以核心素养为导向构建评价指标和评价方法。

（五）促进信息技术与数学课程融合

《标准》从利用信息技术丰富学习资源、变革教学形式、创设信息化学习环境等方面阐述了信息技术与数学课程教学的融合。通过创设信息化学习环境，不仅为学生理解和掌握数学知识、方法提供支持，而且为学生提供探索的空间、思考的机会，并在这一过程中提升学生的信息素养。

三、课程目标

课程目标的确定，应立足学生核心素养发展，集中体现数学课程的育人价值。

（一）核心素养的内涵

《标准》提出的核心素养主要包括"三会"：会用数学的眼光观察现实世界，会用数学的思维思考现实世界，会用数学的语言表达现实世界。

1. 会用数学的眼光观察现实世界

第一，"数学眼光"是观察现实世界的一种特殊方式，其目的是透过事物的表面现象和各种物理属性，抽象出数量关系与空间形式。第二，问题是数学的心脏。"数学眼光"的一个重要含义是在各种现实和数学的问题情境中，"看"出其中的数学规律，发现和提出有意义的数学问题。第三，"数学眼光"在形成和理解数学基本概念、关系和结构方面具有重要意义，每一个数学概念、关系和结构的发生发展都涉及 3 种过程：历史过程、逻辑过程、心理过程。第四，除了数学学习和数学内部的问题解决外，"数学眼光"还表现在观察与探索数学外部的世界上，从数学的角度去理解自然与社会人文现象背后的数学原理，数学的审美价值，"真"与

"美"是数学这门学科自始至终追求的目标。

2. 会用数学的思维思考现实世界

从古希腊开始，数学就被称为"思维的体操"。《标准》对"数学思维"的内涵给出了具体的描述，表达了5个方面的含义：第一，数学思维的目的是理解与解释现实世界中的数量关系与空间形式，是一种抽象的、一般化的思维方式；第二，数学思维的基本元素是具有确定意义的数学概念；第三，在数学思维的运作过程中使用的是一些具有普适性的数学方法；第四，数学思维的基本形式是逻辑推理和数学运算；第五，为了确保数学思维的简约、严谨和一般化，数学采用了一套人工符号系统。

3. 会用数学的语言表达现实世界

语言是思维的载体，数学语言承载着数学的基本思想。《标准》对"数学语言"的内涵阐述包括两层含义：一是在数学内部能够用数学语言清晰、准确、严谨地表达数学的研究对象（概念、关系和结构）及思想方法，利用数学语言进行思考、交流和解决问题，其中所运用的是一套形式化的人工符号系统；二是用数学描述、解释和解决现实世界中的实际问题，其中的主要表达方式是数学模型与数据。

核心素养具有高度的整体性、一致性和发展性。核心素养在不同阶段具有不同表现，小学阶段侧重对经验的感悟。核心素养主要表现为数感、量感、符号意识、运算能力、几何直观、空间观念、推理意识、数据意识、模型意识、应用意识和创新意识。

（二）总目标

义务教育阶段数学课程总目标是对学生数学学习的总体要求。总目标明确了以"三会"为表达的核心素养，同时分别表述了"四基""四能""情感态度价值观"3个方面的要求。这既是学生核心素养形成的基础和条件，也蕴含了核心素养的要素。

"四基"："获得适应未来生活和进一步发展所必需的数学基础知识、基本技能、基本思想、基本活动经验。""四基"是对义务教育阶段学生学习数学的整体、基本要求。

"四能"："体会数学知识之间、数学与其他学科之间、数学与生活之间的联系，在探索真实情境所蕴含的关系中，发现问题和提出问题，运用数学和其他学科的知识与方法分析问题和解决问题。"问题解决能力的培养是体现数学学科特征的重要目标，具体表现为学生在具体情境中发现、提出、分析和解决问题的能力（简称"四能"）。

"形成正确的情感态度价值观"："对数学具有好奇心和求知欲，了解数学的价值，欣赏数学的美，提高学习数学的兴趣，建立学好数学的信心，养成良好的学习习惯，形成质疑问难、自我反思和勇于探索的科学精神。"

（三）学段目标

学段目标是根据不同学段学生学习的水平，将总目标进行分解而成，同时将核心素养的具体表现体现在学段目标中。

1. 义务教育阶段的学段划分

《标准》将义务教育阶段小学阶段六年制划分为3个学段：1、2年级为第一学段，3、4年级为第二学段，5、6年级为第三学段。

2. 学段目标是总目标的阶段性水平描述

总目标是对义务教育阶段学生发展的总体要求，以核心素养为导向。学段目标是总目标的分解，每个学段目标分段描述，分别对应总目标的3个方面，同时将核心素养的具体表

现融入其中。不同学段目标在知识技能、能力表现和情感态度等方面的要求,尽可能在水平上有所区别,以适应不同学段学生的年龄特征。

3. 学段目标体现各学段内容主题的要求

义务教育阶段的课程内容包括"数与代数""图形与几何""统计与概率""综合与实践"4 个领域。这 4 个领域的内容分布在 3 个学段,每一个学段都设计了不同的内容要求和学业要求。学段目标体现了不同学段中这些内容要求的要点。

四、课程内容

《标准》链接

《标准》中的
学段目标

义务教育阶段数学课程内容由"数与代数""图形与几何""统计与概率""综合与实践"4 个领域组成。

"数与代数"领域包括"数与运算"和"数量关系"两个主题。"数与运算"内容包括"数的认识"和"数的运算",具体包括整数、小数和分数的认识及其四则运算。"数与运算"是将数量抽象为数,并以数为对象进行计算。"数量关系"主要是用符号(包括数)或含有符号的式子表达数量之间的关系或规律。数量之间存在各种不同类型的关系,如大小关系、顺序关系、相等关系及包含关系等。小学阶段的数量关系主要涉及数量之间的相等关系,如加法模型、乘法模型、四则运算意义、运算律及正比例关系等都是表达数量之间的相等关系。小学生在具体情境中经历运用数量关系解决问题的过程,感悟加法模型和乘法模型的意义,可以提高发现和提出问题、分析和解决问题的能力,进而形成模型意识和初步的应用意识。

"图形与几何"领域包括"图形的认识与测量"和"图形的位置与运动"两个主题。"图形的认识与测量"包括立体图形和平面图形的认识、线段长度的测量,以及图形的周长、面积和体积的计算。"图形的位置与运动"包括确定点的位置,以及认识图形的平移、旋转、轴对称。学生可结合实际情境判断物体的位置,探索用数对表示平面上点的位置,增强空间观念和应用意识。学生经历对现实生活中图形运动的抽象过程,认识平移、旋转、轴对称的特征,体会运动前后图形的变与不变,有助于其感受数学的美,逐步形成空间观念和几何直观。

"统计与概率"领域包括"数据分类""数据的收集、整理与表达""随机现象发生的可能性"3 个主题。"数据分类"主要包括按照给定的标准进行分类,或是由学生自己制定标准进行分类,学生可以用图画、表格等记录分类结果,感受分类结果的多样性。"数据的收集、整理与表达"包括数据的收集,用统计图表、平均数、百分数表达数据等,且从数据中提取信息并进行简单推断。"随机现象发生的可能性"包括两个方面:一是通过实例帮助学生认识生活中有些事情的发生是不确定的,在不确定事件中可能发生不同结果,它们的可能性是有大小的;二是引导学生初步学会根据所有可能发生的情况,正确判断某种结果发生可能性的大小,侧重引导学生结合具体实例认识可能性及其大小,从整体上感受有关简单随机事件发生的可能性,作出定性描述。

"综合与实践"领域内容明确了主题式学习和项目式学习为主要学习方式。主题活动分为两类:第一类,融入数学知识学习的主题活动,主要涉及常见的量、方向与位置、负数等知识的学习;第二类,运用数学知识及其他学科知识的主题活动。项目式学习的设计以解决现实问题为重点,综合应用数学和其他学科知识解决问题,体会数学知识的价值以及数学与其他学科的关联。《标准》列举了"数学游戏分享""欢乐购物街""时间在哪里"等 11 个主题活动,列举了"营养午餐""水是生命之源"2 个项目学习活动。

五、学业质量

学业质量是指"学生在完成课程阶段性学习后的学业成就表现,反映核心素养要求"。学业质量标准不仅仅刻画了学生完成阶段性数学知识的学习水平,还包括核心素养方面应当达到的水平及表现。因此,学业质量标准一可以指导教师开展教学活动,二可以指导学生开展自主学习与评价,三可以指导教材编写,四可以指导学业水平考试命题及评价。

六、课程实施

这一部分内容包括教学建议、评价建议、教材编写建议、课程资源开发与利用、教学研究与教师培训五个方面。

教学建议中,一是要制定指向核心素养的教学目标。教学目标要体现核心素养的主要表现,处理好核心素养与"四基""四能"的关系,教学目标的设定要体现整体性和阶段性。二是要整体把握教学内容。注重教学内容的结构化,注重教学内容与核心素养的关联。三是要选择能引发学生思考的教学方式。丰富教学方式,重视单元整体教学设计,强化情境设计与问题提出。四是要进一步加强综合与实践。五是要注重信息技术与数学教学的融合。

评价建议中,发挥评价的育人导向作用,坚持以评促学、以评促教。在教学评价中,评价方式丰富、评价维度多元、评价主体多样。评价结果的呈现应更多地关注学生的进步,关注学生已有的学业水平与提升空间。其中学业水平考试要科学制定评分标准。评分标准应具有科学性、可操作性。对开放性、综合性较强的试题,合理设计多层次任务的评分标准。

教材编写建议中,一是要体现核心素养培养要求;二是要有利于引发学生思考;三是素材选取要贴近学生的现实,真实可信;四是要注重教材创新。

课程资源开发与利用中,坚持育人为本,将促进学生身心健康发展作为首要任务,从促进学生核心素养形成和发展的内在规律出发,为教与学提供有效支撑。一是资源开发要丰富多样,二是资源开发要注重精品化,三是注重保护知识产权。

教学研究与教师培训中,教学研究应注重区域教研和校本教研协同,整合各类资源,创新教研机制,高水平开展研究、指导和服务工作。教师培训应面向全体教师,坚持"先培训后实施"。应充分发挥教研部门的作用,统筹课程专家、学科教育专家、教研员和一线骨干教师的力量,提升培训质量。

真 题 链 接

(2022上半年教资考试真题)有教师提出,小学数学教师要跳出数学看数学,要上有文化味道的数学课,这一观点符合的教学规律是(　　)。

A. 教与学的辩证统一

B. 直接经验与间接经验相结合

C. 掌握知识与提高能力相统一

D. 掌握知识与提高思想觉悟相统一

参考答案

本章小结

　　作为一名小学数学教师,应该了解什么是小学数学课程,这是小学数学教学研究的基本问题。本章主要从数学的本质和特征、小学数学课程的特点、国内外小学数学课程的发展历程以及对《标准》的解读等方面深入分析,全方位、多视角、高屋建瓴地透视小学数学课程,有利于对小学数学课程的整体把握。

复习题

1. 如何正确理解小学数学课程的特点?
2. 结合《标准》的内容,如何理解"四基""四能"?
3. 举例说明我国小学数学课程改革中有哪些值得总结的经验和教训。

本章主要参考文献

［1］马云鹏.小学数学教学论[M].北京:人民教育出版社,2013.

［2］陈雪梅,高红志,刘月艳.小学数学课程与教学概论[M].北京:北京师范大学出版社,2016.

［3］陈孝平,杨旭.小学数学课程与教学[M].西安:陕西师范大学出版社,2017.

［4］高荆.小学数学课程教学概论[M].济南:山东科学技术出版社,2002.

［5］中华人民共和国教育部.义务教育数学课程标准(2022年版)[M].北京:北京师范大学出版社,2022.

第二章
小学数学学习过程

知识结构

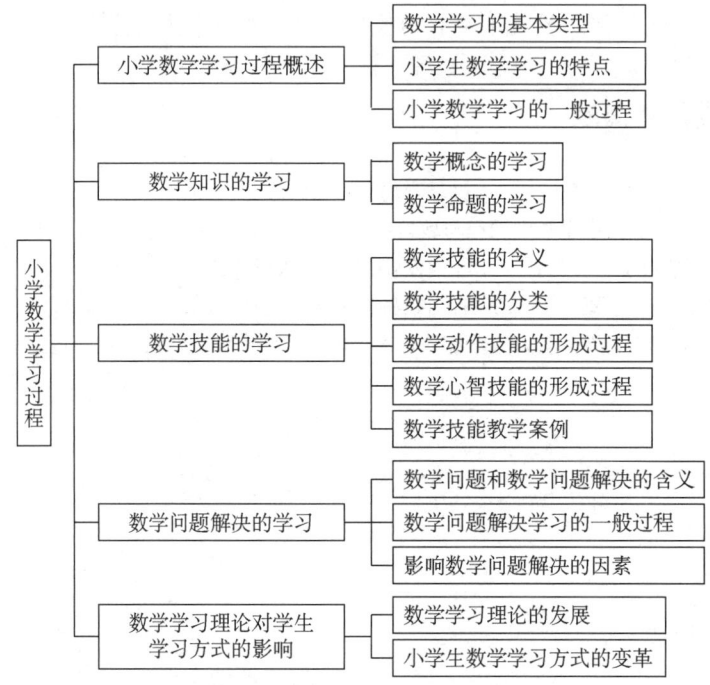

```
                          ┌─ 小学数学学习过程概述 ─┬─ 数学学习的基本类型
                          │                      ├─ 小学生数学学习的特点
                          │                      └─ 小学数学学习的一般过程
                          │
                          ├─ 数学知识的学习 ──────┬─ 数学概念的学习
                          │                      └─ 数学命题的学习
                          │
  小                      │                      ┌─ 数学技能的含义
  学                      │                      ├─ 数学技能的分类
  数                      ├─ 数学技能的学习 ──────┼─ 数学动作技能的形成过程
  学                      │                      ├─ 数学心智技能的形成过程
  学                      │                      └─ 数学技能教学案例
  习
  过                      │                      ┌─ 数学问题和数学问题解决的含义
  程                      ├─ 数学问题解决的学习 ──┼─ 数学问题解决学习的一般过程
                          │                      └─ 影响数学问题解决的因素
                          │
                          └─ 数学学习理论对学生 ──┬─ 数学学习理论的发展
                             学习方式的影响        └─ 小学生数学学习方式的变革
```

学习目标

1. 了解小学数学学习的基本类型,理解小学数学学习的特点,理解小学数学学习的一般过程,掌握学生学习的基本方式。

2. 掌握小学数学教材中的概念的内涵和外延,以及概念学习、技能学习、数学问题解决学习的一般过程。

学习重点

1. 理解小学数学学习的特点和过程,掌握小学数学学习的基本方式。

2. 理解数学概念、技能、问题解决的含义，掌握概念学习的一般过程。

 **学习导引**

按照"教与学对应的原理"，小学数学教学应建立在小学生如何进行数学学习的基础上，而所有的数学教学工作最终目的都是促进小学生更好地进行数学学习。因此，只有真正了解小学生学习的特点和基本过程，特别是掌握了小学数学概念、数学技能、数学问题解决的含义及其学习过程，才能更好地改进小学生的学习方式，才能更好地改进教学，提高教学效率，进而指导小学生更好地学习数学。

案例导入

赵老师在教学"两位数乘两位数（不进位乘）"一课时，在学生根据情境列出算式 12×24 之后，马上让同学们以小组为单位，讨论应该怎样计算。

你认为这样的合作合理吗？为什么？小学生的学习过程应该是怎样的？

第一节　小学数学学习过程概述

心理学中一般把学习分为动物的学习和人的学习两种。动物的学习是指在生活中获得个体行为经验的过程。人的学习是指在社会生活实践中，以语言为中介，自觉地、积极主动地获得掌握社会和个体经验的过程。学生的学习则不同于一般人的学习，是根据一定的教育目标，在教师的组织引导下，有目的、有计划、有组织地进行的，它以间接经验为主，主要学习在前人长期实践的基础上已经探索出来的规律。

数学学习是根据教学计划进行的，在数学教师指导下，学生从已有的经验出发，主动获得对数学知识的理解与数学技能的掌握，并在思维能力、情感态度与价值观等多方面获得进步和发展的过程。具体地说，数学学习是指学生在教育情境中，以数学语言、符号为中介，自觉地、积极主动地掌握数学概念、公式、法则、定理，形成数学活动的经验，发展数学技能与能力的过程。我们应在掌握小学数学学习含义的基础上，弄清小学数学学习的类型、特点，从而对小学数学学习的一般过程有全面的了解。

一、数学学习的基本类型

数学学习是一种特殊的学习，奥苏伯尔根据学习进行的方式、学习材料与学习者原有知识的关系、学习的复杂程度，把学习分为不同的类型。

（一）接受学习和发现学习

接受学习，是指学习的全部内容是以定论的形式呈现给学习者的学习方式。其基本过程是：呈现材料—讲解分析—理解领会—反馈巩固。例如，学习"三角形"这个概念时，通过实物抽象出三角形之后,就可以给出三角形的定义:"由 3 条线段所围成的图形叫作三角形。"学生就可以接受这个定义,再去学习后面的知识。接受学习的优势在于学习所需的时间比较短,学习的内容比较多也比较系统。但是,由于过多地重视"讲解—接受"这一模式,从而阻碍了学生思维的发展,还会严重抑制学生探索精神和创造性思维力的培养,导致学生死记硬背、机械学习。

发现学习则恰好相反,学习的主要内容不是教师以定论的形式提供给学生,而是要让学生自己去独立发现。这些经过自己发现而组织到认知结构中去的材料更容易保持,所以发现学习对于激发内部动机、掌握学习方法和培养创造精神都是有益的。例如,学习"能被 3 整除的数的特征"时,学生通过观察一组能被 3 整除的数,从中发现它们的共同特征,进而归纳出能被 3 整除的数的一般特点,这个学习过程就是发现学习。

在学生实际的数学学习中,这两种学习方式都是需要的,它们各有优势也各有不足。通常学生的数学知识是通过接受学习获得的,而各种数学问题的解决往往是通过发现学习来实现的。发现学习显然比接受学习复杂得多,所花的时间也比较多。发现学习能使学生在发现和探究的过程中产生兴奋,从"化意外和复杂性为可预料性和简单性"的行动中获得理智的满足,同时有利于迁移能力的提高。

(二) 机械学习和有意义学习

机械学习是指学生在学习时,仅能记住某些数学符号或语言文字符号的组合以及某些词句,而不理解它们所表示的内在含义。有意义学习是指学生在学习时,不仅能记住所学数学知识的结论,而且能够理解它们的内在含义,掌握它们与已有知识之间的实质性联系,并能融会贯通。例如,学生学习了"比的基本性质",有的学生只是把基本性质的内容背了下来,而有的学生联想到已经学过的"分数的基本性质"和"商不变性质",主动将这三者之间进行沟通和比较,并自觉地加以运用。前者是机械学习,后者则是有意义学习。

因为数学知识具有逻辑性、系统性,前后知识间的联系非常紧密,所以数学学习基本上是有意义学习。当然,在数学学习中,也不排斥机械学习,某些情况下还是需要的,比如教师会编制一些"口诀"或"图表"等帮助学生记忆。

奥苏伯尔认为进行有意义学习必须具备两个条件:第一,学习的材料必须具有潜在的意义,所谓"潜在的意义",指新学的知识内容与学生原有认知结构中的某些内容之间存在一定的逻辑联系,而且这些新学的材料能够同化到学生原有的认知结构中去;第二,学生必须具备进行有意义学习的条件和意向,即一定的智力发展水平和理解学习材料的欲望,要使得学生的学习有价值的话,还是要尽可能启发学生进行有意义学习。

(三) 根据学习复杂程度的分类

在有意义学习中,奥苏伯尔又根据学习的复杂程度,把学习分为符号表征学习、概念学习、命题学习、概念和命题的应用、问题解决与创造 5 种学习类型。

1. 符号表征学习

符号表征学习就是把符号所代表的观念与认识结果建立相应的等值关系。例如:"V"代表"体积","h"代表"高","π"代表"圆周率"等。

2. 概念学习

概念学习是指掌握同类事物的共同本质特征。例如,学习"质数"这一概念就是掌握质数的"只有 1 和它本身两个因数"这个本质特征。

3. 命题学习

命题是以句子的形式表达的概念之间的关系。它可以分为两类：一类是非概括性命题，只表示两个以上的特殊事物之间的关系，如"3 是 6 的因数"；另一类是概括性命题，它表示若干事物或性质之间的关系，如"圆的直径是它的半径的两倍"。显然，命题学习既包括事实学习，也包括规律、定理、原理的学习。

4. 概念和命题的运用

这里的概念、命题的运用，是指在简单情境中的应用。如掌握 π 这一概念后，在已知半径的条件下，可以利用公式 $C = 2\pi r$ 求圆的周长。

5. 问题解决与创造

奥苏伯尔认为，问题解决与创造只能通过发现学习的方式来实现。"问题解决"是学生无法把已知命题直接转化到新情境中去，而必须通过一些策略使一系列转化前后有序。学生已有的知识可能与问题解决办法有关，但需要经过多次转换，而非直接运用或练习所能解决的。"创造"则指能把认知结果中彼此关系很遥远的各种观念用来解决新问题，而且认知结构中哪些命题与该问题有关，事先是不知道的，各种转换的规则也是不明显的。

二、小学生数学学习的特点

作为一种学习活动，数学学习和其他科目的学习之间存在着一些共同的特点。概括如下：以学习书本上的间接知识为主；以学习既成的系统的知识为主；以学习基础知识、基本技能、基本思想和基本活动经验为主；学生的学习是在"学习共同体"中的个体认知行为；学生的学习是在教师指导下的行为。

由于数学自身具有高度抽象性、逻辑严谨性、应用广泛性等特点，加之数学学习是学生学习数学思维活动的过程，决定了数学学习不仅有着学习活动的一般特点，而且带有自身明显的特殊性。

(一) 数学学习是解决问题的思维活动过程

学习数学的过程，自始至终都是数学的思维活动过程。离开了思维活动，也就无所谓数学学习。问题既是思维的产物，又是思维的动力和材料。如学习"乘法的初步认识"一课，在记录 5 个 2 相加、10 个 2 相加、20 个 2 相加的过程中，学生就产生了问题——"太麻烦了，怎么才能记录简单点呢？"从而想方设法解决问题。可见问题在思维活动的全过程中，从思维的点火、启动到定向、展开，直至问题的解决（即思维成果的获得），都有着决定性的影响。离开了问题，也就无所谓数学的思维活动，至少是没有专注的、积极的思维活动。从某种意义上来说，学习数学的过程，也是不断地发现和提出问题、分析和解决问题的过程。

(二) 数学学习是直观的、实验的探究过程与抽象的、逻辑的推理过程的统一

数学一开始就具有抽象的特征。如自然数 4，可以代表人数、小棒数、桌子数、一匹马的腿数等；2×3 可以表示 3 个人的手的数量，也可以表示 3 双筷子的根数。自然科学家证明自己的结论要靠实验，而数学家证明定理要靠推理和计算。数学的逻辑性特点决定了数学证明过程的严谨性和数学结论的精确性。但是，小学生理解能力有限，小学教材中很难进行更多的证明和推理。因此，数学学习不能单纯沿着从概念到概念、从理论到理论的演绎道路"一往直前"，而应将由逻辑演绎而成的理论体系还原为生动活泼的知识生成体系，让学生了解知识的发生过程，知道解决问题思路的形成。学生应当有足够的时间和空间经历观察、实

验、猜测、计算、推理、验证等活动过程,亲身体验"做数学"的乐趣,并从中感受到数学的力量,促进数学的学习。

真题链接

1. (2022年上半年教资考试真题)小学生通过学习,掌握了"长方形面积＝长×宽",这种学习属于(　　)。

A. 信号学习　　　　　　　　　　B. 连锁学习

C. 概念学习　　　　　　　　　　D. 命题学习

2. (2022年上半年教资考试真题)小学生思维发展的基本特点是(　　)。

A. 具体形象思维与抽象逻辑思维均衡发展

B. 完全摆脱具体形象

C. 由具体向抽象过渡

D. 抽象是思维的主要成分

参考答案

三、小学数学学习的一般过程

小学数学学习的一般过程可以分为3个阶段:习得阶段、保持记忆阶段、提取应用阶段。

（一）习得阶段

习得阶段的任务首先是给学生提供新的学习内容,给学生创设适当的学习情境。如在"100以内数的读写"一课的教学过程中,教师创设了"100粒纽扣图"的情境,学生在数纽扣的过程中通过小棒、计数器、位置图学习了40、27、33的读数、写数方法。创设学习情境的关键是使学生原有的认知结构与新学习的内容之间产生适当的认知冲突,从而引起学生的学习需要,激发其学习动机。然后,通过同化和顺应两种基本形式使学生原有的数学认知结构与新的学习内容之间相互作用,从而达到感知和获取知识的目的。

（二）保持记忆阶段

学生在习得数学知识"40、27、33的读写法"之后,要想长久保持,需要通过"看图读数、听音写数、判断对错"等练习活动,使所学的知识得到巩固,形成初步的知识结构。从数学学习心理上说,良好的认知结构便于记忆。所以,教师要想使学生积累更多的知识,就必须在帮助学生形成良好的知识网络上下功夫。

（三）提取应用阶段

习得阶段注重对学习材料的理解,在一段学习之后注重复习整理知识,搞清联系,织成知识网络,再进入记忆,提取时就可以"纲举目张"了。这是信息加工理论对人类记忆、检索知识心理机制的解释,通过解决问题等应用,可以使学生的能力得到进一步的提高。如学习"圆"之后,让学生为圆规设计一个说明书,以强化圆规画圆的方法。用圆作为基本图形设计一个班徽,以强化学生的动手设计和想象能力,并渗透美学教育。

 **习题一**

1. 什么是接受学习？接受学习的基本过程分哪几步？举例说明。
2. 什么是发现学习？发现学习的特点是什么？举例说明。
3. 有意义学习必须具备哪些条件？
4. 数学学习特有的特点是什么？举例说明。
5. 小学数学学习的一般过程可以分为哪几个阶段？举例说明。

第二节　数学知识的学习

数学知识的学习，主要包括数学概念和数学命题（公式、定理、法则等）的学习。

一、数学概念的学习

（一）数学概念的构成

概念是客观事物的本质属性在人脑中的反映，它是思维的一种基本形式。数学概念是客观事物的数量关系和空间形式方面的本质属性在人脑中的反映。

数学概念一般由以下基本成分构成。

1. 数学概念名称

数学概念就是用语词或符号来给概念命名，如平行四边形、方程、π、＋等就分别是些具体数学概念的特定名称。

2. 数学概念定义

数学概念所反映的所有对象在数量关系和空间形式方面的共同本质属性的总和，叫作这个概念的"内涵"，又称"含义"。例如，平行四边形的内涵就是平行四边形所代表的所有对象共同的本质属性：有四条边，两组对边分别平行且相等，对角线互相平分等。适合于概念所指的对象的全体，叫作这个概念的"外延"，又称"范围"。平行四边形的外延包括了所有满足其内涵的全体对象，如长方形、菱形和正方形等。

数学概念的定义就是用特定的词语（或符号）对数学概念的内涵和外延作出科学的规定，例如，"两组对边分别平行的四边形叫作平行四边形""含有未知数的等式叫作方程"。可见概念的内涵和外延是相互依存、相互制约的，它们是构成概念的统一而不可分割的两个方面。

3. 数学概念例证

所谓数学概念例证是指能反映一类数学对象本质属性的具体事物，数学概念既有肯定例证，又有否定例证（一切包含概念的共同关键特征的事物叫作概念的肯定例证，反之就是概念的否定例证）。

由于数学概念是用特定的数学语言和符号，以最概括、最简约的方式反映一类数量关系和空间形式共同本质属性的思维形式，因此所谓数学概念的掌握，其实质就是学生获得同类数量关系或空间形式共同特征的深刻认识和领会的心理过程。在这一过程中，学生在对一类数学对象关键特征理解的基础上,不仅能分辨出概念的肯定例证和否定例证,而且还能区别概念的本质属性和非本质属性,并将概念应用于其他情境。

（二）数学概念学习的基本形式

数学概念的学习一般有两种基本形式:一是概念形成,二是概念同化。

1. 数学概念形成

所谓数学概念形成,是指在教学条件下,从大量的实际例子出发,从学生实际经验的肯定例证中,经过比较、分类,从中找出一类事物的本质属性,然后再通过具体的例子对所发现的属性进行检验,最后通过概括得到定义并用符号表达出来。这种获得数学概念的方式叫作数学概念形成。数学概念形成的过程可以分为以下 6 个阶段。

（1）观察实例

观察数学概念的各种不同的肯定例证,可以是日常生活中的经验或事物,也可以是教师提供的典型事例。例如,要形成平行四边形的概念,可以观察每人画的平行四边形等。自然数 3 的认识,先是认识 3 朵红花、3 个人、3 张桌子等。

（2）分析共同属性

分析所观察实例的属性,通过比较得出各实例的共同属性。例如,通过比较可以得出平行四边形的共同属性是:四条边、两组对边分别平行且相等、对角相等。

（3）抽象本质属性

抽象本质属性就是从上面得出的共同属性中提出本质属性的假设。例如,提出平行四边形的本质属性的假设是:两组对边分别平行且相等、两组对角相等。

（4）确认本质属性

通过比较肯定例证和否定例证检验假设,确认本质属性。例如,举出任意画的一个平行四边形都满足假设。

（5）概括定义

在验证假设的基础上,从具体实例中抽象出本质属性,推广到一切同类事物,概括出概念的定义。

（6）具体运用

通过举出概念的实例,在一类事物中辨认出概念,或运用概念解答数学问题,进一步明确外延,如长方形、正方形也是平行四边形。从而,使新概念与原有认知结构中的相关概念建立起牢固的实质性的联系,把所学的概念纳入相应的概念体系中。

2. 数学概念同化

所谓概念同化,就是利用学习者认知结构中原有的概念,以定义或描述的方式直接向学习者揭示新概念的本质属性,进而使学习者获得概念的过程。也就是以间接经验为基础,利用已掌握的概念去学习新概念的过程。例如,"等腰三角形"是在学习三角形之后学习的。教学时可以只给一些三角形图形,让大家先量一量各边的长,然后把有"两条边相等"的三角形定义为"等腰三角形"。教学梯形时,可以从平行四边形入手,让学生将梯形与平行四边形相比较,就可以突出"只有一组对边平行的四边形"这一梯形的本质属性。这就是概念的同化。

用概念的同化方式学习时,需要的条件是新学习的概念必须与学生原有认知结构中的某些概念或表象有密切的联系,且学生乐意进行有意义的学习。例如,学习公约数、最大公约数,学生必须主动将它们与自己认知结构中已有的约数概念及有关知识联系起来思考,认识到约数是对一个数来说的，公约数是对两个或更多个数来说的，且是它们都有的约数；由于一个数的约数个数是有限的，其中必有一个最大的约数，因此几个数的公约数中，也必有一个最大的公约数。这样使约数、公约数、最大公约数3个概念精确分化，前后贯通，纳入原有的整除概念系统中。

3. 数学概念形成与数学概念同化的比较

由上述可知，数学概念形成主要依靠的是对具体事物的抽象，而数学概念同化主要依靠的是学生对新旧知识的联系；并且数学概念形成与人类自发形成概念的方式接近，而数学概念同化是具有一定心理水平的人自觉学习概念的主要方式。小学阶段，在低年级数学概念形成用得比较多；在高年级数学概念同化逐渐增多，并成为获得数学概念的主要方式，但对较难理解的或开始学习新学科（新内容）时的一些数学概念，仍采用数学概念形成的学习方式。

（三）影响数学概念学习的因素

在数学概念的学习过程中，学生对数学概念的接受和理解的程度往往各不相同。影响数学概念学习的因素很多，其中最主要的有3个。

1. 学生原有的认知结构

学生在学习数学概念时，往往是从他原有的认知结构出发，去认识、理解和区分事物的各种联系和性质。就概念形成来说，学生必须具有"刺激模式"方面的有关知识和经验，否则就不可能从中抽象出本质属性。比如，在平行四边形的基础上，很容易抽象出"梯形"的本质特征。

2. 有关新概念的感性材料和知识经验

概念形成主要依赖的是对感性材料的抽象，概念同化主要依赖的是对知识经验的概括。因此，感性材料和知识经验是影响概念学习的重要因素。其中，概念学习素材的数量、典型性、变式和反例也直接影响着小学生对概念的感知、表征、理解和应用。如果提供的感性材料或感性经验数量太少，学生不仅不能获得概念的丰富表象，同时也难以区分出一类数学对象的本质属性和非本质属性。若概念的本质属性越明显、越突出，就越有利于学生对概念的理解和掌握；反之亦然。这就要求我们在教学中要选择那些能反映本质属性的典型材料说明概念，以此帮助学生顺利掌握数学概念。如果提供给学生的感性材料都是一些"标准"的实物或图形，那么学生在概念意义的理解上就难免出现片面性。因此，学习数学概念时还应适当选择一些变式材料，让学生从不同角度去全面理解概念的本质属性。

3. 学生的抽象概括能力

抽象是概念形成的必不可少的步骤，概括是概念同化的关键。如果缺乏必要的概括能力，学生是不容易真正掌握数学概念的。要实现概括，学生必须能对相应的一类具体事例的各种属性进行分化，再经过分析、综合、比较而抽象出共同的、本质的属性或特征，然后概括起来；在此基础上，再进行类化，即把概括而得到的本质属性推广到同类事物中去，这既是一个概念的运用过程，又是一个在更高层次上的抽象概括过程；然后，还要把新获得的概念纳入原有的概念系统中去，即要建立起新概念与已掌握的相关概念之间的联系，这是概括的高级阶段。

二、数学命题的学习

（一）数学命题学习

数学中的定理、公式和法则统称为数学命题，学生对这些知识的学习称为数学命题的学习。在小学数学中,数的四则运算法则、运算定律与性质、计算公式等,既是现实世界数量关系和空间形式及其计算规律的概括与总结,又是有关计算过程具体实施细则的具体规定,也都符合关于数学命题的定义。因此,我们将学生对这些内容的学习称为数学命题的学习。命题学习的含义:一是发现命题,二是理解其语句所表达的复合关系的意义,三是推导或论证命题,四是运用命题在其适应的各种情境中解决问题。

(二) 数学命题学习的基本形式

数学命题是由概念组成的,反映的是若干个数学概念之间的关系,因此数学命题的学习层次和复杂程度均高于数学概念的学习。数学命题学习的关键是获得数学概念之间关系的理解,而数学概念之间各种关系的获得又依赖于新命题与原有认知结构中有关知识的联系。由于新命题和原有认知结构中相关知识的关系可以分为下位关系、上位关系和并列关系3种,因此数学命题的学习也可以分为以下3种基本形式。

1. 下位学习

如果新命题在层次上低于原有的认知结构中的有关知识,那么新命题和原有认知结构中的相关知识就构成下位关系。此时,新命题可以直接和原数学认知结构中的有关知识发生联系,直接纳入原有的认知结构中,充实原有的认知结构,这样的学习叫作"下位学习"。例如,在学习了长方形的有关规则后,再学习正方形的有关规则,便是下位学习。在学习了"大数 − 小数 = 差数"之后,再学习环形面积的计算公式:大圆面积 − 小圆面积 = 环形面积,也是下位学习。

在下位学习中,由于新命题所揭示的概念之间的关系是直接从原有的认知结构中处于概括水平较高的有关知识中分化出来的,因此这样的学习比较容易。在下位学习中,新命题和原有的认知结构的作用方式是同化。

2. 上位学习

如果新命题在层次上高于原认知结构中的有关知识,那么新命题和原有的认知结构中的有关知识就构成上位关系。通过对已有知识的归纳、综合与概括,将原有的认知结构改变为新的认知结构,这样的学习叫作"上位学习"。例如,在学习分数乘法时,先学习分数乘整数的法则,再学习一个数乘分数的法则,在此基础上概括出分数乘法法则,就是上位学习。

由于上位学习必须通过改造原有的认知结构才能完成,因此一般说来,上位学习比下位学习困难。在上位学习中,新命题与原有的认知结构作用的方式是顺应。

3. 并列关系

如果新命题与原有认知结构中的有关知识具有一定的内在联系,但既不能构成下位关系,也不能构成上位关系,我们就把新命题和原有认知结构中的有关知识的这种关系称为并列关系。此时,学习新命题的关键在于寻找这种联系,使它们在一定意义上进行类比。这样的学习叫作"并列学习"。例如,学习了整数除法中商不变的性质,再学习分数的基本性质以及比的基本性质,都可以通过类比建立前后规则间的关系,让学生获得新知识。这些都是并列学习。

总之,在数学命题的学习中,新命题的内容以特殊的方式作用于原有的认知结构,并结合原有的认知结构,而形成新的认知结构。

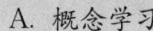

（2018 年上半年教资考试真题）小学生学习"三角形的内角和是180 度"，这在奥苏伯尔有意义学习分类中属于（　　）。

A. 概念学习　　　　　　　　　B. 符号学习

C. 表征学习　　　　　　　　　D. 命题学习

答案解析

习题二

1. 什么叫数学概念？什么叫概念的内涵、外延？举例说明。
2. 数学概念的学习一般有哪两种基本形式？举例说明。
3. 小学数学教材涉及的概念主要有哪些？举例说明其内涵和外延分别是什么？
4. 以一个概念为例说明概念形成的过程。
5. 影响数学概念学习的因素有哪些？

第三节　数学技能的学习

《标准》在第三部分"课程目标"的总目标中提出"四基"，即数学基础知识、基本技能、基本思想和基本活动经验。其中数学基础知识、基本技能的学习是感悟数学基本思想、形成核心素养的必要条件，并且数学的基本技能是从事高水平数学活动的保证。数学知识的领会与技能的掌握相互交叉，知识为内在，技能为外显。了解数学技能，认识数学技能的分类及动作技能和心智技能的形成过程，可以为良好的数学心智技能的培养奠定基础。

一、数学技能的含义

数学技能就是在数学学习的过程中，通过训练得以顺利完成数学学习任务的一种活动方式或智力活动方式，也可以说是在个体身上通过数学练习而固定下来的自动化活动方式。基本上凡是有数学活动存在的地方，都有数学技能的训练问题，技能是在已有数学知识经验基础上经过反复练习而形成的。数学技能是从数学知识掌握到数学能力形成和发展的中间环节，数学技能本质上是运用已经掌握的数学概念、定理、公式和法则等基础知识来理解并解决问题的心智动作经验。

二、数学技能的分类

根据数学活动的内容，数学技能可以分为：知识性技能（如计算技能、解方程的技能等）、操作性技能（如作图技能、测量技能、使用量角器的技能、使用计算器的技能等）、解题技能（如一题多解技能等）。

　　根据技能的表现形式，数学技能可以分为：外部动作技能（如作图技能、测量技能、使用计算工具技能）、内部心智技能（如口算技能、式的恒等变形技能、推理论证技能）。但是，基于数学学科逻辑性、严密性的特点，任何数学活动都离不开数学智力、数学思维参与的成分，也不可能单单依靠简单的操作实现。例如，数学操作技能的"会作图"：首先要明确作图的目的与要求，再组织作图步骤，且在作图过程中要时刻进行判定等思考过程，这显然离不开数学心智技能的参与。动作技能以心智技能为基础，心智技能借以动作技能实现外化。因此，数学操作技能和数学心智技能是不可分的，只是在不同的数学活动中二者谁处于主导地位罢了。

三、数学动作技能的形成过程

　　数学动作技能作为一种外显的操作活动方式，它的形成大致要经过 3 个阶段。

（一）认知阶段

　　就数学动作技能的学习而言，在认知阶段中，学生要了解与某种数学技能有关的知识、性能与功用，了解动作的难度、要领、注意事项及动作进程。也就是说，认知的内容包括知识和动作两方面，认知阶段是教师讲解示范，学生观察、记忆、想象，并且教师帮助学生了解技能的构成要素和操作方式，或者让学生自学课本上的法则。

（二）联结阶段

　　学生在了解了技能的基本成分和操作方式后，通过模仿，把前面所掌握的局部动作按照一定的顺序连接起来，使其形成一个连贯而协调的操作程序，并通过多次练习固定下来。这一阶段动作之间的相互干扰逐步得到排除，操作过程中的多余动作也明显减少，形成了完整而有序的动作系统。这一阶段，学生逐步地形成操作技能，解决问题时比较快速准确。

（三）自动化阶段

　　自动化阶段则要进一步细化和协调上一阶段得到的数学技能。自动化阶段是数学技能学习的最后阶段，在这一阶段整套动作达到自动化的程度，不需要考虑每一个动作及其组合，而是自动完成，形成熟练的技巧。

四、数学心智技能的形成过程

　　关于数学心智技能形成过程的研究，人们比较普遍地采用了苏联心理学家加里培林的研究成果。加里培林认为，心智活动是一个从外部的物质活动到内部心智活动的转化过程，即内化的过程。据此，我们可把数学心智技能学习的过程分为 4 个阶段。

（一）认知阶段

　　这是数学心智活动的认知准备阶段，主要是让学生了解、熟悉活动，使学生知道做什么和怎么做，从而在头脑中建立起活动的定向映象。实际上，这一阶段是知识学习、法则学习。如在"加法运算"学习中，认知阶段就是要在演示这种运算时，使学生知道这种运算的目的是求几个加数的和；知道运算的步骤和方法（运算的方式）。

（二）示范、模仿阶段

　　学生在教师的示范下，领会与理解数学技能，并根据教师的示范模仿着进行数学活动，以获得数学技能。如在"运用乘法分配律进行简便运算"的教学中，教师要用具体例子进行示范，边讲边写在黑板上，然后学生就能模仿着进行运算。

（三）有意识的口述阶段

学生进行数学活动时,不用模仿就能自己进行言语表述,往往是边说边做,在这一过程中,学生对于活动方式是明确意识到的。这一阶段的要求是语言要规范化、完整化。所以,教学时教师总是先给学生示范怎么说,学生再按要求表述。如在"加法运算"的教学中,在儿童面前摆出两组不等的实物,让他们把每组都数一数,然后把实物收起来(或是闭上眼睛,或是把实物盖起来),要儿童用出声的言语(外部言语)计算出它们共有多少。活动向言语方面的转化不仅意味着用言语来表达活动,而且意味着在言语中完成实在的活动,意味着活动具有了新的言语形式。

（四）无意识的内部言语阶段

内部言语必须以外部言语为基础。这一阶段学生不自觉地运用运算法则进行运算,运算过程的进行和运算法则的运用完全自如了。这一阶段学生已掌握了心智技能,对于技能所涉及的数学活动达到了熟练的程度,这时刺激和反应几乎同时发生,中间不用有意识地思考。

上述数学心智技能形成的 4 个阶段,实质上是从活动定向、表象依托、外部言语到内部言语的发展过程。在最后的内部言语阶段,心智活动已经简化和自动化,达到了无需意识参与活动的程度。

五、数学技能教学案例

表 2-1 "三位数乘两位数"教案

	教学过程	设计意图
课题	三位数乘两位数	

教学过程	一、复习导入
	1. 计算:$145 \times 2 =$ $45 \times 12 =$
	  指名两人板演笔算,并请两人讲一讲笔算顺序。
	2. 出示:李叔叔乘火车去外地出差,火车平均时速为 145 千米,李叔叔乘车用了 12 小时。李叔叔一共行了多少千米的路程?你会如何列式?(145×12)为什么用乘法?(求路程,就是求 12 个 145 千米是多少,用乘法计算)
	现在这题是几位数乘几位数?
	请大家估一估 145×12 的积是多少?
	二、探究新知
	1. 如何得出 145×12 的精确值?(笔算)
	2. 学生自主尝试笔算。(一人板演)
	3. 学生汇报笔算的步骤和方法。
	
	$$\begin{array}{r} 145 \\ \times\ 12 \\ \hline 290 \\ 145 \\ \hline 1740 \end{array}$$
	
	4. 厘清算理:
	  要算 12 个 145 是多少,可先计算 2 个 145,再算出 10 个 145,最后将两部分相加。
		明确目标:用"行程问题"的情境引出乘法算式,并让学生分析"为什么用乘法",赋予乘法在实际生活中的意义,为学生后面理解算理作铺垫。
		
		理解算理,深化运算技能:让学生搞明白算理,从整体上把握计算方向;"10 个 145"帮助学生理解为何第二部分乘积末位要对齐十位,实现更扎实的记忆算法。明确算理既实现了学习算法的定向,也要作为语言表达训练的一部分。
		
		提炼算法,尝试口述,实现"出声的外部言语阶段":在算法教学过程中,教师先准确给出示例,边说边板书;再让学生试着口述,

（续表）

教学过程	设计意图
5. 厘清算法： 　第一步先算什么？先用 12 个位上的 2 与 145 相乘，得数末位与个位对齐。 　第二步算什么？再用 12 十位上的 1 与 145 相乘，得数末位与十位对齐。 　最后算什么？把两部分乘积加起来。 **6. 追问：** 　① 第二次乘积的末位为什么要与十位对齐？ 　1 在十位表示 1 个十，乘得的结果表示 145 个十，因此要将末位对齐十位。 　② 算式中的"290""145"分别表示什么？ $$\begin{array}{r} 145 \\ \times\ \ 12 \\ \hline 290 \\ 145 \\ \hline 1740 \end{array}$$ 　290 → 2与145相乘，表示290个一。 　145 → 10与145相乘，表示145个十。 **7.** 这题你会笔算吗：186×23？ **8. 总结三位数乘两位数的算法：** 　① 先用两位数个位上的数去乘三位数，得数末位与个位对齐。 　② 再用两位数十位上的数去乘三位数，得数末位与十位对齐。 　③ 最后将两次乘积相加。 **三、巩固练习：笔算下面各题** 　　$\begin{array}{r}134\\ \times\ 12\end{array}$　　$\begin{array}{r}176\\ \times\ 47\end{array}$　　$\begin{array}{r}425\\ \times\ 36\end{array}$　　$\begin{array}{r}237\\ \times\ 82\end{array}$ 　学生独立完成，教师巡视发现典型错例，及时纠错。 **四、课堂小结**（略）	同时教师板书；最后让学生自己边说边在练习本上写竖式。要求学生每句意思不能错、顺序不能错、第二步"得数末位与十位对齐"不能漏掉。 　进一步追问"第二次乘积的末位为什么要与十位对齐"，加深学生理解，提前解决易错点。 　利用语言表达训练加速学生向"内部言语阶段"转化：练习中发现学生出错，可让学生边口述过程边再算一遍，教师观察其计算过程。大部分学生应当在再次口述的过程中就能发现问题所在；学生无法自己发现的，教师通过其口述也能很容易找到出错点，高效纠正。

表头左侧：教学过程

习题三

1. 什么叫数学技能？数学知识、数学技能、数学能力是一回事吗？
2. 数学动作技能的形成大致要经过哪几个阶段？
3. 数学心智技能学习的过程分为哪几个阶段？举例说明。

第四节　数学问题解决的学习

　　学习数学知识的目的在于解决实际问题，只有在对数学问题有明确的认识之后，掌握了解决数学问题的过程，具体分析了影响解决问题的因素，才能为数学问题的解决提供良好的方案。

一、数学问题和数学问题解决的含义

（一）数学问题的含义

所谓问题，是指没有现成方法可以解决的情境状态。数学问题是指人们在数学活动中所面临的、不能用现成的数学经验和方法解决的一种情境状态，需要在某种特定的情境中探究特定的、未知的数量关系和空间形式，并加以解决或作出论证的问题。

数学问题主要由3种成分构成：条件信息、目标信息、操作信息。目标即通常所说的要求什么。操作在这里是指允许对条件所采取的行动，即可以采取哪些方式把数学问题由问题状态转化成目标状态，它是问题求解的依据。

（二）数学问题解决的含义

根据数学问题的含义，数学问题解决是指学生在新的情境状态下，运用所掌握的数学知识对面临的问题采用新的策略和方法寻求问题答案的一种心理活动过程。数学问题解决是以思考为内涵，以问题目标为定向的心理活动过程，其实质是运用已有的知识去探索新情境中的问题，使问题由初始状态达到目标状态的一种活动过程。数学问题解决具有以下基本特征：

第一，数学问题解决指的是学生初次遇到的新问题，如果是解决以前解过的题，对学习者来说就不是问题解决了，而是做练习。

第二，数学问题解决是一种积极探索和克服障碍的活动过程。它所采用的途径和方法是新的，至少其中某些部分是新的，这些方法和途径是已有数学知识和方法的重新组合。这种重新组合通常构成一些更高级的规则和解题方法，因此数学问题解决的过程又是一个发现和创新的过程。

第三，数学问题一旦得到解决，学生通过问题解决所获得的解决问题的方法就成为他们认知结构的一个组成部分，这些方法不仅可以直接用来完成同类学习任务，还可以作为进一步解决新问题的已有策略和方法。

二、数学问题解决学习的一般过程

小学生数学问题解决学习是一个连续的心理活动过程，也是个思考的过程。这个过程通常反映为弄清问题、分析问题、实施解答、回顾反思4个基本步骤。

（一）弄清问题

弄清问题就是让学生思考要解决的是什么问题。具体来说，可以让学生在阅读题目的过程中把已知条件信息和目标信息圈起来。先明确哪些是可供利用的信息，再用自己的语言重新表述问题，解释这个问题要他们做什么。也可以让他们在同伴或小组学习中讨论条件和问题分别是什么，聆听他人的想法，这样会增强他们解决问题的技巧。另外，弄清问题时不要忽视问题目标的导向作用，要根据目标信息搜集条件信息，这样不仅可以更容易获得使问题达到目标状态的所有有用信息，同时还可以有效地排除无用信息的干扰。对问题认识的程度将会直接影响学生问题解决的质量。

（二）分析问题

这是一个根据前面获得的条件信息、目标信息、问题的初始状态及学习者头脑里形成的问题目标、状态选择解题方法，制订求解计划的过程，这是实现问题解决的关键一步。这一步是一个复杂的心理活动过程，要连续完成以下3方面的任务。

1. 问题类化

问题类化在这里是指把问题中的主要内容与学习者原有认知结构中有关的数学知识和方法联系起来,并把这些已有的知识和方法作为重新组合成解决问题的新方法的依据和基础。如原有认知结构中看到"求苹果和梨一共多少"用加法,"求剩余多少"用减法。

2. 寻找解决问题的突破口

寻找解题的突破口,在这里包含两方面的任务:一是抓住问题解决的关键,找到解题的主攻方向;二是明确从什么地方入手去解决问题,确定解题思维的起点。有些问题可以从目标入手去找问题解决的条件,有些问题应当从条件入手通过条件的组合去实现问题的解决,有些问题需要将两者结合起来思考找出问题解决的办法。到底从什么地方入手去解决问题,要根据不同数学问题的具体情况和学习者的思维习惯及发展水平来定。寻求解决问题方法的基本思想是"变更问题",使"已知"与"所求"越来越接近。变更问题的方法一般是:变更问题的条件或目标;使问题特殊化;使问题一般化;找出适当的辅助问题;分开条件的各部分,重新组合;等等。

3. 确定解题步骤

确定解题步骤是指学生在头脑里拟出问题求解的具体操作程序,即确定先求什么,再求什么,最后求什么,并不是要求学生写出书面的解题计划。如根据梨的个数是苹果的3倍,先求梨的个数,再计算梨与苹果的个数和就是所求问题答案。

（三）实施解答

实施解答就是学生使用他们选择的策略去尝试探索问题的答案。它要求学习者按照既定的解题思路有序地进行推导、运算、操作,直到得出正确的答案。有时学生在尝试了自己的计划或策略之后,发现他们并没有解决问题,这就要求学生随时对解题活动作出评价并作出必要的调整,重视"调节"在"问题解决"中的作用。要让学生意识到,尝试并放弃一个策略是一件正常的事情,第一次的尝试并不总是正确的。意识到一个策略不能用后决定使用其他的策略,是一个成功的问题解决者应该具备的素质。

（四）回顾反思

反思是"解决问题"学习活动中的一个重要步骤。学生对自己的求解过程和结果进行检验,并分析自己选择的解题途径是否合理、简捷,推理是否严谨,再进一步探究一下这种方法能否运用于其他问题。教师可以让学生解释自己是怎么解决问题的或者评价自己的解题方法,也可以让他们在小组学习或同伴交流中分享解决问题的方法或者讨论哪个方法简单,哪个方法有些复杂,使学生学会从不同的角度运用不同的知识和方法解决问题。这一步能让学生将做题的过程系统化并能给教师了解学生思维的机会,反省认知水平的高低往往能区分出良好的解决问题者和不良的解决问题者。

通常认为,小学生的问题解决有试误式和顿悟式两种。所谓试误式是对头脑中出现的解决问题的途径进行尝试,一次次纠正尝试中的错误,直至发现问题解决的途径。当遇到没有弄清意义或辨不清意义联系的问题时,用尝试错误去解决问题是不可避免的。所谓顿悟式是经过长时间的激烈思考,由于受到某种情境的启发而突然出现灵感,偶然的想法在心里瞬时冒出来,问题便不知起因地得到了解决,如鲁班发明锯子、阿基米德称皇冠。试误与顿悟并不绝对分开,在同一探索过程中,这两种方式常常交替进行。

三、影响数学问题解决的因素

影响数学问题解决的因素很多,总的来说,主要有以下3方面。

(一) 问题情境因素

问题的不同类型(选择题、填空题、计算题、证明题等)和难度(简单计算、混合计算、实际问题等),是影响学生数学问题解决的重要因素。面临性质不同、复杂程度相异的问题,学生运用思维的方式、对问题思考的紧张程度和解决问题的速度都会不同。对于小学生来说,对问题的具体理解直接影响着问题的解决,特别是当他们对问题所涉及的领域很陌生的时候,问题的具体化就成了促进问题解决的重要因素。同样,问题的陈述方式及知觉图示的难易程度,也会直接影响问题的解决。题目的文字说明要求学生有较好的语文基础和数学基础才能理解。对于图形题目,则要求学生有较好的图形知觉能力才能识别。

(二) 学习者的个人因素

1. 学生的知识经验基础

学生的知识经验基础是否坚实,影响着学生对问题性质的识别和变更问题的能力,而这正是数学问题解决的核心。没有坚实的知识经验基础,数学问题的解决是困难的。

2. 学生的心理特点

学生的智力水平和个性品质,直接影响着数学问题解决的效率。高智力的学生具有较强的逻辑推理能力、理解能力、分析能力和记忆力,数学问题解决比较容易获得成功;智力水平低的学生在数学问题解决中则容易失败。有明确学习目的、富有创造精神、爱钻研、有毅力的学生,解决问题比较容易获得成功;反之,缺乏这些品质的学生,在解决问题的过程中往往遇难即退,因而成功率较低。

(三) 解题策略的运用

解决问题的策略是指解决问题的人用来调节他们的注意、学习、回忆和思维的技能。研究表明,采用如下一些策略,往往能有助于解决问题:突破常规,产生不同寻常的新看法或新想法;改变思考问题的方向;摸清问题的要点;多角度、多方位考察问题;联想与问题有密切关系的事实和条件;等等。

 习题四

1. 什么是数学问题?什么是数学问题解决?
2. 小学生数学问题解决学习过程分哪几个基本步骤?以"鸡兔同笼"问题解决为例详细说明。

第五节　数学学习理论对学生学习方式的影响

数学学习理论的发展一般有两种途径:一种是从一般心理学的理论出发对数学学习的

具体问题作出解释与分析；另一种是基于学生具体的数学学习活动，分析其认识过程、机制及心智变化，逐步形成具体的数学学习理论。事实上，这两种发展途径是相辅相成的。学习理论与数学学习之间有着很深的渊源，对其进行分析、研究，有助于我们更好地探究小学数学学习的特殊规律。

一、数学学习理论的发展

在20世纪，数学学习理论经历了从行为主义到认知主义的发展历程。

（一）行为主义学习理论及其影响

20世纪上半叶行为主义占主导地位，其代表人物是桑代克和斯金纳。行为主义的基本立场：研究学习不应涉及不可能观察到的心理过程，而只应局限于可见的行为。桑代克通过对动物的"迷箱"实验研究，提出了以"刺激-反应联结"和"试误"为主要特点的学习理论。他认为，学习是一种渐进的、盲目的、尝试错误的过程。桑代克的观点为数学中的机械练习和训练提供了一定的依据。斯金纳以反射和强化为基础，提出了操作性条件反射理论。他认为，反应形式不一定是原有的，可以在学习过程中形成，并将之称为行为的塑造，这是操作性条件反射真正重要之处。特别是在人类行为中，重要的是学习新的行为。

（二）认知主义学习理论及其影响

20世纪下半叶，随着学习心理研究的不断深入，行为主义忽视了学习的内在心理过程的严重缺陷已日益明显，越来越多的心理学家转向关注学习的内在过程，这促成了认知主义学习理论的形成，其代表人物是皮亚杰和布鲁纳。皮亚杰理论中的关键概念是运算（即思维操作），小学生正处于具体运算阶段，他们能进行初步的逻辑思维，但运用数学符号和语言符号解释和运用概念还有困难，需要在感性材料的支持下才能顺利进行。因此，在小学数学学习中要强调动作和感知等直观活动的重要性，将实物操作、学生自发活动和解决问题活动作为数学教学的主要手段。布鲁纳认为，知识的习得过程是一个积极的认知过程，而非被动的接受过程。因此，他大力提倡发现学习，认为发现学习能激发学生内在学习动机，有利于发挥学生的智慧潜力。当然，这里"发现"是"再发现"，与科学家的"发现"仅在程度上存在差别，因为它们本质上都是一种"领悟"或"顿悟"。

（三）建构主义学习理论及其影响

建构主义又称结构主义，是行为主义发展到认知主义以后的进一步发展，它是在吸收众多学习理论，尤其是在皮亚杰、维果茨基思想的基础上发展和形成的。建构主义认为，学习是学习者主动建构知识的过程，学习者以自己的方式建构对事物的理解，学习应该是一个交流与合作的互动过程。基于对学习的认识，建构主义把教学模式概括为：以学生为中心，教师在教学过程中充当组织者、指导者、帮助者和促进者；利用情境、合作、会话等学习环境要素充分发挥学生的主动性和积极性，实现学生对知识建构的目的。在教学方法方面，建构主义提出支架式教学、情境教学和随机进入教学。

（四）人本主义学习理论及其影响

人本主义在20世纪60年代作为一场运动和一个学派出现时，是想要成为真正的关于人的科学。它认为学生是有思想、有天赋、有学习潜力、有主观能动性的个体，是不断发展与进步的个体。人本主义重视情意发展，其情意教育的目标是培养学生自我认知、自我接纳，在形成完善的人格教育过程中重视情感体验。因此，设置数学学习目标时，要注意全面性，包含知识、能力和情感因素，使学生得到最基础、全方位的发展，把培养学生情意发展贯彻于整个数学学习过程中。我们将会看到与学生个人情意紧密相联的是一种全身心投入的学习，是一种有意义的、自发的经验学习，学生能感受到学习的乐趣，激发出学习的积极性、主动性，学习效率也会提高。

人们对学习心理发展规律的认识是一种主动建构的过程，新的学习理念不断出现，必然形成对学习理论的多元化认识。无论如何，学习理论是对学习活动的原理和规律作出解释的理论，切勿直接拿来对某节具体的数学课进行指导。它们不像实用手册那样直截了当地指导具体的操作性活动，而是在其基础上产生学习法则，以带有理论性色彩的学习法则来指导数学学习，从而实现基础理论对具体活动的指导。

二、小学生数学学习方式的变革

传统的课堂教学是教师讲、学生练，把学生学习数学的过程变成一个"例题-习题"式模仿性学习过程，忽略了人的主动性、能动性和独立性，严重限制了学生的能力培养和情感体验。《标准》提倡和发展多样化的学生学习方式，特别是要提倡自主、探索与合作的学习方式，让学生成为学习的主人，使学生的主体意识、能动性和创造性不断得到发展，让学生的创新意识和实践能力也不断得到提高。

（一）充分发挥教师的作用

在小学生数学核心素养的实施中，教师是关键的因素。教师课堂教学行为的转变，要以真正内化小学生数学核心素养倡导的理念为前提。《标准》指出："教师是数学学习的组织者、引导者与合作者。"首先，尊重多元和个性差异，要善于用真心去发现学生的闪光点。在课堂上应当恰如其分地使用激励性、鼓舞性的语言来激发学生学习的积极性。对学生正确的回答立即给予肯定，对待未回答正确或回答不出来的学生可以用"是这样吗""再想想"等语言，使学生在课堂上有一种心理自由和心理安全感，而这种情感又会引起学生对学习产生浓厚的兴趣和欲望，有利于学生对问题进行大胆的探索、研究，有利于学生主动参与学习。其次，注重探究、合作学习。教师教给学生合作的方法，比如分工明确或记录或动手操作等，教师深入参与每个小组的活动，或点拨或引导或组织，保证每个小学生真正参与体验学习的过程，切实发挥教师作用。还要注重课堂的生成性和开放性。教学过程中有许多不确定性的、偶然的、无法预测的因素，致使教学过程不可能完全按照教师的设想发展，这时教师就应该关注课堂的生成性与创造性。教师与学生进行交流时要善于捕捉有效信息，并加以筛选，判断出有用信息，并重组信息，从而让教学过程在动态教学中生成，使每天从事的教学活动转变为研究性的实践活动。教师与学生一起参与课程，建构课程，共同体会作为课堂创造者的快乐。

（二）从被动接受转为主动参与

从人的角度来说，人是主体性与客体性的统一，是能动性与受动性的统一，是独立性与依赖性的统一。从学习的动机来看，学习有"我要学"和"要我学"。《标准》强调"学生是学习的主体"，因此在教学中应引导学生自主学习，让他们成为真正意义上的学习的主人。

1. 培养学生提出并解决数学问题的能力

学生对数学问题从"要我问"到"我要问"，经历了从敢问到会问、善问的过程。首先，为学生创设"最近发展区"的问题环境，让学生敢问。如在"三角形内角和"的教学中，可先从学生熟悉的长方形和正方形的内角和入手，鼓励学生大胆猜测三角形的内角和是多少。其次，训练提问的技巧，让学生会问。可借助比较、联想、转化、知识迁移等训练方法，教学生如何提出问题。如在"小数的意义"教学中，教师可安排两次比较：一是把两个同样大小的长方形，按不同的平均分方法切分后，得到 0.1；二是把平均分后的图形放大再缩小，让学生观察比较。此时，教师适时引导："大家观察后有哪些疑问呢？"学生会提出疑问："每一份的大小是不是一样的？""每一份是 0.1，但是图形不太一样，那每一份都是 0.1 吗？"最后，建立以问题为主线的教学模式，让学生善问。如在"9 的乘法口诀"教学中，教师先抛出问题主线——涉及 9 的乘法口诀有哪几句？每句口诀表示什么意思？怎样可以有效记忆？在层层递进的问题中，学生通过独立思考、合作探究，发现乘法口诀的内在联系和规律。经过长期有意识的训练，学生发现问题的能力也将得到明显提升。

2. 引导学生从模仿再现到探究发现

苏霍姆林斯基说过，在人的内心深处都有一种根深蒂固的需要，就是希望自己是一个发现者、研究者、探索者。儿童有一种与生俱来的、以自我为中心的探究活动方式，他们对客观现实的认识来自外界探究性活动。因此，在教学中应让学生在教师的组织引导与合作下自己探究、解决问题，主动获取知识。如在"两位数加一位数的笔算"教学中，"28 + 4 = ?"口算怎么算？竖式怎么算？在这个过程中，学生完全可以模仿"23 + 4"的算法，自己探究解决问题的方法。还可以借助小棒、计数器，先口算再笔算，并总结出竖式的注意事项。让学生经历"实物—半符号化—符号化"的抽象过程，这样的教学设计有利于学生按照从直观到抽象的方式理解"满十进一"的数位抽象过程。

3. 尊重学生选择的学习方法

学生的生活经验、知识背景、智力程度等各不相同，导致不同的学生有不同的解题习惯和不同的解题方法。教师应允许学生对同样的数学内容有不同的理解和表达方式，只要是学生运用自己的经验，经过自己的独立思考，自己想出来的，哪怕方法再"笨"也比让学生模仿他人的方法有价值。教师不要急于评价学生的算法，可以引导学生进行方法的优化。如在"十几减九"的教学中，方法多样，应让学生认识到，教材并不是唯一的标准，鼓励学生与学生之间进行交流、对比，通过学生自己的比较来选择适合自己的解题方法。

4. 指导学生自我反思

在课堂小结时，教师不仅要重视学生知识和技能的整理与回顾，更要通过问题的呈现方式，比如说"错误性问题"，让学生自己提出问题，进行反思，敢于反驳，逐渐培养学生的批判性思维能力。在小结过程中，教师应把课堂交给学生，让学生成为课堂小结的主体，引导学生说出自己的想法，敢于质疑授课教师的解答，也能有效让学生由"要我学"向"我要学"转变。

（三）有效运用现代信息技术

《标准》指出：信息技术的发展对数学教育的价值、目标、内容以及教学方式产生了很多影响。因此，教学时可以适时通过现代多媒体技术，用栩栩如生的鲜活画面来调动学生的学习积极性、主动性，激发学生学习的兴趣和求知欲；同时，加强教材内容的直观性，为学生的思维由以直观形象为主过渡到以抽象逻辑为主的发展搭建平台。如在"圆的面积"教学时，可以通过信息化技术将静态的圆做成动态，并且结合颜色的运用，将它分成两部分（一半蓝色，一半红色），再平均分成 16 份，然后将它们拼成一个新的图形，接着再继续平均分成 32 份，继续拼成新的图形，通过演示可以看到分得越多，每一份越细，拼得的图形就越像长方形，由有限想象无限，根据长方形的面积公式推导出圆的面积公式。利用信息技术，不仅让教材由静态到动态地呈现,还有效地突破了教学的难点,使学生的数学思维得到发散和训练,还让学生对圆的知识、圆与长方形之间的转换和关系等方面有了更多的认识,逐渐构建起一个知识体系。

　　总之,转变学生学习方式的目的是为了促进学生的发展。教师应根据学生个体特点,提高学习活动的针对性,着重引导和培养学生学习的自主意识、合作精神和探究能力。教师应保持学习方式的多样性和平衡性,将讲解和学生自学、讨论、做练习、动手操作等方式相结合,提高各种课堂学习方式对学习效果的贡献率,同时促进学生的自主发展。

真题链接

（2017年下半年教资考试真题）

参考答案

1. 教师应引导学生而不是代替学生做出选择,这是尊重和发挥(　　)。

A. 学生的主体性　　　　　　　　B. 学生的差异性

C. 学生的创造性　　　　　　　　D. 学生的发展性

2. 在"直角三角形"的教学中,教师呈现了直角三角形的各种变式,主要目的是(　　)。

A. 激发学习兴趣　　　　　　　　B. 引起有意注意

C. 丰富学生想象　　　　　　　　D. 突出概念本质

3. 数学课上,马老师有意让学习成绩较差的小军回答一个简单的问题,并鼓励了他。这主要体现的教学原则是(　　)。

A. 启发性原则　　　　　　　　　B. 直观性原则

C. 循序渐进原则　　　　　　　　D. 因材施教原则

4. 通过复习导入新课时,杨老师发现学生对相关知识的掌握不牢固,于是进行了针对性的补充讲解。这一教学过程具有(　　)。

A. 预设性　　　B. 生成性　　　C. 启发性　　　D. 随意性

习题五

　　1. 数学学习基本理论有哪些?

　　2. 赵老师在教学"两位数乘两位数(不进位乘)"一课时,在学生根据情境列出算式 $12×24$ 之后,马上让同学们以小组为单位,讨论应该怎样计算。你认为这样的合作合理吗? 为什么?

　　3. 如何让学生主动参与到学习中来?

本章小结

　　小学数学学习可以分为接受学习和发现学习,机械学习与有意义学习。小学数学学习的一般过程可以分为习得、保持记忆、提取应用 3 个阶段。不同的数学内容其学习特点是不同的。数学概念的学习分概念形成、概念同化两种形式。数学命题的学习分下位学习、上位学习和并列学习 3 种形式。形成数学动作技能要经过认知、联结、自动化 3 个阶段。形成数学心智技能分为认知、示范模仿、有意识的口述、无意识的内部言语 4 个阶段。数学问题解决学习的过程分为弄清问题、分析问题、实施解答、回顾反思 4 个步骤。学生的学习方式应该是多样化的,我们提倡自主、探索与合作的学习方式,让学生真正成为学习的主人。

复习题

1. 结合一份具体的教学案例,分析教学中如何体现概念学习的基本过程。
2. 以"20 以内数的认识"为例,谈谈什么样的学习方式更加有利于学生的学习。
3. 请举例说明数学命题学习的过程是怎样的。
4. 请举例说明数学问题解决学习的过程是怎样的。
5. 请举例说明数学技能形成的过程是怎样的。

本章主要参考文献

［1］李光树.小学数学教学论[M].北京:人民教育出版社,2010.
［2］马云鹏.小学数学教学论[M].北京:人民教育出版社,2006.
［3］曹艳荣,兰社云.小学数学课程与教学论[M].郑州:郑州大学出版社,2009.
［4］唐瑞芬.数学教育理论选讲[M].上海:华东师范大学出版社,2001.
［5］施良方.学习论[M].北京:人民教育出版社,2000.

第三章

小学数学教材分析

 **知识结构**

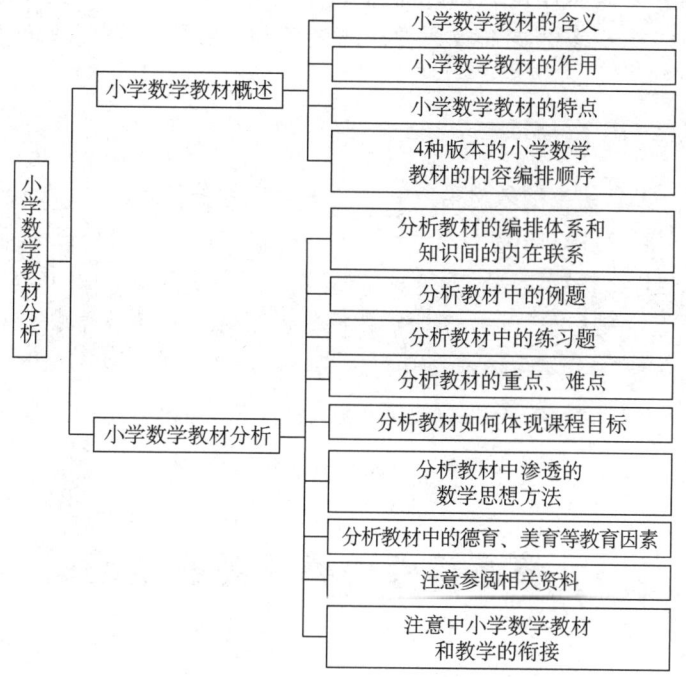

 **学习目标**

1. 了解小学数学教材的编排体系,初步学会分析小学数学教材每个例题的编排意图,能找出每节课的知识点,学会找出教材重点、难点的方法,能分析出练习题的层次性。

2. 了解一般的数学思想方法,并初步学会分析小学数学教材渗透的数学思想方法。

3. 能运用小学数学教材分析的方法,完整地分析课时教材。

 **学习重点**

1. 理解教材的编写意图,能准确地分析课时教材的知识点。
2. 理解一般的数学思想方法,并能分析教材渗透的主要数学思想方法。

 **学习导引**

　　分析教材是编写教案的前提,是小学数学教师的基本功。不同版本的教材编排顺序虽然不同,但都是按照数学的学科特点和学生的学习特点进行编排的。师范生通过自学,可知道小学数学教材的含义;通过合作交流,翻阅小学数学教材,可弄懂教材的编排体系和知识间的内在联系;在教师的帮助下,学会明确教材编者的真实意图。既要站在教师的角度分析教材,又要站在小学生的角度思考数学问题,真正搞清每个例题包含的知识点及其蕴含的思想方法。师范生只有通过独立分析教材,才能熟悉教材、把握教材,并逐步达到驾驭教材的程度。

案例导入

　　根据苏教版二年级下册教材第一单元"有余数的除法"(见图 3-1)分析:在小学教材中,除法的内容是怎样编排的? 学生是根据什么列出除法横式的? 在 $12 \div 5$ 的竖式中,每个数的含义是什么? 加法、减法、乘法的竖式格式是这样写的(见图 3-2)。除法的竖式为什么不这样书写呢(见图 3-3)? 我们分析教材时需要思考哪些方面呢?

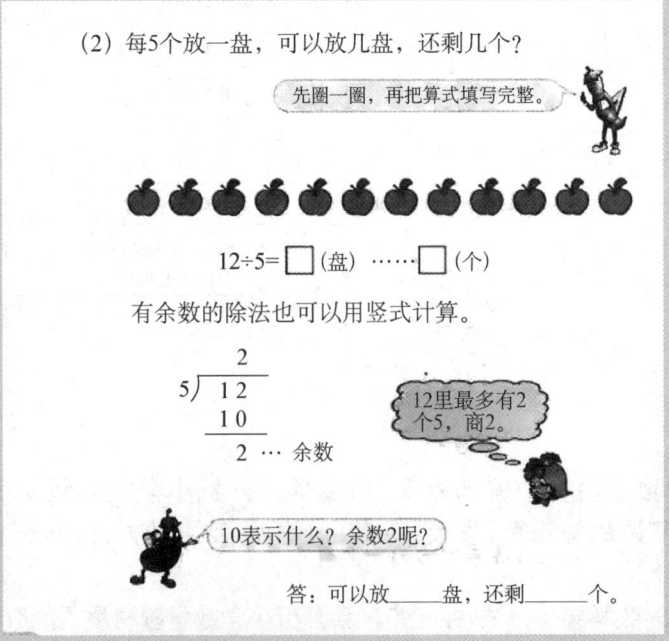

图 3-1

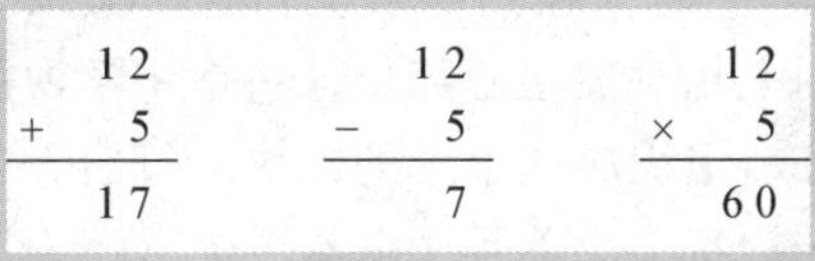

$$
\begin{array}{r} 12 \\ +\ 5 \\ \hline 17 \end{array}
\qquad
\begin{array}{r} 12 \\ -\ 5 \\ \hline 7 \end{array}
\qquad
\begin{array}{r} 12 \\ \times\ 5 \\ \hline 60 \end{array}
$$

图 3-2

$$
\begin{array}{r} 12 \\ \div\ 5 \\ \hline 2\ \cdots\cdots\ 2 \end{array}
\qquad 或 \qquad
\begin{array}{r} 12 \\ \div\ 5 \\ \hline 2 \\ 2 \end{array}
$$

图 3-3

第一节 小学数学教材概述

一、小学数学教材的含义

(一) 什么是教材

瑞典学者胡森(Husan, F.)在《简明国际教育百科全书·课程》中这样阐述:"教材作为达到课程目的的手段,可以看作为学习者提供的有计划的经验,获得预期学习结果所必需的知识,或必要的信念、理解力和习惯。"有学者认为:"教材是教学过程中的一个要素,最普遍的说法是,教材包括了教师传授行为中利用的一切素材和手段。在此意义上,教材是教授及学习的材料,是师生之间的媒介。"李小航认为,就广义而言,教材就是用于指导学生学习的相关材料,包括教科书、与之配套的练习册、教学挂图、教学软件、音像资料等。从狭义来看,教材就是根据一定的学科任务,编选和组织具有一定范围和深度的知识、技能体系,进而应用到教学中去的图书,亦称教科书。《标准》指出:"教材为学生的学习提供了基本线索,是实现课程目标、实施教学的重要资源。"

综上所述,教材是引导学生认知发展、生活学习、人格建构的一种范例,一种中介,一种素材。本章所说的小学数学教材,是指教育部审定过的小学数学教科书,又称"课本"。

《标准》对数学教材的基本定位是:数学教材为学生的数学学习活动提供学习主题、知识结构和基本线索,是实现数学课程目标、实施数学教学的重要资源。因此,数学教材是数学课程理念的基本物化形式,是学生学习数学、教师教授数学的最基本蓝本,是联结数学课程目标与数学课堂教学的最主要桥梁。我国目前的数学教材使用呈现"一标多本"的现状,每一套教材都准确反映课程标准对数学课程内容的阐述和要求,对数学学习和数学教学过程的刻画和定位。同时,数学教材还应当有利于它的使用者——学生和教师,在现行数学教学环境下实现课程标准所确立的数学课程目标。

(二) 小学数学教材的结构

周玉仁在《小学数学教学论》中提到,小学数学教材的结构,是在综合考虑数学本身的逻辑规律以及学生认识规律和心理发展水平的前提下,用数学的基本概念、基本规律、基本事实和基本方法联系起来的整体。曹飞羽认为,一个学科的教材结构,必须能反映这个学科的各要素、各成分(包括知识、技能、智能、思想观点等)之间合乎规律的组织形式……它的组织形式必须考虑学生的认知心理特点和认知方法,便于使学科的知识结构转化为学生的认知结构。

我国小学数学教材的内容分为 4 个部分:数与代数、图形与几何、统计与概率、综合与实践,这些知识之间形成了一个上下贯通、纵横交叉、紧密联系的知识网络。从教材编排结构来看,其基本组织单位由"单元"与"课"构成。"单元"是指在知识系统和逻辑关系上相对较为完整,在知识、技能、思维训练、能力培养或应用上相对独立的部分。它是将学习的内容和经验,按照其自身的逻辑关系以及学生思维的构成,组织成一个个的模块。每册教材由若干个大单元组成,每个大单元又由若干个小单元组成,每个小单元又由若干个"课"组成。"课"是教材组织的最小单位,它主要是指引导问题的情境例题、思考的展示分析、数学的各种结论、帮助理解的问题提示、显示数学本质或解题过程的图示图解等。教师一般都是按照"课"来进行教学的,每一课的教学内容相对比较单一,一般在规定的课时内完成。而构成"课"的基本要素就是一个或几个知识点以及课堂练习和课后作业题。

二、小学数学教材的作用

小学数学教材是检查教学质量和教学进度的依据,是教师教学的重要工具,更是学生获得基础知识和基本技能的摇篮,是形成数学思想方法、积累数学活动经验的重要载体。

（一）教材是实现小学数学教学目标的重要资源

小学数学教材是依据小学数学课程标准编写的。教材为学生的数学学习活动提供了学习主题、基本线索和知识结构,因而是实现小学数学教学目标、实施数学教学的重要资源。更重要的是,小学数学教材体现了核心素养的培养要求。教材内容结构着重关注核心素养的整体性,教材内容的组织着重关注核心素养发展的一致性,教材内容要求着重关注核心素养发展的阶段性。

（二）教材是教师进行教学的主要依据

小学数学教材为教师备课、上课、布置作业和检查学生的学习效果提供了基本材料。教师要熟练地掌握教材的内容,善于使用教材。教师既要根据教学要求,结合学生实际,对教材的内容做好教学法加工,使之容易被学生理解,促进师生"对话",又要指导学生阅读教材,帮助学生看懂教材的思维过程和结语,培养学生的自学能力。

（三）教材提供了学生发展知识与能力的基本线索

小学数学教材的课文部分一般由概念、规则(定律、性质、法则、公式)、插图、例题、实践操作、数学史料介绍等内容组成,这些内容经教学法加工,构建成符合学生认知规律的体系。因此,教材提供了学生发展基础知识、基本技能、获得良好的数学活动经验、掌握数学思想方法的基本线索。

（四）教材是检查教学质量和教学进度的依据

教材是依据《标准》的要求编写的,教材是实现课程目标、实施教学的重要资源,自然也成为考评教师教学水平的来源和依据。

三、小学数学教材的特点

小学数学教材是以辩证唯物主义观点为指导思想编写而成的,它也体现了编写者对数学的理解和对数学教育的认识。小学数学教材必须经过国家基础教育课程教材专家工作委员会的审查通过之后才能使用。目前我国有多家出版社(如人民教育出版社、江苏教育出版社、北京师范大学出版社、西南大学出版社、河北教育出版社、青岛出版社等)先后出版了小学数学教材,不同版本的教材都是依据《标准》的要求编制的,在体现各自特色的基础上又都遵循教材编写的基本要求。教材编写的基本要求具体如下：

课程内容体现基础性、科学性、整体性、发展性原则；

题材丰富多样，紧密联系学生的生活实际；

呈现形式图文并茂，利于激发学生兴趣；

注重转变学生的学习方式，引导经历数学知识的"再创造"；

注重知识的形成过程，强调数学知识的应用等。（宋乃庆等，2014）

四、4种版本的小学数学教材的内容编排顺序

表3-1 4种版本的小学数学教材的内容编排顺序

教材	人教版	北师大版	苏教版	青岛版
一年级上册	1. 准备课 2. 位置 3. 1～5的认识和加减法 4. 认识图形（一） 5. 6～10的认识和加减法 6. 11～20各数的认识 ★数学乐园 7. 认识钟表 8. 20以内的进位加法 9. 总复习	1. 生活中的数 2. 比较 3. 加与减（一） 4. 分类 5. 位置与顺序 6. 认识图形 7. 加与减（二） 8. 认识钟表 9. 总复习	1. 数一数 2. 比一比 3. 分一分 4. 认识位置 5. 认识10以内的数 6. 认识图形（一） 7. 分与合 8. 10以内的加法与减法 9. 认识20以内的数 10. 20以内的进位加法 11. 期末复习	1. 10以内数的认识 2. 分类与比较 3. 10以内数的加减法 4. 认识位置 5. 11～20各数的认识 6. 认识图形 7. 20以内的进位加法 8. 总复习
一年级下册	1. 认识图形（二） 2. 20以内的退位减法 3. 分类与整理 4. 100以内数的认识 ★摆一摆 想一想 5. 认识人民币 6. 100以内的加法和减法（一） 7. 找规律 8. 总复习	1. 加与减（一） 2. 观察物体 3. 生活中的数 4. 有趣的图形 5. 加与减（二） 6. 加与减（三） 总复习	1. 20以内的退位减法 2. 认识图形（二） 3. 认识100以内的数 4. 100以内的加法与减法（一） 5. 元、角、分 6. 100以内的加法与减法（二） 7. 期末复习	1. 20以内的退位减法 2. 认识钟表 3. 100以内数的认识 4. 认识图形 5. 100以内数的加减法（一） 6. 人民币的认识 7. 100以内数的加减法（二） 8. 厘米、米的认识 9. 统计 10. 总复习
二年级上册	1. 长度单位 2. 100以内的加法和减法（二） 3. 角的初步认识 4. 表内乘法（一） 5. 观察物体（一） 6. 表内乘法（二） ★量一量 比一比 7. 认识时间 8. 数学广角——搭配（一） 9. 总复习	1. 加与减 2. 购物 3. 数一数与乘法 4. 变化的图形 5. 2～5的乘法口诀 6. 测量 7. 分一分与除法 8. 6～9的乘法口诀 9. 除法 总复习	1. 100以内的加法与减法（三） 2. 平行四边形的初步认识 3. 表内乘法（一） 4. 表内除法（一） 5. 厘米与米 6. 表内乘法和表内除法（二） 7. 观察物体 8. 期末复习	1. 乘法的初步认识 2. 表内乘法（一） 3. 角的初步认识 4. 表内乘法（二） 5. 除法的初步认识 6. 认识方向 7. 表内除法 8. 总复习

（续表）

教材	人教版	北师大版	苏教版	青岛版
二年级下册	1. 数据收集整理 2. 表内除法(一) 3. 图形的运动(一) 4. 表内除法(二) 5. 混合运算 6. 有余数的除法 ★ 小小设计师 7. 万以内数的认识 8. 克和千克 9. 数学广角——推理 10. 总复习	1. 除法 2. 方向与位置 3. 生活中的大数 4. 测量 5. 加与减 6. 认识图形 7. 时、分、秒 8. 调查与记录 9. 总复习	1. 有余数的除法 2. 时、分、秒 3. 认识方向、测定方向 4. 认识万以内的数 5. 分米和毫米 6. 两、三位数的加法和减法 7. 角的初步认识 8. 数据的收集与整理(一) 9. 期末复习	1. 有余数的除法 2. 万以内数的认识 3. 毫米、分米、千米的认识 4. 万以内数的加减法(一) 5. 观察物体 6. 万以内数的加减法(二) 7. 图形与拼组 8. 解决问题 9. 数据的收集与整理(一) 10. 总复习
三年级上册	1. 时、分、秒 2. 万以内的加法和减法(一) 3. 测量 4. 万以内的加法和减法(二) 5. 倍的认识 6. 多位数乘一位数 ★ 数字编码 7. 长方形和正方形 8. 分数的初步认识 9. 数学广角——集合 10. 总复习	1. 混合运算 2. 观察物体 3. 加与减 4. 乘与除 5. 周长 6. 乘法 7. 年、月、日 8. 认识小数 9. 总复习	1. 两、三位数乘一位数 2. 千克和克 3. 长方形和正方形周长是多少 4. 两、三位数除以一位数 5. 解决问题的策略 间隔排列 6. 平移、旋转和轴对称 7. 分数的初步认识(一) 8. 期末复习	1. 克、千克、吨 2. 两位数乘一位数 3. 三位数乘一位数 4. 位置与变换 5. 两、三位数除以一位数(一) 6. 混合运算 7. 时、分、秒的认识 8. 图形的周长 9. 分数的初步认识 10. 回顾整理——总复习
三年级下册	1. 位置与方向(一) 2. 除数是一位数的除法 3. 复式统计表 4. 两位数乘两位数 5. 面积 6. 年、月、日 ★ 制作活动日历 7. 小数的初步认识 8. 数学广角——搭配(二) ★ 我们的校园 9. 总复习	1. 除法 2. 图形的运动 3. 乘法 4. 千克、克、吨 5. 面积 6. 认识分数 7. 数据的整理和表示 8. 总复习	1. 两位数乘两位数 2. 千米和吨 3. 解决问题的策略 4. 混合计算 5. 年、月、日 6. 长方形和正方形的面积 7. 分数的初步认识(二) 8. 小数的初步认识 9. 数据的收集和整理(二) 10. 期末复习	1. 两、三位数除以一位数(二) 2. 对称 3. 两位数乘两位数 4. 解决问题 5. 长方形、正方形的面积 6. 年、月、日 7. 小数的初步认识 8. 数据的收集与整理(二) 9. 回顾整理——总复习

教材	人教版	北师大版	苏教版	青岛版
四年级上册	1. 大数的认识 ★1亿有多大 2. 公顷和平方千米 3. 角的度量 4. 三位数乘两位数 5. 平行四边形和梯形 6. 除数是两位数的除法 7 条形统计图 8. 数学广角——优化 9. 总复习	1. 认识更大的数 2. 线与角 3. 乘法 4. 运算律 5. 方向与位置 6. 除法 7. 生活中的负数 8. 可能性 9. 总复习	1. 升与毫升 2. 两、三位数除以两位数 3. 观察物体 4. 统计表和条形统计图（一） 5. 解决问题的策略 6. 可能性 7. 整数的四则混合运算 8. 垂线与平行线 9. 整理与复习	1. 万以上数的认识 2. 线和角 3. 三位数乘两位数 4. 平行与相交 5. 除数是两位数的除法 6. 解决问题 7. 混合运算 8. 条形统计图 9. 回顾整埋——总复习
四年级下册	1. 四则运算 2. 观察物体（二） 3. 运算定律 4. 小数的意义和性质 5. 三角形 6. 小数的加法和减法 7. 图形的运动（二） 8. 平均数与条形统计图 ★营养午餐 9. 数学广角——鸡兔同笼 10. 总复习	1. 小数的意义和加减法 2. 认识三角形和四边形 3. 小数乘法 4. 观察物体 5. 认识方程 6. 数据的表示和分析 7. 总复习	1. 平移、旋转和轴对称 2. 认识多位数 3. 三位数乘两位数 4. 用计算器计算 5. 解决问题的策略 6. 运算律 7. 三角形、平行四边形和梯形 8. 确定位置 9. 整理与复习	1. 计算器 2. 用字母表示数 3. 角与三角形的认识 4. 认识多边形 5. 小数的意义和性质 6. 观察物体 7. 小数加减法 8. 平均数 9. 回顾整理——总复习
五年级上册	1. 小数乘法 2. 位置 3. 小数除法 4. 可能性 ★掷一掷 5. 简易方程 6. 多边形的面积 7. 数学广角——植树问题 8. 总复习	1. 小数除法 2. 轴对称和平移 3. 倍数与因数 4. 多边形的面积 5. 分数的意义 6. 组合图形的面积 7. 可能性 8. 总复习	1. 负数的初步认识 2. 多边形的面积 3. 小数的意义和性质 4. 小数加法和减法 5. 小数乘法和除法 6. 统计表和条形统计图（二） 7. 解决问题的策略 8. 用字母表示数 9. 整理与复习	1. 小数乘法 2. 对称、平移和旋转 3. 小数除法 4. 简易方程 5. 多边形的面积 6. 因数与倍数 7. 折线统计图 8. 回顾整理——总复习

（续表）

教材	人教版	北师大版	苏教版	青岛版
五年级下册	1. 观察物体（三） 2. 因数与倍数 3. 长方体和正方体 ★ 探索图形 4. 分数的意义和性质 5. 图形的运动（三） 6. 分数的加法和减法 ★ 打电话 7. 折线统计图 8. 数学广角——找次品 9. 总复习	1. 分数加减法 2. 长方体（一） 3. 分数乘法 4. 长方体（二） 5. 分数除法 6. 确定位置 7. 用方程解决问题 8. 数据的表示和分析 9. 总复习	1. 简易方程 2. 折线统计图 3. 倍数与因数 4. 分数的意义和性质 5. 分数加法和减法 6. 圆 7. 解决问题的策略 8. 整理与复习	1. 认识正、负数 2. 分数的意义和性质 3. 分数加减法（一） 4. 方向和位置 5. 分数加减法（二） 6. 复式统计图 7. 长方体和正方体 8. 回顾整理——总复习
六年级上册	1. 分数乘法 2. 位置与方向（二） 3. 分数除法 4. 比 5. 圆 ★ 确定起跑线 6. 百分数（一） 7. 扇形统计图 ★ 节约用水 8. 数学广角——数与形 9. 总复习	1. 圆 2. 分数混合运算 3. 观察物体 4. 百分数 5. 数据处理 6. 比的认识 7. 百分数的应用 8. 总复习	1. 长方体和正方体 2. 分数乘法 3. 分数除法 4. 解决问题的策略 5. 分数四则混合运算 6. 百分数 7. 整理与复习	1. 分数乘法 2. 可能性 3. 分数除法 4. 比 5. 圆 6. 分数四则混合运算 7. 百分数（一） 8. 回顾整理——总复习
六年级下册	1. 负数 2. 百分数（二） ★ 生活与百分数 3. 圆柱与圆锥 4. 比例 ★ 自行车里的数学 5. 数学广角——鸽巢问题 6. 整理和复习 （1）数与代数 （2）图形与几何 （3）统计与概率 （4）数学思考 （5）综合与实践	1. 圆柱和圆锥 2. 比例 3. 图形的运动 4. 正比例与反比例 5. 整理与复习 6. 总复习	1. 扇形统计图 2. 圆柱与圆锥 3. 解决问题的策略 4. 比例 5. 确定位置 6. 正比例和反比例 7. 总复习	1. 百分数（二） 2. 圆柱和圆锥 3. 比例 4. 比例尺 5. 扇形统计图 6. 回顾整理——总复习

 **习题一**

1. 什么是教材？小学数学教材有什么作用？
2. 小学数学教材的主要特点是什么？举例说明。
3. 人教版教材的编排顺序特点是什么？

第二节　小学数学教材分析

小学数学教材是小学数学教学活动的主要依据。教材分析是教师的一项重要基本功，是备好课、上好课的前提。教材分析是教师熟悉教材、把握教材并逐步达到驾驭教材的途径，是提高教师业务水平和从事教学研究的重要环节。

一、分析教材的编排体系和知识间的内在联系

数学是一门系统性、逻辑性都很强的学科，各部分知识间的内在联系十分密切，小学数学教材也不例外。小学数学教材是根据数学学科特点和学生认知规律，以重要的数学观念、数学思想方法和数学活动为主线，将数与代数、图形与几何、统计与概率、综合与实践等内容有机地结合起来编排的。分析教材的编排特点和知识之间的内在联系，可以从整体上把握各类知识在小学教材中的分布，认清各类知识的来龙去脉与纵横联系，以及它们在整个小学数学教材中的地位、作用。对同一类知识来说，又可以充分认识到所要教的那部分内容，其知识基础是什么，为哪些后续知识的学习作铺垫，等等，以此来避免教学过程中前后脱节或者重复。所以，我们要充分领略教材由浅入深、由易到难、螺旋上升的编写原则，参悟其中渗透的数学思想方法。

由此可见，分析教材时要先分析整套教材，再分析一册教材，接着分析一个单元，最后到一节课。当然，重在分析一个单元和一节课。这样一是容易正确把握知识间的内在联系，二是容易落实本节课在本单元、本册教材中的地位和作用。所以，要做到对小学数学教材知识间的内在联系了如指掌（详见表 3-1）。

二、分析教材中的例题

（一）简要分析一个单元中的每个例题

1. 分析每个例题的作用

通常一个例题代表一个知识点，或者说一个例题代表一个题型。一个单元中例题的前后顺序，一般也是按照由浅入深、由易到难的编排原则来设计的，所以分析教材要先分清每个例题的特点和编写意图。如人教版二年级上册第二单元"100 以内的加法和减法"的笔算减法有 3 个例题，例 1 是 36－23，不退位减；例 2 是 51－36，退位减；例 3 是 50－24，个位为 0 的易错的退位减。教材这样编排既符合知识的逻辑顺序，又符合学生由易到难的学习特点。

2. 明确每个例题要传递的信息

教材所选的例题要传递给学生什么信息？体现编者什么想法？什么情感？这需要细致分析教材。如人教版三年级下册第四单元"两位数乘两位数"，此单元分为两个小单元："1.口算乘法，2.笔算乘法。"口算是笔算的基础，所以乘法的编排中都是先口算后笔算。本单元笔算乘法有两个例题，教材是先编排不进位乘"14×12"，再编排进位乘"48×37"。

例 1：

针对 14×12，教材先创设买书的情境：每套书有 14 本，王老师买了 12 套。一共买了多少本书？又根据熟悉的情境，提出问题："你会计算吗？把你的方法试着用点子图表示出来。"（见图 3-4）这是让学生应用已有的计算知识尝试解决 14×12，以此培养学生将新知转化为旧知解决问题的能力。学生已有的计算知识是多位数乘一位数的笔算、两位数乘一位数的口算、两位数乘整十数的口算，即学生的学习基础是能独立解决 14×2 和 14×10 了。点子图是数形结合思想的一个体现，用点子图解决问题也是小学数学教材中常用的思路之一。教材中给出了两种解题思路（实际教学中学生可能给出的方法更多），其中第二种方法及点子图与 14×12 的竖式计算的算理相对应，为学生理解竖式计算的算理和算法做好了铺垫。接着通过"想一想：怎样用竖式计算？"引出竖式的计算方法，并强调每一步计算的具体含义。由此可见，教材详细列出了竖式的每一步含义，所以图 3-4 是重在列竖式计算。本节课都是围绕着根据乘法的含义如何列竖式、竖式的每一步的含义进行编排的。

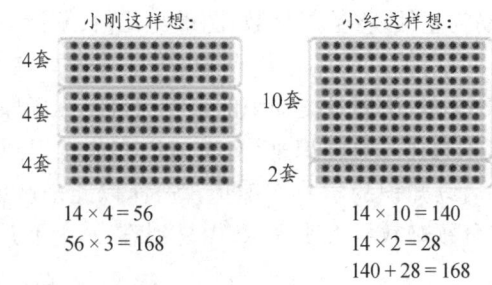

做一做

$$\begin{array}{r} 2\ 3 \\ \times\ 1\ 3 \\ \hline \end{array} \qquad \begin{array}{r} 3\ 3 \\ \times\ 3\ 1 \\ \hline \end{array} \qquad \begin{array}{r} 4\ 3 \\ \times\ 1\ 2 \\ \hline \end{array} \qquad \begin{array}{r} 1\ 1 \\ \times\ 2\ 2 \\ \hline \end{array}$$

图 3-4

例 2：

48×37,传递给学生的信息是估算和列竖式,其中竖式的每一步中都有进位,但它的每一步不像 14×12 讲得那么细致。因为图 3-5 和图 3-4 的算理是相同的,只是在计算过程中需要进位,计算任务稍微复杂些。学生在图 3-4 中借助了点子图明确了算理,所以图 3-5 中不再呈现点子图,而是通过酸奶箱的摆放体现算理。对 37 个 48 相加求和,可以分别求30 个 48 和 7 个 48 相加的和。教材编排了两名学生通过估算讨论出 48×37 的大概范围,一位学生说:"48≈50,37≈40,50×40＝2 000,大约 2 000 盒。"一位学生说:"比 2 000 少。"此处意图体现估算的作用和价值,估算也是检查计算结果的一种方法。学生学习本节课的基础是多位数乘一位数和两位数乘两位数(不进位)的笔算。学生已经能独立计算 48×7 了,所以教材在列竖式时给出了 48×37 的第一步计算结果,让学生通过类推来补充后面的计算结果。图 3-5 教学后,教材中是通过小组讨论,归纳出两位数乘两位数的计算步骤,总结出笔算乘法的计算法则。

2 春风小学有37个班,平均每班有48人。一顿午餐要为每人配备一盒酸奶,一共需要多少盒酸奶?

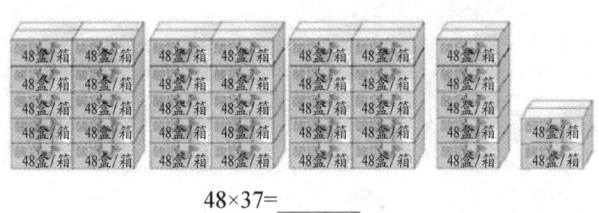

48×37=_____

学生先估多少盒,再考虑竖式怎么算。

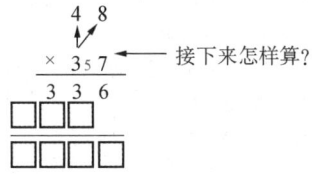

← 接下来怎样算?

小组讨论:乘数是两位数的乘法怎样计算?

图 3-5

生活中看电视也一样,我们不光看电视,更重要的是看导演要传递的真正信息,即要体会导演真正的意图。再如,教师在课堂上都会反复强调重点知识,但有些课堂总让人觉得重点不突出，学生学不会。可见强调不是说了好多次就行，学生还是不会领会教师的良苦用心，但如果教师采用加重的声调、鲜艳的色彩板书等手段，就能让学生感受到其重要性。犹如分析教材的编写意图，当我们彻底明白了编者的真实意图时，我们才能抓住每个例题的重点所在，这样授课才能"切中要害"。

（二）分析一节课的例题

分析一节课的内容，就是分析这一节教材的字里行间，就是要分析编者编写这节课的真正意图，然后再想方设法把编者的意图呈现在课堂上。简单地说，分析教材就是理解教材中的每一幅图、每一句话分别是什么意思。如果理解不了的话，就去想这幅图或这句话能否用另一句话或另一幅图来替代，想为什么能用或者为什么不能用其他替代。只要把这些捉摸透了，编者的意图就自然被解释通了，本节课的知识点也就找全了。理解编者的意图是顺理成章编写教案的前提。

以人教版四年级上册第五单元"平行四边形和梯形"中"平行四边形的认识"一课为例，我们来分析教材(见图3-6)的知识点。

平行四边形和梯形

5 我们认识过平行四边形，你能说出在哪些地方见过平行四边形吗？

上面各图中都有平行四边形。

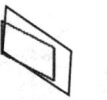 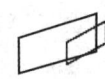

研究一下，平行四边形的边有什么特点。

平行四边形的对边互相平行。

对边也相等。

两组对边分别平行的四边形，叫作**平行四边形**。

从平行四边形一条边上的一点向对边引一条垂线，这个点和垂足之间的线段叫作平行四边形的**高**，垂足所在的边叫作平行四边形的**底**。

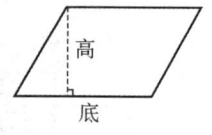

✎ 做一做

下面哪些图形是平行四边形？画出每个平行四边形的高。

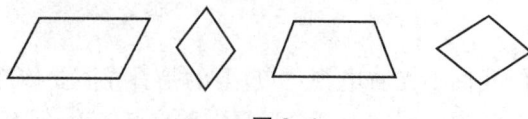

图3-6

对题目"平行四边形和梯形"分析:单看教材内容发现本次讲授内容只有"平行四边形"的相关内容,梯形应该是下节课的内容。另外,根据知识间的内在联系,我们也知道教材先编排平行四边形再编排梯形。图形的认识是按这个顺序编排的,平面图形的面积也是按这个顺序编排的。所以,本课课题是"平行四边形"或"认识平行四边形"。

对"我们认识过平行四边形,你能说出在哪些地方见过平行四边形吗"进行分析:学生已学过有关平行四边形的知识了。事实上,平行四边形在一年级第四单元"认识图形"单元(见图3-7)中出现过,当时只是直观认识。这是学生学习本节内容的基础。

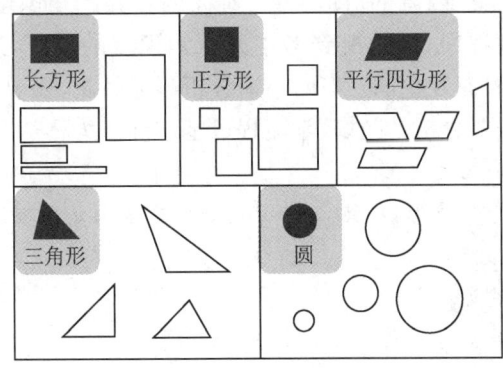

图 3-7

生活中学生一般都见过平行四边形,可让学生回忆一下在不同地方见过的平行四边形。

对"楼梯、衣架、停车位"图片分析:根据地域可选择不同的案例,只要是学生常见的实物即可。这些实例学生都见过吗? 对于没见过的实例,课堂要如何处理? 是实物展示还是课件展示? 同时思考:除了教材的3个实例外,还有哪些?

对"上面各图中都有平行四边形"分析:根据以上实物抽象出平行四边形的图形,需要进一步思考——只有这3种吗? 还有哪些形状的画法? 是否需要补充? 我们平常喜欢画的平行四边形是什么形状?

对"研究一下,平行四边形的边有什么特点"分析:研究一下是学生个人研究,还是小组合作? 根据难易程度和操作方式及课堂时间需求,显然小组合作比较合适。那么布置小组合作任务时,教师要说清研究的具体任务和小组合作的详细要求。

研究的内容是平行四边形的边的特征,平行四边形的对边平行且相等。实际教学中学生也会研究出对角相等。

研究的工具是什么? 根据研究内容和要求决定:三角板、直尺、量角器等。

对"两组对边分别平行的四边形,叫作平行四边形"分析:此处是概念教学,一般需要先分析概念中的关键词,然后辨析概念,最后巩固概念。可分析"平行四边形定义的关键词是哪几个? 由此得出平行四边形的什么性质? 定义出现后,怎样巩固? 可通过"判断下列图形是不是平行四边形,你是怎么判断的"等类似的题目来巩固。这是概念教学的一般流程。

对"从平行四边形一条边上的一点向对边引一条垂线,这点和垂足之间的线段叫作平行四边形的高,垂足所在的边叫作平行四边形的底"分析:思考学生学习本部分内容的基础是什么? 然后逐字逐句地分析:哪条边? 哪个点? 对边是谁? 几条垂线? 分清楚到底什么是高? 高有几条? 为什么高都相等? 可怎么画高? 总结出画高的步骤:找点、找对应边、作垂线、标直角符号。一般怎么画高？从平行四边形的一个顶点向对边作垂线。到底什么是底？怎么找底？

高和底的对应关系是什么意思？根据概念教学的规律，思考学生如何掌握？给出哪几个有代表性的平行四边形的图形，让学生画高找底？让学生自己发现，高可能画在平行四边形内，也可能画在平行四边形外。

通过上面分析，我们找出了本课的知识点：生活中的平行四边形，各种"形状"的平行四边形，平行四边形的概念、特征，根据平行四边形的特点会判断一个图形是不是平行四边形，平行四边形的底和高的定义、两者的对应关系、画高的步骤。知识点是不能漏掉的，这很重要。在教师资格证面试过程中，经常碰到考生漏讲知识点的情况，还有不知道讲什么的情况，答非所问的情况也是时有发生的。有时一遍分析不通教材，要分析多遍。

通过以上对教材的概要分析，课堂教学流程可基本确定为：

① 复习或直接实物导入。

② 由实物抽象出平行四边形，小组合作研究平行四边形边的特点。

③ 学生汇报交流。

④ 分析平行四边形定义。

⑤ 高和底的定义分析。

⑥ 课堂练习。

⑦ 小结。

⑧ 作业。

三、分析教材中的练习题

在教学中，要求学生进行有目的、有计划的练习，是学生掌握知识、发展思维、培养能力的必由之路。教材在编排练习时，既有基础练习，又有形式多样、层次递进、角度多变的应用练习。

（一）把握例题、习题的搭配

习题指的是"做一做"、"练习题"、每册教材最后一章"总复习"的题。其中"做一做"是指紧跟在例题后面的用以巩固本节重点知识的题目，一般需要在课堂上完成。

习题是教材的一个重要组成部分，在分析教材，特别是课时教材的分析中，应引起足够的重视。有些课标的要求是通过习题来体现的。例题是典型题目的代表，但不可能涵盖所有的类型，所以有些类型放在习题中。如人教版四年级上册第四单元"三位数乘两位数"，教材例题中没有出现因数中有 0 的乘法笔算，习题中却出现了形如 504×26 的情况。再如估算只编排一个例题 $209 \times 19 \approx 200 \times 20$，而估算的其他类型就都编排在习题中了，如 $289 \times 21 \approx 300 \times 20$。

巩固知识需要练习，培养学生能力也需要练习。分析习题时要明确每道练习题设计的目的和要求，明确每道题与教材内容所学知识的对应关系。可以把练习题中的每一道题和例题对应起来，以免出现布置学生做练习了，而对应的例题还没学的现象。

（二）分清基本题、变式题、发展题、综合题

分析教材时，教师需要把所有题目都做一遍，做到心中有数。教材中练习题的设计一般是体现层次性的：做一做（比着葫芦画瓢）；变化例题（改错、判断等）；发展性题目；综合性题目。所以，分析教材时要认真分析每一个知识点所对应的习题，以确保给学生布置作业时有针对性。

四、分析教材的重点、难点

（一）分析教材的重点

小学数学教材中包含的知识是多方面的，各部分知识间存在着密切的联系。教材重点就是学生必须掌握的基础知识、基本技能、基本思想和基本活动经验。具体地讲，教材重点就是教材中的基本概念、基本规律及由内容所反映的思想方法。

1. 分析小学数学教材的重点

在整个教材中关系全局的、直接影响着其他知识的学习，且在整个教材中占有重要地位的知识，定为教材的重点。例如，在整个小学数学教材中，"数的认识和数的运算"是最基础、最重要的一部分知识，直接影响着其他各部分内容的学习，所以它是整个小学数学教材的重点之一。"数的认识和数的运算"又包括整数、小数和分数的认识与运算，其中整数的认识与四则运算是学习小数和分数的基础，因此整数的认识与四则运算是整个"数的认识和数的运算"的重点。在"20以内的加减法"中，又以进位加法和退位减法为重点，它直接影响着以后各阶段进位加法和退位减法的学习。在"20以内的进位加法"中，"9加几"是重点，因为"9加几"的凑十法为"8加几""7加几"的学习奠定了知识基础。

2. 分析一册教材的重点

学习是由量变到质变的过程，引发学生思维上发生质变的知识点是重点。如从整数到分数，这一册教材中分数的知识就是本册重点。思维活动发生重大转折的知识点是重点。如由数到代数，代数思想中的"方程"的内容就是重点。

3. 分析一节课的重点

首先要分析本节课教材与上节课教材的主要区别是什么。这个区别就是学生认识上的转折，就是这节课的重点。一节课教材中的定义、公式、法则、数学思想方法等主要知识点就是一节课的重点；教材内容中最基本、最核心且篇幅较大的内容就是一节课的重点。很多时候教学重点是能够从教材当中直接提取的。

如笔算乘法：12×3，16×3，14×12，48×37是分布在不同册的两个单元的四个例题，找出四个例题间的区别就分别找到了它们的重点。12×3和16×3是两位数乘一位数，14×12和48×37是两位数乘两位数。根据知识间的内在联系，可以知道，12×3和16×3是第一次学习竖式，所以这两个例题的重点就是怎样列竖式，而这两个例题也有区别，所以两道题的重点是不一样的。

12×3（见图3-8）是学生首次学习乘法笔算，所以怎样列竖式是重点，重点中的重点就是列竖式的过程中，每一步是怎么乘的，乘积写在什么位置，每一步分别表示什么意义。

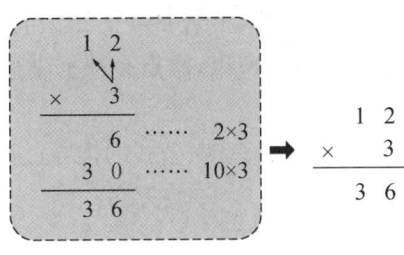

图3-8

16×3(见图3-9)也是笔算,但竖式的写法在例题12×3中已学过,那么例题16×3和12×3相比较,其区别在于乘的过程中有进位了,3×6＝18中18的"1"怎么简写的过程推导就是本节课的重点。

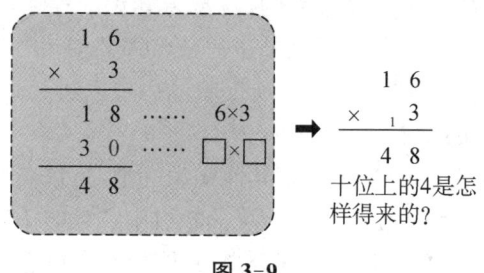

图 3-9

14×12(见图3-10)和48×37(见图3-11)都是两位数乘两位数,都是笔算。14×12与12×3、16×3相比,区别在于其中一个因数由一位数变成了两位数,多出来的这一位数的乘法,即12中的"1"去乘14是重点。怎样列竖式在12×3和16×3中已经学会了。所以,14×12的重点是因数12中的"1"如何去乘14,即"乘积写在哪个位置,为什么写在这个位置"是本节课的重点所在。

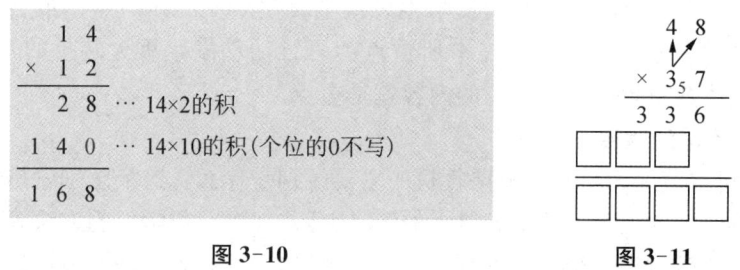

图 3-10   图 3-11

48×37与14×12相比较,区别在于乘的过程中有进位,进位是本节课的重点,至于怎样列竖式已经不是重点了。教材在处理的时候,编者的意图很明显,至于用十位上的"3"去乘48的积以及两部分积的和都是用方框的形式给出的,让学生自己思考计算,说明学生之前已基本会运算。通过以上四个例题的学习,至此乘法法则也可以总结出来了。

应注意,重点是根据教材内容确定的,所以具有相对性。

(二) 分析教材的难点

1. 确定难点的途径

教材的难点一般是指教师难讲、学生难以理解的知识,或学生不易掌握的技能技巧,或者是学生容易混淆和产生错误的教学内容,或者是新旧知识的衔接上呈现了较大坡度的知识点,或者是比较抽象复杂的教学内容。所以,难点是根据学生水平确定的,同一个内容对不同班级的学生不一定都是难点。

一般而言,一节课的难点就是:定义的理解、公式的推导过程(或应用)、应用题中的分析数量关系、掌握正确解题方法等。

2. 注意问题

教材的难点一般也是教学的难点,只是在陈述上稍有不同。例如,在万以内整数加、减法这一单元中,连续进位加法和连续退位减法就难以被学生理解和掌握,是这个单元教材的难点,学生掌握连续进位加法和连续退位减法是教学的难点。

有时教材的重点就是教材的难点。在分数加、减法这个单元中,异分母分数加、减法既是教材的重点,又是教材的难点。但是,教材的难点不一定都是重点,如在多位数的读写中,数位上有 0 的数容易读错、写错,因此是难点,但不是重点,重点是多位数的读写法则。

有些课没有难点。如在两位数乘两位数中,48×27 这节课就没有难点,因为列竖式在例题 14×12 中已学过,进位在例题 16×3 中已学过。48×27 这节课就是将前面学过的知识点用一种新的方式整合在一起了,所以本节课没有难点。

教学难点是相对的,是相对于学生的知识、经验、能力和思想实际水平而言的。当然,难点具有双重性:消极性和积极性。通常我们对难点消极的一面关注得较多,这是完全必要的;积极的一面是对深化认知、发展思维和培养数学素养都有着不可替代的作用。事实上,没有问题就无所谓思维。

3. 案例分析

以人教版一年级下册第四单元"100 以内数的认识"第三课时(见图 3-12)为例来分析教材的重、难点。本节课的内容是在学生能够正确地数出 100 以内的物体的个数,知道这些数的组成,理解计数单位"一""十"及它们之间的关系基础上进行的。通过全文分析我们可以确定本节课的重、难点。

教材先创设了百粒纽扣图(见图 3-12),提出问题:"每种颜色(黄绿红)的纽扣各有多少粒?"

学生容易数出:黄色 40 粒,绿色 27 粒,红色 33 粒。接着提出问题:"这些数怎么读写呢?"(见图 3-13)

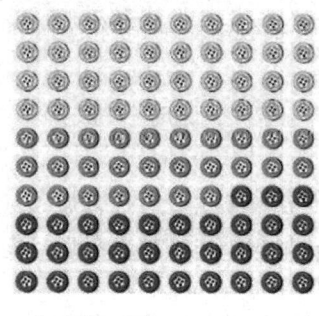

图 3-12

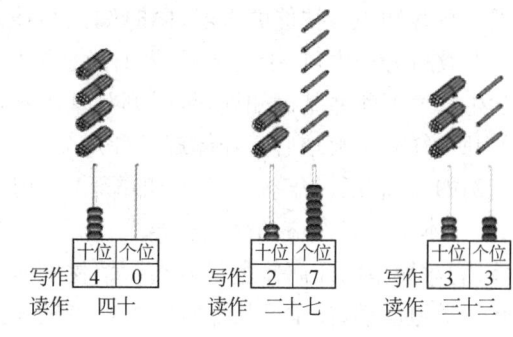

最后根据33提出问题:"两个'3'的意思一样吗?"

图 3-13

① 图 3-12 和图 3-13 是教学 100 以内数的读、写。教材呈现了 3 种颜色共 100 粒纽扣,从记录 3 种颜色纽扣数量分别有多少、一共有多少粒纽扣等问题引入,突出了读、写数的意义和必要性。

② 教材体现了:数纽扣数—用小棒表示数—用计数器表示数—写数、读数的编排层次,逐渐提高抽象程度,让学生用多种方式表示数,直观地感受数位、数位上的数的含义、读数和

写数的方法等。

③ 教材编排注意知识的层次性、全面性。例如，纽扣 10 粒一排，突出了计数单位"十"。又如，要读、写的数按整十数 40——一般数 27—特殊数 33 的层次编排。

④ 计数器是数位的具体化，教材已很好地加以利用。与小棒对应，清楚地展示了读、写数的方法：写数时有几个十就在十位上写几，有几个一就在个位上写几，个位上一个也没有，就在个位上写"0"；读数时，十位上有几个十就读"几十"，个位上有几个一就读"几"。

通过对教材的分析发现，教材的重点：一是个位和十位的意义，二是正确、熟练地读、写 100 以内的数。教材难点是个位和十位的意义，位置值的感受。

通过分析教材，我们已经确定了教材的重、难点，在分析重、难点的过程中，我们的教学流程也已经基本确定：

① 复习 20 以内数的读写法并用小棒表示，说明 1 个十表示 10 个一。或者直接创设纽扣情境，提出问题："3 种颜色的纽扣分别有多少粒？"

② 小组内数一数，并说说是怎么数的？

③ 学生汇报交流：用小棒、计数器是怎么表示这些数的？

④ 由 40、27，师生共同总结出读数、写数的方法。

⑤ 教学"33"。

⑥ 练习。

⑦ 小结。

五、分析教材如何体现课程目标

《标准》中将课程目标分为知识与技能、数学思考、解决问题、情感与态度 4 个方面，并且指出，这 4 个方面的目标是一个密切联系的有机整体。数学思考、解决问题、情感与态度的发展离不开知识与技能的学习，同时知识与技能的学习必须以有利于其他目标的实现为前提。在教材分析中，特别是单元、课时教材分析中，一定要清楚按照《标准》要求，确定本节内容学生要学习哪些基础知识，掌握哪些基本技能，经历哪些数学活动，获得怎样的经验，《标准》中所说的 11 大核心素养体现了哪几个等。

例如，人教版一年级上册第四单元"认识图形（一）"的第一课时：认识立体图形（见图 3-14）。本节内容对应的《标准》要求：能通过实物和模型辨认长方体、正方体、圆柱和球等几何体；能对简单的几何体进行分类。教材安排了对生活中的实际物体和实物图片进行分类的数学学习活动，让学生从形状的视角初步认识物体；教材很好地体现了课程目标。

分析如下：

教材首先出示了较多的学生熟悉的、日常生活中的物品，让学生把形状相同的物体放在一起。既可以借助学生已有的生活经验，也渗透了分类的思想。

接着通过列表的方式，让学生把不同的物品分为 4 类，并在此基础上抽象出 4 种立体图形的模型图，且给予名称。在每一个表格中，把实物、模型图、模型图名称都放在一起，可使学生对每一个图形名称都获得丰富的表象，同时体验到数学来源于生活。

最后说一说身边哪些物体与上面这些形状相同，使学生尝试用所学的数学知识描述所处的生活空间，体现数学的应用性。同时，通过答案的开放性和多样性，培养学生思维的灵活性。

在"做一做"(见图3-15)中,第1题通过学生滚动圆柱、推长方体、转球、摸球等活动,利用视觉、触觉、运动觉的协同作用,使学生初步了解各种立体图形的特征,感受平面和曲面的区别。

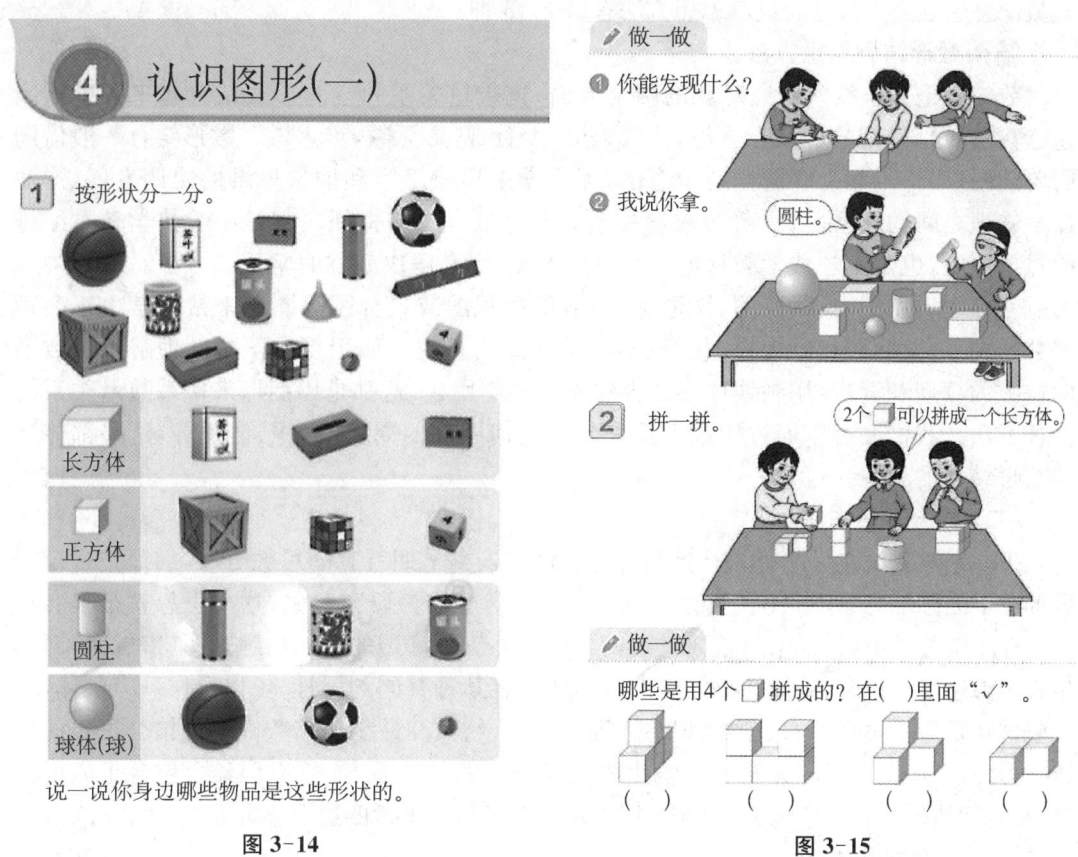

说一说你身边哪些物品是这些形状的。

图 3-14

图 3-15

第2题为学生提供了一个游戏的范例。先要求学生在看不见实物的情况下,按指定的图形名称摸实物,使学生通过触摸来体会各种图形的特征,加深对所学图形的认识。再让学生通过拼组活动,感受立体图形之间的关系。学生既可以用几个相同的图形拼学过的图形,也可以拼出没学过的图形。拼完后,可以交流一下拼的情况,说一说用了几个什么图形拼成了一个什么图形。

最下面的"做一做"让学生从拼好的形状中找出哪些形状是用4个小正方体拼成的,此题有助于培养学生的空间观念。

六、分析教材中渗透的数学思想方法

数学思想和数学方法,既有联系又有区别。应当说,数学思想是数学方法的升华,而数学方法则是数学思想的体现。小学数学中渗透的数学思想和数学方法大多浑然一体,因此作为一个整体提出,通常说成数学思想方法。数学思想方法和数学知识一样,是人类在长期的数学活动中发展和积累起来的,它是学生形成良好认知结构的纽带,是由知识转化为能力的桥梁,也是学生智力发展和素养提高的重要因素。因此,在小学数学教学中,分析研究如何渗透数学思想方法是进行素质教育的一个突破口。

现行小学数学教材渗透了集合思想、对应思想、函数思想、统计思想、极限思想、化归思想、数形结合思想、模型思想等。所谓渗透，就是把数学思想方法融合到有关的教材内容中去，它是一种高水平的深入浅出。对此，在分析教材时，一定要推敲在什么地方用了什么样的数学思想方法。常见的数学思想方法有以下 13 种。

（一）数形结合思想方法

数与形是数学教学研究对象的两个方面，把数量关系和空间形式结合起来去分析问题、解决问题，就是数形结合思想。"数无形，少直观，形无数，难入微"，数形结合一般借助简单的图形、符号和文字所作的示意图，促进学生形象思维和抽象思维的协调发展，沟通数学知识之间的联系，从复杂的数量关系中凸显最本质的特征。它是小学数学教材编排的重要原则，也是小学数学教材的一个重要特点，更是解决问题时常用的方法。教材中多通过作一些如点子图、线段图、树形图、长方形面积图或集合图等图形来帮助学生正确理解数量关系，使问题化难为易，化繁为简，从而简明直观。如用点子图帮助理解两位数乘两位数的算理和算法，用画线段图的方法来解答应用题，这都是用图形来代替数量关系的一种方法。我们又可以通过代数方法来研究几何图形的周长、面积、体积等，这些都体现了数形结合的思想。

（二）集合思想方法

把一组对象放在一起，作为讨论的范围，这是人类早期就有的思想方法，继而把一定程度抽象了的思维对象，如数学上的点、数、式放在一起作为研究对象，这种思想就是集合思想。在小学数学中，集合思想是通过画集合图的办法来渗透的。如用圆圈图（韦恩图）向学生直观渗透集合概念，让他们感知圈内的物体具有某种共同的属性，可以看作一个整体，这个整体就是一个集合。如数的认识与运算，最大公约数和最小公倍数中都有集合思想的渗透。另外，利用图形间的关系可向学生渗透集合之间的关系，如长方形集合包含正方形集合，平行四边形集合包含长方形集合，四边形集合又包含平行四边形集合等。

（三）对应思想方法

对应是人的思维对两个集合间问题联系的把握，是现代数学的一个最基本的概念。小学数学教学中主要利用虚线、实线、箭头、计数器等图形将元素与元素、实物与实物、数与算式、量与量联系起来，渗透对应思想。如在人教版一年级上册教材中，分别将小兔和砖头、小猪和木头、小白兔和萝卜、苹果和梨一一对应后，进行多少的比较学习，向学生渗透事物间的对应关系，为学生解决问题提供了思想方法。

真题链接

（2016 年下半年教资考试真题）根据一年级上册教材"比一比"①（见图 3-16）回答：

什么是对应思想？如何培养学生的对应思想？（10 分）

---

① 2022 年新印次的教材中为"比大小"。

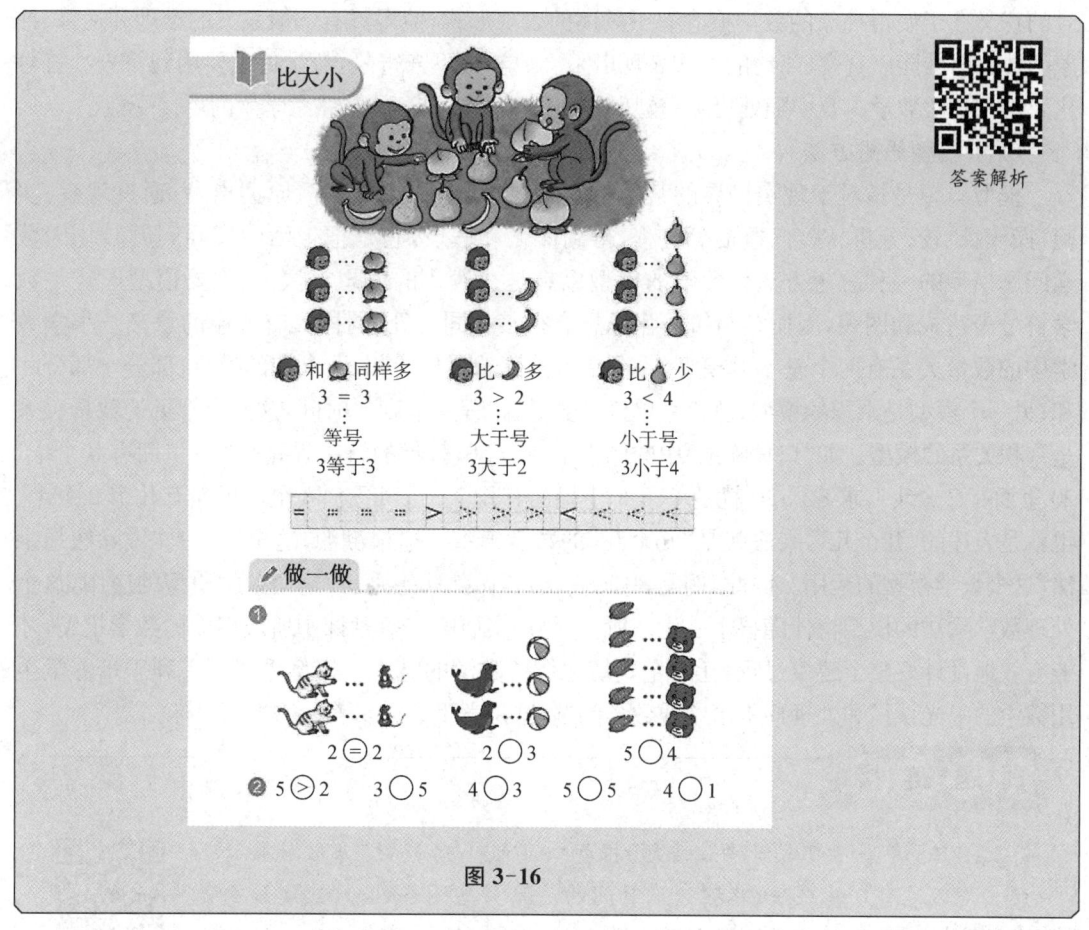

图 3-16

（四）归纳思想方法

在研究一般性问题之前,先研究几个简单的、个别的、特殊的情况,从而归纳出一般的规律和性质,这种从特殊到一般的思维方式称为归纳思想。数学知识的发生过程就是归纳思想的应用过程。在解决数学问题时运用归纳思想,既可由此发现给定问题的解题规律,又能在实践的基础上发现新的客观规律,提出新的原理或命题。因此,归纳是探索问题、发现数学定理或公式的重要思想方法,也是思维过程中的一次飞跃。如在教材"三角形内角和"中,就是先由直角三角形、等边三角形算出其内角度数和,再用猜测、操作、验证等方法推导一般三角形的内角和,最后归纳得出所有三角形的内角和为 180 度;在求"组合图形的面积"时,先把组合图形割补成几个简单图形,分别求出面积后得到组合图形的面积;在"运算定律"中,是通过计算几个特殊的算式然后归纳出加法交换律、结合律等定律的。这都是归纳思想的体现。

（五）符号化思想方法

英国著名数学家罗素说过:"什么是数学? 数学就是符号加逻辑。"所谓符号就是针对具体事物对象而抽象概括出来的一种简略的记号或代号。数学符号是数学的特殊文字,是一种含义高度概括、形式高度浓缩的抽象的科学语言。数字、字母、图形、关系式等构成了数学的符号系统。数学符号产生于数学概念、演算、公式、命题、推理和逻辑关系等整个数学过程中,是为揭示数学对象的本质而形成的特殊的数学语言。它不仅是语言,也是工具,更是方法。数学符号的意义在于使得抽象的数学概念有了具体的表现形式,使得具有一般意义的推理和运算、抽象的数学思维能以直观、简约的形式表现出来。数学离不开符号,数学处处要用到符号。符号化思想在小学数学内容中随处可见,教师要有意识地进行渗透,并注意学生的可接受性。

(六)模型思想方法

模型思想是指对于现实世界的某一特定对象,从它特定的生活原型出发,通过观察、实验、操作、比较、分析、综合、概括等过程,得到简化和假设,它是把生活中实际问题转化为数学问题模型的一种思想方法。数学的模型思想是一般化的思想方法,其主要模型形式是数学符号表达式和图表,因而它与符号化思想有很多相同之处,同样具有普遍的意义。小学数学中的数量关系有两个基本的模型:一个是总体等于部分的和,即求和的模型,部分 + 部分 = 和;另一个模型是乘积的模型,总价 = 单价×数量,路程 = 速度×时间,这两个常见的数量关系是乘积关系的模型。如"口算除法"中的例 1 是 80÷20,教材的解决思路是"80 里面有 8 个十,20 里面有 2 个十",求 80÷20 就是求"8 个十里面有几个 2 个十"。"8 个十里面有几个 2 个十"也就是表述的"几个几",乘法就是"几个几"的数学模型。追根溯源,这个思路是"做除法想乘法"这个数学模型的运用。因此,例题 80÷20 就是"做除法想乘法"这个数学模型的应用,这个处理数学除法的模型将伴随孩子一生。所以,要切实研究好每堂课中所应建立的数学模型,才能有效地设计好整个建模过程,让学生真切地体验数学的魅力。模型思想更有利于培养学生用数学的眼光认识和处理周围事物或数学问题,这是学生数学素养所追求的目标。

(2015 年下半年教资考试真题)根据四年级上册教材"三位数乘两位数——末尾有 0 的乘法、路程速度时间的关系"(见图 3-17)回答:什么是模型思想?指出本节课的模型并列举小学数学中的模型。

答案解析

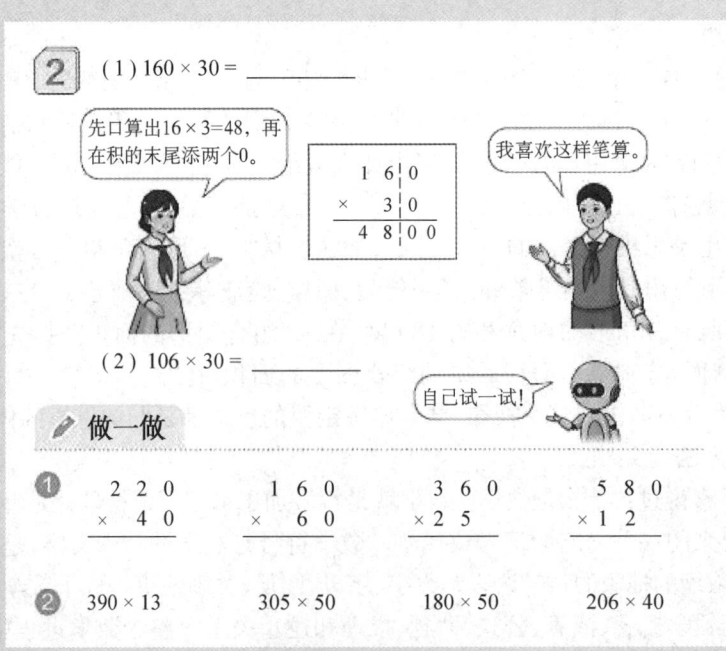

图 3-17

（七）统计的思想方法

在生产、生活和科学研究时，人们通常需要有目的地调查和分析一些问题，就要把收集到的一些原始数据加以归类整理，从而推理研究对象的整体特征，这就是统计的思想方法。例如，求平均数是一种理想化的统计方法。我们要比较两个班的学习情况，以班级学生的平均数作为该班成绩的标志是有一定说服力的，这就是一种最常用、最简单方便的统计方法。

（八）极限思想方法

事物是从量变到质变的，极限方法的实质正是通过量变的无限过程达到质变。在讲"圆的面积和周长"时，"化圆为方""化曲为直"的无限分割思路，是在观察有限分割的基础上想象它们的极限状态，这样不仅能使学生掌握公式，还能从曲与直的矛盾转化中萌发无限逼近的极限思想。在圆柱体体积公式的推导以及 $0.\dot{9} = 1$ 等内容中，都渗透着极限思想。

（九）化归思想方法

化归思想方法就是将待解决的或者难以解决的问题 A 经过某种转化手段，转化为有固定解决模式的或者容易解决的问题 B，通过解决问题 B 来解决问题 A 的方法。也就是把一个实际问题转化、归结为一个数学问题，或把一个较复杂的、未知的、陌生的问题转化、归结为一个较简单的、熟悉的问题。化归的方向应该是化隐为显、化繁为简、化难为易、化未知为已知。应当指出，这种化归思想不同于一般所讲的"转化""转换"，它具有不可逆转的单向性，如在推导平行四边形的面积公式过程中将其转化为求长方形的面积。在平面图形的面积公式推导中基本都用到了化归思想方法。

（十）分类思想方法

数学的分类思想方法体现了对数学对象的分类及其分类的标准。如在"认识图形（一）"中渗透了分类的思想：大于 0 的自然数的分类，若按能否被 2 整除分奇数和偶数；按约数的个数分质数、合数、1。又如三角形可以按边分，也可以按角分。按不同的分类标准就会有不同的分类结果，从而产生新的概念。对数学对象的正确、合理分类取决于分类标准的正确性、合理性，数学知识的分类学习有助于学生对知识的梳理和建构。

真题链接

（2018 年上半年教资考试真题）根据北师大一年级上册教材"整理房间"（见图 3-18、图 3-19）回答：什么是分类思想？如何培养学生的分类思想？（10 分）

答案解析

第三章 小学数学教材分析

图 3-18　　　　　　　　　　　　图 3-19

（十一）类比思想方法

类比思想，是把两个（或两类）不同的数学对象进行比较，如果发现它们在某些方面有相同或类似之处，则推断它们在其他方面也可能有相同或类似之处。如加法交换律和乘法交换律，长方形的面积公式和平行四边形的面积公式。类比思想不仅使数学知识容易理解，而且使公式的记忆变得顺水推舟般自然和简洁。

（十二）函数思想方法

函数思想方法就是把某一数学问题用函数表示出来，并且利用函数探究这个问题的一般规律。在人教版一年级上册教材中就有渗透，如让学生观察"20 以内进位加法表"，发现加数的变化引起了和的变化的规律等，都较好地渗透了函数的思想，其目的都在于帮助学生形成初步的函数概念。在表内乘除法、平面图形的面积计算、正（反）比例关系等教材中均渗透了函数思想。

（十三）转换思想方法

转换思想是一种解决数学问题的重要策略，是由一种形式变换成另一种形式的思想方法。这里的变换是可逆的双向变换，对问题进行转换时，既可以转换已知条件，也可以转换问题的结论。转换可以是等价的，也可以是不等价的。用转换思想来解决数学问题，转换仅是第一步，第二步是对转换后的问题进行求解，第三步是将转换后问题的解答反演成原问题的解答。如果采用等价关系做转换，可直接求出解而省略反演这一步。

　　小学数学教材中除渗透和运用了上述数学思想方法外,还渗透和运用了变换、假设、比较、代换、组合等数学思想方法。所有这些,只有教师在分析教材时抓得住,吃得准,才能在教学过程中渗透和运用这些教学思想方法,增加学习的趣味性,激发学生的学习兴趣和学习的主动性;启迪思维,发展学生的数学智能;促使学生形成牢固、完善的认识结构。总之,在教学中,教师既要重视数学知识、技能的教学,又要注重数学思想方法的渗透和运用,这样既有助于学生数学素养的全面提升,又有助于学生的终身学习和发展。

七、分析教材的德育、美育等教育因素

　　分析教材中的德育元素,同时帮助学生发现、欣赏数学的美,这是数学教师的责任。例如:用我国伟大的数学家祖冲之、华罗庚等的刻苦学习故事来激励学生克服困难、勇于进取;在学习人民币时要欣赏人民币设计中的美,要珍惜人民币;在学习对称时要发现对称美的存在,欣赏对称设计在生活中的应用,同时也要知道不对称的美。

八、注意参阅相关资料

　　同一时期的小学数学教材,历来不止一个版本。在教材分析中要注意参阅不同版本的小学数学教材,通过不同教材的对照比较,取长补短,领会编者编写意图,更好地组织和处理教材。

　　在教材分析时,还要注意阅读相关的杂志、网络资料等。既能广泛吸收间接的教学经验,学习优秀教师的教材分析结果和教学方法,又能开拓视野,更新观念,丰富自己的教育理论,提高自己的数学教学素养。

九、注意中小学数学教材和教学的衔接

　　《标准》已将中小学教育视作一个整体来设置九年一贯义务教育课程。因此,要深入分析研究中小学教学,研究小学生和中学生的心理特点与认知规律,努力做好中小学数学教学的衔接。

1. 教学内容的衔接

　　分析第一、二、三学段的数学教材,同时要了解第四学段数学教材内容,尤其是七年级教材,并将两者加以比较,以便在前3个学段数学教学中做好铺垫孕伏,为第四学段数学教学打好基础。例如,算术向代数转化的主要标志是数与式的衔接,其衔接点是用字母表示数。但是,学生对字母的抽象理解分为多个水平,从最初把字母当作具体的东西,到忽略字母,再到把字母当作特定的数,把字母当作未知数,把字母当作可以取不同的数,最后到把字母当作变量,在这个抽象过程中学生的个体差异很大。所以,在前3个学段数学教学中,要通过具体的情境,先使学生了解并逐步体会用字母表示数的意义;再使学生懂得字母的含义,并能用语言表达字母所表示的数量关系,从而为今后进一步学习代数打下基础。

2. 教学方法的衔接

　　第一、二、三学段的数学教学活动,进程慢、讲得细、练得多,联系实际、注重直观。第四学段的数学教学,讲解较为简明扼要,抽象程度逐渐提高,课堂容量加大,进度加快,学生动

手操作相对减少。数学教学的不同方法，是由在不同学段中学生的特点不同，数学教学的内容、目的和要求不同所致。但是，4个学段的数学教学具有延续性，因此前3个学段的数学教学方法也应与第四学段数学教学相衔接。

第一、二、三学段的数学概念、规则和方法等基础知识，都具有迁移作用。教学中应瞻前顾后，充分利用学生已有的知识和经验，启发学生运用迁移原理，去学习新的知识、掌握新的技能。在此基础上同样要做好有关知识的渗透和孕伏，为第四学段数学的学习做好准备。

以上列举了有关教材分析的内容，从中可以看出，教材分析是一项复杂细致、精益求精的工作。随着素质教育的不断深入，教学内容和教学手段的不断更新，教材分析也应不断更新、加强。

真 题 链 接

（2015年上半年教资考试真题）通常所说的备课要"三备"，除了钻研教材、设计教法之外，还包括（　　）。

A. 研究学生　　　　　　　　B. 设计作业

C. 设计评价　　　　　　　　D. 指导学法

参考答案

习题二

1. 试着分析下列教材中例题的编写意图：

（1）小数乘法；

（2）用数对表示位置；

（3）数学广角——植树问题；

（4）面积和面积单位。

2. 试着分析下列单元中每个例题的重点、难点：

（1）100以内的加法和减法：$35 + 2$；$35 + 32$；$35 + 37$；$36 - 23$；$51 - 36$。

（2）除数是两位数的除法：$92 \div 30$；$178 \div 30$；$84 \div 21$；$430 \div 62$；$197 \div 28$；$240 \div 26$；$612 \div 18$；$940 \div 31$。

3. 试着分析下列教材中渗透的数学思想方法有哪些，并说说如何培养学生的这些思想方法：

（1）比；

（2）除数是一位数的除法；

（3）圆的面积；

（4）折线统计图。

本章小结

分析教材是备课的第一步。本章主要学习了如何分析教材、从哪些方面分析教材。只有在认真分析教材的基础上,明确教材体系和教学任务,弄清教材的基本结构、指导思想、知识技能、编写意图、内涵外延和深度广度,才能最终明确教学目的和要求,进入下一个环节——编写教案。

复习题

分析下列教材内容,确定基本的教学流程后,再观看视频并试着评析。
(1) 6 的乘法口诀;
(2) 面积的意义;
(3) 比。

6 的乘法口诀　　　　面积的意义　　　　　　比

本章主要参考文献

[1] 栗玲.小学数学课程与教学论[M].北京:中国社会科学出版社,2012.
[2] 张晓霞.小学数学教学法[M].北京:中国财政经济出版社,2011.
[3] 范文贵.小学数学教学论[M].上海:华东师范大学出版社,2011.
[4] 高荆.小学数学课程教学概论[M].济南:山东科学技术出版社,2002.

第四章

小学数学教学设计

 **知识结构**

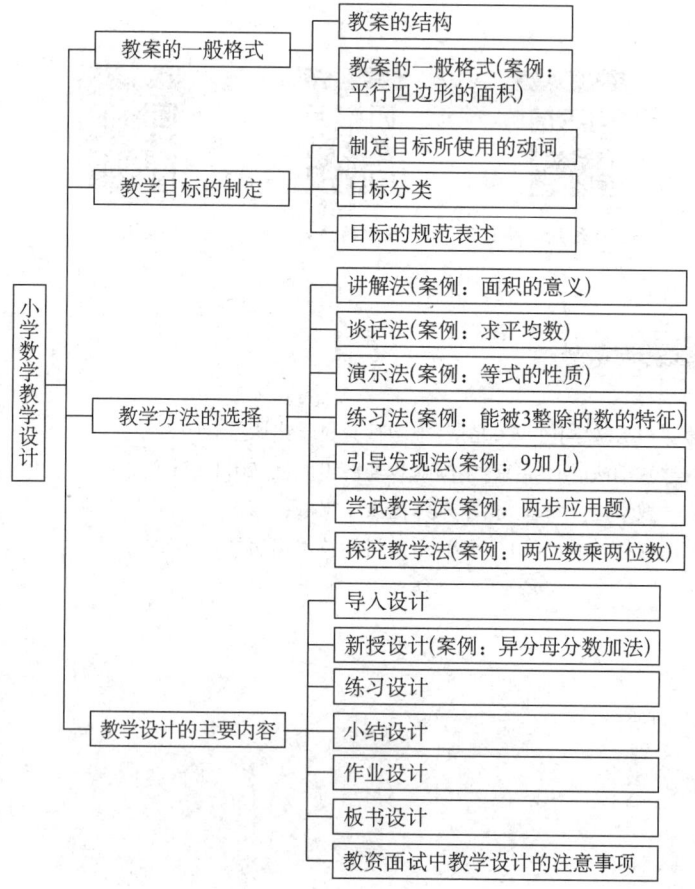

学习目标

1. 通过分析教材,能制定合理的课时教学目标。

2. 能选择合适的教学方法,设计合理的教学活动(包括导入、新授、练习等),能编写完整的教案。

 **学习重点**

根据教材内容,合理制定教学目标,设计合理的教学活动并说明设计的合理性。

 **学习导引**

教学设计是在实施教学之前,依据学习论和教学论原理,用系统性观点和方法对教学的各个环节统筹规划和安排,为学生的学习创设最优环境的过程。一般来说,教学设计包括 4 部分内容:设置目标(把学生带到什么地方)、分析学生(学生现在在哪里)、选择与开发教学策略(如何把学生带到预期的目的地)、对目标进行教学测量与评价(学生是否被带到预期的目的地)。教学设计就是对教学过程的预设,就是在每一个课堂教学环节中,安排好教师"教"的活动与学生"学"的活动分别是怎样进行的。教案是教学设计的表现形式。

案例导入

在教资考试中,根据教材拟定教学目标、设计教学环节,是每次必考的内容。在人教版一年级上册第四单元第一课时"认识立体图形"中,张老师在教案中制定的教学目标如下:

1. 学生认识长方体、正方体、圆柱、球,知道它们的名称,会辨认这几种物体和图形。

2. 通过动手摸一摸、玩一玩等活动,学生经历从物体抽象为图形的过程,探索物体与图形的状态等。

你认为这个目标设计得如何? 是否全面? 是否体现了《标准》的要求? 通过本目标,你能看出张老师的教学设计中有哪些活动吗?

第一节　教案的一般格式

一、教案的结构

根据实际情况要求,教案可详写也可略写,分别称为详案和简案。

(一) 详案

详案就是详细地编写教案。详案一般包括教学内容(课题)、课标分析、教材分析、学情分析、教学目标、教学重点、教学难点、教学用具、教学方法、教学过程、板书设计、教学反思,共 12 部分。

1. 教学内容

教学内容可详可略，有时也称课题。详写如：《义务教育教科书·数学》（人民教育出版社）六年制五年级上册教科书第六单元"多边形的面积"的第一课时"平行四边形的面积"。简写如：人教版五年级上册"平行四边形的面积"。

2. 课标分析

分析《标准》中对本部分内容的要求。根据《标准》第一部分"课程性质"、第二部分"课程理念"、第三部分"课程目标"、第四部分"课程内容"查看本部分内容的标准是什么。这是教学本部分内容的前提。

3. 教材分析

分析本课教材所含内容的地位和作用，分析与教材内容相关联的前后知识，分析教材内容中的基础知识、基本技能以及教材内容中所蕴含的数学思想方法等。教案是分析教材的具体体现。

4. 学情分析

分析本班或本年龄阶段学生的学习特点和心理特点，分析学生学习本部分内容的知识基础等，以此来设计教学所采用的教学方法。

5. 教学目标

教学目标是指三维目标，包括知识与技能、过程与方法、情感态度与价值观。

6. 教学重点

教学重点是一节课主要完成的目标。

7. 教学难点

教学难点是指对学生难学、教师难教的知识点的教学。有时重、难点相同，此时教学重点和教学难点就可以合写为教学重、难点。

8. 教学用具

教学用具是指辅助教学所使用的工具，简称教具，如多媒体、模型、标本、实物、音响等，有时也称课前准备。教具有时也可不写，如教师资格证面试时因时间紧迫可不写。面试时考场中一般会准备直尺、三角板、圆规、圆柱、圆锥、天平等。如果备课时间很紧，教案上无论写或不写，试讲过程中都要展示教具使用过程，所以教案中一般不写教具。

9. 教学方法

教学方法是指教学过程中所使用的方法，如讲解法、谈话法、练习法、演示法、引导发现教学法、尝试教学法、探究教学法、情境教学法、比较教学法、阅读教学法、故事教学法、游戏教学法、竞赛教学法、实验教学法、示例教学法、动态生成教学法、学案导学教学法、暗示教学法、自学辅导法等。教学方法有时也可不写，如教师资格证面试时，一是时间紧迫，二是在试讲过程中考官都可以看到考生所采用的方法，并经常会提问有关教学方法的问题，如你在处理某个问题时采用了什么样的教学方法、为什么等。

10. 教学过程

教学过程是教案的主体也是最重要的部分，一般包括"五部曲"，分别是导入、新授、巩固、小结、作业。每一部分都是不可或缺的环节，这五个部分的用词不是固定的，可根据自己的内容设计而变化。

11. 板书设计

板书设计是教学知识点的总体呈现。教学时教师不能想到哪就写到哪，而是在编写教案时就设计好的。

12. 教学反思

教学反思是对教学设计执行情况的经验总结。也就是说，反思就是在课堂教学结束后，教师对自己课堂教学的思考。目的在于改进和调整教学设计，为下一次讲授本课题提供良好的教学方案。在教师资格证考试面试试讲之后，考生应当迅速对自己的试讲进行反思，答辩题目多来自自己试讲中存在的问题。

新教师或在校学生，因为教学经验少，所以建议编写详案，以备上课时做到胸有成竹。

（二）简案

简案，即简写的教案。一般包括以下 6 个部分：课题、教学目标、教学重点、教学难点、教学过程、板书设计。有经验的老师因为对教材和小学生情况都了如指掌，所以其教案多为框架式设计。教师资格证面试时，在 20 分钟的时间内，要求考生分析教材并且写出教案，考生还要预留几分钟熟悉教案的时间，因此只能写简案。我们常说功夫在课外，详案设计多了，授课经验丰富了，使用简案上课自然也得心应手。

二、教案的一般格式

根据详案的 12 部分或者简案的 6 部分内容结构一一罗列出来就是常见的教案格式，有时也可采用表格的方式撰写教案。

例 1：详案案例

教学内容

《义务教育教科书·数学》（人民教育出版社）六年制五年级上册教科书第六单元"多边形的面积"的第一课时"平行四边形的面积"（教材见图 4-1、图 4-2）。

课标分析

"平行四边形的面积"一课属于"图形与几何"领域中的一个重要内容。课标要求是探索并掌握平行四边形的面积公式，并能解决实际问题。

课标提出："要让学生参与特定的数学活动，在具体情境中初步认识对象的特征，获得一些体验。"本课我利用多媒体教学手段，充分利用学生已有的生活经验，把这一学习内容设计成实践活动课，让学生在观察、实验、猜想、验证等活动中，发展合情推理能力，能进行有条理的思考，能比较清楚地表达自己的思考过程，体会化归思想方法。让学生在自主探究合作学习中理解平行四边形面积的计算公式，并了解平行四边形与其他几种图形间的关系，利用面积公式解决生活中的有关问题。

教材分析

本节课是在学生掌握长方形、正方形面积公式并灵活运用公式进行计算和对平行四边形有了初步认识的基础上进行教学的。平行四边形面积公式推导方法的掌握，对后面学习三角形、梯形面积公式具有重要的作用。本课时内容包括剪拼图形、总结公式、试一试、练一练和问题讨论 5 个环节。在探究平行四边形的面积时，将平行四边形转化成学生学过的长方形来计算它们的面积。化归思想是本节课体现的重要的数学思想方法，这部分知识的学习将为学习后面的三角形、梯形等平面图形的面积计算奠定良好的基础。由此可见，本节课是促进学生发展空间观念,巩固其他几何知识学习的重要环节。

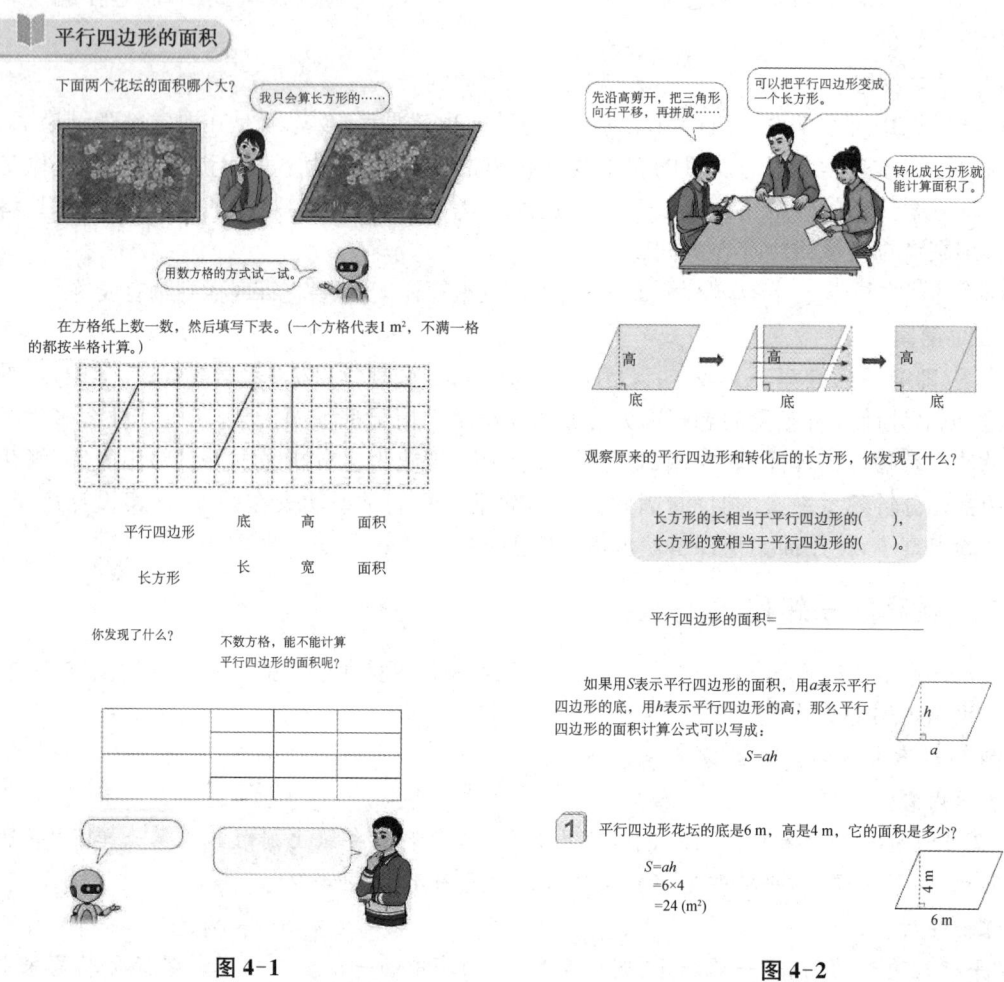

图 4-1　　　　　　　　　　　　　　　　　　　图 4-2

　　本节课让学生学会用以前的知识来解决现有的问题。我们可以将数学方法传递给学生,而数学眼光却无法传递,故应着重把握好对数学思想的教学,这样有利于学生主动探索解决问题的方法,体会解决问题的策略,提高数学的应用意识。同时,教学中体现学生的主体性和本节课的知识目标,注重学生数学思维的发展,重视对学生学习知识水平的进一步深化。通过有梯度的练习设计,提高学生掌握平行四边形面积计算的水平。

学情分析

　　学生在四年级已经学过了长方形和正方形面积的计算方法,初步认识了平行四边形。一方面,在长方形和正方形面积的学习过程中,学生已经积累了通过数面积单位来描述图形面积的经验。但与以往数面积单位不同的是,平行四边形中首次出现了不完整的"半格",这对于学生来说无疑是一种新挑战。另一方面,虽然长方形和正方形的面积计算有所区别,但从本质上来讲都属于"邻边×邻边",所以学生会自然猜想到"平行四边形的面积＝邻边×邻边",显然这是不对的。对于小学五年级的孩子来说,空间想象能力不够丰富,推导平行四边形面积计算公式有困难。因此,本节课将让学生充分运用已有的知识,全面参与新知识的发生、发展和形成过程,给学生提供充分的从事数学活动的机会,帮助他们在自主探索、动手操作、合作交流的过程中真正理解和掌握基本的数学知识与技能、数学思想和方法,努力使学生的主体性得以体现。

教学目标

1. 知识与技能

(1) 利用数方格、拼摆和割补等方法,经历探索平行四边形面积公式的过程。

(2) 掌握平行四边形面积计算公式,会求一般平行四边形的面积。

(3) 能灵活运用平行四边形面积公式解决实际问题。

2. 过程与方法

在推导面积公式的过程中,体会化归的思想,提高分析、综合、抽象概括和动手解决实际问题的能力。

3. 情感态度与价值观

在探索平行四边形面积公式的过程中,体验克服困难后解决问题的快乐,养成严谨的科学态度,感受数学与生活的密切联系。

教学重点

探究并推导平行四边形面积的计算公式,并能正确运用。

教学难点

理解平行四边形面积公式的推导过程,体会化归的数学思想方法。

教学用具

学生准备:平行四边形纸片、方格纸、剪刀等学具。

教师准备:多媒体课件、平行四边形纸片、剪刀、三角板等。

教学方法

本节课教学中主要运用了谈话法、情境教学法、动手操作法,让学生发现问题、合作探究、动手验证、得到结论。因此,我制定了这样的教学思路:创设情境—指导探究—发现规律—实践应用。人人参与教学活动,动脑、动手、动口,达到理解和运用公式的目的。在解决问题中真切感受到数学知识来源于生活,又服务于生活。

教学过程

(一) 激趣引入

师(出示主题图):今天老师给同学们带来了两位朋友,分别是喜羊羊和沸羊羊。现在沸羊羊遇到一个特别苦恼的问题:两家想交换菜地,怎样才能知道交换两家的菜地是否公平呢? 可以比较两块菜地的面积大小。喜羊羊家的菜地是长方形,长是 6 m,宽是 5 m,因此它家菜地的面积等于 30 m²。沸羊羊家的菜地是平行四边形,它的面积是多少呢? 今天我们就一起来学习平行四边形面积。

(二) 探究展示

1. 猜想、验证(用数格子的方法)

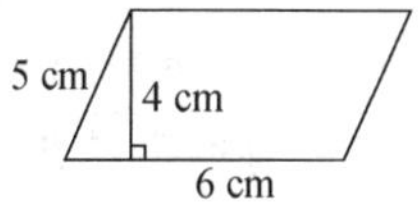

师(出示 PPT):已知平行四边形有 3 个数据(见图 4-3),根据 3 个数据猜猜平行四边形面积可能怎样计算。

学生可能的答案:$4 \times 6 = 24 (\text{cm}^2)$,$4 \times 5 = 20 (\text{cm}^2)$,$5 \times 6 = 30 (\text{cm}^2)$。

图 4-3

3个算式哪个是正确的？（学生猜测）下面我们就一起来验证一下吧。

边长为1 cm的小正方形面积就是1 cm²，现在老师想用面积为1 cm²的小正方形摆一摆，看平行四边形里到底有多少个小正方形，有多少个小正方形就说明它的面积是多少 cm²。或者把平行四边形放到方格纸上数方格也可。那大家就使用手中的学具摆一摆、数一数。

汇报：这个平行四边形正好排满了24个，所以它的面积是24 cm²。

24 cm²一定正确吗？我们还需要验证。

同学们，刚刚我们说6 cm在这个平行四边形里叫它的底，4 cm在这个平行四边形里是它的高，因此我们可以得知，平行四边形面积计算公式可能是底×高。

师：那一定就是底×高了吗？我们通过数方格的方法得出了这个平行四边形的面积等于底×高。那是不是所有不同形状的平行四边形面积都会等于底×高呢？（有疑问了，又要验证！）

2. 归纳意见，提出验证（用剪、拼的方法）

能不能把平行四边形转化成长方形来计算它的面积呢？请同学们想一想，同桌交流，并动手用学具试一试。

（1）小组合作，动手操作。

（2）演示操作过程。（课件演示）

同学们真聪明，在操作过程中运用了一种重要的数学方法——"转化"，都是把一个平行四边形转化成了一个长方形。"转化"是一种重要的数学思想方法，在以后学习中会经常用到。

（3）观察几种不同的转化方法，它们有什么共同的地方？为什么沿高剪开？长方形有4个直角，只有沿高剪开，拼时才能出现直角。

（4）讨论：拼出的长方形和原来的平行四边形相比，你发现了什么？以下面的讨论题进行思考交流。

① 拼出的长方形和原来的平行四边形相比，什么变了？什么没变？

② 拼出的长方形的长和宽与原来的平行四边形的底和高有什么关系？

③ 你能根据长方形面积的计算公式推导出平行四边形面积的计算公式吗？

（5）讨论推导出平行四边形的面积公式：

长方形的面积＝长×宽；

平行四边形的面积＝底×高。

3. 演示过程，强化结果

大家刚才在操作中沿平行四边形任意一条高剪开、平移、拼接，都把平行四边形转化成了一个长方形。请同学们再观察一遍（多媒体演示），一个平行四边形有无数条高，沿任意一条高剪开、平移、拼接，都可以把一个平行四边形转化成一个长方形，这个长方形的面积与原来平行四边形面积相等，这个长方形的长等于这个平行四边形的底，这个长方形的宽等于这个平行四边形的高。因为长方形的面积等于长乘宽，所以平行四边形的面积等于底乘高。（刚才有同学猜想平行四边形的面积是两邻边的积，是不是这样呢？这里有一个平行四边形框架，请你拉一拉，发现了什么？邻边长度没变，面积变了，所以平行四边形面积不等于两邻边的积。）

这也验证了大家前面猜想的底乘高等于平行四边形的面积是正确的,在学习中我们采用了先猜想,再转化,最后验证等学习方法,这些方法在学习中我们会经常用到。

4. 用字母表示公式

师:如果用 S 表示平行四边形的面积,a 表示它的底,h 表示它的高,那么平行四边形的面积可以用字母怎么表示? 字母中间乘号可以省略($S=ah$)。

师:要求平行四边形的面积,必须知道什么?

通过大家共同的努力,推导出了平行四边形面积公式,下面我们就一起梳理一下整个操作过程。首先,通过割补法将平行四边形转化成了长方形(转化图形);然后,观察长方形与平行四边形的等量关系(建立联系);最后,根据长方形的面积公式,推导出平行四边形的面积公式。3 个步骤环环相扣,这样的学习方法在以后的学习中还将经常运用到,希望同学们掌握。

再看看喜羊羊与沸羊羊它们进行菜地交换公平吗?

沸羊羊的菜地面积:$S=ah=6\times4=24(\mathrm{m}^2)$,喜羊羊的菜地面积是 $6\times5=30(\mathrm{m}^2)$,所以不公平!

(三)练习

同学们,你们能通过今天所学的知识解决生活中的这类问题吗?

例如:一块平行四边形花坛的底是 5 m,高是 4 m,它的面积是多少? 两人板演,其余做在练习本上。

(四)闯关应用提高

看来同学们都已经掌握了,下面我们就一起来闯关吧。老师一共设置了 3 关,看同学们能否闯关成功。

第一关,初级挑战(已知平行四边形的底和高,求面积)。

第二关,中级挑战(已知平行四边形的底和高的多个条件,求面积)。

让学生说一说自己的看法。订正时强调计算平行四边形的面积,一定要选择对应的底和高。

第三关,终极挑战(解决实际问题)。

(五)小结

今天我们学习了平行四边形面积的计算,通过学习你又有哪些新的收获呢?

(六)作业(略)

板书设计(见图 4-4)

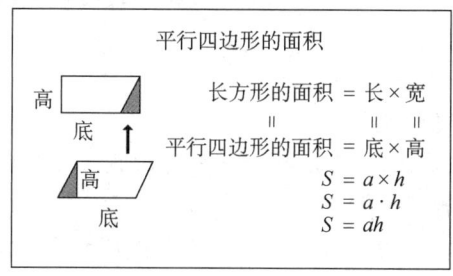

图 4-4

教学反思

(1)把数学知识的教学融于现实情境中。学生在情境中学得高兴,学得扎实。通过主题图情境,将新知的学习置于这一现实情境中,通过猜想、转化、平移、演示等活动,进一步加强数学知识与生活的联系,感受数学在生活中的作用,体会学习数学的意义与价值。

(2) 充分发挥学生的主体作用,加强学生主观能动性的培养。整节课中,给学生提供了探究交流的时间和空间,并创设多种教学活动,激发学生兴趣,学习与巩固知识。例如,在平行四边形面积计算方法推导过程中,先让学生独立思考,然后互相交流,最后动手操作,把平行四边形转化成长方形,推导出平行四边形面积的计算公式。在平等和谐的氛围中培养了学生的合作意识、团队精神和动手能力。

(3) 有效地渗透了数学思想方法。在教学中,老师让学生经历了提出猜想—操作转化—猜想—验证这一过程,为学生以后学习三角形面积和梯形面积打下了良好的基础。

(4) 充分利用小组合作,发挥学生的主体地位和主观能动性,加强师生合作、生生合作,培养学生的合作能力和交流能力。

(5) 本课体现的数学思想方法是化归,但在教学中学生更易接受转化这个词,因此我使用了转化这个词。但是,更确切的思想方法应该是化归,化归思想具有不可逆转的单向性。

例 2: 简案案例

教学内容

人教版五年级上册"平行四边形的面积"。

教学目标

1. 通过数方格、割补和拼摆等方法,学会借助长方形面积的计算公式计算平行四边形的面积。

2. 通过观察、操作、比较等活动,渗透化归思想,发展观察、分析、概括、推导能力。

3. 感受数学与生活的联系,促进数学应用意识,体验数学的价值。

教学重点

探究并推导平行四边形面积的计算公式,能正确运用。

教学难点

探究并推导平行四边形面积的计算公式。

教学过程

(一) 直接导入,激发兴趣

情境:兔妈妈在山上开垦了两块地,为了培养孩子艰苦奋斗、吃苦耐劳的精神,决定把地交给两只兔宝宝来种。(用课件出示两块地)老大说:"我是哥哥,我来种大的。可这两块地到底哪块大呢?"你能帮它解决这个问题吗?

揭示课题并板书"平行四边形的面积"。

(二) 合作交流、探索新知

1. 用数方格(即数面积单位)的方法来计算平行四边形的面积

师:怎样知道平行四边形的面积呢?

学生可能会说亲自量量、摆摆、数数,教师由此引出数方格的方法。

(1) 用课件出示方格图和表格并说明要求:一个方格代表 $1 cm^2$,不满一个按半格计算。学生独立数方格和填表。

(2) 认真观察,探索发现。让学生认真观察表格并提出问题:"你觉得平行四边形的面积可能会怎样求?"引出猜测:平行四边形的面积＝底×高。

2. 渗透化归思想，引入割补法

（1）引导学生独立思考，寻求验证方法。

（2）动手操作（先让学生自己动手剪一剪、拼一拼，再四人一组交流剪、拼的过程，并求出平行四边形的面积）。

（3）学生演示剪、拼的过程（用课件展示两种剪法）。

展示之后问："为什么要沿着高剪开呢？"使学生明白只有沿着高剪，才能拼成长方形。

3. 建立联系，推导公式

4. 强化公式，字母表示

学生自学平行四边形面积的字母形式，根据学生的汇报板书：$S = ah$。

5. 例题

解决导入的问题——到底哪一块地的面积大？

（三）运用新知进行计算

（1）已知平行四边形的面积，求这个平行四边形的高是多少。

（2）你能画一个与已知平行四边形面积相等的平行四边形吗？能画几个？

（四）小结

全课小结：通过这节课的学习，谁愿意和大家一起来分享自己的收获？

（五）作业

拓展运用：我准备了一个可活动的长方形框架，如果把它拉成一个平行四边形，周长和面积有变化吗？怎样变化？如果任意拉这个平行四边形，你会发现什么？什么情况下它的面积最大？

板书设计（同详案中的板书设计）

例3：表格式教案案例（见表4-1）

表4-1 "平行四边形的面积"的教案

教学内容	
人教版小学数学五年级上册第五单元第一课时"平行四边形的面积"。	
教学目标	
1. 通过利用数方格和割补、拼摆等方法，学会借助长方形面积的计算公式计算平行四边形的面积。 2. 通过观察、操作、比较等活动，渗透化归思想，发展观察、分析、概括、推导能力。 3. 感受数学与生活的联系，促进数学应用意识，体验数学的价值。	
教学重、难点	
探究并推导平行四边形面积的计算公式，能正确运用。	
教学准备	
直观教具、学具，多媒体课件。	
教学过程	**学生活动**
（一）回顾面积推导历史 1. 让学生回顾求长方形面积的方法，即要选一个合适的面积单位，看看长方形里含有多少个这样的单位，它的面积就是多少。 2. 回顾直接测量的方法：在最初的时候，人们只会用最原始的方法拿一个一个面积单位去铺去摆，这种直接铺直接数的方法叫直接测量。	学生回忆求长方形面积的方法

（续表）

3. 回顾间接测量的方法：人们经过大量的实践，找到求长方形面积的另一种方法，用一把尺子量量它的长和宽，就能算出它的面积。这种通过量长、宽求面积的先进方法，我们称为间接测量的方法。 （二）新授 1. 让学生大胆猜想平行四边形的面积可能怎么求，并以学生的姓名命名猜想。 2. 根据你支持的猜想，拿尺子量出 1 号平行四边形的有关数据，暂时求出它的面积（学生小组合作测量，老师巡视）。 3. 两种猜想产生两个结果，到底哪一个是正确的？我们还得回到最基本、最有效的直接测量的方法来验证一下。 　　（1）引领学生用面积格来数出它的面积，学生进行小组合作。 　　（2）学会用剪拼的方法把平行四边形转化成长方形。 4. 小组合作求出 2 号平行四边形的面积。	学生大胆猜想平行四边形的面积求法 小组合作进行测量计算 小组合作验证猜想
5. 师质疑：这一剪一拼，在生活中应用起来方便吗？ 再问：如果不剪了，你还能够求 3 号平行四边形的面积吗？ 小组讨论，师巡视，学生汇报。 6. 师出示 4 号平行四边形，提问：要想求它的面积，你需要什么？平行四边形的面积到底怎么求？ 生：平行四边形的面积＝底×高。 7. 师：同学们想的和数学家想的一模一样，但就差最后一步了，你能不能讲清楚为什么平行四边形的面积＝底×高？（学生小组试说，教师巡视） （三）课堂练习 1. 基础练习（见图 4-5）。 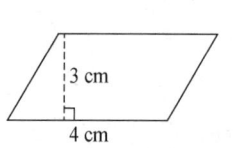 **图 4-5** 2. 拓展练习（见图 4-6）。 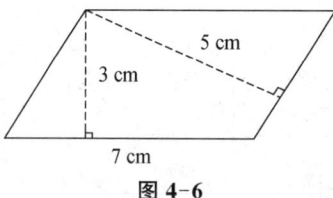 **图 4-6** 3. 延伸练习。 实物展示长方形框架，拉成平行四边形，提问：周长和面积有什么变化呢？（适时展示隐藏的与高同样长的黄条） （四）总结 师：回来看一下，当初谁的猜想是正确的？当初猜测平行四边形面积等于邻边乘邻边的同学别气馁，你们知道吗，有资料显示在几千年前的古埃及的数学家很有可能就是这么猜的，它的出现对数学的发展也有着重要的推动作用。你敢猜，已经很棒了。	根据老师质疑的问题进行思考 小组合作推导、整理面积公式 应用公式求平行四边形的面积 所以说哪组底和高是相对应的关系？

板书设计(见图 4-7) 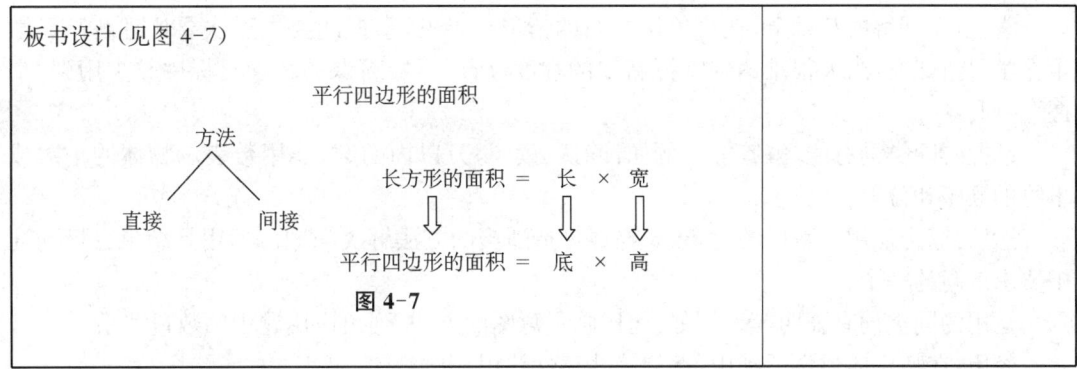 图 4-7	

习题一

1. 教案的一般格式包含哪些内容?
2. 请在网上搜索一个教案,并分析教案的格式。

第二节 教学目标的制定

教学目标是指在预期教学结束时,对学生学习终点行为的具体描述。教学目标一般由任课教师制定,主要陈述学生通过学习需要掌握的知识、技能以及应该形成的情感态度。确定目标的主要依据是《标准》、学生的学习特点和教材内容。教学目标具有预期性、生成性、整体性、可操作性的特点,所以目标的制定要求尽量用可观察和可测量的行为术语陈述预期的学习结果。教学目标的设计是教学设计的重要环节,教学目标是完成教学设计和指导教学实践的依据,也是教学评价的依据。确定了教学目标,也就基本完成了"教什么、教到什么程度"的设计。

一、制定目标所使用的动词

《标准》中有两类行为动词:一类是描述结果目标的行为动词,包含"了解""理解""掌握""运用"等;另一类是描述过程目标的行为动词,包含"经历""体验""探索"等。这些行为动词用来刻画学生在数学学习过程中的体验和表现,也表示学习活动的不同程度。

了解:就是从具体实例中知道或举例说明对象的有关特征;根据对象的特征,从具体情境中辨认或者举例说明对象。

了解的同类词有初步认识、知道,还有指出、识别、辨认、区分、比较等。例如:了解十进制计数法;能结合具体情境初步认识小数。

理解:描述对象的特征和由来,阐述此对象与相关对象之间的区别和联系。显然,理解的要求层次要比了解高。

理解的同类词有认识、会,还有分类、设计。例如:认识小括号;运用偶数、奇数的定义对自然数进行分类。

掌握：在理解的基础上，把对象用于新的情境。可见，掌握的要求层次要比理解高。学生在学习新课时，当天很难达到掌握新知的程度，所以一般新课的教学目标中较少用到"掌握"一词。

掌握的同类词有能、解答等。例如：能认、读、写万以内的数；能用数表示物体的个数或事物的顺序和位置。

运用：综合使用已掌握的对象，选择或创造适当的方法解决问题。运用是结果目标动词中要求最高的一个。

运用的同类词有证明等。例如：运用画示意图的方法，列出应用题中的数量关系。

经历：在特定的数学活动中，获得一些感性认识。

经历的同类词有感受、尝试等。例如：在生活情境中感受大数的意义；尝试发现问题；经历简单的数据收集和整理过程。

体验：参与特定的数学活动，主动认识或验证对象的特征，获得一些经验。

体验的同类词有体会等。例如：结合具体情境，体会整数四则运算的意义；体验某些实物（如土豆）体积的测量方法。

探索：独立或与他人合作参与特定的数学活动，理解或提出问题，寻求解决问题的思路，发现对象的特征及其与相关对象的区别和联系，获得一定的理性认识。

探索的同类词有探究等。例如：通过剪切、平移等方法，探索平行四边形面积的计算公式。

二、目标分类

我国课程标准在目标上分为 3 类：行为目标（结果性目标）、内部心理与外显行为相结合目标（体验性目标）、表现性目标。

（一）行为目标

行为目标主要用于知识与技能领域，说明学生的学习结果是什么，以事先规定的行为期望为目标。其有三要素：说明通过教学后学生能做什么；规定学生行为产生的条件；规定符合要求的作业标准。所采用的行为动词要求具体明确、可测、可量化。

实例：能说出各数位的名称，理解各数位上的数字表示的意义；知道用算盘可以表示多位数；认识小括号，能进行简单的整数四则混合运算。

（二）体验性目标

体验性目标就是描述学生自己的心理感受、情绪体验，所采用的行为动词往往是历时性的、过程性的。对无需结果化的或难以结果化的课程目标，常采用内部心理与外显行为相结合的呈现方式。主要对应于"过程与方法""情感态度与价值观"领域。

实例：理解两位数乘法的算理（内部心理）；能口算整十、整百乘两位数，并能正确笔算所给出的两位数乘法题目（预期的外显行为变化）；结合生活实际，经历用不同方式测量物体长度的过程，体会建立统一度量单位的重要性。

（三）表现性目标

表现性目标是指只明确规定学生应该参加的活动，但不规定学生将会在这种活动中具体习得什么。不同学生会有不同的结果，即明确安排学生各种各样的表现机会，结果是开放性的。

实例：参加小组有关春游活动的讨论，并发言。规定了学生参加的活动是讨论和发言，没规定学生要产生什么行为变化，获得怎样的结果。

三、目标的规范表述

在编写教案时教师就要设计出通过本课学习，学生的学习结果是什么，学生体验到什么，学生会有哪些表现。也就是说，教师要清楚本节内容是让学生经历哪些数学活动，获得怎样的经验，重点发展学生的是数感还是符号意识、空间观念、几何直观、数据分析观念、运算能力、推理能力、应用意识和创新意识。那么，目标怎样表述出来呢？

（一）目标的四要素

教学目标一般有 4 个基本要素：行为主体、行为动词、行为条件、表现程度。它是以学生为主体，以数学课程为描述对象，充分体现数学课程的基本性质和基本理念，兼顾九年的整体性和发展的阶段性特点而制定的。

1. 行为主体

目标描述的是学习者的行为，故行为主体是学生。

2. 行为动词

编定目标，首先考虑选择最合适的行为动词来描述目标达成时学生应完成的动作或活动，并在行为动词后面附上所学课题内容的描述。如能、认识、解答等都是行为动词。

3. 行为条件

行为条件指学习者完成规定行为时所处的情境和条件，通常是针对影响学生学习结果的特定的条件或范围而言的。条件包括时间限制、完成方式、使用工具等。如"通过合作……""看完第一章后……""根据提示……""结合生活实际……""不需要参考资料的帮助……"等。

4. 表现程度

表现程度是教学所要求的行为完成的质量水平，即学习者对目标应达到的最低表现水平，通常用以确定学习成绩或评价学习结果所达到的程度。程度的设立使得教师评估学生行为完成的水平有了依据。对于学生而言，能借此知道教师的评判根据，也能对自己做出评判。如"没有计算错误""80％答对""就提供的一道应用题，至少能写出 3 种解题方案"等。

（二）目标的规范表述语

目标的规范表述语一般有两种。

第一种：主语＋行为动词＋知识点。因为教学目标就是预期教学结束时所应达成的学习结果或终点行为，或者说是对学生学习终点行为的具体描述，所以，目标的主语都是学生，故主语"学生"两字可省略。其表述语为：行为动词＋知识点。

实例：能辨认长方形、正方形、三角形、平行四边形、圆等简单图形。

第二种：行为条件＋行为动词＋知识点。

实例：通过观察、操作，初步认识长方形、正方形的特征。结合生活实际，经历用不同方式测量物体长度的过程，体会建立统一度量单位的重要性。

（三）目标的呈现形式

三维目标分别用不同的动词来叙述。

1. 知识与技能

知道（了解、初步认识）、会（理解、认识）、能（掌握）、运用等。例如：会用所学的知识解决简单的实际问题。

2. 过程与方法

经历（感受、尝试）、体验（体会）等。

3. 情感、态度与价值观

积极参与……活动；养成……学习习惯；形成科学……态度等。

例如，"认识圆"一课的教学目标是：

1. 知识与技能

（1）知道圆各部分的名称；

（2）知道圆的基本特征，解释生活中轮胎做成圆形的道理；

（3）掌握圆的直径、半径之间的关系；

（4）能利用圆各部分之间的关系解决实际问题。

2. 过程与方法

通过动手、观察，提高分析、综合、概括能力，体验圆在生活中的应用，促进空间观念的形成。

3. 情感、态度与价值观

通过课堂的一系列实践活动，激发学生学习数学的兴趣，体会圆的美学及人文价值。

（四）陈述教学目标的基本要求

目标陈述应该力求简单、准确、明确，知识与技能目标应尽量可以观察和测量。

一是详细说明目标内容。教学目标应明确地表达或阐明教师的意图，以使人们在观察了学生的行为或产品后，便能判断目标是否已达到以及达到的程度。目标不要太多，太多反而没目标。

二是要用特定的术语描述。阐明教学目标所用的描述语言必须是规范、准确的术语，是可以观察和测量的，而不能是含糊和模棱两可的。

三是目标的制定必须与《标准》的要求一致，不可偏离方向。还要符合学生和教材实际，不可追求高大上，不切实际。

教学目标的编写看似简单，实际上对初学者来说难度很大。在制定教学目标时，三维目标不能少写，书写一定要规范。由于教师资格证面试时备课时间短，因此教学目标不要太多，一般写 5 条即可。

拟定教学目标在每年中小学教师资格证考试教育学知识与能力试题中都出现过，可见，学会制定教学目标是小学教师的基本功。

真 题 链 接

1.（2015 年下半年教资考试真题）根据四年级上册教材内容"三位数乘两位数——末尾有 0 的乘法、路程速度时间的关系"（见图 3-17），拟定教学目标。

2.（2016 年上半年教资考试真题）在教学"长方形和正方形周长"（见图4-8）时，张老师将"能够正确计算长方形和正方形的周长"拟定为教学目标之一，该目标属于（　　）。

A. 知识性目标　　　　　　B. 过程性目标

C. 技能性目标　　　　　　D. 情感性目标

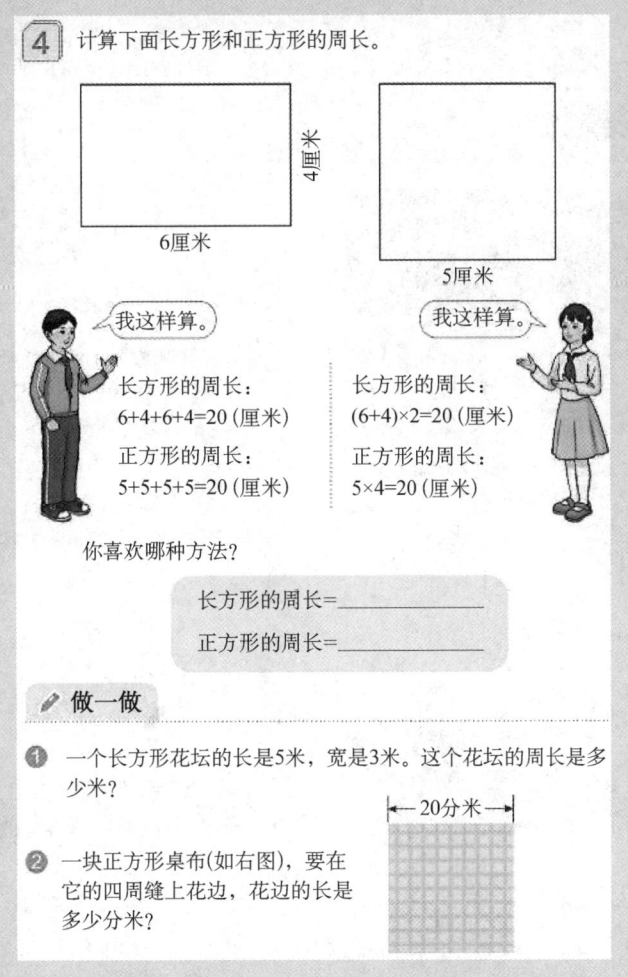

图 4-8

3. (2019 年上半年教资考试真题)在教学"圆的周长"时,张老师将"掌握圆的周长计算公式"拟定为教学目标之一,该目标属于(　　)。

A. 知识与技能目标　　　　B. 过程与方法目标

C. 思想与方法目标　　　　D. 情感态度与价值目标

4. (2016 年上半年教资考试真题)根据人教版四年级上册教材"估算"回答:如何指导中年段学生学习这一内容? 试拟定教学目标。(10 分)

5. (2016 年下半年教资考试真题)根据一年级上册教材"比一比"(见图3-16)回答:如何指导低年段学生学习上述内容? 试拟定教学目标。(10 分)

6.（2017年上半年教资考试真题）根据六年级上册教材"扇形统计图"（见图4-9、图4-10）回答：如何指导高年段学生学习这一内容？试拟定教学目标。（10分）

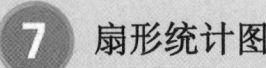

7 扇形统计图

六(1)班同学最喜欢的运动项目的人数情况如下表。你能算出每种运动最喜欢的人数各占全班人数的百分之多少吗？

项目	乒乓球	足球	跳绳	踢毽子	其他
人数	12	8	5	6	9
百分比					

12+8+5+6+9=40（人）

12÷40=0.3=30%

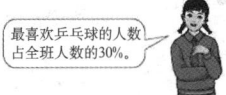

最喜欢乒乓球的人数占全班人数的30%。

我们可以用扇形统计图来表示各部分数量与总量之间的关系。

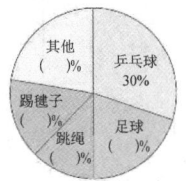

六(1)班同学最喜欢运动项目的人数情况统计图

上图中的整个圆表示什么？用这样的统计图有什么好处？

各个扇形的大小与什么有关系？

你还能提出什么数学问题？

做一做

牛奶里含有丰富的营养成分，各种营养成分所占百分比如下。

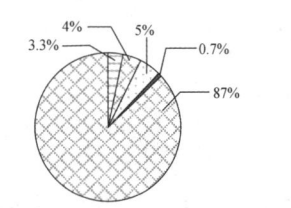

每天喝一袋250 g的牛奶，能补充每种营养成分各多少克？

图 4-9　　　　　　　　　　　　　　**图 4-10**

7.（2017年下半年教资考试真题）根据人教版五年级上册教材"三角形的面积"（见图4-11）回答：如何指导高年段学生学习这一内容？试拟定教学目标。（10分）

8.（2018年上半年教资考试真题）根据人教版五年级上册教材"用字母表示数"（见图4-12）回答：如何指导高年段学生学习这一内容？试拟定教学目标。（10分）

答案解析

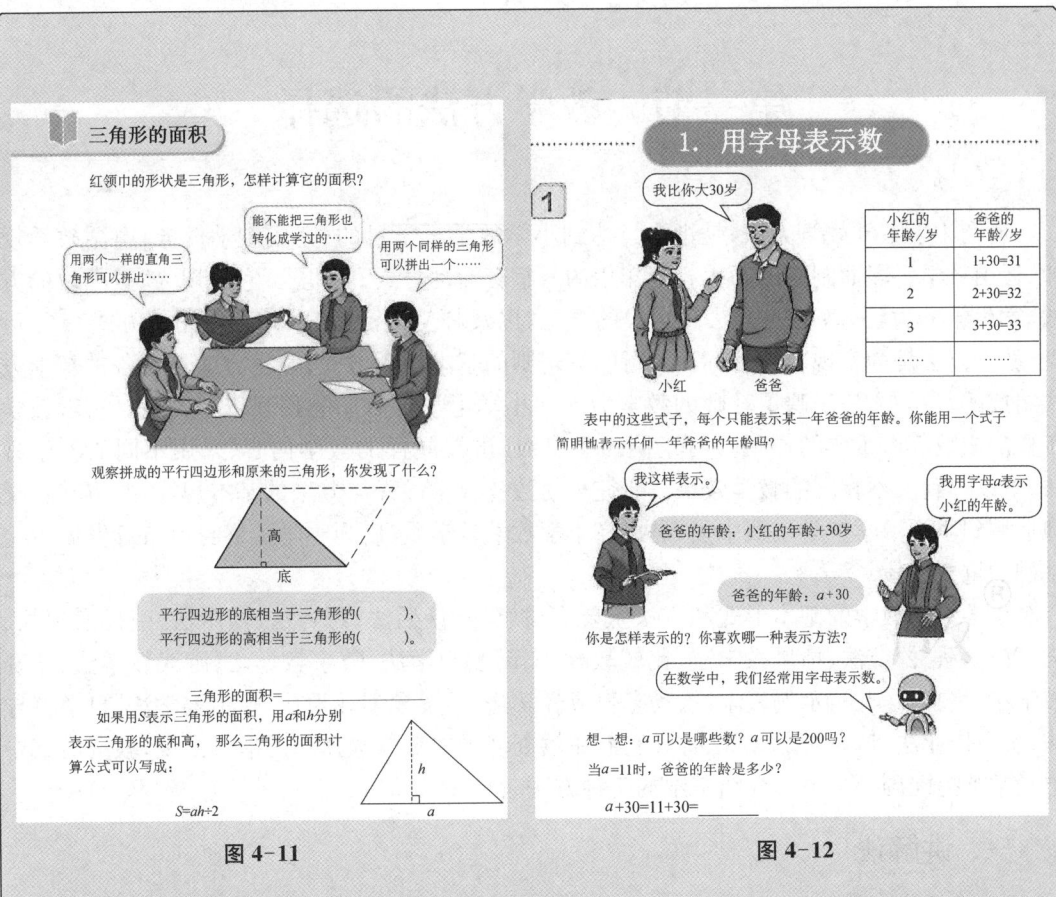

三角形的面积

红领巾的形状是三角形，怎样计算它的面积？

用两个一样的直角三角形可以拼……

能不能把三角形也转化成学过的……

用两个同样的三角形可以拼出一个……

观察拼成的平行四边形和原来的三角形，你发现什么？

平行四边形的底相当于三角形的（ ），
平行四边形的高相当于三角形的（ ）。

三角形的面积=_____

如果用S表示三角形的面积，用a和h分别表示三角形的底和高，那么三角形的面积计算公式可以写成：

S=ah÷2

图 4-11

1. 用字母表示数

我比你大30岁

小红的年龄/岁	爸爸的年龄/岁
1	1+30=31
2	2+30=32
3	3+30=33
……	……

小红　　　爸爸

表中的这些式子，每个只能表示某一年爸爸的年龄。你能用一个式子简明地表示任何一年爸爸的年龄吗？

我这样表示。

爸爸的年龄：小红的年龄+30岁

爸爸的年龄：$a+30$

我用字母a表示小红的年龄。

你是怎样表示的？你喜欢哪一种表示方法？

在数学中，我们经常用字母表示数。

想一想：a可以是哪些数？a可以是200吗？

当$a=11$时，爸爸的年龄是多少？

$a+30=11+30=$ _____

图 4-12

9. (2018年上半年教资考试真题)根据北师大版一年级上册教材"整理房间"(见图3-18、图3-19)回答：如何指导小学一年级学生学习上述内容？试拟定教学目标。(10分)

习题二

1. 判断下列目标表述是否准确？

三年级"两位数加两位数口算"第一课时教学目标：

（1）让学生通过自主探究比较的学习活动，理解并掌握两位数加两位数口算的算理算法，正确计算并能优化算法。

（2）在口算方法类比中强化数位观念，体验相同数位的数相加的原理，并渗透估算思想，在简单的估算等学习活动中不断提升数感。

（3）经历探索和解决实际问题的过程，感受灵活运用所学知识解决问题的方法和策略，进一步体会数学的价值，增强运用数学的意识。

2. 教学目标设计的依据是什么？教师应该怎样编写教学目标？

第三节　教学方法的选择

所谓小学数学教学方法,是指为了达到小学数学教学目的、完成教学任务、遵循教学规律、运用教学手段而制定的师生相互作用的一整套活动方式和手段。它表现为"教师教的方法、学生学的方法,教书的方法和育人的方法,以及师生交流信息、相互作用的方式"①。可见,教学方法是为实现教学目标而施行的有规则的基本活动方式;教学方法是由各种教学方式组成的;教学方法反映了教师的教学活动和小学生学习活动的相互作用关系。它对教学工作的成败起着重要的作用。对于同一个班级,讲授同样的教学内容、采用不同的教学方法,可以得到大不相同的教学效果。研究小学数学教学过程与方法的基本规律,并将其自觉地运用到小学数学教学实践中去,是提高小学数学教学质量、为小学生终身可持续发展奠定基础的重要手段。

小学数学教学的基本形式和方法主要有讲解法、谈话法、练习法、演示法、引导发现法、尝试教学法、探究法、情境教学法、比较教学法、阅读教学法、故事教学法、游戏教学法、竞赛教学法、实验教学法、示例教学法、动态生成教学法、学案导学教学法、暗示教学法、自学辅导法、实习作业法、讨论法、参观法等。它们在教资笔试中常以选择题的形式出现,教资面试中也经常被提问到。本书只介绍基本的 7 种方法。

一、讲解法

（一）讲解法的基本含义

讲解法是指教师在教学中运用口头语言,辅以表情姿态,向学生传授系统知识、输送信息、促其智力发展的一种教学方法。其特点是教师用简明生动的语言系统地、有依据地讲解新的概念或规律,让学生在较短的时间内获得比较系统的数学知识,同时学到一些分析、推理的方法。在小学数学教学中,无论哪种课型都不可避免地用到讲解法。

（二）讲解法的一般步骤

教学内容:面积的意义(教材见图 4-13)(教学片段实录)②。

教学过程:

教师出示两条线段。

师:请同学们观察这两条线段,你觉得有什么不一样?（出示两片叶子）这两片叶子又有什么不一样呢?

生:这两条线段,一条长一条短;这两片叶子,一片大一片小。

师:通过观察我们知道,物体既有长短之分,又有大小之分。黑板、课桌、书本、树叶、屏幕、文具盒等都可以叫作物体。(板书:物体)

师:(出示文具盒)这也是一个物体,一眼看上去,你们先看到的是什么?

---

① ［苏］巴班斯基.教育学[M].吴式颖,等译.北京:人民教育出版社,1986.

② 改编自叶建云.课堂解码:小学数学精品课评析[M].福州:福建教育出版社,2010.

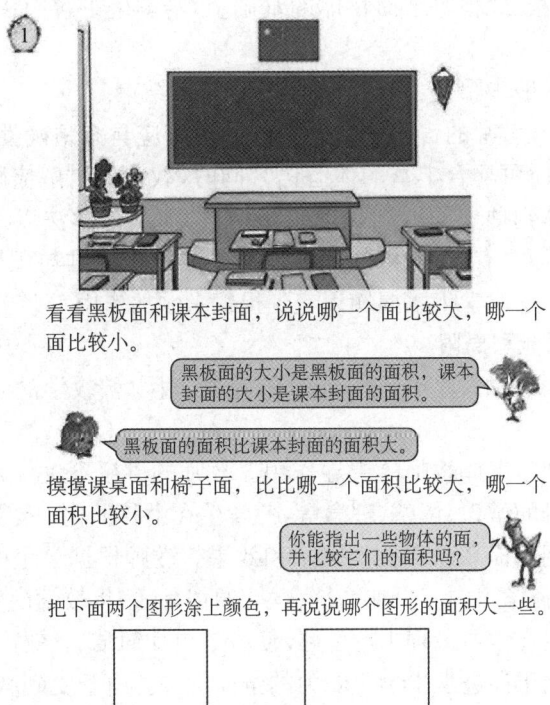

看看黑板面和课本封面，说说哪一个面比较大，哪一个面比较小。

黑板面的大小是黑板面的面积，课本封面的大小是课本封面的面积。

黑板面的面积比课本封面的面积大。

摸摸课桌面和椅子面，比比哪一个面积比较大，哪一个面积比较小。

你能指出一些物体的面，并比较它们的面积吗？

把下面两个图形涂上颜色，再说说哪个图形的面积大一些。

图 4-13

生1：外面。

生2：表面。（板书：表面）

师：是的。许多物体都有它们的表面。例如，黑板面、叶子的表面、书本的封面……你们能再举出一些物体的表面吗？

学生举例（略）。

师：大家都说得很好。现在老师请大家闭上眼睛，摸一摸数学书和课桌的表面，说一说有什么感觉。

生1：课桌的表面光光的。

生2：课桌的表面大，数学书的表面小。（板书：大小）

师：大家的感觉都不错。课桌的表面比较大，我们就说课桌表面的面积比较大；数学书的表面比较小，我们就说数学书表面的面积比较小。（板书：面积）

师：大家再观察黑板的面和我们整个教室的地面，可以看出谁大谁小？

师：看来每个物体都有自己的面，有的物体的面大，有的物体的面小，这些物体表面的大小就是它们的面积（补充完整板书：物体表面的大小就是它们的面积）。

这一教学片段展示的是教师逐步引导学生全面感知与理解"面积的意义"。教师没有直接讲解面积的概念，而是先让学生观察线段和叶子，使学生在积累感性经验的基础上引入"物体"的概念，进而让学生明白"物体既有长短之分，又有大小之别"。接着，通过学生亲身经历，让学生动手"指一指""摸一摸""比一比"，让学生在体验活动中实实在在地感受到"面"是什么，引入"表面"的概念，同时使学生认识到物体的表面有大有小。最后，教师在引导学

第四章　小学数学教学设计

生观察课桌、课本、黑板、地板等平面物体的基础上，给学生讲解面积的含义：物体表面的大小叫作它们的面积。

可见，讲解法的一般步骤是：准备—导入—讲解—结束。

讲解法的运用重在教师的言语表达。教师的语言应具有精确性与逻辑性，不仅通俗易懂，还要生动形象，同时可配合丰富的体态语。同时，教师的讲解应顾及学生的思维特点与认知水平，遵循从具体到抽象的原则，可结合直观的演示教学法以及学生的亲身体验等方法，使讲解不再机械，而具有启发性，从而激发学生的积极思维与积极参与。当然教师讲解时可与板书适当结合，这对学生掌握知识起到提纲挈领的作用。

（三）讲解法的功能和局限

讲解法经过教学实践的检验，其功能日臻完善，对学科教学的发展起到了重要的促进作用。

首先，讲解法有利于发挥教师的主导作用。教师的讲授不仅仅是向学生传授知识与技能，还渗透着教师自身的学识、情感、理念等，使学生在潜移默化中受到影响。

其次，讲解法有利于提高课堂教学效率和效果。教师根据学生的学习能力对讲授的内容进行加工、整理，使得学习内容更加系统科学、通俗易懂；将教学内容以定论的形式直接传递给学生，避免了学生在学习过程中走弯路，使教学更加简洁、有效。

最后，讲解法有利于促进学生学习能力的全面发展。由于受到教材本身的学科知识、思想方法、情感因素、学生经验水平等因素的影响，学生并不能够全面、深刻、准确地理解教材。因此，教师在全面准确领会教材意图的基础上采用讲解法，能将知识传授给学生，促进学生学习能力的全面发展。

当然，讲解法也有一定的局限性。因教师在讲授教学中居于主导地位，所以学生的学习在某种程度上是以被动接受为主的，因此比较容易产生重教轻学的教学现象，不利于发挥学生在学习中的独立性、主动性、创造性。

虽然讲解法有其局限性，但方法是固定的，教师、学生是能动的。教师应充分发挥自身及学生的能动性，灵活使用合作讨论、演示操作、谈话等多种方法（如上例），弥补讲解法的不足，从而使课堂教学达到最佳效果。

真 题 链 接

（2021年上半年教资考试真题）作为一种常用的课程教学方法，讲授法的主要局限在于（　　）。

A. 难以呈现系统科学知识　　　　B. 难以控制教学时间

C. 难以发挥教师主导作用　　　　D. 难以做到因材施教

参考答案

二、谈话法

（一）谈话法的基本含义

谈话法是指师生在课堂教学中交流、互动的方法，又称"问答教学法"。特点是在教学过程中,教师根据教学目的和教学要求以及学生已有的认知结构和生活经验,提出一系列引导性的问题,引导学生积极思考,在交谈对话的过程中得出结论,从而达到教学目的。谈话法在教学各个环节都比较常见,尤其是在突破教学重难点方面,运用谈话法的效果更为明显。

(二) 谈话法的一般步骤

教学内容:求平均数(教材见图 4-14)(教学片段实录)。

平均数

每3秒呈现10个数字,看一看每次可以记住几个数字。

淘气5次记住数字的情况统计表

次数	第1次	第2次	第3次	第4次	第5次
记住数字的个数	5	4	7	5	9

🍎 淘气能记住几个数字?

每次都不一样,这怎么回答?

5出现了2次,记住5个数字吧。

淘气平均每次记住6个数字。

🍎 平均每次记住6个数字是怎么得出来的?

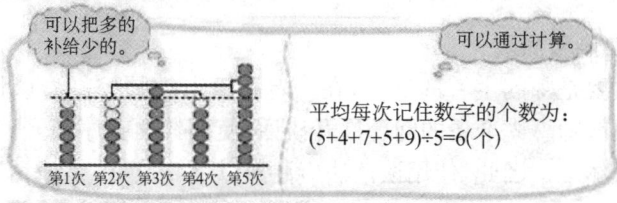

可以把多的补给少的。

可以通过计算。

平均每次记住数字的个数为:
(5+4+7+5+9)÷5=6(个)

第1次 第2次 第3次 第4次 第5次

🍎 你能帮忙解决机灵狗的问题吗?

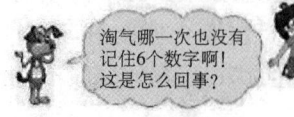

淘气哪一次也没有记住6个数字啊!这是怎么回事?

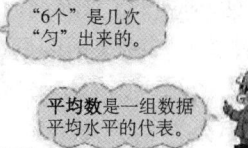

"6个"是几次"匀"出来的。

平均数是一组数据平均水平的代表。

🍎 说一说生活中你在哪里见到过平均数。

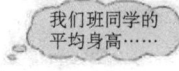

我们班同学的平均身高……

这个月的平均气温……

图 4-14

教学过程:

问题:淘气 5 次记住的数字分别是 5、4、7、5、9。问淘气平均每次记住几个数字?

教师先提出两个问题引起学生讨论。

师:淘气平均每次记住几个数字是什么意思?

师:怎样使 5 次记住的同样多?你能想出几种方法?

学生经过小组讨论后列出算式:$(5 + 4 + 7 + 5 + 9) \div 5 = 6(个)$

师:"$5 + 4 + 7 + 5 + 9$"表示什么?

师：为什么除以5?

师：6个表示什么?

在这一教学片段中,教师通过设计一系列的问题,有利于学生观察、讨论和思考,使学生理解了平均数的含义和求平均数的方法。可见,在了解学生的基础上精心设计谈话问题去引导学生主动思考是谈话法的核心。

可见,谈话法的一般步骤是：教师提问—倾听学生回答—教师做出反应。这样完成一个问题单元,然后再依次进入下一个问题单元。

使用谈话法时,设计的问题要明确,有针对性和启发性,难易程度定在学生的最近发展区。设计的问题要问在关键处,即问在知识的联结点、转折点上,问在学习的重点上。在教学导入时设问要与学生的生活经验相联系,目的是为学生自己探索指明方向或创设学习情境。在新知教学时设问要注意知识的逻辑联系和学生的思维水平,环环相扣、步步深入,最后形成理性认识,目的是帮助学生理解概念、法则、公式的本质含义,掌握解题方法。在巩固新知时应从多角度设问,引导学生对知识进行理解,不能与新课学习中的设问重复,目的是巩固新知,深化对知识的理解。同时,设计的问题要有层次性,要根据学生的认知发展水平在一般性提问之后,提出一两个高级认知层次的问题,引导学生作更深入的思考。设问的形式要多样化,可以从正面、反面、侧面多角度设疑。谈话时教师要掌握课堂的主动权,要根据学生理解程度和课堂情况及时转换提问层次或进行下一个提问单元,把谈话引向正确的方向。

(三) 谈话法的功能和局限

谈话法的运用主要是师问生答的形式,在一定程度上教师控制着谈话的全过程。其优点是在课堂上能按照教师事先准备的问题展开谈话,使得教学有序展开,其局限是学生的主体地位无法得以全部体现。因此,使用谈话法应注意以下5点：一是谈话法的运用应围绕着教学目标适当选择。教学中若谈话使用的时间较多,就可能会影响教学进度。二是慎用学生齐答的形式。三是谈话不应仅仅只围绕教师预设的问题展开,应鼓励学生质疑,让他们把不懂的问题及时提出来,成为新的谈话问题。四是注意合理反馈,适当评价,让学生乐于发言。五是对于学生完全不了解或以前从未接触过的知识,教师一般不宜使用谈话教学法,以避免一些错误性的认知先入为主。

当然,在教学中谈话法不是孤立使用的,而是与讲解、演示等教学方法配合使用,尤其是与讲解法。谈话法与讲解法相结合主要有两种形式：以讲解为主时穿插谈话；以谈话为主时穿插讲解。这要求教师要根据教学的现状及学生的实际需要,灵活应用不同形式的谈话,从而达到最佳的教学效果。

三、演示法

(一) 演示法的基本含义

演示法是指教师采用各种教具、实物,将教学内容以生动形象的方式展示给学生,使学生通过观察获得对事物形象或直观感性认识的一种教学方法。其中,教具、实物的选取是根据教学内容、学生认知等方面的特点来决定的。其最大的特点就是直观形象性、趣味性。它能使学生获得丰富的感性材料,帮助学生理解并掌握抽象的数学知识,激发学生的学习兴趣并发展学生的观察力。

演示法按演示的材料可分为 3 类:一是以图片、图画、挂图等为材料的演示;二是以实物、模型为材料的演示;三是以声、像为媒体运用现代教育技术的演示。

(二) 演示法的一般步骤

教学内容:等式的性质(教材见图 4-15)(教学片段实录)。

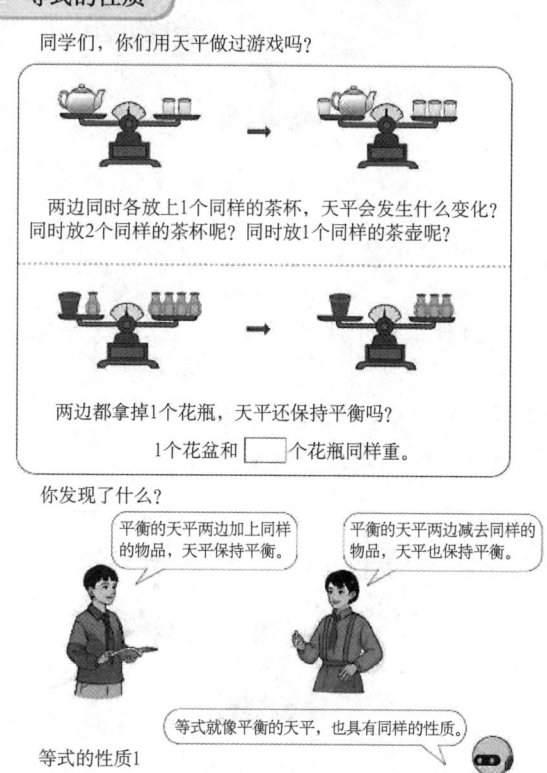

图 4-15

教学过程:

师:观察天平(见图 4-16),你能说出天平两边的等量关系吗?

图 4-16

小组内讨论一下,得出:1 只茶壶的质量＝2 只水杯的质量。

师:猜测一下,如果我在天平的左端放上一瓶矿泉水,会出现什么现象?

生 1:左端会下沉。

师：怎样才能使天平平衡呢？我听有的同学说右边也放一瓶矿泉水，行不行？我们来验证一下。（出现天平平衡，见图 4-17）

图 4-17

现在你们能说出天平两边的等量关系吗？

生 2：1 只茶壶 + 1 瓶矿泉水 = 2 只水杯 + 1 瓶矿泉水。

师：那老师就想问问了，为什么天平两边质量变化了，而天平仍保持平衡呢？和同桌交流交流。

生 3：两边同时加上相同的质量，所以天平保持平衡。

师：观察天平（见图 4-18），你能列出等量关系吗？

图 4-18

生 4：$x = 50$。

师：仔细观察，如果在天平左边加上 20 克砝码（见图 4-19），要想天平保持平衡，怎么办？

生 5：右边也加 20 克，天平不变。

师：你能根据天平上左右的物体质量列出方程吗？

图 4-19

生 6：$x + 20 = 50 + 20$。

师：观察等式，你又有什么发现？

生7：等式两边加上相同的数，等式仍成立。

师：等式就像平衡的天平，在平衡的天平两边加同样质量的物体，就相当于在等式两边加上同样的数，等式依然成立。

在这一片段教学中，把抽象的等式性质用形象化的天平演示出来，不但适合学生的年龄特点，而且能够逐步加深学生对等式性质的理解。学生经历猜测、演示、验证的过程，感受到了数学的严谨性与科学性。把"物"换成"数"，也就逐步建立起天平与等式的联系。

可见，演示法的一般步骤是：提出问题—猜想—演示—获得结论。

（三）运用演示法的基本要求

1. 选择恰当的演示教具

教具的设计要科学。低年级可以用小棒、数字卡片、计算器、实物图等，中高年级的教具可略微抽象些。尽量利用现代化手段，化静为动，动静结合。例如，在认识三角形时，不应只演示一种标准的三角形，要出示各种类型的、外部特征（色彩、大小、位置）不同的三角形，这样可使学生充分感知三角形的本质特征（由 3 条线段首尾相接围成的封闭图形）。

2. 演示时要配合适当的讲解和谈话

可先演示后讲解，使学生先获得学习新知所必需的感性经验；可边演示边讲解，让学生把观察、分析、综合、归纳结合起来，逐步上升为理性认识；可先讲解后演示，从而验证讲解的正确性和可靠性，深化理性认识。讲解的语言要简明扼要，将演示的内容表达清楚。与谈话法相结合可更好地进行师生互动，教师可通过设疑的方式来引导学生对演示的内容进行观察、思考，甚至可以做到教师边演示，学生边观察、思考。

3. 演示应突出概念的本质特征及知识的形成过程

演示的目的是把抽象的、本质的东西直观化，所以在演示时，应有意识突出概念的本质特征及知识的形成过程，防止无关因素对学生的干扰。例如，利用教具或多媒体计算机演示平行四边形的面积公式的推导过程，可把平行四边形的底和高用两种颜色突出，通过剪切、平移、拼接这一动态过程，使学生清楚地看到平行四边形与拼成的长方形的关系，从而为推导出平行四边形的面积计算公式提供感性认识。

4. 使用教具演示要注意时机

演示要适时、适当，要使演示为掌握知识服务，讲求效果，而不能变为游戏。过早出现会分散学生注意力，过迟使用也只能是浪费时间。同时，在同 节课里，演示的次数不能过多，花样不宜太杂，不能为演示而演示。当学生已积累了一定的感性经验、形成了表象时便要不失时机地引导学生进行抽象概括，以达到演示的目的。

5. 在演示过程中要面向全体

演示要使全班学生都能看清演示的对象，注意突出对象的本质特征或发展过程；演示要尽可能使学生的多种感官发挥作用，以便留下全面、深刻的感性印象，形成鲜明清晰的表象。

四、练习法

（一）练习法的基本含义

练习法是指学生在教师指导下，巩固数学知识、形成数学技能、发展数学能力的教学方法。练习法在小学数学教学中具有十分重要的地位和作用。通过适量、科学的练习，可以让学生把所学的知识在头脑中巩固下来，形成技能技巧；同时，通过练习让学生运用所学知识解决实际问题,可促进学生思维的发展,培养学生解决问题的能力和良好的学习习惯。

(二) 练习法的一般步骤

教学内容:能被 3 整除的数的特征(教材见图 4-20)(教学片段实录)。

图 4-20

教学过程:

一、复习旧知,引入新课

师:我们每天都要和数打交道,其实,数在我们的生活中有着广泛的应用(结合生活情境,用计算机出示下列各数:28,37,156,200,155,1 000 000,4 755)。

(1) 上面这些数哪些能被 2 整除,哪些能被 5 整除? 你是怎样判断的?

(2) 小结(略)。

(3) 引入新课。

二、学习新知(略)

三、巩固练习

1. 说一说怎样才能迅速、准确地判断一个数能否被 3 整除学生说后,教师出示判断方法流程图,使学生得到判断方法。

2. 练习

(1) 下列哪些数能被 3 整除?（数略）

(2) 在下面每个数中的 ▢ 内填上一个数,使它能被 3 整除。

  6▢   3▢5   24▢

① 6 后的 ▢ 应填几? 你是怎样想的? 小组讨论回答。

② 6 后的 ▢ 可填 0,3,6,9,这些数有什么规律?

③ 你能用这个规律很快地填出 3▢5、24▢ 中的 ▢ 里可填的数吗?

(3) 你能用哪些办法判断 324,264,816,306,3 698 能不能被 3 整除?

(4) 比赛练习(略)。

3. 扩展练习

(1) 判断 653 794 828 能不能被 3 整除。

(2) 找出能被 9 整除的数的特征。

4. 小结(练习中出现的各种方法)

可见,练习法的一般步骤是布置任务—独立练习—检查指导—共同总结。教师先提出练习的任务、要求和方法,并做出必要的示范;其次,学生半独立或独立练习,教师个别指导;再次,教师检查练习情况,指出存在的问题,提出改正措施;最后,师生共同总结。

（三）运用练习法的基本要求

练习时要让学生明确练习的目的和要求。同时要注意,练习内容的选择应有针对性,练习的设计应有层次性,练习形式应多样化,要处理好练习中量和质的统一,练习要及时反馈。练习会把学生在学习中存在的问题和困难诱发出来,教师在巡回指导检查时,发现个别问题要及时纠正,对于出现的共性问题要当堂讲清。同时,对学生在练习中表现出来的优秀的解法思路应及时给予表扬并在全班推广。教师的及时评价有利于在课堂信息的传播中形成反馈回路,便于学生及时调控和纠错。

五、引导发现法

（一）引导发现法的基本含义

引导发现法是指教师根据学生的兴趣、经验、知识和能力水平以及教材的结构特点,采用引导的方式,将教学划分为不同层次的发现过程的教学方法。教师是引导者,学生是发现活动的主体。教师的引导直接影响着学生的发现,影响着引导法使用的效果。学生的发现过程是否精彩,是否达到预定目标是衡量教师引导水平高低的依据。

（二）引导发现法的一般步骤

教学内容:9 加几(教材见图 4-21)(教学设计)。

教学过程:

一、复习铺垫

谈话:小朋友们,小猴子给大家带来一些口算题,你们会算吗? 说说你是怎么算的?

10 + 1   10 + 2   10 + 8   10 + 5   10 + 7   10 + 9   10 + 3

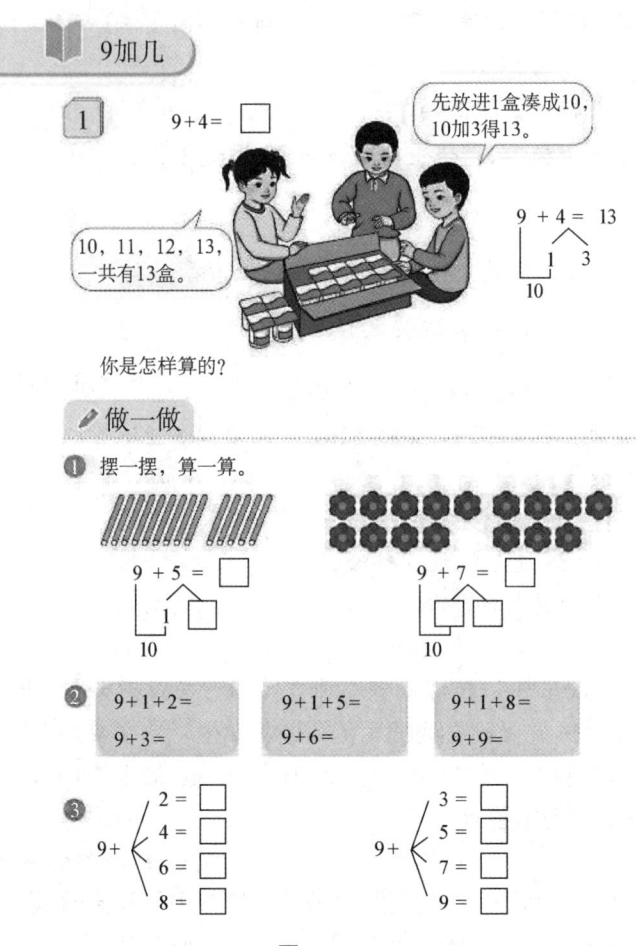

图 4-21

你能发现这些计算有什么共同点吗？（10 加几就等于十几。）

二、主动探索，学习新知

1. 创设情境，导入新知

出示情境图（见图 4-22）：要开运动会了，裁判员小猴子去超市买皮球，先买了 9 个，后来又买了 4 个。

图 4-22

提问：谁能说说你看到了什么？你能提出一个问题吗？（小猴子一共买了多少个皮球？）

提问:要求小猴子一共买了多少个皮球,怎样列出算式?

根据学生回答,板书"9＋4＝",并揭示课题"9加几"。

2. 引导探索

谈话:小猴子一共买了多少个皮球呢? 在动笔算之前,你先想一想,你准备怎么算,想好后再和同桌交流一下你的算法。

提问:下面请同学们用自己的方法计算结果(学生计算,教师巡视、指导和交流)。

3. 交流算法

谈话:下面请同学来汇报一下你们的计算方法,哪位同学先来汇报?

预设:

方法1:数数的方法,接着数数10,11,12,13。

方法2:先拿一个皮球放在盒子里,盒子里就有10个了,外面有3个,一共是13个。

方法3:把9看成10,先想10加4等于14,因为把9看成10多看了1,再减去1,就是13。

方法4:4可以拆成1和3,9＋1＝10,10＋3＝13。

······

4. 算法比较,探索凑十法的特点

谈话:小朋友通过自己的努力,发现了多种计算9＋4的方法。在这些计算方法中,你喜欢哪一种算法? 说说自己的理由。

引导:运用凑十法计算20以内进位加法,计算起来又快又简洁。

提问:谁来用凑十法,再次说说计算的过程?

三、巩固与运用

1. 基本练习

2. 比较练习

出示题目:9＋3, 9＋7, 9＋9。算一算,你发现了什么?

教师引导:把9加几转变成9加1再加几的连加算式去算。

3. 提高练习

四、课堂小结(略)

在教学设计中,教师很好地运用了引导发现法,引导学生通过自主探索,发现多样化的计算方法。具体来说,复习10加几是发现新知的铺垫,这样的复习就是教师的一种引导方式。在主动探索环节,教师引导的主要任务是让学生充分想象、尝试各种可能的计算方法。然后教师又通过提问,引导学生比较算法和选择算法。在练习环节,教师引导学生发现9加几与9加1再加几的连加算式之间的联系,帮助学生理解了计算方法之间的联系,从而帮助学生发现数学学科的结构。

可见,引导发现法的一般步骤是:第一步创设情境,提出问题。情境是影响引导发现法实效性的因素之一,通常,情境由教科书提供或教师设计,利用情境直接呈现问题,或根据情境教师引导,问题由学生提出。第二步学生发现,教师引导。第三步提出假说,验证假说。第四步建构新知。第五步应用新知。

(三) 运用引导发现法的基本要求

1. 情境的创设要有针对性

创设情境的目的是提出问题,问题是数学的心脏,一般是沿着数学知识产生与发展的脉络提出问题。有效情境的题材一般有 6 种：一是以学生熟悉的材料或生活情境为题材；二是以数学应用性材料为题材；三是以数学史为题材；四是将数学知识与新、奇、巧的材料相结合；五是以动手操作和实物演示为题材；六是以数学美为题材。

2. 给学生提供足够探索发现的时间和空间

这是把引导发现法真正落实到教学实处的保证。特别是当学生探索重点、难点问题时，教师要舍得花时间，切忌学生刚进入角色，教师就草草收兵，把结果硬塞给学生。同时学生在探索的过程中，教师要把握好引导的度。不能太直接、太具体，要引而不代，让学生有机会进行讨论和争辩。

3. 从数学方法的视角指导学生的发现活动

教师以数学方法的视角分析和指导学生的发现活动，是提高引导发现法实效的重要途径。例如，分数意义的教学，教师设计均分或测量等生活中的困境，引导学生发现仅凭整数无法解决生产和生活中的某些问题，由此建立假说，引进分数概念及其数学符号。

六、尝试教学法

（一）尝试教学法的基本含义

尝试教学法是江苏省常州市教育科学研究所邱学华老师最早设计和提出的，它改变了教学过程中"先讲后练"的方式，以"先练后讲"的方式作为教学的主要形式。历经十几年的实验研究，尝试教学法得以不断完善，在全国推广并产生了较大的影响。其基本思路是：在教学过程中，让学生在旧知的基础上先来尝试练习，在尝试的过程中教师指导学生自学课本，引导学生讨论，在学生尝试练习的基础上教师再有针对性地讲解。

（二）尝试教学法的一般步骤

教学内容：两步应用题（课堂教学实录）。

教学过程：

一、导入新课

用游戏导入新课。教师出示两个文具盒，一个装红铅笔，一个装黄铅笔。

1. 打开一个文具盒盖，学生看到有 3 支黄铅笔，教师提问："两个文具盒里一共有多少支铅笔？"（学生会说缺少条件，无法解答）

2. 教师再打开另一个文具盒盖，学生看到有 5 支红铅笔，这样学生可以求出一共有 8 支铅笔：3＋5＝8（支）。

3. 教师打开一个文具盒盖，出示 3 支黄铅笔，然后教师指着另一个文具盒说："红铅笔比黄铅笔多 2 支，一共有多少支铅笔？"（学生会说出得数）

引导学生编出应用题："有 3 支黄铅笔，红铅笔比黄铅笔多 2 支，一共有多少支铅笔？"再引导学生分析，看出这道两步应用题只给出两个已知条件，而前面学的两步应用题都有 3 个已知条件。这堂课就来学习这类给出两个已知条件的"两步应用题"（板书）。

二、尝试操作

教师在磁性演示板上、学生在磁性学具板上共同操作，在尝试操作中使学生体会到，先要求出红铅笔有多少支，才能求出一共有多少支铅笔。

三、尝试练习

1. 利用课本上的例题，做尝试题。从准备题过渡到尝试题。

饲养小组养 10 只黑兔,16 只白兔。一共有多少只兔?

饲养小组养 10 只黑兔,养的白兔比黑兔多 6 只。一共有多少只兔?

(用白纸贴在黑板上进行比较,然后尝试练习,练后要求学生尝试说出道理)

2. 练后再引导学生自学课本,对照课本上的例题,验证自己算得对不对,并补充说出课本上的例题每一步求的是什么。

3. 例题的第二个条件改成"养的白兔比黑兔少 6 只"(用白纸贴在黑板上)。要求学生列式计算,练习说出算理。

根据黑板上出现的上述 4 道题目,进行分析比较,联系课本上提出的"注意:有两个已知条件的应用题,要仔细分析,确定该用一步解答还是分两步解答",得出初步结论:题目给出的都是两个条件,如果直接说出两个具体数量(黑兔和白兔的只数),就用一步计算;如果只说出一个具体数量(黑兔的只数),另一个没有直接说出(白兔的只数),必须先求出另一个的数量,这样就要用两步计算。

四、课堂作业

课本第 88 页"做一做"两道题目:

1. 学校里有 12 盆月季,9 盆米兰。月季和米兰一共有多少盆? 学校里有 12 盆月季,米兰比月季少 3 盆。月季和米兰一共有多少盆?

2. 公园里有 6 只小猴,大猴的只数是小猴的 4 倍。一共有多少只猴?

五、数学游戏

1. 拍手游戏(教师拍几下,要求学生多拍或少拍几下):求一共拍了几下。(同桌两人互相拍)

2. 猜盒里的铅笔(与导入新课的游戏相同)。

3. 编题比赛。

要求学生编出这堂课教的两步应用题(游戏的长短根据所留时间而定)。

六、课堂小结

通过小结使学生进一步理解两个条件的两步应用题的结构和解题方法。

教学开始,教师根据新旧知识的内在联系,以游戏形式创设情境,采用启发式提问,揭示矛盾,为新课学习做好了铺垫。学生通过在学具板上直观操作,弄清应用题的数量关系,发现解题规律,自己总结出已知两个条件的两步应用题的解法步骤和方法,同时教师注意引导学生阅读课本,与自己的解法对照,及时强化验证。

可见,尝试教学法的一般步骤:一是出示尝试题。尝试题与教材例题相仿,是课本上问题的变形,让学生产生兴趣。二是自学课本。教师引导学生看一看书上是怎样讲的,对所学内容有一个基本的了解。三是尝试练习。大部分学生通过自学对尝试题有了办法,再出示尝试题让学生做。四是学生讨论。让学生结合自己的解题方法进行讨论。五是教师讲解。学生会做题了,但并不一定全部掌握了知识。在学生已会的基础上,教师按照一定逻辑系统向学生有针对性地讲解所学的内容。在具体实施过程中,会有一些变化和调整。

尝试教学法有利于培养学生的探索精神和自学能力,有利于提高课堂教学效率,具有很强的可操作性。但是,这种方法需要学生具备一定的数学基础和思想方法,对于年龄较小的学生不适合。对于起始概念的引入课也不宜使用,因为概念具有抽象性,学生自学难度很大。比如,几何图形初步概念,分数、小数的初步认识等不宜使用。当然,尝试教学法对教师的要求更高。教师要根据学生的认知水平、教材内容、学生个体差异等设计准备题、尝试题、第二次尝试题，不能简单地截取书上的练习。在学生讨论后，教师要针对学生存在的困难或问题进行讲解，这要求教师根据现场尝试的反馈情况随机应变。

七、探究法

（一）探究法的基本含义

探究法是指教师以教学内容或与教学内容相关的问题为载体，引导学生经历发现和提出问题、分析和解决问题的过程，从而理解数学概念、掌握数学知识、培养探究能力的一种教学方法。其中，知识与能力的获得主要依靠的不是教师的讲解，而是学生在教师的指导下通过主动探索、主动思考、亲身体验来获得的。

（二）探究法的一般步骤

案例：两位数乘两位数（教材见图3-4）（教学片段实录）

教学过程：

（一）启动数学列车——复习铺垫（略）

（二）进入儿童乐园——探究新知

1. 出示情境图

（1）学生观察：你收集到了哪些数学信息？（每本书14元，要买12本）你能提出什么问题？

（2）要算一共付多少钱，该怎么列式呢？（14×12）为什么用乘法计算？

2. 揭示课题：两位数乘两位数

3. 分小组探究，尝试计算

4. 全班交流，整理算法

方法一：把12分成2和10两部分，我们先求出2本书多少钱，再求出10本书多少钱，然后再把这两部分的钱加起来就是妈妈要付的钱。

$12 = 2 + 10$

$14 \times 2 = 28$（元）

$14 \times 10 = 140$（元）

$28 + 140 = 168$（元）

方法二：笔算

```
    1 4          1 4            2 8
  ×   2        × 1 0         + 1 4 0
    2 8        1 4 0          1 6 8
```

5. 设疑：刚才我们求妈妈买12本书用168元，计算时一共用了3个竖式，那能不能把这3个竖式合并起来写成一个竖式呢？

6. 学生尝试用笔算方法计算，并将结果板书讲解

```
    1 4          1 4            1 4
  × 1 2        × 1 2          × 1 2
    2 8        1 4 0            2 8
  1 4 0          2 8          1 4
  1 6 8        1 6 8          1 6 8
```

7. 师生共同分析 14 乘 12 的笔算方法

```
      1 4
  ×   1 2
      2 8  …… 14×2的积
    1 4 0  …… 14×10的积
    1 6 8  …… 14×12的积
```

说明:在把两个积加起来的时候,个位上是计算 8 加 0,0 只起占位作用,为了方便,这个 0 可以省略不写,边说边把 0 擦去。还有,在这个乘法算式中,28 加 140 的加号也省略不写了。

8. 小结两位数乘两位数不进位乘法的笔算方法

(1) 相同数位要对齐。

(2) 用第二个因数各个数位上的数依次去乘第一个因数;用哪一位上的数去乘,积的末位就写在哪一位的下面。

(3) 把两次乘得的积加起来。

(三) 畅游儿童乐园——巩固提升(略)

(四) 回顾反思(略)

这节课你学到了什么? 关于两位数乘两位数的笔算乘法你还有什么不清楚的吗? 或者说在计算两位数乘两位数时,你觉得哪些地方需要再提醒一下大家?

苏霍姆林斯基说:"在人的心灵深处,都有一种根深蒂固的需要,就是希望自己是一个发现者、研究者,而在儿童的精神世界中,这种需要特别强烈。"为此,本课通过复习,激活学生已有的计算经验,通过创设有趣的教学情境,引导学生联系已有的知识经验主动探索、研究算理与计算方法,让学生在不断的探究与交流过程中理解算理,掌握两位数乘两位数的笔算方法。学生在操作探究过程中,也培养了合作意识、口头语言表达能力,张扬了自己的个性。课尾对本课知识及时进行回顾反思,可以加深学生对法则的理解与应用,更好地领会两位数乘两位数笔算乘法的计算方法。

可见,探究法的一般步骤:一是创设情境或提出问题。二是提出解决问题的设想。学生在明确数学问题后,教师鼓励学生独立思考并大胆尝试,学生对解决问题的可能方法进行猜测或试探,提出一个相对明确的解决问题的方案。三是分析和解决问题。教师引导学生根据解决问题的初步设想进行探究,有时难免需在探究过程中对解决问题的设想进行调整和完善,以顺利实现问题的解决。当学生在探索的方向上出现差错或迷茫时,教师应及时给予学生有效的启发或点拨。四是交流和反思。教师组织学生对探究的方法和获得的结果进行交流,以实现群体的思维共享,还要引导学生对探究的过程进行完整的回顾和反思,加深对解决问题所运用的数学知识和方法的再认识,感悟其中的数学思想方法,积累探究的活动经验。在学生交流和反思的基础上,教师要适度地对学生的认识和体验加以点评。

探究学习的一个前提条件是学生必须具备学习能力。在备课时,教师要充分了解学生的基础知识和能力,要鼓励学生自主参与和独立思考。学生的探究结果有层次性的区别,呈现时也要由较低层次逐步过渡到较高层次。以宽容和鼓励的态度对待学生,保护学生个性化的积极的思维成果。

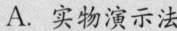

真题链接

　　1.（2013年上半年教资考试真题）在讲完"体积的大小"后，张老师要求学生回家量一量日常用品的体积，这种教学方法是（　　）。

　　A. 实物演示法　　　　　　　　B. 实习作业法

　　C. 实验教学法　　　　　　　　D. 实践探究法　　　参考答案

　　2.（2017年下半年教资考试真题）陶行知先生指出，"先生的责任不在教，而在教学，而在教学生学""教的法子必须根据学的法子"，故而将"教授法"改为"教学法"。这一改动所体现的教学理念是（　　）。

　　A. 教学合一　　　　　　　　　B. 言行合一

　　C. 学做合一　　　　　　　　　D. 教做合一

习题三

　　1. 你认为使用练习法应注意哪些问题？

　　2. 你还知道哪些教学方法？请搜集资料，讲给同班同学听。

　　3. 同一节课，请尝试采用3种不同的教学方法进行教学设计。

第四节　教学设计的主要内容

　　教学过程是教师为了实现教学目标、完成教学任务而制定的具体的教学步骤和措施。教学过程是整个教案设计的核心部分，编写时根据教学目标及教材的具体情况，要做到内容充实，重点突出，详略得当，利于教学，也就是解决如何教、如何学才能高效实现教学目标的过程。数学教学总体的过程可以概括为如图4-23所示的程序。

提出问题 ⇒ 研究问题 ⇒ 发现规律 ⇒ 归纳总结 ⇒ 运用结论

图 4-23

　　编写教案时，教学过程一般形式为：导入、新授、练习、小结、作业、板书设计。每部分的名称不是固定的，但各个环节要环环相扣、步步衔接，把教学活动连成一个整体。又因教学设计需要考虑的因素太多，所以教学设计是一项富有创造性的工作。

一、导入设计

导入是引导学生进入学习情境从而形成适宜的学习心理状态的教学行为方式。学生能否在上课初始阶段便很快进入角色,很大程度上取决于教师的引导效果。精彩的导入,能抓住学生的心理,立疑激趣,促使学生情绪高涨,有助于整堂课教学的成功。导入技能是课堂教学艺术的重要组成部分,是教师进行课堂教学必备的一项基本技能。

(一) 导入的功能

1. 引起对所学内容的关注,使学生进入学习的准备状态

课始,要给学生较强、较新颖的刺激,帮助学生收敛课前的其他思维活动,让学生的注意力迅速集中,并指向特定的教学任务和程序之中。

如"轴对称图形"一课,教师刚进教室,学生就哄堂大笑。教师故作困惑:"你们为什么笑啊?""你衣服的纽扣扣错了。""哦。对,这样穿是不美。那怎么就感觉不美呢?"学生纷纷发表看法。一名学生说:"两边不对称呗。"教师随即便问:"那什么才是对称呢?"这样的导入从学生的实际生活入手,使学生感到亲切自然。

2. 激发学习兴趣,引起学习动机

兴趣是入门的向导,当一个人对某种学科发生兴趣时,就会使各种感觉器官和大脑处于最活跃的状态,总是积极主动、心情愉快地进行学习,而不会觉得是一种负担。在教学之初,要设法激发学生的学习兴趣,诱发学生的求知欲。

如"圆的认识"一课,教师这样导入:用一段细绳,一端系着一个小球,另一端用手拽着甩动小球,使小球做圆周运动。教师边示范表演边问:"同学们,看老师手中的小球画出了什么图形?"教师接着说:"我把刚才甩小球的活动用课件演示出来,请大家注意观察,小球是怎样运动的? 形成了什么图形?"屏幕上演示点动成圆。教师用"甩小球"和"演示点动圆"的方法导入对圆的认识的学习,做到了从动态的角度研究圆,渗透了集合的思想,揭示了圆的形成,为学习圆、圆心、半径等概念作了铺垫。

3. 承上启下,以旧引新,建立新旧知识间的联系

在学习新知识之前,注意引导学生温故而知新,通过复习、提问、做习题等教学活动,提供新旧知识联系的支点,为学习新知识、新概念做好知识上的铺垫。利用知识迁移规律,自如地导入新课,使学生感到新知识并不陌生,便于将新知识纳入原有的知识结构中,降低了学习新知识的难度。

如"万以内连续退位减法"一课,就从 100 以内退位减法的旧知导入。学习"用 8 的口诀求商"就从 8 的乘法口诀导入。由于旧知识与新知识联系紧密,为思维的再加工做好了铺垫,学生就很容易抓住规律,同时利于知识的迁移。

4. 开门见山,明确教学活动的目标

在学习之前向学生讲清本节课学习的内容、要达到的目标、完成的任务及学习活动的方向和方法,使每个学生都明白他们要做什么,应达到什么程度,或要得到什么结果,使学生学习活动有明确的导向,思维有清楚的目标,避免出现学生糊里糊涂地跟着老师的被动局面。

如"小数除法"一课,教师这样导入:"我们已经学过整数除法,今天来学习小数除法。小数除法的计算方法与整数除法的计算方法是一致的,重点是要解决商的小数点的位置。具

体怎样计算呢？请看例题，我们一起来研究。"几句简要的导入说明，使学生明确了学习的内容、方法和重点。

（二）导入的类型

课堂导入没有固定模式，不同内容、不同特点选用不同的方式，但要注意导入设计应符合小学生的年龄特点和心理特征。不同学段的学生学习特点不同，导入方法也不同；导入方法手段力求多变化、多样化，让小学生常有新鲜感；导入须为课堂的主题部分服务，不宜喧宾夺主。同时数学课的导入，要依据数学学科的特点进行。导入类型主要有以下 6 种。

1. 开门见山，直接导入

这是教师开门见山地直述新课题，并概要说明新课题的主要内容，明确学习目的和要求，引起学生的认知需要，产生学习动力的导入方法。小学数学每节课的容量比较小，在新课比较简单或与前面所学知识直接关联时，常用此法导入。教师简洁明快地讲述或提问，仅需只言片语，便可导入新课。

如在进行练习课之前教师说明："前几节课我们学习了分数除法，今天我们上一节练习课，请同学们想一想做分数除法计算时要注意哪些问题。"这样导入简捷明了，既省时间，又使学生明确了学习的内容和目的。开门见山的导入比较适合高年级的教学。

2. 新旧对比，迁移导入（温故导入）

有些知识可以利用旧知识的迁移直接导入，我们称之为迁移导入。迁移是以学生已有的知识、对技能的领会和巩固为前提的，先前的学习同后来的学习之间所包含的共同因素越多，迁移也就越容易产生。因此，常在新旧知识有较多的共同因素时使用。在组织学生复习旧知识的基础上，再提出与之有关的新问题。学生可以利用原有的知识、经验去解决新课题，如"整百数和一位数相乘的口算"（教材见图 4-24）的导入。

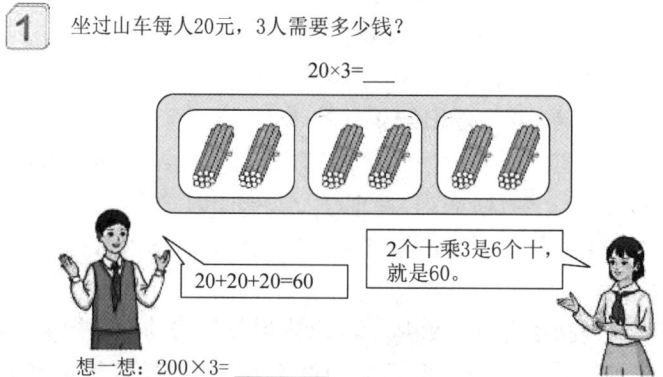

图 4-24

（1）口算，并说说你是怎么口算的。

$3 \times 3 =$ 　　　　$60 \times 2 =$ 　　　　$12 \times 6 =$

（教师强调 $6 \times 2 = 12$，并用红色粉笔描出这几个数字）

（2）说明情境：两个小朋友在操场上跑步，明明跑了 3 圈，芳芳跑了 2 圈，一圈跑道长 400 米。你能提出什么数学问题？

（芳芳跑了多少米？明明跑了多少米？他们一共跑了多少米？）

(3) 先看"芳芳跑了多少米"应该如何计算?("400×2")(教师板书)

"400×2"表示什么意思呢?(芳芳跑了2圈,一圈跑道长400米,芳芳跑了多少米?)

仔细观察算式,这和我们前面学过的乘法有何不同?(这里有400)对,这就是我们今天要研究的"整百数和一位数相乘的口算"。(板书课题)

这样的从复习旧知,创设情境导入,不仅自然,而且为学生学习新课提供了方法,甚至可以引导学生自己对新知识做出解答。

3. 巧设问题,计算导入

计算导入是组织学生利用旧知识进行与新知识有关的计算,对计算结果进行研究,发现新问题,从而导入新课的方法。数学课离不开计算,故此类导入应用比较广泛。教师要设计好计算的内容,使之通过一些特定的计算要求,能比较明显地指向新的课题。

例如,"循环小数"的导入。在学生已有小数除法知识的基础上,教师请全班学生计算:$1 \div 3 = ?$ $28 \div 11 = ?$ 当学生怎么也算不完时,教师发问:"你们在计算中发现了什么问题?""商的小数部分有什么特点?"然后说明:"像这样的小数叫循环小数。下面我们研究有关循环小数的内容。"

4. 创设情境,设疑导入

教师根据所学的新内容,设计一些能引起悬念的问题情境,把学生的思维引入对新问题的思考中从而导入新课的方法,称为设疑导入。问题要符合学生认识水平,并指向新课的学习,此法多用于中高年级。

例如,"分数的基本性质"的导入。孙悟空有3根一模一样的甘蔗,小猴子贝贝、佳佳、丁丁看见了,一哄而上,叫嚷着要吃甘蔗。孙悟空说:"好,贝贝分第一根甘蔗的 $\frac{1}{2}$,佳佳分第二根甘蔗的 $\frac{2}{4}$,丁丁分第三根甘蔗的 $\frac{4}{8}$。"贝贝、佳佳听了,连忙说:"孙大圣,不公平,我们要分得和丁丁的同样多。"孙悟空真的分得不公平吗?

教师通过学生耳熟能详的人物对话,给学生设计了一个悬念,抓住学生的好奇心理,由此激发学生的学习兴趣。此时,教师并不急着让学生回答,只是引起学生的疑问,明确学习的目标,产生求知的欲望,为新知学习做好准备。

5. 动手操作,直观导入

这是教师演示实物、模型、挂图、幻灯片等直观教具,或指导学生动手操作学具,引导学生观察并设置一定的问题情境的导入方法。这种方法不仅在低年级经常用到,而且对中高年级较难理解的内容,也常用此法导入。

例如,"有余数的除法"(教材见图3-1)的导入。上课后教师让每个学生拿出12根小棒,按要求在桌上摆。教师问:"每2根摆一堆,可以摆几堆?""如果计算应怎样列式?"($12 \div 2 = 6$)接着问:"每4根摆一堆,可以摆几堆?怎样列式?"($12 \div 4 = 3$)"还是这12根小棒,如果每5根摆一堆,可以摆几堆?"学生按已有经验动手操作后很快发现了问题。教师抓住时机,对学生说:"是出现问题了吧?谁能说说自己是怎样摆的?"当学生说"12根小棒,每5根摆一堆,摆了2堆,还剩2根"时,教师说:"是吗?都剩下2根吗?请把它们举起来。"小学生纷纷举起剩下的2根小棒,教师趁势说明:"在实际生活当中,常常遇到分剩下的情况,分剩下的数叫作余数,今天我们来学习有余数的除法。根据刚才摆的列出算式是12÷5,怎么计算呢?下面开始学习。"通过动手操作,使学生具体认识了什么是余数以及有余数除法是怎样产生的,从难点入手为学习新课作了充分准备。

6. 联系生活,自然导入

这是教师以学生已有的生活经验为出发点,通过生动的讲解、提问以引起学生的回忆,再引导学生发现问题,从而导入新课的方法。此法通常在新内容与学生的有关经验既有联系又有区别时采用。

例如,"求平均数"的导入。教师谈话:"上星期我们进行了第二单元的测验,你们知道我们班是男生考得好还是女生考得好吗? 怎样才能很简明地比较出优劣呢?"学生依据他们的经验会说:"分别算出男女生的平均分就可以了。""怎样求平均分呢? 这就是今天我们要学习的'求平均数'。"从学生生活实际出发,引起学生的需求。

在实际教学中,导入的类型和方法是很多的,再比如有故事导入、游戏导入等,即使是同一个内容也可以用不同的方法导入。导入设计必须遵循实用性、趣味性、启发性的原则,教师备课时根据不同的年级、不同的内容可以采用不同的导入方法。

教师资格证面试时间只有10分钟,因此导入时间一般不超过1分半钟。有时在抽取的课题的基本要求里有对导入的要求,有时没有。

真题链接

1. (2015年下半年教资考试真题)材料分析题:

小学数学教材中有这样一个问题:一个服装厂计划做660套衣服,已经做了5天,平均每天做75套。剩下的要3天做完,平均每天要做多少套?

答案解析

为了让学生积极参与,孙老师把题目改编为:"六一"儿童节要到了,我们三年级要参加表演,需要演出服装160套,爱心服装厂已经做了5天,平均每天做20套。现在离"六一"儿童节还有2天,请你帮忙算算每天需要完成多少套?

巧妙的设计激发了学生浓厚的学习兴趣……

问题:(1)对孙老师成功的教学情境创设进行评析。

(2)阐述教师处理教材内容时的基本要求。

2. (2016年上半年教资考试真题)材料分析题:

杨老师在教学"分数的基本性质"时,设计了这样的教学导入:同学们,在学习新内容之前,我先给大家讲个故事。猴山上的小猴子最喜欢吃猴王做的饼。有一天,猴王做了3块大小一样的饼分给小猴子们吃。它先把第一块饼平均切成4块,分给甲猴1块。乙猴见到说:"太少了,我要2块。"猴王就把第二块饼平均切成8块,分给乙猴2块。丙猴更贪吃,它抢着说:"我要3块,我要3块。"于是猴王又把第三块饼平均切成12块,分给了丙猴3块。老师想问问同学们,是不是最贪吃的丙猴分得最多呢?猴王为什么要这么切呢? 学习了"分数的基本性质"你就清楚了。

二、新授设计

　　新授部分是编写教案的主要环节,是研究问题、发现规律、归纳总结的过程。在设计这一部分时,要针对不同的教学内容选择不同的教学方法;要设计统领课堂的中心问题;要组织学生活动;要突出教学重点,突破教学难点;还要设计完成课程内容所需的时间和其他各项具体的安排。具体地说,就是在该环节,设计出教师承担的"教"的活动与学生"学"的活动分别是怎样进行的。我们通过一个案例来说明新授设计的策略。

　　案例:人教版五年级"异分母分数加法"(教材见图 4-25)

五　分数加法和减法

① 明桥小学有一块长方形试验田,其中 $\frac{1}{2}$ 种黄瓜,$\frac{1}{4}$ 种番茄。

黄瓜和番茄的面积一共占这块地的几分之几?

$$\frac{1}{2} + \frac{1}{4} = \underline{\qquad}$$

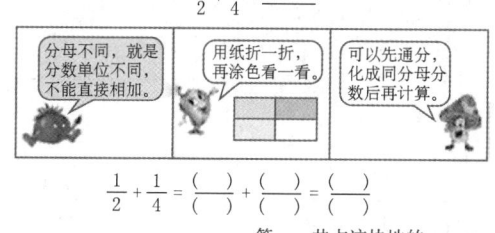

分母不同,就是分数单位不同,不能直接相加。

用纸折一折,再涂色看一看。

可以先通分,化成同分母分数后再计算。

$$\frac{1}{2} + \frac{1}{4} = \frac{(\quad)}{(\quad)} + \frac{(\quad)}{(\quad)} = \frac{(\quad)}{(\quad)}$$

答:一共占这块地的_____。

试一试

计算下面各题,得到的结果能约分的要约分。

$$\frac{5}{6} - \frac{1}{3} \qquad 1 - \frac{4}{9}$$

你会验算吗?

计算异分母分数加、减法要注意什么?

练一练

1. $\frac{3}{4} + \frac{1}{6}$ 　　$\frac{4}{5} - \frac{2}{3}$ 　　$\frac{7}{12} + \frac{1}{4}$ 　　$1 - \frac{3}{7}$

2. 一台拖拉机耕一块地,上午耕了 $\frac{7}{8}$ 公顷,下午比上午多耕了 $\frac{1}{4}$ 公顷。下午耕地多少公顷?

图 4-25

---

① 此题也是第十章第二节中,"小学数学课堂教学评价的标准"所对应的真题。

第四章　小学数学教学设计

教学过程：

表 4-2 "异分母分数加法"教学过程

教学环节	教师活动	学生活动	备注
一、创设书房情境，引出问题	书架：故事书占 $\frac{1}{2}$，漫画书占 $\frac{1}{4}$，科普书占 $\frac{1}{8}$，其他书占 $\frac{1}{16}$（引出课题）	学生说出信息，提出多个问题	板书课题（1分钟）
二、寻求算法，理解算理			
1. 选择问题，列出横式	故事书和漫画书共占几分之几？如何列式？	$\frac{1}{2}+\frac{1}{4}=$	板书算式
2. 独立研究	$\frac{1}{2}+\frac{1}{4}=$？如何计算？请大家仔细思考，并把自己的计算过程写出来	（1）独立研究（2）同桌交流	2分钟
3. 尝试解决	我选择了 3 种有代表性的验证方法，一起看一看	全班交流	约4分钟
	展示生 1：用直观图表示提问：怎么看不出 $\frac{1}{2}$ 呢？	生 1：$\frac{2}{4}$ 就是 $\frac{1}{2}$，我把 $\frac{1}{2}$ 转化成了 $\frac{2}{4}$。$\frac{2}{4}+\frac{1}{4}=\frac{3}{4}$	
	展示生 2：化成小数 $\frac{1}{2}+\frac{1}{4}=0.5+0.25=0.75=\frac{3}{4}$		
	展示生 3：通分 $\frac{1}{2}=\frac{1\times2}{2\times2}$，所以 $\frac{1}{2}+\frac{1}{4}=\frac{3}{4}$		
	这 3 种方法都可以计算出正确的结果		
4. 优化算法	现在我们再来求：故事书和科普书共占几分之几？用你喜欢的方法计算	学生独立计算	约5分钟
	板书 1：$\frac{1}{2}+\frac{1}{8}=0.5+0.125=0.625$ 板书 2：$\frac{1}{2}+\frac{1}{8}=\frac{4}{8}+\frac{1}{8}=\frac{5}{8}$ 计算 $\frac{1}{2}+\frac{1}{8}$，为什么用画图法的少了？看来同学们在选择方法时注意了哪种方法更简捷！	汇报 麻烦	

教学环节	教师活动	学生活动	备注
4. 优化算法	故事书和其他书共占几分之几呢？请同学们列出算式并计算出结果	独立计算 汇报	约5分钟
	为什么大多数同学都选择了通分的方法？	分子除以分母算出小数的话，$\frac{1}{16}$化成小数太麻烦	
5. 回顾过程，感知算理	让我们一起回顾一下，同学们用通分的方法计算的这3道题的过程		课件分别展示用画图法计算3道题的过程（约4分钟）
	这3道题在计算过程中为什么有的把$\frac{1}{2}$转化成$\frac{1}{4}$，有的把$\frac{1}{2}$转化成$\frac{4}{8}$，有的把$\frac{1}{2}$转化成$\frac{8}{16}$呢？它们相同的地方是什么？	通分后变成了同分母分数的加法	
6. 由特殊到一般	计算$\frac{1}{2}+\frac{1}{3}=?$ 计算异分母分数加法，关键是什么？	$\frac{1}{2}+\frac{1}{3}=\frac{3}{6}+\frac{2}{6}=\frac{5}{6}$ 把异分母分数转化成同分母分数	板书（1分钟）
7. 归纳计算法则	异分母分数相加→通分转化→同分母分数相加 注意：结果是最简分数	学生总结	板书（2分钟）
8. 新旧对比，沟通化归	(1) 异分母分数加法为什么要先通分、再相加？ (2) 整数加法为什么要相同数位对齐，小数加法为什么要小数点对齐，同分母分数加法为什么要分母不变、分子相加？	无论整数、小数、分数相加，都要统一计数单位后才能直接相加	

（一）教学内容要注意知识点的层次性

数学概念的讲授、新规律的获得，都应遵循循序渐进的原则，层次清晰地引导学生一级级地跨上新台阶。对于新概念的导入、概念的内涵和外延的分析、概念应用的注意事项等思维程序，都应简明地写在教案上。对于新规律、新公式的推导过程、获得方法、如何应用等思路也应在教案上明确写出，以便课堂教学时思路畅通。如"异分母分数加法"一课，教师利用分数的圆模型，将分数加法运算、分数概念和意义建立起联系，启发学生理解分数加法先通分再计算的道理。教学中注意了几个基本层次。层次一：画图释义，感悟算理。这里强调了方法一，使学生都初步体验到：只有分数单位相同时两个分数才能直接相加，为方法三的学习提供了算理基础。层次二：数形结合，突出算理。从"形"的角度将3道题的共性加以沟通。层次三：新旧联系，归纳知识。引发学生在更为一般的层面上思考，建立新旧知识的联系，突出了异分母分数加法计算的核心要素。

（二）问题设计要讲究策略性①

有什么样的问题内容，就会把学生的学习行为引向什么样的方向。教师所设计的问题内容要精，要有针对性、层次性、启发性、迁移性、开放性和探究性，要掌握好问题的难度、梯度、密度和角度，要让学生能够根据问题有目的地积极思考。

1. 设计的问题要注重实效和时机

问题要在学生需要时提出，要让学生能够渴望得到我们的问题帮助，这要求老师选择最佳的提问时机，让问题更好地促进学生的思考。

（1）当学生的思维产生困惑时

当学生的思维陷入一个"死胡同"里时，可采用系列问题来降低问题的难度，帮助学生更好地去思考。比如，当一位教师出示题目：一班与二班一共有 98 人，当一班给二班 5 人时，两个班的人数就一样多了，那么一班与二班分别有多少人？学生立马想到的就是把两个班的总人数去掉 5 人，则两个班人数相等。但 $98 - 5 = 93$（人），$93 \div 2 = 46$（人）……1（人），不可能把这 1 个人分给两个班的。这样，学生的思维就出现了困惑。此时教师设计一个问题："老师有 10 元钱，小明有 6 元钱，老师给小明多少元钱两个人钱就相等了？那么，先想老师比小明多了多少元钱？"这是一个一眼就可以看到答案的问题，但关键是要让学生寻找到两个问题之间的联系，学生通过比较就会发现正确的计算方法了。

（2）当学生的思维出现模糊时

学生的思维受年龄特征的制约，往往具有片面性或者不完整性，所以在解决问题时，往往会出现模糊状态，不能确定自己的解法是否正确。教师要通过提问让学生的思维更加明朗化。如在教学 $8 - (3 + 2.5)$ 时，有学生因没有掌握好减法运算性质，变成了 $8 - 3 + 2.5 = 7.5$。还有学生在算 $8 - 5.5$ 时，直接用 8 减去整数部分的 5，得到 3.5 了。这是没有完全掌握减法计算法则而造成的。此处教师这样提问："如果要想答案是 2.5，那我们的计算题应该如何改呀？"这个问题既否定了前面两种错误解法，又通过反问法，让学生根据答案来设计算式，培养了学生的逆向思维。

（3）当学生的学习行为浅显时

因为数学课堂是发展学生思维的重要途径，如果学生的思维总是处于一种浅显的状态，则不利于学生思维发展。所以，我们要用问题带着学生进行更深层次的思考，要让问题把学生的思维带向更深处。

2. 设计的问题要有坡度

特别是对于稍难一点的知识，我们可以设计有坡度的问题，可以把一个问题分解成几个小问题，由浅入深，由易到难，这样学生就会顺着这个坡度慢慢由问题浅处走向问题深处，从而能够解决这些问题。如在教学"梯形面积"时，当学生动手实践、探索梯形的面积公式时，我们可以设计这样几个问题让学生思考，引导学生进行动手操作。

① 三角形的面积公式我们是如何推导出来的？

② 把一个长方形、正方形、平行四边形分别切割成两个完全一样的梯形，你发现了什么？

③ 如何用两个同样的梯形拼成我们已经学习过的图形？

④ 你会计算梯形的面积了吗？

---

① 林立恒.小学数学课堂有效提问的实践[J].数学教学通讯,2019(3):33-34.

⑤ 请你们认真测量手中梯形的数据,填写实验单,并找出梯形面积的计算公式。

这 5 个问题内容是具有梯度的,可以更好地促进学生的数学思考,提升课堂教学效果。

3. 设计问题处要留有思考或交流的时间

在设计一节课的时间时,要注意在问题处给学生留下思考的时间。对不同的问题思考时间不同,"等待时间"可以使学生的回答变长,回答问题更有信心,解释问题更完善、更系统。

(三) 注意要突出重点、突破难点

数学教学难点形成的原因是多方面的,但只要查明原因,及时"对症下药",难点都是可以被突破的。在教案中对于本课的难点是什么及其消除的措施和方法应明确写出。如针对抽象的概念,学生缺乏感性认识的知识,需列举哪些实例,何时做什么演示实验,提示学生注意观察什么;针对学生生活经验与数学知识发生矛盾的内容,需要借用哪些问题的具体分析,如何引导学生从不同方面认识数学规律,分析数学过程实质;针对学生的小组合作活动,应提出哪些具体的要求等,都应明确写出。

1. 教学重点、难点的确定

一般情况下,教材重点就是教材中的定义、公式、法则、数学思想方法等主要知识点。教材重点与教学重点既有联系又有区别。教材重点是书本知识的一种飞跃,是指在授课时必须着重讲解和分析的内容。教学重点是一节课要完成的主要目标,是指小学生经过自学还不能理解或者理解有较大困难的内容的教学。教材的重点是确定教学重点的主要依据,但教学重点的陈述与教材重点略有不同。如分数加、减法这部分知识的教材重点是异分母分数加、减法,而这部分知识的教学重点是掌握异分母分数加、减法计算法则,并能应用法则正确进行计算,整节课都是围绕这个重点来教学的。教案中要写清楚如何突出教学重点。

教材的难点就是学生难学、教师难教的地方,一般难点就是定义的理解、公式的推导过程(或应用),应用题中分析数量关系、掌握正确解题方法等。教学难点一般也是对比较抽象的概念或者对于学生目前的知识水平还不容易理解的知识点的理解或掌握。当然,有的课可能没有教学难点。如乘数是"两位数的乘法"第一节"不进位乘",学生是第一次学习 23×12 这样的笔算,所以 12 中的"1"去乘 23 中的"3"写在哪个位置,为什么写在那个位置就是教材的难点,教学难点就是掌握两位数乘两位数的笔算方法。学生之前已经学过两位数乘一位数的进位乘法了,那么对于两位数乘两位数的第二节"进位乘",学生学起来就很轻松了,计算方法很容易就掌握了,所以教学中对多数学生而言也就没有难点了。

2. 教学重点、难点的处理方法

难点不一定是重点,有时重点也是难点。难点要根据学生的实际水平来定,同样一个问题,在不同班级里的不同学生中,就不一定都是难点。在一般情况下,使大多数学生感到困难的内容,教师要力想出各种有效办法加以突破,否则不但这部分内容学生听不懂、学不会,还会给理解以后的新知识和掌握新技能造成困难。小学教师常用的方法有以下 7 种。

① 铺垫法:通过复习和补充必要的知识为新知学习做铺垫,是最常用的教学方法。如在教学 23×12 时,复习口算 20×30,让学生回答"600 里有几个 10",就是为本节 23×10＝230 中的"3"的位置打基础。

② 分散法:把一个复杂的问题转化为几个简单的有次序的小问题,从而降低了坡度,化难为易。有时难点不止一个,也可采用分散难点的方法,可以减缓课堂教学的压力。如在 435－346 的竖式连续退位时,学生容易出错。教学时用多提几个问题的方式分散难点:个

位上 5-6,怎样减？十位上 3 退 1,还剩几？2-4 不够减,怎么办？再如行程问题的教学,它的结构特点、数量关系、相向相背而行都是一节课的难点。为此,可要求学生演示两地同时、相对或相背而行,使学生对结构特点、相背、相对有一定的感官体验,只剩下数量关系一个难点了。这样处理既能顺利完成教学任务,又降低了学习难度。

③ 比较法:对近似、易混淆的知识进行比较、辨析,讲差异也讲相同点。如比、除法、分数,意义不同。比是两个量的一种关系,除法是运算,分数是数。写法不同,比是 3：4;除法是 3÷4,分数是 $\frac{3}{4}$。

④ 引错法:为了提高学生严谨思考问题的能力,可在学生易出漏洞处巧设错题,诱发学生上当受骗,然后由学生自己去发现漏洞、修补漏洞,这样反而会收到意想不到的效果。如学习比的基本性质,在得出结论"比的前项和后项同时乘或除以相同的数,比值不变"时,教师不急于把"0 除外"这个条件告诉学生,而是通过一组判断题,使学生发现"0 除外"这个特定条件。这样既培养了学生严谨的学习态度,又提高了学生的逻辑思维能力,同时使学生掌握了这个难点。

⑤ 举例法:由于数学具有高度的抽象性,很多抽象的知识成为教学的难点,这时如果能用准确具体的实例加以讲解,也是一种降低难度的好办法。在明确"面积"概念之后,教师借助实物演示 1 cm²,1 m² 等有多大,在学完容积概念后,教师借助量杯,让学生直观看到 1 L 有多少,学生头脑中就有物可找了。

⑥ 转换法:就是避开本节课的难点,用另一种易于接受的方法来代替。如在学习圆面积计算公式的推导时,必须复习平行四边形、梯形、三角形的面积计算公式的推导方法,为突破"化圆为方"的难点做准备。能否把圆化成学过的图形,如长方形、平行四边形等来推导它的面积公式呢？如何转化呢？这就大大降低了教学难度,使所讲内容简单易懂,易于接受。

⑦ 演示法:对于一些抽象,而在实际生活中又难以举例描述的内容,学生难以形成具体的概念。老师可借助实验、投影仪、录像等来进行演示说明,如教学"体积"概念这一难点,通过把一石块放入装满水的玻璃杯中,发现水溢出来了,说明了石块占有空间,由此得到物体所占空间的大小叫物体的体积,这样就建立了体积概念。

（四）注意要与教学目标一致

教学过程就是实现教学目标的过程,即教学行为和教学目标的"作用力"的方向是一致的。所以,我们在设计教学活动时一定要紧密围绕着落实教学目标、突出教学重点、突破教学难点来设计各种师生活动。目的就是营造高效的课堂,提高教学的有效性。

真 题 链 接

1.（2016 年上半年教资考试真题）根据人教版四年级上册教材"估算"回答:依据制定的目标,设计新授环节的教学活动并说明理由。（20 分）

2.（2021 年上半年教资考试真题）根据材料（见图 4-26）完成下列任务:

（1）依据课标,简述小学数学教学活动的基本要求。（10 分）

（2）如指导中年段小学生学习上述内容,试拟定教学目标。（10 分）

答案解析

（3）依据拟定的教学目标，设计新授环节的教学活动并说明理由。（20分）

探索与发现：三角形边的关系

● 用小棒摆三角形，下面哪组能摆成？哪组摆不成？与同伴交流。
（单位：厘米）

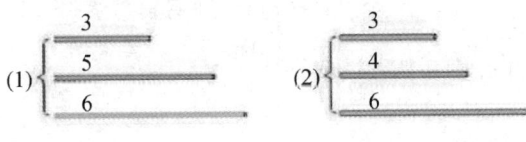

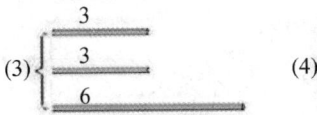 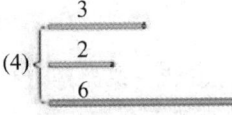

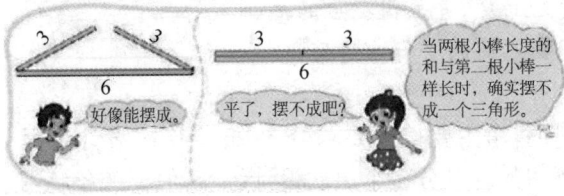

当两根小棒长度的和与第二根小棒一样长时，确实摆不成一个三角形。

好像能摆成。

平了，摆不成吧？

● 想一想，怎样的3根小棒能摆成一个三角形？与同伴说一说。

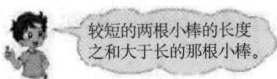

较短的两根小棒的长度之和大于长的那根小棒。

● 算一算，比一比，能摆成三角形的3根小棒长度之间有什么关系？（单位：厘米）

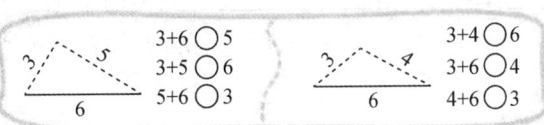

3+6 ○ 5
3+5 ○ 6
5+6 ○ 3

3+4 ○ 6
3+6 ○ 4
4+6 ○ 3

三角形任意两边之和大于第三边。

图 4-26

三、练习设计

练习是学生掌握知识、发展思维、培养能力的必由之路。在每个知识点讲解完后都要注意及时巩固提高,所以练习的设计一定要有针对性。备课时由于我们已经讲过分析练习题了,那么教案中如何设计练习呢?

一般情况下,教案中练习题(题目一般不超标)要体现层次性:做一做(依着葫芦画瓢);变化例题(改错、判断等);发展性;综合性。

例1:"51－36"一课的练习分 3～5 个层次。

(1) 给出竖式,如 $\begin{array}{r} 5\,1 \\ -\,3\,6 \\ \hline \end{array}$,学生只练重点部分,即写出答案;

(2) 给出横式,学生自己练习竖式过程;

(3) 改错题(小医生、啄木鸟);

(4) 解决实际问题;

(5) 综合性题目。

例2:"平行四边形的认识"一课的练习设计 4 个层次。

(1) 判断下列图形哪些是平行四边形;

(2) 指出平行四边形的底,并画出相应的高;

(3) 在钉子板上围出不同的平行四边形;

(4) 数一数下图中有(　　　)个平行四边形。

在教师资格证笔试时,考生要按照要求分 3～5 个层次设计练习。在面试写教案时,不可能有时间按照设计练习的原则分多个层次设计练习,但要准备练习。在一般情况下,设计两个层次的练习就可以了。一是抽取教材上的"做一做",这是课堂必须完成的练习;再就是比"做一做"稍深层次的练习,可以是改错题,也可以是结合生活实际的练习题。总之,所设计的每一道练习题都要针对本节所学的知识点,且每一个知识点都要照顾到,重点的知识点要重点练习。

四、小结设计

一节高效的数学课不仅要有有趣的开头,还要有完美的结尾。小结就是在所授课将要结束时,由教师或学生对本课所学内容情况的回顾。既要小结一节课学生所学的知识,又要小结学生的学习情况。

（一）课堂小结的作用

小结就是对课堂教学进行归纳梳理,给学生一个整体印象。小结能促进学生掌握知识、总结规律;小结是学生对新知识的一次很重要的记忆;小结为学生进一步学习架设桥梁,埋下伏笔;小结是学生复习的依据。

（二）常见的课堂小结的形式

1. 交流评价式课堂小结

数学课堂教学应该给学生足够的时间和空间去思考和活动,同时要让学生有机会去畅谈自己对数学的体验、感受和收获,有机会表达自己的困惑和喜悦,提出建议和见解。小结时教师可提出问题:"这节课你有什么收获?"这个问题是开放的,既体现了对学生学习结果的关注,又体现了对学生学习数学的体验和感受的关注。

2. 归纳点睛式课堂小结

老师用准确简练的语言,把整节课的主要内容加以总结、概括、归纳,给学生以系统、完整的印象,起到帮助学生整理思维、加深理解、巩固知识的作用。归纳可以是学生独自完成,也可以师生共同完成。一般是围绕着本节课的教学目标进行总结。如"比的意义"一课,可以提出问题进行总结:比怎么读? 怎么写? 比各部分的名称是什么? 什么是比、什么是比值? 比与除法算式之间的联系和区别是什么? 比与分数之间的联系和区别是什么? 比的后项能否为 0,为什么? 这样小结可以使主要知识在学生头脑中留下清晰完整的印象。

3. 悬念式课堂小结

在一节课即将结束时,教师结合本节课的教学内容提出一些富有启发性、趣味性的问题,以激发学生的求知欲望,调动学生学习的积极性,起到"欲知后事如何,且听下回分解"的教学效果。

4. 激励式课堂小结

这种课堂小结是利用学生期望研究的问题去激励学生探索新知的方法。整个小学数学教材中的很多知识都是分阶段来教学的,如"小数的初步认识",可这样小结:今天我们又认识了数中的一个大家族——小数。那么,小数的意义是什么? 它有什么性质呢? 它们的加减乘除又怎样计算呢? 这些问题都有待于我们进一步去研究解决。这种总结方式,使学生感觉到"学无止境",有助于激发其学习动机,扬起再学习的风帆。

5. 引申式课堂小结

小结时,老师把所讲的内容引申,启发学生进一步展开思考,以拓宽学生的认知视野,培养学生的探究能力。如"三角形内角和",教师一边用课件出示四边形、五边形、六边形,一边问学生:"我们知道了三角形的内角和是 180 度,那么这些图形的内角和是多少度呢? 有没有办法求出来呢?"当学生遇到困难时,教师启发:"能否将这些图形经历某种做法转化成三角形呢?"这时学生会猛然醒悟求内角和的方法。教师可再次提问:"那么七边形、八边形……n 边形的内角和又是多少度呢? 你能从中发现什么规律吗?"让学生课后探索多边形内角和定理。这样的小结既巩固了三角形内角和的有关知识,又扩大了学生的认知领域,还为学生后续学习"多边形内角和定理"做了铺垫。

6. 游戏式课堂小结

这种课堂小结要根据学生年龄、心理等特点,寓教于乐,使教学与游戏紧密结合,这种方法主要适用于低年级学生。小结时,根据所学内容,通过游戏、讲故事、听音乐、想象美丽的景色等轻松活泼、新颖有趣的活动,使学生的身心得到放松,在游戏中巩固所学知识。

7. 竞赛式课堂小结

这种课堂小结方式主要适合中低年级的教学,利用儿童争强好胜的心理特点,在课的结尾适当开展夺红旗、加星星等小组或个人的竞赛活动,使学生在学中有争,学中有乐。

8. 渗透式课堂小结

小学数学教学的思想品德教育,一定要注意与知识、技能的教学有机结合,把数学知识的掌握与思想品德教育恰当地联系起来。将有意识的教育寓于无意识的受教育之中,做到在知识教学中自然、适时、适量地渗透。如"年、月、日"的小结:时间就像日历一样撕掉一页就不会再回来,说明时间是十分珍贵的,那么同学们要怎样对待时间呢? 结合学生实际,自然得体讲述，力求渗透达到"随风潜入夜，润物细无声"的境界。

小结的形式多样，教师可根据教学实际进行设计，小结时要注意：要围绕目标突出重点；要简明扼要，画龙点睛，注意形式新颖；要与板书设计配合好，把握好时间；要水到渠成，自然流畅。数学课堂小结方法多样，教师根据不同的教学内容采用不同的小结方法，能激发学生学习兴趣，起到画龙点睛的作用，收到较好的教学效果。

五、作业设计

课外作业是课堂教学的延续和补充，是教学过程的有机组成部分。组织学生作业的目的在于加深和加强学生对教材的理解与巩固，使学生进一步掌握相关的技能、技巧，训练学生独立工作的能力和习惯，发展学生的智力和创造力。作业的设计一般要遵循以下5个方面。

第一，要与生活相结合。教学中应该注意扩展学生的生活化意识，目的就是让"教、学、做合一"，学以致用，提高学生的学习兴趣，提高课堂的教学效率，培养学生自主、创造性的学习方式。

第二，作业要有代表性和典型性，数量要适当，难度要适中。教师要根据教学要求安排作业量，不能搞"题海战术"，以免加重学生的身体与心理负担。作业的难度一般应以中等水平学生的可接受程度为准。

第三，要有层次性。人的理解能力都是从易到难，学生也一样，作业应该分3个层次：基本题、能力题、提高题。不同学生可选做不同题目。

第四，要有启发性。要预留一些探究性的问题，让学生自己去发现，自己去搜集资料，才能使他们获得成就感。

第五，形式要多样化。平常的作业设计多以书面作业为主，形式较单一，比较枯燥，引不起学生的兴趣，那么教师就应该设计一些新颖灵活的、富有趣味性的作业。如学生自己出题，动手制作，上网查资料等形式，激发他们完成作业的兴趣。

总之，课堂作业的设计关系到课堂的完整性，不然就会出现虎头蛇尾的现象。

例如，"平行四边形的认识"一课的作业：

① 用一套七巧板，试试你能拼出哪些平行四边形？

② 在下面每个平行四边形中至少画出两条不同的高。

真题链接

1.（2016年下半年教资考试真题）材料分析题：

肖老师是五年级的数学老师，为了提高作业批改的反馈效果，他问同学们："大家喜欢用什么颜色来批改你们的作业？红色代表火焰、热烈，黄色代表富贵、权力，蓝色代表大海、和平，绿色代表希望、生命……"同学们几乎异口同声地说："我们喜欢绿色！""老师，您用绿色给我们批改作业吧！""好！就这么定了，那么，在作业批改中，你们喜不喜欢打'×'？""不喜欢！"从那以后，肖老师一直坚持用绿色笔来批改作业，且不用"×"，改用"?"和批语。这一"绿色批改"起了不小的激励作用，同学们非常喜欢他批改的作业。不仅提高了纠错能力，学习成绩也有了显著的提高。

答案解析

问题:(1)请对肖老师的做法进行评析。(10分)

(2)谈谈教师批改作业的基本要求。(10分)

2.(2018年下半年教资考试真题)材料分析题:

一年级(2)班的林老师上完"要下雨了"一课之后,设计了两项作业:(1)请你回家后把小白兔碰到的趣事讲给你最喜欢的人听;(2)你还想知道下雨前其他动物的表现吗?可以跟家人交流一下。第二天,林老师刚走进教室,学生就纷纷围住她,迫不及待地汇报作业的完成情况,还抢着说:"我好喜欢这个作业哦!"

问题:(1)结合材料,评析林老师的作业设计。(10分)

(2)谈谈教师布置作业的基本要求。(10分)

六、板书设计

板书是教师为完成教学任务,在黑板上配合讲授,运用文字、图画和表格等视觉符号传递教学信息的教学方式。课堂上其他手段所传递的信息多是一次性的而且是短暂的;板书却能多次地、长时间地向学生传递信息。特别是数学知识中的很多内容,如公式、数学符号、数学公式的变形等,它们都很难用其他形式传输,应用板书却能很好地完成这一教学任务,作为数学教师必须充分地意识到这一点。整齐规范的板书,也是一种无声的语言,是一种美的享受,是学生学习的模范,对学生数学书写能力的提高是有力的、无声的教学。同时,好的板书能突出数学知识的重点与知识间的联系,它具有提示、强化、示范、解析、直观、总结的作用。设计板书要做到目的明确、布局合理、时机适宜,要与讲课的内容和进度相结合。

(一)板书的组成

一般来说,数学课的板书由两部分组成:正板书和副板书。一块黑板可以分为3份,中间一份份额较大,书写正板书。板书的内容是在编写教案时设计好的。正板书中书写的是一节课的主要教学内容,也是一直要保留在黑板上的内容。两边副板书中的内容是可以在黑板上随写随擦的板书:那些学生熟悉,而又必须推导、计算的过程;提醒学生注意的公式、定理;诱导学生思维的草图;学生的板演等,都是副板书的内容。对副板书也要注意局部内容的完整。

教师资格证面试时考生教案上的板书,一般指正板书。教师在设计和运用板书时,不但要考虑板书的内容,而且要注意板书的结构与布局。

(二)板书的类型

从板书的表现形式来看,可分为以下5种。

1. 提纲式

提纲式的板书,是对一节课的内容,经过分析归纳,用精练的语言,准确地概括出各部分、各层次的要点,以及逻辑关系、从属关系,并按照教材的思路、学生的认知规律,依次写在黑板上。这种板书设计纲目清楚、重点突出,便于学生对教材内容和认知结构的理解和记忆。

例如,为了帮助学生理解同一平面内两条直线之间的位置关系,教师通过演示,边提问边板书如下:

$$同一平面内两条直线\begin{cases}相交\\不相交\quad 互相平行\end{cases}$$

2. 表格式(也称比较式)

表格式的板书,是把教材所表述的事物或有关概念等列入表格,进行分类对比,从而认识其特点、本质。这类板书的优点是类目清楚,井然有序,能将教材多变的内容形成鲜明的框架结构,增强教学内容的主体感和透明度,便于学生分类归纳,进行对比,建立联系,以加深对事物的特征及其本质的认识。

例如,用表格(见表4-3)归纳长方体、正方体的特征,便于比较。

表4-3　长方体、正方体的特征

名称	顶点	棱	面
长方体	8	12 (相对棱的长度相等)	6 (相对面的大小相等)
正方体	8	12 (每条棱的长度相等)	6 (每个面的大小相等)

说明:此板书通过教学进程的展开而得以最终完成,完整地呈现了本节课的主要内容和知识之间的关系,有利于学生记忆。

3. 图示式

心理学实验表明,教师使用不同的传输信号,学生接受识别信号的时间有很大差异。如用语言描述事物使人识别需2.8秒,线条图需1.5秒,黑白照片需1.2秒,彩色照片需0.9秒,直接看实物需0.7秒。因此,不少教师运用粘贴法,把色彩鲜艳的纸剪成漂亮图形或实物直接粘贴到黑板或特制的示教板上,既直观形象,又节省时间。

板书还可以用文字、线条、关系框图等来表示。这类板书能反映事物的关系和结构,又比较具体形象,便于学生理解较复杂和抽象的内容,也有利于培养学生的逻辑思维。

例如,复习图形与几何部分的测量内容,边讲解边板书(见图4-27)。

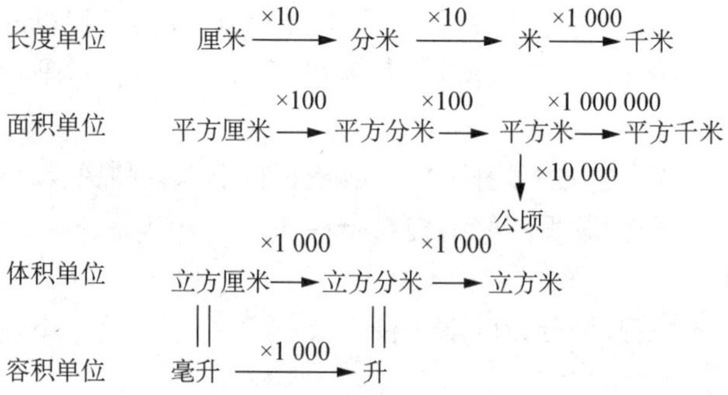

图4-27

4. 运算式

运算式的板书,是将计算和列方程的过程展示出来。这类板书的优点是文字少,逻辑性强,便于学生了解推理的过程和思路,掌握计算和推理的方法。

例如:讲短除算式的板书,把70分解质因数。

为了讲清短除的方法,教师依据教学设计边讲边板书。

(1)由学生根据旧知识,列出下面竖式:

```
      35              7
  2)70          5)35
    6              35
    10              0
    10
     0
```

(2)教师点拨:用2和5去除,都比较简单,改用口算就可以了,这样除式可以写得短一些。擦去除式中可以省写的部分,留下这两个式子:

```
      35              7
  2)70          5)35
```

(3)这两个式子能不能写在一起? 学生会写出:

```
      7
  5)35
  2)70
```

(4)教师指出,人们习惯用下面的写法:

```
  2 | 70
  5 | 35
      7
```

这样,教师借助运算式的简化,讲清了短除的方法。

5. 综合式

综合式的板书,是将教学中所涉及的几方面的知识内容综合地反映出来。便于学生将零散、孤立的知识"串联"和"并联"起来,形成系统化、简约化的知识网络。这种板书有助于培养学生的分析能力、概括能力和写作能力。

例如:数的整除的单元复习(见图 4-28)。这一单元的概念很多,整除的概念是关键。以整除为中心的知识网络图,能把其他概念都简约而且清晰地反映出来,帮助学生理解和记忆。

说明:此板书用高度概括的文字和符号将整节课的知识点一一展现,条理清晰且富有逻辑性,将知识之间的关系也呈现得很清楚,且整个设计布局很合理。

当然,在实际应用中还可以使用其他形式的板书。教师对《标准》和教材的理解与处理会有差异,板书的设计也会有差异,从这个意义上讲,"板书无定法"。教师使用板书不必拘泥某种形式,要力求创新,敢于改进,以求有所突破。但是,完全撇开多年经验形成的、多数人认可的板书形式,就有所偏颇,也是不可取的。

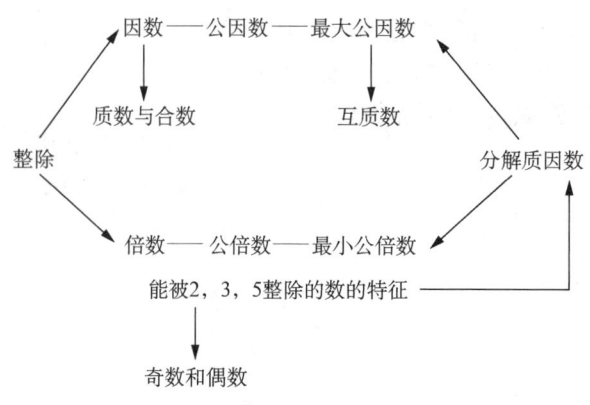

图 4-28

（三）板书的实施要求

教师在考虑板书设计时一般要遵循以下 4 点基本要求。

1. 重视内容的完整性和系统性

板书有"微型教案"之称，在设计板书时要从整体出发，将各知识点系统地串线连珠，要根据黑板的大小通盘考虑，合理安排要书写的内容，力求少而精、简而明。主板书应为教学内容的系统板书，如课题、例题、结论等，副板书则可灵活机动，如复习、提示、错例等，不一定要保留。一堂课结束时，黑板上留下的显要位置应是结构完整，而不是支离破碎、杂乱无章的内容，以便于学生归纳复习。

2. 简明扼要，具有针对性

板书应该是浓缩的、经过"提炼"的艺术，其显示的知识结构应简明扼要，要抓住主要内容，做到少而精，以便于学生提纲挈领地理解和记忆，将所学的知识系统化。同时，板书的内容既要针对教学的重点与难点，也要注意针对学生的年龄特点：对低年级，板书宜美观、新颖，以激发学生的学习兴趣；对高年级，板书内容宜精练、概括，以帮助学生对所学知识进行整理，形成良好的认知结构。

3. 注意板书内容的条理性和直观性

数学知识的系统性很强，板书内容的布局要合理，层次要分明，条理要清楚，能够体现出新旧知识的紧密联系。好的板书能给学生留下一个思路清晰的"导游图"，帮助学生形成结构合理的知识网络。同时，板书设计还要考虑能有效地调动学生多种感官参与认识活动，有利于从直观的感知升华为抽象的数学概念。

4. 把握时机

板书作为书面语言，是对教学口头语言的补充，因此，它必须与讲解统一，与其他教学活动相配合，使有声语言与无声的"板书"语言密切配合。在一般情况下，当教师在口头语言讲解到某部分后，立即写出相应的板书，即边讲边写。由于教学任务不同，每位教师在使用板书时，具有很大的灵活性。可先讲再写，可先写再讲，也可边写边讲。

如在教学生画平行线时，教师要一边画图，一边讲述要领：先画一条直线，然后将三角板的一条直角边与直线对齐，让三角板的另一条直角边紧贴直尺边进行上下平移，最后选择合适的距离，再沿三角板的一条直角边画出另一条直线（如图 4-29）。如果能带领学生同步操作，学生就能更快地掌握。

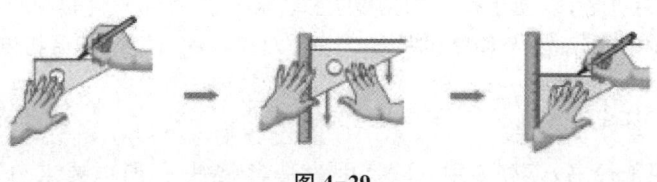

图 4-29

（四）板书设计应注意的地方

1. 图形的美

图形的功能在于它能将课文的抽象文字变为形象的直观物,能给人以恍然大悟的感觉。有些数学内容学生难以理解,用图形把它们标示、对比、陈列出来,能收到很好的效果;有些数学概念的建立,分析问题的思路,推理过程的阐述都必须借助图形。为此,数学课的板书必须注意图形美。

例如,说明等边三角形、等腰三角形、一般三角形之间关系的图形,说明锐角三角形、直角三角形和钝角三角形之间关系的图形如图 4-30 所示。

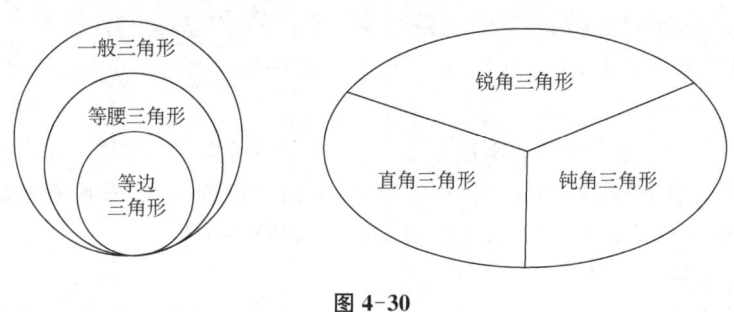

图 4-30

2. 色彩的美

心理学研究证明,色彩容易使人产生联想,诱发情感,鲜明的色彩对小学生更具有情感诱发的效应。在板书的某些关键之处,点缀鲜明的色彩,能引起小学生的注意,激发探求的好奇心。鲜明色彩的表示在板书中具有鹤立鸡群的地位,能产生主次分明、一目了然的美感。板书造型要处理好底色与显色的关系,使底色衬托显色,使显色变成整幅板书的"点睛之笔"。

3. 指示线条的美感

线条有实线、虚线、曲线等,用得恰如其分,不但能收到指示明确、条理清楚的效果,而且给人一种虚实相应、变化多端的美感。

一幅优美的板书之所以能给学生带来美的享受,那是设计者对美的艰苦探索的结果。教师应力求避免因板书单调死板而给学生造成厌倦的情绪,换以多姿多彩的板书来增强学生学习数学的兴趣,以达到形式和内容的完美统一。

4. 书写画图

（1）粉笔执笔方法

粉笔执笔方法:粉笔执笔法与钢笔执笔法有区别。执笔时,拇指、食指与中指前端三面相对捏住笔头约 1 cm 处;无名指和小拇指靠住中指,起辅助作用,使手腕的力量平衡。粉笔字写得好不好关键在于手腕。书写时也应注意指实掌虚,所有关节应向外突出,不要用指腹执笔，而要靠近指尖执笔，以便于指端用力，劲注笔端。粉笔与黑板的倾斜角度，可依笔画粗细而定，一般约 70°～80°。由于粉笔的构造特殊，如果执笔不当，容易折断。因此执笔部位不可过高，也不可过松或过紧。

（2）粉笔写字姿势

粉笔字主要用于板书，姿势多用立式。因为是当众书写，所以要求写字姿势既要正确，又要端庄大方。具体要求如下。

头平：就是头部保持平正，眼睛距板面 40 cm 左右，头部不要左歪右斜，这样才能保证视线平正；书写横平竖直，否则写出的字可能变形，每一行字也可能上斜或者下斜。书写时如高于头部，面可略仰，低于头部，面可略俯，但基本上应保持平正。

身正：就是身体要保持正直，不要左右偏斜。当然，在书写过程中，身体要随着文字的书写不断平移，不要让身体挡住学生的视线。

臂曲：右手手臂应弯曲向上，使臂、肘、腕、指的力量均衡地到达笔端，但不能弯曲无度，以致造成手臂乏力。左手或持书拿本，或轻按黑板，或微曲下垂。

足稳：两脚要分开站稳。若两脚平行，可同肩宽；若两脚前后分开，步幅大小要看能否站稳而定。也可踮脚，也可屈膝，但都要保持身体平直，不可弯腰、驼背、撅臀。板书横行一般不宜太长，若脚步移动太多，会直接影响速度，又显得手忙脚乱。

（3）文字、符号的书写

板书主要由文字、符号和图形组成。文字的书写要规范。具体要求是：笔画清楚，笔顺正确，字体工整，无错别字，正确使用标点符号，行款格式符合要求，条目安排得当，注意整体效果。数学符号的书写更要规范，既要格式正确，又要章法匀整。

（4）黑板图的基本画法

数学图形也是数学板书的组成部分。一类图形本身就是数学知识的组成部分，如几何图形。另一类是数学教学中的示意图、草图。教学过程中，如数学题目要求有图形，就要用圆规、直尺正式作好图。要使学生看清楚教师的作图过程，要正确使用作图工具，图形大小要适中。

① 直线的画法。画长直线，如水平线、竖直线、倾斜线都宜用长粉笔。用左手按住直尺，使其不要滑动；用右手大拇指与食指捏住粉笔，使其余手指托住粉笔，粉笔头按触黑板。在画的过程中应注意 4 点：一是画直线时不仅手而且整个手臂都要做直线运动；二是粉笔的方向要与所画线段的方向一致（这样有"导向作用"）；三是画水平线一般由左向右，右臂肘关节应靠近身体，并使手平行于黑板的上边或下边移动，肘关节也从身体左方移向右方；四是画垂直线时要从上往下画，必须使右臂肘关节从上方开始，让手随肘部一起向下移动。

② 角的画法。画角，先要在黑板上确定角的顶点，再使直尺过这个顶点，以这个顶点为端点画一条射线，再以这点为轴转动直尺到适当位置，仍以该点为端点画另一条射线。数学教师往往使用三角板上的特殊角来画 30°、45°、60°和 90°的角。

③ 画两点间的连线。先使直尺靠近两个已知点（使画出的线段正好过这两个点），再将粉笔头放在始点，而眼睛注视终点，这样可把粉笔"引导"到终点。等分线段可以借助刻度尺或圆规，但一般都凭目测直接分割；若是偶数，先二等分，然后再按需要分割。各等分点确定后可用粉笔或其他工具作量具，检查分段是否相等，如果不相等，再作修正。这样反复练习，以训练眼的判断力，提高目测的准确率。

④ 圆的画法。数学课上一般用圆规画圆。教师应先在黑板上用粉笔标出圆心，用圆规的两脚量出半径的长，用左手把圆规的铁尖放到圆心上，右手拿住圆规的上端，并使装有粉笔的那端落在黑板上。这时，教师应注意左手捏牢铁尖，左臂保持不动，用右手从左臂的上部（即圆的左下方）开始转动圆规，使粉笔在黑板上画出圆。画圆时经常出现的问题：左手捏不住铁尖，铁尖在黑板上滑动，造成圆心移位，画不出圆；圆规上部螺栓松动，画图时圆规两脚的距离改变，造成圆的半径变化，画不成圆；不是从左臂上部起笔，当圆规转到左臂下部时，被左臂挡住，挪开左臂，造成铁尖滑动。课堂教学中还常徒手画图，在掌握好工具画图的基础上，多加练习，就能掌握好徒手画图的技巧。

七、教资面试中教学设计的注意事项

如果备课时间较短，如面试时备课时间只有 20 分钟，试讲 10 分钟，那么，考生该如何高效备课、编写教案呢？

第一，根据抽到的课题内容确定好本节课的重点、难点，再以重难点为中心，围绕它们进行知识线索的建构，设置学生互动的主题，设计板书和精选练习题。这种备课方式粗放而又细腻，简洁而又有序，能使教师在短时间内快速把握讲课内容，厘清教学思路，提高上课思维的"层次性"和"宏观化"，促进教学目标的有效达成。

第二，可进行"脉络备课"，构建课堂大框架。所谓"脉络备课"，就是以这节课的教学目标为核心，围绕主要的教学环节进行板块设计，并有明确的设计意图。这种备课方式可以帮助考生有序地厘清教学脉络，明确教学方向，从而促进教学目标的快速达成。

第三，备课中每个环节的设计要安排清楚，相互要联系紧密，一环扣一环，并且要有整体性。备课中要思考学生可能有疑问的地方，试讲时要讲清楚"我觉得此处学生会有怎样的问题，因此我这样处理"。

第四，要精心设计导入。所谓"良好的开始是成功的一半"，聪明的教师往往在"导入"上匠心独运，多数老师通过"激趣""过渡""启发思考""激发认知冲突"等手段来导入。考生可以发挥了解本学科最新前沿动态的优势，用一个吸引眼球的方式进行导入。

第五，在备课时不要追求面面俱到。一方面备课时间和讲课时间都是有限的，面面俱到可能耗费很多时间而没有突出自己的特点和优势；另一方面，课堂是动态的，是变化的，如果备得太细，可能会束缚了手脚、局限了思维，对于突发问题不能随机应变。因此，应试者应该积极运用、调动自己的教育机智和教学智慧进行即时备课，现备现用，使模拟课堂教学成为充分展现自己激情与智慧的舞台。

第六，面试前多练习。尤其是教学经验欠缺的考生，务必在面试之前多演练。在较短的时间里备好课，再自己试着讲一堂 10 分钟的课（如果公告有时间要求就按其要求练习），可找关系较好的朋友担任评委，然后根据讲课的效果再修改教案。多次模拟演练之后，必能总结出最适合自己的备课、讲课技巧，面试时也就会胸有成竹，并且不会太紧张。

第七，教案编写一定要详略得当。导入为提纲挈领式；新授部分环节分明，重点的地方一定要详细设计；练习为递进式，如果时间来不及，只写上"小结""作业"字样即可；要有简要的板书设计。

比如，导入环节，简单一两句话即可。比如，学习"分数的初步认识"，导入环节可以这样写：

导入：要求学生拍掌说答案。

把 4 个苹果平均分给 2 个小朋友，每人分得几个？（还可再简洁）

2 个

1 个 半个怎么表示？引出分数 $\frac{1}{2}$。

第八，教材的内容有些与学生的直接经验存在差距，可以恰当地调整教材内容，还知识以本来的面目，使数学知识更加贴近学生的最近发展区，能吸引学生的无意注意，调动学生的学习兴趣，让学生经历知识的再创造过程。

总之，数学课堂教学设计是为了更好地进行课堂实施，因此教学设计也理应遵循教学的基本原则：科学性与思想性相统一的原则，直观性原则，启发性原则，巩固性原则，循序渐进原则，理论联系实际原则，量力性原则。

真题链接

1.（2015 年上半年教资考试真题）曹老师在教学"圆的周长"时讲述了我国古代数学家祖冲之在计算圆周率上的卓越贡献，同学们感到很自豪。曹老师遵循的教学原则是（　　）。

参考答案

A. 启发性原则

B. 巩固性原则

C. 因材施教原则

D. 科学性与思想性相统一原则

2.（2017 年上半年教资考试真题）张老师在课堂上出示了一个钟表模型，通过对 3 个指针的操作，帮助小学生很快理解了"时、分、秒"的概念。这体现的教学原则是（　　）。

A. 巩固性原则　　　　　　　　　B. 直观性原则

C. 循序渐进原则　　　　　　　　D. 因材施教原则

习题四

1."无板书""无读书""无作业"被戏称为新课改带来的新"三无"现象。针对以上的现象，谈谈如何合理地使用多媒体辅助教学。

2. 根据教案编写的基本步骤，自主设计一份教案，并阐明教学设计的依据。

本章小结

本章在了解教案一般格式的基础上，编排了教学目标、教学方法、教学过程等设计内容。教学目标的规范表述是教资笔试的重点，教学过程更是重中之重。其中的导入、新授、练习等环节设计也是历年必考题。只有认真分析教材,掌握小学数学教学设计的策略,才能将《标准》要求编写到教案中,最终落实到课堂教学中。

复习题

根据下列教材,编写完整的教案,说明每一步设计的意图,之后再观看视频,并试着评析。

1. 求一个数是另一个数的几倍;
2. 认识平行线;
3. 一位小数加减法。

求一个数是
另一个数的
几倍

认识平行线

一位小数加减法

本章主要参考文献

[1] 栗玲.小学数学课程与教学论[M].北京:中国社会科学出版社,2012.
[2] 张晓霞.小学数学教学法[M].北京:中国财政经济出版社,2011.
[3] 范文贵.小学数学教学论[M].上海:华东师范大学出版社,2011.
[4] 高荆.小学数学课程教学概论[M].济南:山东科学技术出版社,2002.
[5] 李朝辉.教学论[M].北京:清华大学出版社,2010.

第五章

小学数学教学实施

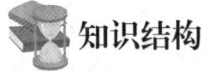 **知识结构**

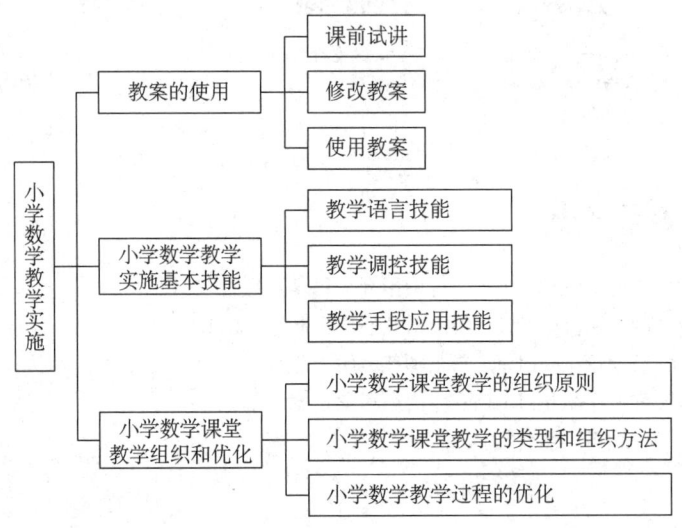

 **学习目标**

1. 了解小学数学教案的常见问题及修改方法,初步掌握教案的使用技巧。

2. 理解小学数学教学实施各种基本技能的内涵及其构成要素,掌握相关技能的实施要求,能运用相关技能。

3. 了解小学数学课堂教学组织原则和小学数学各种课型的组织方法,初步掌握小学数学教学过程优化的标准和优化途径。

学习重点

1. 掌握小学数学教案的使用方法。

2. 初步掌握小学数学教学实施技能的要求,能进行相应的教学实践。

 **学习导引**

　　小学数学教学的基本形式是课堂教学,上课的质量如何,直接关系到学生对数学基础知识的掌握、能力的发展以及思想品德的培养。充分备课虽然在很大程度上决定着上课的质量,但是备课还只是个计划,要把计划变成现实,教师必须做好教学的实施。本章主要围绕小学数学教学实施中的主要内容,从教案的使用、教学实施技能、课堂教学组织和优化等方面进行阐述。师范生在学习时,结合基础理论的阅读理解,需要进行相应的教学实践训练,以形成相应的教学操作技能。

案例导入

　　在解决"鸡兔同笼"问题时①,教师进行例题的讲解(例题:笼子里关着鸡和兔,共有 44 条腿、16 个头,问鸡和兔各有多少只?)一般情况下会先按照最常规的算法(假设法、吹哨法等)进行教学,待学生明白后,再进行其他解决方法的学习。这时,学生 A 回答:"让兔子抬起 2 只脚,鸡抬起 1 只脚,这样算起来就会简单很多。"而其他学生在听完之后却哈哈大笑,认为学生 A 在开玩笑。但是,教师却发现这是一个解决问题的新思路,是学生思维发散的结果。因此,教师鼓励学生 A 将自己的思路进行完整的解说:"兔子和鸡共有 44 只脚,每只鸡有 2 只脚,每只兔子有 4 只脚,要算出鸡和兔各有多少只,而不是鸡和兔各有多少只脚,因此,让兔子抬起 2 只脚,鸡抬起 1 只脚,44 只脚就只剩下 22 只脚。"教师立即提问其他同学:"22 只脚由哪两部分组成?"其他学生经过短暂的讨论后解释 22 只脚的组成,再经过简单的计算,就可得出鸡和兔的数量了。

　　在小学数学课堂,由于学生的认知不同,教师教学的课堂会出现一些意外状况,这些意外生成性资源,教师要适时捕捉、正确引导、充分利用,能够更好地促进学生思维发展,提高课堂教学的效率。

第一节　教案的使用

　　教案是教师在研究《标准》、分析教材、了解学生的基础上,对教学内容、教学步骤、教学方法等进行具体设计和安排的课堂教学方案,也称为"教学预案"。在教学实施中,教师应视课堂教学的具体情况而在某些环节上做出调整变化。为了使教案能够更符合学生学习实际,在正式上课之前可以先根据教案进行教学试讲,根据试讲发现的问题及时对教案内容作出修改、调整。

---

① 沈振华.抓住动态生成,促进思维对话[J].数学学习与研究,2018(24):60.

一、课前试讲

对师范生而言,试讲是走上讲台当教师的模拟演习,也是尝试各种教学基本功(如粉笔字、普通话、自制教具等)的综合运用。通过试讲,可以熟悉教材和教案,掌握课堂教学的步骤和方法,锤炼教学语言,试写板书和练习教具的演示操作,还可以锻炼讲课者的胆量、减轻新教师的心理负担等。有的新教师虽编写的教案不错,个人专业素质也不错,但由于不重视试讲,上课时往往把握不住教学进程和教学时间,要么早早完成预定教学任务,要么下课时完不成教学任务。事实上,即使是有经验的教师,在执教研讨课或观摩课之前往往要进行试讲,更何况缺少教学经验的初教者呢! 因此,对初教者来说,应该意识到试讲是使用好教案的重要保障措施。

（一）试讲的实施步骤

对新教师而言,因为对教学内容把握不够,加之缺乏教学经验,所以教学试讲可分两步进行。

1. 准备型试讲

这主要是为了熟悉教案内容、理顺教学思路、锻炼口头表达能力等。试讲的方法可灵活多样,既可以自己默讲、自讲,也可以对着其他人讲。试讲的内容可以是一节课的全过程,也可以是其中一个或几个环节,还可以反复试讲教材的重点和难点等。

2. 模拟型试讲

主要是为了检验教案设计是否符合实际,在运用中还存在什么问题,以及板书设计、语言表达、时间控制、教态等是否符合教学要求。试讲内容应完整,教学过程应尽可能贴近教学实际,试讲中的讲、练、问、答、板书(画)等活动都要尽可能模拟上课的真实情况。

（二）试讲中应注意的问题

1. 精心做好准备

准备越充分,收获就会越大。不能把试讲仅仅当成熟悉教材和教案的过程,如果事前不做好充分准备,试讲时缺乏计划性、针对性,就难以起到试讲应有的作用。试讲时对其他教师所给予的指导要仔细琢磨,对他人的意见和建议要批判地接受,合理的就要及时改进,有问题或失误就要及时纠正。

2. 尽量预设模拟学生的各种问题

每一名学生都是独立的个体,在课堂上,学生会出现各种状况和问题,教师要善于捕捉并给予正确的引导,更大限度地开发学生的思维潜能。试讲只是一种预演,尽管在试讲中模拟学生实际状况,提出一些学生可能提出的问题,有意在试讲中设置一些学生常常出现的障碍,但也不会完全符合学生实际。所以,要充分估计到执教时的困难,要尽可能预见执教时课堂上可能出现的问题并做好应对准备,有针对性地考虑应该如何去启发诱导,如何去组织学生探索、交流,如何回答或讲解学生提出的问题等,为正式上课打好基础。

3. 借助信息化手段

为了提高试讲的效果,试讲时可以借助现代视听设备(如微格教室的录播设备、摄像机、平板电脑、手机等)记录课堂中的活动细节,使得试讲后的评议与交流不再主要凭感觉,从而提供了真实而全面的反馈信息,可以得到更为准确、客观的评价。同时,试讲者也可以从录像中看到自己教学的全过程,就像其他人一样参与对自己的评议。还可以运用慢速、定格等手段反复讨论,提出更好的改进措施。

二、修改教案

一份优秀教案的产生实际上是一个不断打磨、不断提升的过程,教案的编写要在试讲的基础上,经过反复思考和修改才能逐渐定型。

(一)教案常见问题

1. 教案项目要素不全

教案一般应包括课题、教学内容、教学目标、教学重点、教学难点、教学准备、教学过程、板书设计、教学反思等内容要素。有些新教师的教案不够完整,要么缺这个项目,要么少那个内容,不能全面、完整地反映教师对所授内容的教学认识与理解。

2. 教学目标不具体、不全面

教学目标是课堂教学的指引。有些教案中的目标要求是几乎可以通用的套话,不够具体明确。因为没有考虑教材和学生的具体情况,所以文字表述含糊笼统,没有针对性,缺乏可操作性。还有的教案以单维的知识技能性目标代替教学目标,只写了通过本节课学生理解和掌握了哪些知识,没有涉及数学思考、问题解决、情感态度上应该达到哪些要求。

3. 教学重点、难点不突出

有的教案像记流水账,把教学过程部分的内容堆在一起,分不清主次,看不清教学思路,看不出重点、难点。有的教案只重视形式,教案的前几部分——教学目标、重点、难点、课时安排、教学准备等样样罗列齐全,而教学过程却过于简单,新授环节仅把例题抄到教案上,而教法、学法的设计,练习的处理与安排,要创设的问题情境,引导学生探索、讨论的问题,对学生学习活动的组织和引导等实质性内容却很少设计。也有的在课堂组织形式上任务与时间安排不当,特别是对突出重点、解决难点所需的时间估计不足,因而影响了教案的实用价值。

4. 缺少对学生活动的设计

教学活动是教师与学生的双边活动,教师是数学学习的组织者、引导者与合作者,学生是数学学习的主体。课堂教学中教师要重视发挥学生的主体作用,因此在教案中除了做好教师的组织和引导设计,还要重视对学生活动的设计安排。但是,有的教案对课堂教学中哪些问题由学生看书自学,哪些问题由教师启发后再让学生解答,哪些问题由学生讨论解决,哪些问题由学生独立探索,学生质疑会提出什么问题等,缺少相应的预设。只有在编写的教案中对学生活动从内容和时间上做好安排,才能为上课做好准备。

5. 教学手段运用不到位

心理学研究发现,学生学习存在认识风格差异,因此采用多样化的知识呈现方式,将更有利于学生对知识的理解,提高学习效果。合理运用教学手段是知识呈现方式多样化的一个重要手段,也是突破重点、难点的重要途径。常用的教学手段除了现代教育技术,还有传统的教学辅助设备,如小黑板、手工制作等。教学中应根据内容特点和学生实际灵活选择使用,但有的教案中由于缺少对教学手段的运用设计,使得教学过程缺乏特色。

6. 板书的计划性不强

板书是无声的语言,是课堂教学必不可少的一种重要手段。而在问题教案中,有的没有板书设计,课上随意写,写满就擦,后继教学中用到了前面的板书,就只好再写,这样既浪费时间,又影响教学效果。有的教案虽有粗线条的板书设计,但由于没有细致地琢磨,不能完整地体现知识间的内在联系。有的只是大致指出了在黑板的哪些部位书写什么内容,至于写后的效果如何看不出来;也有的没有考虑留给学生板演的板面;还有的认为使用多媒体教学了,就不需要板书了,而且对其他教学手段和现代信息技术的应用也缺少细致具体的安排等。总之,问题板书无法做到展现一节课主要的知识框架,不利于学生的学习。

(二) 问题教案修改

在针对问题教案修改时,首先要按照教案的基本格式要求,做好相应项目内容的补充和调整,使教案项目要素更加完整、规范。

对教学目标要从知识技能、数学思考、问题解决、情感态度4方面提出明确具体的要求,防止笼统化、概念化,制定的教学目标应全面、具体、准确、合理,具有科学性、可操作性和可测性。

对教学内容的处理和教学过程的设计,要根据教材的特点和学生学习的实际情况,分清主次,把握教学重点,体现突出重点和突破难点的方法手段。教学过程的设计,不仅是教学环节步骤的设计,还要展示每个步骤中教师与学生共同研习教学内容的动态过程,使教师、学生、课程内容、教学方法与手段成为一个有机整体。

导入设计中应详细写清楚:设置什么样的情境,根据情境预设学生会提出什么样的问题,本节课要解决的问题是哪个。关键部分的语言可根据自己的水平详略适当,但提出的问题必须字斟句酌地写在教案上。由导入到新授环节的连接语怎么说,都要写清楚。

重点的安排应写清:由什么内容引出哪个情节,每个小情节突出哪个知识点。提出什么探索问题供学生去用心观察、动脑思考,动脑的目的是什么,让学生悟出什么道理,准备得到什么结论,教师的小结是什么,等等。

练习的指导也应写明:每一题(组)的训练目的是什么,即巩固学生哪个知识点,由此学生可以掌握哪些技能,以及某些练习题的设计具有什么特别用意和要求,等等。既要体现练习的层次性,又要照顾到每个知识点都练习到,即体现练习的完整性。

编写教案的过程是教师专业成长的过程,一节课的教案反映了教师对教学内容的认识,也体现了教师实践经验的积累,因而会受主观条件和客观实际情况的限制,在实施中会出现很多问题。所以,修改教案是编写教案过程中一个不可缺少的环节,也是提高教师教学经验和教学能力的重要途径。

三、使用教案

教案是教师进行课堂教学的重要参考,但教案只是教学预案。因为尽管教师在备课时充分研究了教材,参考了他人的经验,考虑了学生的知识基础等情况,并在试讲的基础上修改了教案,但仍不可能做到每节课的教学会完全按教案所预设的进程发展。因此,教师在上课时不能依教案照本宣科,要根据自己精心设计的授课方式、教学思路,将书面文字转换成自己的教学语言展开教学活动。在课堂教学中使用教案时要关注学生的情况和反应,并根据学生出现的问题及时调整教案,处理好预设与生成的关系。既要以教案为依据,但又不拘泥于教案,适时做出灵活的处理,才能真正为学生的发展服务。在教案的使用中,通常会遇到以下问题。[①]

---

① 高荆.小学数学课程教学概论(上册)[M].济南:山东科学技术出版社,2002.

(一) 学生的思维跟不上教案的预设进程

在教学中,教师按照自己设计的教案进行教学,有时会出现学生不能理解教师的讲解、思维受阻甚至提出质疑的现象,这时应该根据实际情况做出灵活的调整。例如,一位教师在教学"工程问题"时,本想很快地把教学重心转移到工作总量、工作时间和工作效率三者之间的关系上,但教学刚开始,就发现学生对工作效率用几分之一这样一个分数来表示很不理解,有的学生提出:"他们的工作效率怎么这么低,只有几十分之一?"对于教师在备课时未曾预料到的学生学习障碍,如果不及时清除,后续的教学内容就很难顺利进行。

发生这种情况,主要是因为教师对学生的接受能力估计过高,上一步结论(或推导)与下一步结论(或推导)之间有较大的跳跃,或者是新旧知识衔接太跳跃。这时,教师应果断地暂停讲解预定的新内容,在跳跃过大之处,临时增加"台阶"或"跳板",为学生做好铺垫,让学生通过复习旧知识或补充讲解解决学习障碍。

在上述教例中,教师根据学生的疑问,放慢了教学进程,提出一些问题反问学生:"我们把整个工程看作'1',它的一部分能不能用大于1的数表示?""如果有50吨煤20天可以烧完,那么每天可以烧这些煤的几分之几?""一个工程队修一条100米长的路,需要20天,每天修这条路的几分之几?"通过这些辅助性问题让学生思考,清除了学生思维上的障碍,使教学能够顺利进行。

真 题 链 接

(2017年下半年教资考试真题)通过复习导入新课时,杨老师发现学生对相关知识掌握不牢固,于是针对性地进行了补充讲解。这一教学过程具有(   )。

A. 预设性   B. 生成性

C. 启发性   D. 随意性

参考答案

(二) 学生的思维超出教案的预设进程

有时学生获取新知识和对学习材料的理解超出教案预设的速度和深度。发生这种情况的主要原因是:教师对学生接受能力估计过低;学生课前做了有效预习;教师启发引导得力,学生的思维充分展开。遇到这种情况,应该改变原设计的教案,可将教学内容适当拓宽,或者为下一节课的知识做些铺垫;同时还应表扬学生,以利于巩固被调动起来的积极性。

例如,教师在教长方形的周长时,为使学生得出周长公式,教案中设计了以下4个层次:

① 明确长方形周长的意义(用实物指出长方形的周长是从哪儿起到哪儿止);

② 把组成长方形的各条边加起来练习计算(先用具体数字,后用"长"和"宽"表示各条边);

③ 启发学生思考每一个周长里有几对长和宽,进而归纳出公式;

④ 验证公式的正确性。

在实际教学时,当学生明确了长方形周长意义之后,可以一跃就总结出计算周长的公式时,根据这个情况可改变原来的教学设计,引导学生去探索求长方形的周长还有没有其他的方法（公式），于是可以得到 3 个新的公式：

　　周长 = 宽×2 + 长×2；周长 = 宽×4 + （长 - 宽）×2；周长 = 长×4 - （长 - 宽）×2。

　　当然，这些公式没有"（长 + 宽）×2"简练，但可以开阔思路，提高对所学知识的理解。

真 题 链 接

　　（2019 年教资考试真题）王老师出示问题：每棵树苗 16 元，张叔叔要买 4 棵，经过协商，买三送一，每棵便宜多少元？

　　学生很快有了两种解法：

　　16×3 = 48，48÷4 = 12，16 - 12 = 4。

　　16×3 = 48，16×4 = 64，64 - 48 = 16，16÷4 = 4。

　　王老师习惯性问了一句，还有不同解法吗？小杰迟疑地举手："王老师，我还有方法，方法是 16÷4 = 4，但说不出为什么。"这种解法王老师也没想到，是否可行呢？是巧合吗？

答案解析

　　面对这种情况，王老师及时调整了教学思路，组织同学探讨。学生纷纷发言，有的说……

　　小杰困惑的表情舒展了，王老师也露出笑容。

　　结合材料，评析王老师解决小杰困惑的教学行为。（10 分）

　　简述教学过程中开发和利用学生资源的基本要求。（10 分）

（三）认知因素的意外事件

　　教学中与认知因素有关的意外事件，主要来自学生和教师两个方面。一是教师在备课时没有想到而在课堂上学生所产生的新颖想法，这些想法超出了教案的预想，教师一时又难以判断其正误。此时应该冷静沉着，切忌盲目做出结论，要对学生可贵的创新意识给予肯定，可以采取"集思广益"的办法，组织学生讨论，这样教师也能赢得思考的时间，使师生相互启发，进行合作，从而解决问题。

　　例如，一位教师在教"圆柱侧面积"时，当讲述到把圆柱体的侧面展开得到一个长方形后，一个学生突然发问："圆柱体的侧面展开后一定是一个长方形吗？为什么不可以把一个平行四边形卷成一个圆柱形呢？"老师对学生的发问感到突然，因为教案中未考虑，一时难以回答。但是，这位教师并未急于回答，而是发动大家来探索和交流，于是有的说："圆柱体侧面的展开，一般得到的是平行四边形。"老师又问："你是怎么展开的，能不能给大家演示一下？"学生回答："如果在圆柱体的两底面圆周上任取一点，沿着这两点的连线展开，就得到一个平行四边形。"受此启发有的学生说："如果圆柱体的底面周长和高相等，那么得到的侧面展开图一定是一个正方形。"这种讨论和交流不仅使问题得到了及时解决，而且使学生完整地理解了圆柱体侧面的几种展开情况，发展了学生的空间观念，激发了学生的学习兴趣，调动了学生的学习积极性。

　　另一种意外事件是来自教师方面，教学中教师难免会出现失误，有时偶尔说错话、写错字、算错题、编错题等。对于自己失误的意外事件一定要认真正视，切不可敷衍了事，更不可文过饰非。在处理方法上既可以认真补救,也可以在发现自己的失误后顺错而下,最后再来分析错因以告诫学生。这种"将错就错"的办法,往往能收到良好的效果。

总之,课堂教学需要预设,但不能完全依赖预设。小学数学教师要正确处理好预设与生成的关系,科学合理地使用教案,发挥其教学效益。

习题一

1. 教学试讲时应注意哪些问题?
2. 教案编写常见的问题有哪些? 请结合自己的教案进行修改。
3. 教学实践:从以下 3 个内容中选择一个进行试讲——有余数的除法(人教版二年级下);平行四边形的面积(人教版五年级上);比例尺(人教版六年级上)。

要求:

(1) 试讲前认真研读《标准》和教学内容,可上网查询相关材料或相关书籍。小组合作完成,写出较为详细的教案。

(2) 依据备课内容,自主选择教学环节或片段进行试讲。突出新课程理念,展示驾驭课堂教学的艺术,体现创新精神。

第二节　小学数学教学实施的基本技能

一、教学语言技能

语言是人们之间进行交际的工具,也是人类用来进行思维的工具。在课堂教学中,教师是凭借语言传递信息进行教学活动的,教师的主要工作是依靠语言表述进行交流的,这是教师劳动的一种特殊方式。在教学中,语言是教学信息的载体,是教师完成教学任务的主要工具。

(一) 教学语言技能的内涵

教学语言技能是教师在课堂教学上运用语言传递知识信息、组织课堂教学、指导学生学习、进行师生交流等的行为方式。作为一名小学数学教师,教学语言技能是必须掌握的一项基本技能。因为数学课堂教学过程中的组织教学、导入新课、引导提问、分析讲解、衔接过渡、总结归纳等各项教学活动都需要借助相应的教学语言来完成,所以教学语言是教师完成教学任务的最主要的保证。

教师的语言水平是影响学生学习水平和学习能力的重要因素,是帮助学生实现学习目标的关键。苏联教育家苏霍姆林斯基认为:"教师的语言修养在极大程度上决定着学生在课堂上脑力劳动的效率。"因此,数学教师语言技能的高低是衡量教师授课质量好坏的重要标准之一,它将直接影响课堂教学水平。

(二) 教学语言技能的构成要素

数学教学语言是教师在进行数学教学活动这一特定的环境中所使用的语言,因此它必

第五章　小学数学教学实施

133

然会受到数学学科语言性质的约束。教师要把数学的学科语言进行翻译、加工和转化,以利于学生的理解和接受。

数学教学语言的构成要素主要基于教学语言技能的基本教学行为,教学语言形式主要有教学口语、教师态势语。

1. 教学口语

教学口语是指教师在课堂上面对学生完成课程内容所使用的口头教学语言。课程教学内容有其确定性,每一节课的教学任务、目的、重点等又是具体的。这就要求教师的教学口语要紧紧地围绕课程内容展开,语言要稳定清晰,始终能积极、轻松、有序地表达,通过形象生动、富有变化的教学语言来激发学生的学习兴趣,启发学生的思维,丰富学生的情感。

(1) 语音和音量

语音是语言信息的载体和符号。有了语音这一个载体,才能使得表达信息的符号——语言能以声音的形式传递和被感知。教学中对语音的要求是规范使用普通话,发音准确、吐字清晰。

讲话要语音准确、清晰,吐字清楚、完整。在教学中,教师发音不标准、不规范将会影响学生的学习理解。教师语音吐字的清晰度会直接影响学生对教学内容的辨析。有部分教师在吐字习惯方面存在两种错误倾向:一是过于自然的状态,容易让人感觉语速过快。其主要原因是教师的唇舌发音不到位,导致字音清晰度下降。另一种倾向是刻意追求每个字的字正腔圆,结果使声音形式刻板生硬,缺乏灵气和活力。为了提高教学语言技能,教师应该在语音清晰、吐字清楚的基础上,再力求音色清脆、悦耳、圆润。

语音由音高、音强、音长和音色四要素构成。音量是指语音的音强,它由发生时的能力大小决定。教学口语必须有合理的音强,才能保证学生听得清楚。

音量大小要适中。平时上课,应以中强度音量为主,教师说得不吃力,学生听起来也轻松。音量过大,学生反而听得不真切,还容易造成听觉疲劳。当然,音量也不宜过小,以免学生听不清楚教师的语言内容。音量大小应以最后一排学生能听清为宜。在教学中,发音要有足够的底气。要注意克服语尾弱化、虚化,最后一个字的字音消失,或者说长句子时不能连贯和完整的毛病。

音量要有变化。教师在教学过程中,为了适应教学内容发展的需要和交流时情感变化的需要,音量要有所变化,以此显示教师教学语言的层次感和声音的错落感。教师在故意低声讲述以调动学生的注意力时,要做到低而不虚、沉而不浊,有内在的声音力度。

(2) 语速和节奏

语速,即语言的速度,是指讲话的快慢,其快慢是否科学合理对教学效果的好坏有直接的影响。在日常生活中,每个人讲话的速度是各不相同的。但是,教学语言是一门专门的工作语言,不应该也不可能用日常习惯的语言速度去讲课,而必须受课堂教学自身规律的制约,受与教学有关的诸多因素的支配,不能太随意。语速过快,会使学生大脑对收取的信息处理不及时,势必会导致信息处理的障碍。如果语速过慢,跟不上学生大脑处理的速度,不仅会浪费许多时间,而且会导致学生的精力涣散。因此,语言速度过快或过慢对学生的学习都会产生不良影响。一般来说,在学生注意力集中、精神饱满时,讲话速度可以快一些,声调可以低一些;在学生思维疲劳、注意力分散时,讲话速度可以慢一些,声调可以高一些。小学数学课堂教学的语言速度以每分钟 180~250 字为宜,小学低年级的数学课堂语速还应更慢一些。

　　教学口语的节奏,指的是在一个相对完整的表述中,由语速的快慢、语音的强弱变化而形成的语流态势。① 它与教学内容表述的需要以及教师的情感流露密切相关。节奏与语速有联系,但并不完全等同。语速是讲话的平均速度,并不意味着讲话中的每个字所占的时间一样长。字音长短不一,句中、句间有不同的停顿。这些由音的长短和停顿的长短所构成的快慢变化,伴随相应的语音强弱、力度的大小和句子长短的有规律变化,就产生了口语的节奏变化。小学数学教师应注意把握好教学口语的节奏变化,加强口语的动感,使之充满活力。加强口语表达的生动性,能有效地减轻小学生听课时的疲劳和缓解紧张气氛,提高听课效率。

　　(3) 语气和语调

　　语气指语句中的声音高低、快慢、强弱、虚实的变化,用以表现不同的思想情感。同样的语言,用不同的语气可以表示出不同的情感。教师应当掌握不同的语气、语调变化,使传达的教学信息更生动、更丰富。除了传递基本的语言文字信息以外,还要能表达语言文字之外的附加信息。

　　语气的训练,应首先明确教学内容和师生交流中有哪些情感需要,分析教学内容中哪些部分需要有疑惑感,哪些部分有郑重感、兴奋感、紧迫感等。在此基础上,才能使语气修饰符合教学内容的情感需要,充分发挥语气的独特作用。在师生交流的过程中,教师要遵循学生的学习心理需要和知识的发生发展脉络,通过语气变化自然流露教学语言中的情感,循循善诱,引导学生积极主动地进行数学学习。

　　语调是指讲话时声调升降、抑扬顿挫的变化。从所表达的内容出发,运用高低变化、自然适度的语调,可以增强口语表达的生动性。教师有声语言的表达应有抑扬顿挫、轻重缓急的变化,赋予声音以生命力,使其能够更生动、更准确地让学生感受教师的意图。抑扬指语句的起伏高低,根据表达内容和情感的不同,语势可以上扬、下抑或保持不变;顿挫使教师语言层次更清晰,更有立体感,有语法停顿、感情停顿和逻辑停顿之分。语法停顿是语法结构需要的自然停顿,感情停顿可以满足教师表达情感的需要,逻辑停顿可以更准确地表达语义和逻辑关系。轻重是对语音强弱的处理,或增强,或减弱,若能恰当运用,可以突显口语的语义特征,增强对学生的吸引力;缓急指教师语速上的变化。教师要通过语言的变化,将内容的重难点和学生的注意力有机结合起来。

　　2. 教师态势语

　　态势语是口语的辅助手段,是教师通过身姿、手势、表情、目光等非语言因素传递信息的一种语言辅助形式,又称为体态语。通常使用的态势语有面部表情、手势语与姿势语等。教师的体态语言虽然是一种无声的语言,但它对辅助口头语言信息的交流传递,有着不可替代的作用,所以它是教师课堂教学活动的有机组成部分,是教师必须具备的基本素质。

　　(1) 姿势语

　　教师的姿势语给学生以第一印象,能产生磁铁般的吸引力。教师的站姿要端庄、稳健、挺直、精神饱满。教师讲课时站累了,可将身体重心轮换放在一条腿上,作稍息的站姿,但身体不要后仰、歪斜,或左摇右晃,不要下意识地抖动腿,不要长时间将双手撑着讲台或将上身

①　刘娟娟.小学数学教学技能[M].上海:华东师范大学出版社,2011.

俯在讲台上。要注意克服教学中常见的不良习惯,如抓耳挠腮等小动作;用手指敲击讲桌或黑板或对着学生指指点点;手持课本或讲稿讲课,挡着面部等。

（2）手势语

在教学中,教师要善于"以手势助说话"。手势是协助教师传情达意的,是为表达教学内容服务的。教师教学时匹配的手势要干脆利落,快慢适宜,起落有节。如请同学回答问题时,要伸展手臂落落大方,赞赏的眼神和手指方向一致,让回答问题的同学感受到老师对他的重视。总之,手势使用得当,可以增强语言力度,强化要传授的数学知识,给课堂增添亮色和活力。

（3）表情语

教学过程是师生情感交流的过程,教师的表情语体现了教学中情感的需要。作为一名教师,应善于运用表情来辅助教学。

教学中的表情语通常可以分为两种。一种是常规性的面部表情,做到和蔼、亲切、热情、开朗,常带微笑,这是教师面部表情的基本要求,它能使学生产生良好的学习心理,创造和谐轻松的学习氛围。另一种是变化的面部表情,比如随教学进程和学生掌握知识的情况作出赞赏、遗憾、鼓励的表情,随教学情境变化与学生发生情感共鸣等。它能使课堂教学更加生动,充满活力和吸引力。在教学中,教师的表情变化要适度,不能过分夸张,更不能板着面孔讲课,使人望而生畏,造成课堂气氛紧张,双边活动难以有效开展,从而影响师生情感的交流。因而,教师在课堂教学中应该具有饱满的情绪、活泼的神态、亲切的态度,才能形成一种良好的课堂教学气氛。

（4）目光语

眼睛是心灵的窗户。与教师的面部表情能表现一定的内容与感情一样,目光也是教师教学的一种重要语言,课堂上师生之间的学习交流常常靠目光来联系。因此,教师要重视对于目光语的恰当运用。

教师讲课时要扩大目光语的视区,用和蔼亲切的目光去捕捉学生的视线,始终把全部同学都置于自己视野范围内,并用广角度的环视表达对每个学生的关注。针对不同的学生使用不同的目光点视,如对听讲认真、思维活跃的学生投去赞许的目光,对"开小差"的同学投以制止的目光,对回答问题胆怯的同学投以鼓励的目光等。这样无形中就起到了调控课堂的作用。在课堂教学中教师要保持目光的神采,忌眼神黯淡无光;忌视线老盯着天花板、窗外或讲义,不敢正视学生;忌视角频繁更换、飘忽不定,给学生心不在焉的感觉。

（三）教学语言技能的实施要求

基于数学学科知识的教学特点,小学数学教师的语言有特定的要求,要力求做到"精、准、活、趣"。通过教学语言的运用创设问题情境引导学生展开学习活动,了解学生在解决问题中的困难和想法,有针对性地进行点拨和引导,从而达成预定教学目标。

1. 科学准确

数学语言是描述和表达数量关系、空间形式及其相互关系的特殊语言。数学学科又有着自己的理论体系、概念范畴和专用术语。因此,其表述的科学、准确是数学教学中首要的事情。数学语言要求用字用词都必须准确规范,能确切表述数学内容。如果教学中用词不准确、表述不科学,出现似是而非、模棱两可、含混不清的现象,就会引起歧义,造成学生理解错误或产生困惑,所以,科学准确是数学教学语言的生命。

例如,在教学"平行线的认识"时,有教师说:"不相交的两条直线就是平行线",这就忽略了在"同一平面内"这一前提条件,使学生对概念认识模糊。再如,不能将"整除"与"除尽"、"数"与"数字"等概念混为一谈。

小学数学中有些内容,特别是图形与几何的内容,由于受到小学生认知能力和水平的限制,不能给出严格的科学定义,但教师在表述时也必须注意不能违背科学性。例如,在认识长方形时,师生列举生活中的长方形,只能说某个物体的某个面是长方形,而不能说某个物体是长方形。

2. 简洁有条理

数学教师要注意提炼自己的语言,把握讲述的尺寸,该长则长、该简则简,抓住重点、言简意赅,明白流畅、不拖泥带水。还应注意使用的语言要有根有据,条理清楚,逻辑严密,符合学科特点和规律。

例如,在教学"平行四边形"时,将平行四边形和长方形、正方形进行比较。比较时,教师只要指出"长方形是四个角都是直角的平行四边形,正方形是长与宽相等的长方形"就行了,这样不仅语言精练,而且能使学生抓住它们各自的主要特征,使认知系统化。

3. 生动形象,有启发性

数学概念大都比较抽象,在教学中要根据学生的年龄、心理特点,处理好直观性与抽象性、通俗性与严谨性的关系,能够运用生动、形象的语言激发学生的学习兴趣,调动他们的学习积极性,以引发学生的想象,从而使抽象的知识具体化,枯燥的内容趣味化,以语言的魅力促进学生积极思维。

例如,在教学"认识时间"时,课的开始教师先让学生猜谜语:"兄弟三人爱赛跑,个子有矮也有高,它们会走没有腿,它们会说没有嘴。它会告诉我们在什么时候睡,什么时候起,什么时候上学去。"猜谜语对小学生来说是形象生动的,能激发他们的学习兴趣,而且在思考谜底的过程中对于时间的要素也有了初步认识,当谜底被揭晓时,自然引出课题。

小学数学教学的目的不仅是传授数学的基础知识和培养基本技能,更重要的是教给学生数学的思维方法,挖掘潜能,发展智力,因此数学教学语言要具有启发性。教学语言的启发性是指教师根据教学的规律和学生思维的发展特点与需要,运用适时而巧妙的话语,给学生以启迪、开导和点拨。给学生创设一定的环境,让他们去思考、去探索、去发现、去研究。使学生通过自己的思维,主动地获取知识。这样就要求教师重视知识形成的思维过程,努力使自己的教学语言具有启发性,而不是简单地将知识的结论直接告诉学生。

数学教师在运用教学口语时,要根据不同需要赋予不同的特色。如阐述抽象的概念、法则,可加强形象性,创设一个有利于学生想象的意境;在讲解公式、论证性质时,可加强逻辑性和精确性,促使学生在理性认识上更为严谨明了。数学教师的课堂语言不论哪种语式,都应做到语言流畅、语调适宜、吐字清晰、快慢有度,富有亲切感和节奏感。

对于教师的态势语来讲,要有动有静,动静相济,服从于教学内容的表达和需要。动静相济的原则体现在两个方面:一是不可不动,二是不可乱动。不动,会使教师的形象死板,身体得不到放松,也不能有效地协调学生的视觉;乱动,如手势过于频繁、动作幅度太大,就会分散学生听课中的思维。所以,课堂上的动,要有意义,动得在理且有节制,不能范围太大,不能过于频繁,要与语言表达相配合。

教师的态势语是辅助口头语言来传情达意的,它应当与口头语言协调一致,与教师的思想感情协调一致。它因内心的情感而起，与口头语言同步，合面、目、手、足于一体，和谐有序才能起到应有效果。教师站在讲台上，置于学生的视觉之下，要注意表情生动，语调强弱适度、抑扬顿挫、起伏有效，以文雅的动作、丰富的情感体现自身的文化修养和丰富的实践经验，给学生以视觉美的享受，使之有效地增强教学效果。

二、教学调控技能

在教学中，教师角色已经由知识的传授者转变为知识的引领者，学生才是学习的主体，是一个个鲜活的、时刻发生变化的个体。因此，教学过程中总是充满了变数，再有能力的教师也不可能在课前就能完全预设课堂教学。为了教学的顺利实施，教师除了在教学设计时要充分预设、精心设计，为教学做好充分的准备以外，还要能根据学生实际进行有效的课堂教学调控。

（一）教学调控技能的内涵

课堂教学的调控是指教师为获得最佳教学效果，根据学生的反馈，对教学目标、内容、过程与方法等做必要、恰当、适时的调控；是在课堂教学过程中，教师为了取得自己预想的最佳效果，依据教学生成中学生的信息反馈而采取的一系列有意识和有目的的调节与控制活动。

课堂教学调控是教师对课堂的因势利导，是对课堂的驾驭技巧和驾驭艺术的直接反映，也是教师专业水平高低的集中体现。发挥好课堂调控技能，对提高教学效率、激发学生求知欲、调节课堂气氛、改善学生课堂情绪、沟通师生情感、改善教学过程等有着不可低估的作用。

（二）教学调控技能的构成要素

1. 教学目标的调控[①]

新课程理念倡导教学目标的生成性，教师在备课时确定的预设目标在现实课堂情境中会由于学生的知识基础、认知水平等因素的影响发生变化。在通常情况下，教师可以通过练习、提问等方式对教学目标进行及时修改和必要调整。

比如，在教学"三角形的内角和"的内容时，若预设目标是"探求三角形内角和的度数"，教师可以提问："三角形的内角和等于多少度？"如果大部分学生能迅速回答出是 180 度，教师就应将课堂教学目标设定为结论的验证。

2. 教学内容的调控

教学内容的调控是指教师在课堂教学中对教学内容的数量及其深广度的调整与控制。

从教学内容的数量调控来看，每节课安排的教学内容要适量，要注意选择与取舍，做到详略得当。课堂教学的难度调控，即教师和学生在教学过程中对知识的理解、运用、表达等难易程度的调控。这里主要是指学生学习时的难易程度，过难、过易都不合适。课堂教学的时间有限，教师在确定具体教学内容时，要遵循学生的实际认知水平。

根据课堂教学情境、学生的反应和学习水平，教师应随时调整教学内容的顺序、教学重点和难点。比如，在教学"方程的意义"时，教师给出方程的定义，但发现学生对等式的含义并不是太清楚，就可以用天平进行演示，在讲清等式的概念后，再讲解方程的概念，并安排学生做相应的练习。

---

① 戴莹,刘东芝,张莉.小学数学课程与教学论［M］.广州:世界图书出版广东有限公司,2013.

3. 教学方法的调控

教学过程是教师与学生相互交流、共同实现教学目标的过程。教学方法的选择应根据教学内容灵活应用及调整。

运用教学方法对数学课堂教学加以调控,教师要克服教学方法模式化、刻板化的倾向,追求教学方法的实用性和新颖性,以新颖的形式激发学生的求知欲,使之保持稳定的注意力,把学生置于教学的主体位置。追求教学方法的灵活性和多样性,就要注意在一定的教育理论指导下,创造多样化的教学方法。例如:在教学"20 以内的退位减法"的内容时,要组织学生做大量的练习,练习的方式也应多样,运用变化的教学方法,减轻学生疲劳,引起学生兴趣。

课堂练习形式多样,教师在组织教学时可以适时采用讲解法、讨论法、小组合作等多种教学方法,尽量消除学生的疲劳感,提高其学习的兴趣及热情。

4. 教学时间的调控

时间调控指课堂上那些与时间控制相关的调控因素。如果要让整个课堂节奏处理得当,教学进度快慢相宜,可以从调控教学速度和思维流量两个维度来把握。

教学速度,即课堂教学的节奏。教学速度是否得当一般以学生的接受水平为依据。当大多数学生能够目不转睛紧随教师教学思路的时候,说明教学速度是合适的;当学生低头不语、东张西望、目光游移,或者虽认真听课却眉头紧蹙时,就要根据自身经验并综合学生平时的状况作出正确判断,及时调整教学节奏。

思维流量,即课堂教学的密度。课堂教学传授的新知识越多,教学密度就越大。如果一堂课结构松散,内容简单,没有足够的思维流量,就会造成课堂教学效率低下,学生思维得不到训练。课堂中采用学生动手操作、小组讨论、探究式学习等方法,让学生通过动脑动手、动笔动口进行学习,使各种感官共同作用,一堂课中有较长的有意注意时间,能够促使大脑对各种感官的信息进行综合分析,形成概念,这样的课堂进行的思维密度是比较高的。

好的课堂教学是速度和密度的有机结合,节奏得当、快慢相宜,这些都需要教师通过反馈信息进行有效调控。

5. 教学氛围的调控

心理学研究表明,学生在愉悦、活泼的气氛中,其智能操作活动的效率明显比在压抑、焦虑的气氛中高。因此,营造快乐、活跃的课堂教学氛围,使课堂教学焕发出生命的活力是数学教学追求的目标。教师对氛围的调控一般通过调节学生的情绪状态来完成。

教师在课堂教学中要运用语言技能,吸引学生注意力,掌握学生情绪,优化课堂气氛;要从学生所反馈的课堂情绪中发现问题,从而不断调整自己的讲课方式及教学内容,保持教学系统的动态平衡。教师的教学语言要准确、生动,有启发性和教育意义,要节奏鲜明,抑扬顿挫,这样才能吸引学生,充分调动学生学习的内在心理。

课堂教学中的人际关系也是影响课堂教学氛围的重要因素。在教学中,应该建立平等互助的新型师生关系,这样有利于营造民主、和谐的课堂教学环境,宽松、愉悦的课堂教学气氛也就会自然形成。

6. 教学机智的调控

教学机智是指教师在教学过程中顺乎教学情境,迅速、敏捷、准确灵活地作出判断,及时反应,使教学保持平衡的能力。

在具体课堂教学中，没有一种教学模式可以适应所有的教学需要，往往会出现各种突发教学事件，干扰教学。教师必须具备处理突发教学事件的智慧和技能，拥有必要的教学机智，才能正确应对课堂上的种种状况，将教学工作调整到原来的轨道上，保证教学的顺利进行。

当课堂中出现突发教学事件时，首先，教师应做到临危不乱，处变不惊；其次，做出反应要及时，当机立断；最后，对课堂突发事件的判断要正确，要分清楚学生课堂行为的种类，不一味追求课堂秩序的整齐划一，不轻易打击积极思考的学生，尊重学生，采取的处理措施要恰当、慎重，这样有利于整个班级形成良好的学风，化被动为主动，有效地控制课堂教学。

（三）教学调控技能的实施要求

1. 积极主动

教师的课堂教学调控应该积极主动，只有掌握了调控的主动权，才会达到教学的最佳效果。因此，在教学实施之前，教师应事先预计教学中可能发生的问题，做好充分的应对准备。教学中还应针对教学的反馈信息，积极主动地对教学加以调控，把握教学的方向和主动权。

2. 及时准备

在教学中，教师及时获得教学反馈信息，准确调整教学活动，对完成教学任务、达成教学目标十分重要。从某种意义上说，课堂教学能否获得最佳效果，很大程度上取决于能否对教学进行及时、准确的调控。

3. 方法得当

在教学调控中使用恰当的方法能起到事半功倍的效果。因此，应该选择那些适合教学环境、学生特点、突出自身风格的调控方法，有效地控制教学，使其向着预定的教学目标进行。

4. 教书育人

教师的职责既传授科学文化知识，又对学生进行思想品德教育。在进行教学调控时，教师要尊重学生、热爱学生，既解决问题，又不伤害学生的自尊心和自信心，将课堂教学调控作为教育学生的一个新契机，做到既教书又育人。

5. 自我调控

在教学中，教师要关注学生的自我成长和发展。让学生明确学习目标，调动学生的积极性，实现自我反馈、调节和控制，与教师的调控产生"教学共鸣"，从而达到一种教和学的更高境界。

三、教学手段应用技能

在实施小学数学教学的过程中，师生之间交流传递信息需要一定的媒介。小学数学教学手段就是保证教学任务顺利完成的各种物质条件。作为小学数学教师，只有恰当、合理地选择各种教学手段，才能使教学过程中信息传递通畅，提高课堂教学效率。

（一）教学手段的内涵

教学手段是教师和学生在教学活动过程中，为实现预期的教学目的相互传递信息的工具、媒体或设备。这一定义从3方面表达了教学手段的内涵：一是教学工具、媒体或设备的使用要受教学目标、教学任务的制约，不同的教学任务要使用不同的教学手段。二是教学手段既是教师教学的手段，也是学生学习的手段。特别是在倡导学生自主学习、合作探究的教学中,学生更需要借助学具操作、多媒体演示、网上查询等方式掌握知识。三是教学手段表现为教学工具、媒体或设备,它们都是教学活动中所使用的物质工具,这些工具是不断发展变化的。[①]

(二) 教学手段的构成要素

教学手段从实物、图形、模像为主要工具的传统教学手段,发展到今天以计算机为核心,包括网络应用的现代化教学手段,按其产生发展的顺序,可分为 3 类。

1. 传统教学手段

教师在数学教学中演示用的工具称为教具,学生操作用的工具称为学具。传统教学手段主要指教具与学具,如实物、标本、模型、图表等。它们在教学中使用较早,目前仍然是小学数学教学中广泛运用的教学手段。

儿童思维的基本特点是从具体形象思维为主要形式逐步过渡到以抽象逻辑思维为主要形式,但这种抽象逻辑思维仍然具有很大成分的具体形象性。儿童思维的特点与数学的抽象性特点构成了小学数学教学过程中的一对矛盾。要解决这一对矛盾,有效的办法是在教学中加强学具操作和教具演示,为学生提供生动、具体和直接的感性认识,调动多种感官参与数学学习,并在此基础上进行抽象概括,上升为理性认识,帮助学生理解和掌握数学知识。

(1) 使用教具注意问题

① 教具设计应科学,演示时机要恰当。在设计教具时,应考虑其大小合适,有利于学生观察;颜色使用恰当,应突出所要观察的部位;演示的时机适时,有利于激发学习兴趣,帮助学生突破难点。

② 演示与讲解结合。在教具演示时,通过师生的谈话,可以让学生把直观感知与思考结合起来,提高观察的目的性,指引思考的方向,使学生能较顺利地抓住本质,尽快由感性上升到理性。

③ 正确处理使用直观教具与发展学生抽象思维的关系。数学的特点是高度的抽象性和严密的逻辑性。由于儿童年龄小,接受抽象数学概念有困难,因此须采用直观教具作为手段,但又不能停留在直观的水平上,教师要通过分析、讲解,及时进行抽象。例如,在教学"体积概念"时,教师出示 2 只装有半杯水的玻璃杯,让学生观察:杯里没有装满水,这空出的部分可以称为"空间"。然后分别把大小不同的 2 块石头投入杯内,学生观察到:杯里的水面上升了,说明石头要"占据"空间;而且水面上升的高度不一,说明这 2 块石头占据的空间有大、有小。再让学生举例说明物体占据空间,从而抽象出体积的概念。

(2) 指导学具操作注意问题

① 学生操作学具应做到动手、动脑、动口协调配合。外部操作与内部操作的协调统一,是提高动手操作效果的保证。在操作过程中,应注意把动手活动与思维训练、语言训练结合起来,给学生留下思考和表达的时空,既要让学生思考学具如何摆放、如何折叠、如何剪拼、如何移补等问题,又要让他们在操作中注意观察、认真分析,发现事物的联系,把握事物的本质。同时,还要让学生在操作中有语言表达的机会,让他们把看到的、想到的说出来,通过语言的条理性,去促进思维的逻辑性。

② 学具使用要适时、适量、适度。适时,就是指学具操作应安排在学生想知而不能知、

---

① 金成梁.小学数学课程与教学论[M].南京:南京大学出版社,2005.

似懂而未懂时,通过操作使学生的认识起到转化的作用,使复杂的问题简单化。适量,就是指学具操作的次数、时间都应恰当,不能是整节课都在操作而不进行归纳概括。适度,就是在学生通过操作感性认识达到一定的程度时,应及时抽象概括,把感性认识上升到理性认识。例如,让学生折一折纸,画一画图,表示出 $\frac{1}{2}$ 等分数,是为了帮助学生建立分数概念。一旦学生对 $\frac{1}{2}$ 等分数有所认识后,就应当引导学生回忆操作过程,回忆分数 $\frac{1}{2}$ 是怎样得来的,然后对分数概念进行抽象概括。如不及时抽象,一味追求直观,将妨碍学生抽象思维的发展。

2. 电化教学手段

电化教学手段主要指幻灯、投影、录音、录像等以电力为动力的教学手段。通常可以分为视觉媒体、听觉媒体和视听觉媒体等几类。电化教学手段把形、声、光结合起来,生动、形象,感染力强,可以更好地吸引学生的注意力,提高学生学习兴趣,帮助学生加深对教学内容的理解和记忆。

3. 多媒体教学手段

多媒体是指能够同时获取、处理、编辑、存储和展示两种以上不同类型信息媒体的技术,这些信息包括文字、声音、图形、图像、动画和视频等。多媒体技术不是各种信息媒体的简单组合,而是一种把文本、图形、形象、视频图像、动画和声音等运载信息的媒体集成在一起,并通过计算机综合处理和控制完成一系列交互式操作的信息技术。① 多媒体教学手段的特征是以计算机为核心,并包括网络技术的应用。

《标准》提出:"管理利用现代信息技术,提供丰富的学习资源,设计生动的教学活动,促进数学教学方式方法的变革。"因此在小学数学教学中,适时恰当地运用多媒体等信息化手段,可以使教学形象生动,便于学生的理解和接受。对改变教师教学方式和学生的学习方式,优化教学过程,从而提高教学质量,增强教学效果是十分必要的。

真 题 链 接

(2018 年上半年教资考试真题)关于现代教育技术在课堂教学中的作用,下列说法正确的是(　　)。

A. 对课堂教学不可或缺　　　　B. 可完全取代传统教学手段

C. 对课堂教学起辅助作用　　　　D. 必然能提高课堂教学效率

参考答案

随着信息技术的普及,多媒体技术与常规课堂的有机融合已经成为教师的基本教学技能。作为小学数学教师,应进一步从自己学科的角度来研究如何使用多媒体网络技术辅助自己的教学,把信息技术有机地融入小学数学学科教学中,才能更好地适应时代的要求。

(三) 教学手段应用的实施要求

在小学数学教学中,教师要深刻地揭示教学内容,有效地启发学生思考,培养学生学习

---

① 戴莹,刘东芝,张莉.小学数学课程与教学论[M].广州:世界图书出版广东有限公司,2013.

数学的兴趣,必须恰当地选择和运用教学手段。只有教师熟练掌握各种教学手段的结构及其功能,在教学中恰当地运用,才能在教学中更好地促进学生的发展。教师要根据内容的需要选择合适的教具学具,并能在课堂上正确、熟练地进行演示操作,才能达到事半功倍的效果,否则,不仅浪费了时间,还会造成教学秩序失控、学生注意力涣散。因此,作为教学实施的基本技能来说,除了前面已经指出的以外,还必须注意以下4点。①

1. 目的明确,有针对性

教学手段是为教学目的服务的。教师从设计演示与操作开始,就必须有明确的目的,即要清楚为什么演示操作,演示操作什么,用什么教具学具演示操作,怎样去演示操作,在什么时候演示操作。

例如,在教学"三角形内角和是180°"时,进行演示操作:

① 为什么要演示操作。从内容上看,这一命题是三角形的一个重要特性,应该让学生毫无疑问地认识清楚;从教材编排来看,安排了演示这一环节;从学生特点来看,不可能通过严格的论证来让学生接受这一命题,只有通过操作让学生从直观形象上认可这一命题。

② 演示操作什么。三角形的三个内角合起来是180°。

③ 用什么演示操作。教师可以用模型或幻灯或课件等进行,学生可以用模型操作。

④ 怎么演示操作。至少有两种方法:一是"拆拼法",即将三角形的三个内角"拆"下,再拼成一个平角;二是"折角法",即通常教材上提供的方法。这两种方法中,教师可演示一种,学生自己操作一种。

⑤ 什么时候演示操作。要在学生探究的基础上演示操作,或者说在学生形成"需要"时进行演示操作。如通过长方形对角线所分成的两个直角三角形的内角和,猜想应是多少度;或先计算几个三角形内角和后,再进行演示与操作。

真 题 链 接

(2017年下半年教资考试真题)在"直角三角形"的教学中,教师呈现了直角三角形的各种变式,主要目的是(　　　)。

A. 激发学习兴趣　　　　　B. 引起有意注意

C. 丰富学生想象　　　　　D. 突出概念本质

参考答案

---

2. 科学准确

在课堂教学中,演示与操作应该特别注意科学性,要使学生通过教师的演示或自己的操作,建立起准确、鲜明的表象和层次分明的过程,才能抽象概括出正确的认识。为了保障演示的科学性,一般要注意以下3点。

首先,教师要注意选择适当的教具,不用过于粗糙的器材或过小的模型、图片,教具的可见度和清晰度要以全班学生都能看得到、看得清为标准。

其次,教学演示必须有清晰的过程,尤其是对数学原理的形成过程和教学方法的运用过

---

① 高荆.小学数学课程教学概论(上册)[M].济南:山东科学技术出版社,2002.

程的演示,更要清清楚楚。

最后,注意演示的结论要正确,即在演示时要让学生看清楚演示的结果,使学生明了演示得到的结论与课本所说的是一致的,让学生相信教师的演示是可靠的,课本上的结论是正确的。

3. 注意使用时机和时间

直观教学手段的演示与操作,要抓住时机、讲究效果。应该在进行到与教学内容相关的部分,当学生处于想知而不能知、似懂而未懂时,再把直观教学手段呈现出来,过早或过晚都会分散学生的注意力,降低教学效果。

其次,教学中的演示与操作,主要是为了丰富学生的感性认识,帮助学生理解所要学的知识。因此,演示与操作的时间要控制,既要让学生全面准确地感知演示操作的全过程和结果,又不要花费过多的时间。一般说来,在学生"需要"时开始,在形成了一定的感性认识、达到了演示操作的目的,即在"知了"时就应及时停止。

4. 多种手段结合,注重实效

单一的教学手段往往很难深刻揭示知识的内涵。因此,教学中应该注意多种教学手段的灵活配合、综合运用,把信息化多媒体教学手段与传统教学手段结合起来,把演示操作与讲解、板书等其他教学方法和手段结合起来,才能充分调动学生的多种感官参与教学活动,从而收到良好的教学效果。

真 题 链 接

（2020年下半年教资考试真题）在教学"圆的认识"课时,教师展示圆形纸片、硬币,让学生看一看、摸一摸,然后总结圆的特点。这一教学过程主要遵循的是（　　　）。

A. 直观性原则　　　　　　B. 启发性原则

C. 循序渐进原则　　　　　D. 因材施教原则

参考答案

习题二

1. 试述小学数学教学语言的基本要求。
2. 课堂教学调控主要包括哪些方面?
3. 在小学数学教学中教具演示时应注意什么问题?

第三节　小学数学课堂教学组织和优化

小学数学教学过程是一个复杂的动态系统,由教师、学生、课程内容、教学目标、教学方法和手段等多种要素有机结合而成,如何使该系统中的各要素组成最佳结构,充分发挥各自作用和整体功能,提高教学效能,是研究小学数学课堂教学组织和优化的主要任务。

一、小学数学课堂教学的组织原则

在小学数学教学实践中,人们探索与总结出了一些能促进课堂有效教学的基本准则,这些教学组织原则主要包括 5 种。[①]

1. 准备原则

小学数学教学的组织要能有效地使学生迅速进入学习准备状态,因为做好学习准备是学生展开主动性学习的一个重要前提。这个原则主要是通过教师对教学活动的有效组织,将学生原有的经验和认知充分地激活,为学习新知做好准备。

2. 活动原则

小学数学教学的目标就是发展学生的数学素养,而人的素养往往是依靠自己主体性的实践活动逐渐得以发展的。因此,数学学习的本质就是学生在教师引导下的数学活动,就是学生与情境交互,进行问题探索和伙伴对话的活动。

3. 主动参与原则

数学学习的效果与学生的行为、情感和认知策略、参与的方式和程度等有着重要的关系。没有学生参与或不能激励学生主动参与和有效参与的教学策略,对于课堂学习来说就是低效的甚至是无效的。

4. 兴趣性原则

对儿童来说,他们的数学学习往往是从关注自己的生活开始的,是从由他们好动、好奇与好表现的特征所驱动的对问题的关注开始的。因此,从儿童自己的生活中寻找数学是他们进行数学学习最有效的动力。

5. 差异性原则

不同的学生在数学学习中是有差异的,这种差异不仅表现在认知能力水平上,还表现在其学习策略与方法的个性化上。对同一个学生而言,面对不同的学习领域、学习内容或学习环境,都可能显现出在过程、策略和方法等方面的差异性。因此,课堂的学习组织既要考虑到群体的整体能力和一般性水平,又要兼顾到不同个体的差异性。

二、小学数学课堂教学的类型和组织方法

课堂教学的基本类型是指根据教学任务划分的课的种类。小学数学课主要有新授课、练习课、复习课、检查课和讲评课等课型。不同的课型有不同的教学组织环节和时间分配,即课堂教学结构。它反映了一节课中教师的教学过程和必要的教学组织工作。不同的课型从教学需要出发有不同的结构及基本教学组织工作,教师应该根据班级的具体情况和教材的特点灵活应用,不能生搬硬套。[②]

(一)新授课

新授课是以学习新知识为主要任务的课,是小学数学教学中最常用的课。它的一般结

---

① 杨庆余.小学数学课程与教学[M].北京:中国人民大学出版社,2010.
② 戴莹,刘东芝,张莉.小学数学课程与教学论[M].广州:世界图书出版广东有限公司,2013.

构包括如下 5 点。

1. 复习准备

根据教学需要,将与新知识联系紧密的旧知识设计成问题或练习题让学生思考解答,为新课学习做好准备。

2. 导入新课

以旧引新或联系实际创设情境,引出新知,激起学生学习的需要。

3. 进行新课

这是新授课的主要部分。教师要运用多种教学方法引导学生去主动认识、探索和理解教材内容,实现教材知识结构向学生数学认知结构的逐步转化。教学活动的展开要以学生发展为本,给学生提供思考、动手和交流的机会,处理好知识的内在规律与学生认知准备及认知特点之间的关系,使学生的认知和思维能力同步发展。

4. 巩固练习

这是在教师指导下,学生进行的半独立或独立的课堂练习,练习后进行讨论总结,目的是巩固新学的知识,使教师了解学生掌握情况,以便及时发现问题,补救教学遗漏。巩固练习要注意内容的针对性,难度的层次性,形式的多样性。

在巩固练习的基础上,教师需留出一定时间让学生在课内完成一定数量的作业。作业不要一刀切,要面向中下水平的学生,对优秀生可另外准备一些要求高的题目。作业情况应当堂及时反馈,引导学生及时反思。

5. 小结作业

引导学生对这堂课所学内容进行总结提炼,并布置适量的课外作业。概括总结既包括知识和技能的总结,也包括过程和方法的总结。

(二) 练习课

练习课的主要任务是巩固数学基础知识,形成熟练的技能技巧。一般在新授课之后,或者在一个单元上完之后进行。练习课的结构一般包括以下 5 点。

1. 明确练习任务和要求

在练习课开始前,教师简要地说明练习的主要内容与练习的要求,使学生一开始就明确练习的目的,提高练习的积极性。

2. 练前指导

教师简要地分析练习中要应用的法则和规律,并要求学生注意容易出错的地方,也可先由学生板演,发现问题再作补充讲解。

3. 课堂练习

这是练习课的主要部分,应安排足够的时间。练习应由易到难分成若干个层次进行。在学生练习时,教师要加强巡视,及时了解学生的练习情况,并注意对学困生的辅导。

4. 评讲

对练习中发现的普遍性问题进行评讲,使学生进一步巩固已学的知识,同时还要对练习情况进行小结,指出优缺点。

5. 课堂小结

练习完成后,教师要进行适当的小结。既可以分析强调学生练习中存在的问题,也可以引导学生总结解题规律,归纳常用的解题方法。

（三）复习课

复习课的主要任务是加深学生对已学知识的理解并使其系统化。一般在一个单元之后，期中或期末考试之前进行。复习课的结构一般包括以下5点。

1. 宣布复习的内容与要求

教师开门见山导入，告诉学生今天复习哪一章节。复习形式多样，可以是师生一起总结本章节内容，也可以要求学生用思维导图汇报，或小组用易错题形式汇报等。

2. 复习

这是复习课的主要部分，教师引导学生将学过的知识进行系统的复习，或者课前让学生整理，课堂上学生汇报。在这一环节中，既要全面系统复习所学知识，又要引导学生进行整理概括，形成数学知识结构，帮助学生实现知识的系统化。

3. 练习

以布置能综合运用所学知识的习题为主，适当布置突出教材重点、难点的习题，也可布置体现知识系统性的习题，习题由学生独立完成。

4. 总结

引导学生对知识的重、难点及知识间的前后联系概括总结，使之更加系统。同时，指出学生在理解和运用这些知识时应注意的问题。

5. 布置作业

有针对性地布置综合练习题。

复习不是将过去学过的知识简单地重复，而是把过去学过的知识进行系统整理，加以强化。通过重点复习使学生辨清错误，消除疑惑，提高自信心。在复习课教学中要充分发挥学生的聪明才智，许多问题都应由学生解答，关键之处和不足之处由教师补充，教师要善于启发引导，把复习引向深入。

（四）检查课

检查课的主要目的是检查学生知识技能的掌握情况，一般是在学完一个单元或期中、期末进行。检查方式可以是书面检查，也可以是口头检查，还可以是操作检查。

上检查课事先要做好充分准备，如命题、印卷等。检查要有计划地进行，要安排在教学计划之内。命题要依据《标准》，难易适中，题量适当，要注重对学生实践能力和创新意识的考查。口头或操作检查的最大优点是能够了解学生灵活运用知识的能力、思维敏锐程度以及动手操作的能力。如果采用口头或操作检查，事先要拟好检查题，将学生分成小组在课内进行。

（五）讲评课

讲评课的主要任务是对检查的情况和结果进行总结与分析，结合问题查漏补缺。讲评课的结构一般包括以下3点。

1. 检查情况小结

全班成绩怎样？哪些知识掌握得较好？哪些知识还有缺漏？表扬成绩优异和有显著进步的同学。

2. 重点错误分析

对试卷中普遍性错误要重点分析，指出错在哪里以及产生错误的原因。可以用师生共同讨论的方法进行，还可以指导学生查阅课本来纠正错误，这样可以教会学生使用课本。这是讲评课的主要部分,教师可对中差生进行重点指导。

3. 小结作业

在分析总结错因的基础上,针对学生的普遍性错误,编拟专门性作业,让学生课后练习。这样可以起到弥补知识缺漏的作用。

上好讲评课,关键在于教师要对试卷进行详细的分析。了解学生知识、技能掌握的状况,然后将错误情况分类并分析原因。讲评最好用讨论式,让学生自己找原因,纠正错误,这样印象深、记得牢。对解法简便、计算灵活、思考独特的学生要给予表扬和鼓励,让他们介绍自己的方法和依据,以开拓大家的思路。对成绩过差的学生要个别帮助,指明方向,鼓励他们树立信心。

（六）实践活动课

实践活动课的主要任务是通过实习作业把知识应用于实践,使学生获得直接经验,验证所学知识,并培养学生的实践操作能力。实践活动课的结构一般包括以下 4 点。

1. 明确要求

明确教学要求:要求掌握哪些工具的使用方法? 要培养哪些实际操作能力?

2. 课前充分准备

课前要确定好综合实践的内容、要求、方法、步骤;考虑好小组的划分、小组长的人选和培训,做好工具、材料和场地的准备。

3. 课上适当讲解与示范

课上教师要讲清实验操作方法和步骤,教师示范指导后再让学生分组实习操作,做好实习记录。

4. 课后小结

课后完成实践报告或实践小论文,并进行总结。

除了上述常规课堂教学组织形式与方法外,随着信息技术的发展,像翻转课堂、微课、微格教学、慕课等新的教学组织形式正逐渐兴起并被广泛应用。

真 题 链 接

（2016 年下半年教资考试真题）学生在课前借助网络平台观看微视频进行自主学习,课堂上在教师指导下分组讨论合作探究。这种新型教学组织形式称为（   ）。

A. 在线课堂　　　　　　　　B. 网络课堂

C. 虚拟课堂　　　　　　　　D. 翻转课堂

参考答案

三、小学数学教学过程的优化

（一）小学数学教学过程优化的意义

小学数学教学过程的优化,是指在教学过程中教师根据小学数学学科教学目标、任务和师生的实际情况,按照小学数学教学规律和原则的要求,选择最有效的教学手段和方法制定出一个最佳的教学方案,并灵活机动地实施这个方案,使教学在现有条件下获得最大可能的效果。① 小学数学教学过程优化的核心是全面协调教学过程诸要素之间的关系,促进教学过程各环节之间的有机整合,实现教学过程各要素、环节整体功能的最大发挥。

真 题 链 接

(2018 年下半年教资考试真题)巴班斯基认为,应该把教学看作一个系统,从系统的整体与部分之间、部分与部分之间以及系统与环境之间的相互联系、相互作用之中设计教学。这一教学理论被称为( )理论。

A. 教学环境最优化　　　　B. 教学内容最优化

C. 教学过程最优化　　　　D. 教学方法最优化

参考答案

(二) 小学数学教学过程优化的基本标准

小学数学教学过程的优化标准要全面体现素质教育的内涵和要求,反映新课程改革的要求。具体来讲,应遵循以下 4 个优化标准。

1. 学生全面发展

小学数学教学应促进学生在数学知识与技能、数学思考、问题解决和情感态度等方面的全面和谐发展,达到每个学生实际可能达到的最高水平,这既是素质教育的特征和任务,也是衡量小学数学教学过程是否优化的重要标准。

2. 面向全体学生

教学面向全体学生、促进每一个学生的全面发展是素质教育的基本要求。优化的小学数学教学过程是高度重视每一个学生发展的教学过程,在这个过程中,全面考虑不同层次学生的实际水平,采取有效的措施使全体学生在自身原有的基础上获得最大可能的学习效果。

3. 学生主动参与学习

评价教学质量的高低既要衡量学生的知识掌握情况和能力发展水平,也要关注学生在学习过程中的表现,尤其是学生在学习活动中的主动参与程度。因此,学生思维活跃,积极主动探索新知是高效优化的教学过程的特征。

4. 教学时间合理

在教学中,师生以最少的时间和精力耗费获得最大可能的教学效果是最经济高效的教学过程。因此,优化的小学数学教学过程是在规定的教学时间内完成教学任务。超出规定时间量和加重学生负担的教学活动不利于学生的身心发展,也不是优化的教学过程。

(三) 小学数学教学过程优化的主要途径

优化小学数学教学过程是一项系统工程,涉及教学过程中的多种因素,可采取的措施和方法也因课、因人而异。一般来讲,要注意以下 3 个方面。

---

① 李光树.小学数学教学论[M].北京:人民教育出版社,2003.

1. 全面了解学情

学生是数学学习的主体,教学过程中的一切活动都是为了促进学生的发展。因此,优化小学数学教学过程首先要全面了解学情。要全面了解学生已有的知识基础、生活经验、认知水平和思维特点,还要了解他们的年龄特征、兴趣爱好、学习习惯等。只有全面、深入、细致地了解学生进行数学学习之前的准备情况,才能选择更有效的手段和方法,制订出最佳教学方案。

2. 统筹协调教学要素关系

统筹协调教学过程中各要素的关系,使之实现最优化组合是优化小学数学教学过程的基本途径。要突出教学目标的导向作用,根据实现教学目标的需要去组织教学内容,选择教学方法和手段。要创造性使用教材,根据学生实际开发、创生课程资源,根据学生的年龄特点和认知规律组织教学过程,充分发挥教师的主导作用,使教学过程成为教师引导学生对数学知识进行再创造的探索学习过程。

3. 系统设计教学过程

教学过程是一个有序的活动过程,其中每一个教学环节或步骤都会影响整体功能效果。因此,要根据不同课型、不同教学任务,系统、整体安排设计各教学环节的组合问题,以实现小学数学教学过程的整体结构优化,力求取得最大可能的教学效益。

习题三

1. 小学数学课堂教学组织的原则有哪些?
2. 什么是小学数学教学过程的优化? 它的基本标准有哪些?
3. 小学数学教学过程优化的主要途径有哪几个方面?

本章小结

小学数学教学实施是在教学设计的基础上进行具体落实的活动过程,教师的教学实施能力和水平如何将直接影响教学目标的落实、教学任务的达成,也关系着学生的数学学习能力发展。本章主要学习了教案的修改及使用方法、小学数学教学实施的基本技能以及小学数学课堂教学组织和优化,使学生明确在小学数学教学实施中应该具备的基本技能和实施时应注意的问题。

复习题

1. 从下列课题中选择一个进行试讲:两位数乘两位数;轴对称图形;简单的小数加减法。
   要求:(1)写出教案;(2)要有板书设计;(3)以小组为单位进行试讲。
2. 结合上述课题的试讲情况,从教学过程优化的角度对教案进行修改。之后再观看视频并试着评析。

两位数乘两位数　　　　轴对称图形　　　　简单的小数加减法

本章主要参考文献

［1］沈振华.抓住动态生成,促进思维对话[J].数学学习与研究,2018(24):60.

［2］高荆.小学数学课程教学概论(上册)[M].济南:山东科学技术出版社,2002.

［3］金成梁.小学数学课程与教学论[M].南京:南京大学出版社,2008.

［4］刘娟娟.小学数学教学技能[M].上海:华东师范大学出版社,2011.

［5］戴莹,刘东芝,张莉.小学数学课程与教学论[M].广州:世界图书出版广东有限公司,2013.

［6］杨海鹏.小学数学教学技能研究[M].开封:河南大学出版社,2015.

［7］郑志辉.从教学设计看顶岗实习师范生的专业发展——基于内容分析的视角[J].内蒙古师范大学学报
　　(教育科学版),2018,31(02):1-11.

［8］刘彬.浅谈教师课堂调控技能[J].中国教育学刊,2011(08):112-113.

［9］李光树.小学数学教学论[M].北京:人民教育出版社,2003.

第六章
数与代数的教学

 **知识结构**

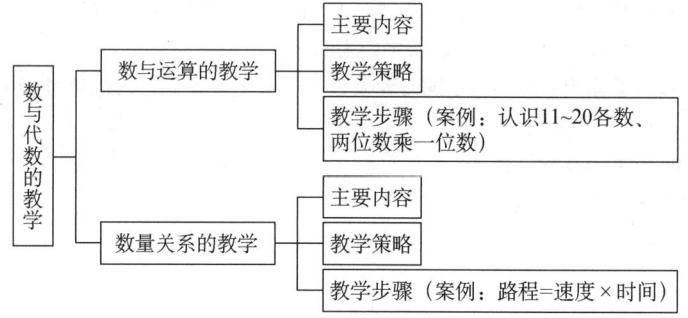

 **学习目标**

1. 了解数与代数内容在小学数学中的地位,掌握数与代数的内容结构。
2. 了解数与代数的教学要求,掌握其教学的主要策略。
3. 根据小学数学教师的基本要求,能写出完整的教学设计并实施课堂教学。

 **学习重点**

写出教案并实施课堂教学。

 **学习导引**

　　"数与代数"是研究现实世界事物的数量关系及其变化规律的数学模型,它可以帮助人们从数量关系的角度更准确地认识、描述和把握现实世界。"数与代数"是义务教育阶段学生学习的重要领域,在小学阶段包括"数与运算"和"数量关系"两个主题。这些内容是数学知识体系的基础,也是学生认识数量关系、探索数学规律以及建立数学模型的基石。与数与运算主题关联密切的核心素养主要包括数感、符号意识、运算能力和推理意识;与数量关系主题关联密切的核心素养主要包括模型意识、几何直观、推理意识和应用意识。本章主要探索"数与代数"两个主题内容的教育价值、设计思路、内容安排及以核心素养为导向的教学策略

（见表 6-1）。

表 6-1 义务教育阶段"数与代数"领域主题

第一学段 （1～2 年级）	第二学段 （3～4 年级）	第三学段 （5～6 年级）
数与运算(6) 数量关系(2)	数与运算(5) 数量关系(5)	数与运算(4) 数量关系(6)

注：括号里的数字表示的是条目数量。

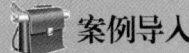 案例导入

　　在教学小数读法时，我们会碰到小学生提出这样的问题：为什么整数读法和小数读法不一样？比如 25.25，为什么读整数部分的时候读成"二十五"，而读小数部分的时候却成"二五"？为什么小数比大小和整数比大小都要从最高位比起，而分数比大小却要先通分？

　　听到这些问题后，我们首先兴奋于小学生的质疑精神，同时也令我们陷入思考：我们的学习不能让学生感觉知识之间是孤立的，有些内容甚至是"不讲理"的，而要让小学生感受到看似不同背后的相同。那么知识之间实质的联系又是什么呢？小学生能否感受到这种相同呢？

　　《标准》恰好把"一致性"作为重要内容，不断强调数的认识、数的运算的一致性，那我们为何不从学生的困惑入手来探索整数、小数和分数的一致性呢？你准备如何进行教学实践呢？

第一节　数与运算的教学

　　"数与运算"主题由数的认识和数的运算两部分组成。在小学数学学习阶段，数的认识和数的运算是核心。数的认识的知识，不仅是学生日常应用的工具，还担负着数学启蒙的重任，是一切数学学习的基础。通过"数与运算"学习，可以发展学生的数感、符号意识、运算能力和初步的推理能力。通过加法模型、乘法模型学习，可以发展学生的模型意识和应用意识，培养学生的几何直观。

一、数与运算的主要内容

　　"数与运算"内容包括数的认识和数的运算。具体包括整数、小数和分数的认识及其四则运算。数是对数量的抽象，数的运算重点在于理解算理、掌握算法，数与运算之间有密切的关联。学生经历由数量到数的形成过程，理解和掌握数的概念；经历算理和算法的探索过程，理解算理，掌握算法。初步体会数是对数量的抽象，感悟数的概念本质上的一致性，形成

数感和符号意识；感悟数的运算以及运算之间的关系，体会数的运算本质上的一致性，形成运算能力和推理意识。

（一）数的认识的主要内容

数是对数量的抽象。数是用抽象的符号表达数量，从具体的数量到抽象的数经历了一个漫长的过程。不同的民族、不同时期用不同形式的符号表达，世界文明古国都有用符号表达数的记录。后来人们普遍采用印度人发明的阿拉伯数字，并用十进制计数法表达自然数。十进制计数法是以十为基底，用 0，1，2，3，4，5，6，7，8，9 这 10 个符号，采用位值制表达所有的数。如 45 表示 4 个十和 5 个一。

从数学的角度看，数系的发展遵从这样的历史线索：为了使减法运算总能实施，引入负数（负数内容属于综合与实践的领域），将自然数系扩展为整数系；为了使除法运算总能实施，引入分数，将整数系扩充到有理数系；为了使正数开方总能实施，引入无理数，将有理数系扩充到实数系；为了使负数开方也能进行，引入虚数，将实数系扩充到复数系。

数的认识是小学数学的基础性知识，这部分的主要内容包括自然数，（正）分数和（正）小数的认识。认数的顺序是先认识自然数，再认识分数和小数。

1. 自然数的认识

自然数概念是人类积累数学知识的开端，是一切数学的基础。在小学教材中，首先，从数级的角度认识自然数。根据学生发展的生理特征和认知能力以及生活经验水平，把认识自然数的数级逐渐扩大，通常分为对 10 以内、20 以内、100 以内、万以内以及万以上的数的认识等循序渐进的阶段。其次，从整除的角度再认识自然数。内容包括因数和最大公因数、倍数和最小公倍数、质数（或素数）和合数、奇数和偶数等概念，以及 2、3、5 的倍数的特征。

（1）10 以内数的认识

主要内容包括数数、认数、读数、写数（数字的结构和笔顺要分辨清楚）、数的顺序、比较大小（用符号<，=，>表示）、基数含义、序数含义、数的组成（为学习加减法做准备）。本阶段重点是了解每个数所代表的实际数量。

（2）20 以内数的认识

主要内容包括数数、读写法、数的组成、数的顺序、数的意义和比较大小。11～20 之间的数是逐个认识，其中要结合计数器等介绍数的写法，体会"数位"的意义。本阶段重点是正确数出数量在 11～20 之间的物体的个数。在这一阶段，引导学生从单个计数逐步过渡到按群计数。"数到十个圈起来"，圈外面有几个就是十几。学生只有发展了按群计数的水平，才能真正按照计数法则进行计算。

（3）100 以内数的认识

主要内容除了包括数数、数的组成、数的读写、数的顺序和大小比较外，还包括"数位"（包括数位的意义、数位的名称、数位的顺序、相邻数位的十进关系）和"计数单位"的概念，以及计数的位值原则。在汉语中，自然数的名称是根据它的组成规定的。本阶段重点是认识计数单位"一或（个）"和"十"，弄清一个数是由几个十、几个一组成的。

（4）万以内数的认识

认识了万以内的数，就认识了"个级"的所有数。这是进一步学习多位数的读写的重要基础。主要内容包括数数、数的读写、数位、数位顺序及位值原则等。无论读数或写数，都要先确定最高位的数位，然后从高到低，按照数位顺序读写。本阶段重点是认识计数单位"百"

"千",掌握数的读写。

（5）大数的认识

主要内容就是对十进制计数法进行系统的整理，包括数数、数的读写、大小比较、数位、数位顺序表等。依次按照计数单位数数，按照从高到低、分级读写的方法进行读数和写数。计数单位"万"是"万级"计数的基本单位，所以本阶段重点是认识"万""亿"这两个计数单位。最后认识因数，倍数，2、3、5的倍数的特征，最大公因数，最小公倍数，奇数，偶数，质数（或素数）及合数等概念。

2. 分数的认识

分数是数系的第二次扩充。整数和分数统称为"有理数"。分数的扩充来自表达比1小的数量：需要对一个物体进行切割，整体中的"部分"用新的数来表示。把"1"平均分成2份，其中的1份就用新的符号 $\frac{1}{2}$ 表示。同理，把"1"平均分成5份，其中的1份就用 $\frac{1}{5}$ 表示。这样就产生了单位分数，以单位分数为基础，将其作为"分数单位"可以表达更多的分数。例如，2个 $\frac{1}{5}$ 就是 $\frac{2}{5}$。学生学习分数，将经历认知上的一次飞跃。小学数学教材一般将分数的意义分两个阶段进行教学，先初步认识分数，再学习分数的意义。

（1）分数的初步认识

小学生初步认识分数，一般从"平均分"开始。平均分的对象可以是离散量，也可以是连续量。离散量给人的印象更为深刻，所以往往用两个人分一块饼或一个蛋糕开始。如果分连续量，则往往用平面图形。用分得的各个部分是全等形来直观地显示平均分的结果。分数的初步认识阶段，只限于介绍平均分一个物体的情境，也不给分数下定义，主要内容包括分数的含义、读数、写数、各部分名称、同分母分数比较大小等。

（2）分数的意义

对分数的再认识的内容包括分数的意义、分数与除法的关系、真分数与假分数、分数的基本性质、最大公因数与约分、最小公倍数与通分以及分数与小数的互化。这一阶段给出了分数的份数定义和分数的商定义。在六年级学习比之后，还可以进一步用比来定义分数，并且沟通3个定义之间的联系。

分数是整数概念的发展。整数具有离散性，而分数具有稠密性（任何两个分数之间都有其他分数）。分数的读写法和整数也不同。由于分数概念的表征形式不同，因此产生了多种意义。

定义1：整数的单位是自然数1，分数单位则是将"1"平均分的结果。把单位1平均分成若干份，表示这样一份或几份的数叫分数。分数概念的建立，是小学数学教学的一个难点。只有理解了单位1、平均分、部分与整体之间关系、分数单位4个概念后才能建立分数概念。

定义2：两个自然数 a，$b(b\neq0)$ 相除的商，叫分数。

定义3：两个自然数 a，$b(b\neq0)$ 之比，叫分数。

定义4：分数是有序的整数对 $(P，Q)$，其中 $PQ\neq0$。

由于百分数分母单一，便于比较，统计意义强，在实际中的应用较多，因此在认识了分数后对百分数的特别之处还要再认识（百分数属于统计与概率领域的内容）。

3. 小数的认识

小数是特殊的分数，即分母是"10"的分数，最初同样表示小于 1 的数。小数的表达同自然数一样也是用数位（计数单位）和数字表示，小数以十进制的方式表达与自然数的表达一致，由此也就扩展了十进制计数法。

小学将小数的认识分为小数的初步认识和小数的意义两个阶段学习。第一阶段主要内容包括小数的含义、读数、写数、各部分名称、大小比较等。第二阶段主要内容包括数位顺序、意义、比较大小、小数点移动引起小数大小变化、小数性质和循环小数等。小数包括有限小数和无限小数。无限小数又分为无限循环小数和无限不循环小数。小学生最初认识的"小数"是有限小数，即十进分数（分母中不含 2、5 以外的质因数的最简分数）。有限小数和无限循环小数的并集相当于分数。而无限不循环小数是"小数"概念的扩充，称为"无理数"。

小数与整数都采用十进制，在符号结构上也十分相似，相邻两个计数单位间的进率都是 10，所以小数的计数方法是整数计数方法的扩展。

（二）数的运算的主要内容

1. 数的运算的含义

数的运算有两个含义：一是数量关系的一种表达，如加法是表示两个数量的合并；二是对于数的计算的操作。一般将前者称为运算的意义，后者称为计算的方法。运算的意义用于分析问题和解决问题，计算的方法用于获得数运算的结果。

运算是一个推理的过程。在这个过程中要用到运算的意义、数的表达方式和运算律。运算律是进行初等运算的依据，主要包括加法交换律、加法结合律、乘法交换律、乘法结合律、乘法对加法的分配律。

因此，所有初等运算都可以归结为加的运算。具体的运算是对计数单位的操作，基本的运算是计数单位的"累加"。例如，35 + 48，是 30（3 个十）+ 40（4 个十）+ 5（5 个一）+ 8（8 个一）。减法、乘法和除法都与加法有关，这种累加可以拓展到不同的运算。所有初等运算都是数的运算，最终都追溯到数的意义，不同的数表达方式有所不同，因此具体计算的操作也有所不同，但本质上都是对计数单位的操作。小数的十进制与自然数相同，因此整数计算方法可以直接拓展到小数计算；分数的计数单位是分数单位，虽然与整数、小数不同，但实际运算也是对计数单位的操作。

数的运算的对象是整数、小数和分数，本质上具有一致性，都与数的计数单位相关。整数、小数和分数的加法都是计数单位的"累加"，一致性可以拓展到减法、乘法和除法，运算律也适用于不同数的计算。

数的运算对象都是数，对算理的理解都要追溯到数的意义，因此数与运算密切关联。其实，从认识自然数开始就与运算相关，1 + 1 是 2，每个数的后继都形成一个新的数，这本身就包含运算。随着数从自然数拓展到分数和小数，运算从加拓展到减、乘、除，计算的方法越来越复杂，但基本的算理是一致的，都要与数的意义建立联系，都是对计数单位的操作，体现了数的认识与运算的整体性。

2. 数的运算的主要内容

"数的运算"的具体教学内容有自然数、小数、分数的一级运算（加减运算）、二级运算（乘除运算）和简单的三级运算（主要是二次或三次乘方运算）。它包括四则运算的意义、运算定律、运算法则（方法）、混合运算的教学。

加法是在认数环节中对数的组成的延伸。加法是最基本的运算,从一个数开始每次"+1"就得到一个新的数,如 $1+1=2,2+1=3$。从任何一个数开始,加几就相当于加几个1。例如,$5+3$ 的计算就是从 5 开始,加 3 个 1,得到的 8 就是运算的结果。减法是加法的逆运算,就是每次"−1"的操作。小学数学中数的加减运算主要包括 10 以内的加减法、20 以内的进位加法、20 以内的退位减法、100 以内的加法和减法、万以内的加法和减法、小数的加法和减法、分数的加法和减法。其中 20 以内的加减法是学习数的运算的基础知识。可以看出,参与运算的对象伴随着认数范围的扩大在不断变化,但变化的是外部现象,不变的是内部原理。

乘法是特殊的加法,是加数相同时连加法的简便运算,$5×3$ 写成 $5+5+5$,本质也是加法,所以与加法有着密切的关系。除法是乘法的逆运算,是减数相同时连减法的简便运算,本质上就是连减。小学数学中自然数的乘法主要内容包括表内乘法、多位数乘一位数、两位数乘两位数、三位数乘两位数。除法主要内容包括表内除法、有余数的除法、除数是一位数的除法、除数是两位数的除法。此外还有小数乘除法、分数乘除法。

3. 小学数学教材中数的运算形式

运算能力主要是指根据法则和运算律进行正确运算的能力,包括能够明晰运算的对象和意义,理解算法与算理之间的关系;能够理解运算的问题,选择合理简捷的运算策略解决问题;能够通过运算促进数学推理意识的发展。在教学中,要结合具体情境,体会四则运算的意义。要注意重视口算,加强估算,提倡算法多样化,注重应用意识和解决问题能力的培养。帮助学生建立数感和符号意识,发展运算能力和推理意识,初步形成模型思想。培养运算能力有助于学生理解运算的算理,能够寻求合理简捷的运算途径解决问题。运算能力有助于形成规范化思考问题的品质,养成一丝不苟、严谨求实的科学态度。数的运算形式是多种多样的,在小学阶段接触到的有口算、笔算、估算等,并提倡用计算器进行复杂的计算和探索数学问题。

(1) 口算

口算也称"心算",是不借助计算工具,直接通过记忆与思维算出精确结果的一种计算方法。口算一般从高位算起,直接算出得数,每一步计算的结果暂时保留在记忆中。口算没有固定的法则,往往依据已知数据的特点灵活进行,具有快速方便的特点,适用于数目较小或者具有一定特点的数。如 20 以内数的加减法、表内乘除法、简单的百以内数的加减法都要求口算。口算不仅是笔算的基础,而且也是运算中独立的部分,在生活中有很高的应用价值。

(2) 笔算

笔算是先列出算式,再按照计算规则,用纸和笔算出来结果的一种计算方法。笔算一般从低位算起。不论数的大小都依照法则按固定的程序进行演算。由于计算过程都笔录在案,步步清楚,因此便于说明算理,容易检查正确与否。笔算是教学的重点。

(3) 估算、用计算器计算

估算是根据问题的具体条件对计算结果做出估计或大致判断的一种口算方法。估算在日常生活中有广泛的应用,它还是一种非常有价值的验算方法,当前世界各国都比较重视估算。估算与用计算器计算是现代社会发展的必然趋势,它不仅是一种技能,更是一种良好的习惯与意识。因为估算的重点是解决实际问题,计算器也是用于解决问题或探索规律,所以

《标准》将其内容都安置在数量关系的课程内容中。

真题链接

（2017年上半年教资考试真题）《义务教育数学课程标准（2011年版）》规定：小学第一学段初步认识分数和小数的意义，第二学段理解分数和小数的意义。这要求该部分教学内容应采取的组织方式为（　　）。

答案解析

A. 直线式   B. 圆周式

C. 螺旋式   D. 横向式

二、数与运算的教学策略

（一）数的认识的教学策略

1. 理解数的概念的一致性

认识数的关键是理解数的建构方法。事实上，所有数都是基于计数单位来建构的。计数单位是建构数的基础。"计数单位"是针对个数与顺序的计量单位，如同长度计量单位1 m，1 dm，二者均是"度量单位"，前者通过抽象得到，后者借助工具得到。有了计数单位，就克服了逐个计数的烦琐与低效，提供了一个组（本质上是一个标准量、单位量），一组一组地计数，这个"一组"就是计数单位。数的发展过程就是计数单位的发展过程。整数和小数的计数单位就是十、个、十分之一等；分数的计数单位就是分数单位。建构整数、分数与小数的关键是计数单位，"数的认识"应当强调计数单位。

可见，自然数、分数和小数都是对数量的抽象表达，虽然表达数量的意义不同，但数的表达方式具有一致性，都是用"数字＋计数单位"的方式表示。数的抽象过程依赖现实的背景，是现实中数量的提取。反过来，抽象的数可以用来解释各种各样的具体的数量。计数单位和数字能体现数的表达的一般性，是数的认识的核心概念。作为数学教育内容的数，必须经历从现实背景抽象的过程，然后脱离现实背景建立一般性的表达，再应用于具体问题。

（1）整数的认识

① 认识计数单位

人类记数活动的发展有两条主线：其一是记数符号的产生及发展，即从实物符号，到象形符号，再到抽象符号；其二是记数方法的发展，即从"一个一个"地数（非进位制）到"一组一组"地数（进位制），从同一个记数符号在不同位置代表相同的值（非位值制）到代表不同的值（位值制）的过程。

其中，"一组一组"地数是记数活动发展的关键。表面上，它只是把刻痕记数中的一道道刻痕分组、聚合；本质上，这就实现了对信息的压缩与抽象，使复杂、庞大的记数成为可能。这个"一组"，就是进位，就是计数单位。然而，如果要表示特别大的数量，有限的计数单位就显得捉襟见肘了。于是，人类创造了位值制。位值制解决了非位值制的问题，但保留了进位制的核心——计数单位。因而，记数制的发展过程，就是计数单位的创造过程，计数单位的产生对记数活动的发展具有决定性意义。

可见,了解记数制的发展历程,理解计数单位产生的必要性,是认识数、理解数及其运算的关键。

② 认识整数

认识整数要先认识1~9,再认识0和10。其中1~9的认识比较容易,10的认识就比较困难了。后者与前者的本质区别是"进位",即从"个"凝聚与飞跃到"十"。9个"一"再加1个"一",不称为10个"一",而称为1个"十"。突破了"十"这个计数单位,其他的计数单位就容易学习了。例如,认识"万"就是通过9 999多1来认识的。

那么,如何表示1个"十"呢?这涉及位值制和"0"。要带领小学生慢慢体会:我们已经知道1~9这9个记数符号,"十"如何表示呢?如果直接写成1个"十",就太不方便了;如果简单地写成"1",就会与我们已经学过的"1"相混淆;如果创造新的符号,符号太多,使用也不方便。因此,人类创造了位值制。例如,我国古人把1个"十"表示成"1□",印度人将其表示成"10",这就与"1"区别开来。这里的"□"和"0"均具有两重性——占位符与记数符,对应两个作用:一是"占位",占了个位,于是"1"就被推到十位;二是表明"个位上什么都没有,是空的"。

这样学习,与历史上位值制、"0"的发展是一致的,因为"0"是位值制的产物;这样学习,就可以体会到位值制以及"0"产生的必要性与优越性,也渗透了数学文化,融入了课程思政。

(2) 分数的认识

① 认识分数的计数单位

分数的计数单位(也就是分数单位)不似整数明显,一个原因似乎是:分数的计数单位虽然可以按大小从左至右排成一列,但这些计数单位之间没有明确的倍数关系。这给分数大小比较以及分数运算(尤其是加减运算)带来了不便。于是,要把不同的计数单位转化成相同的计数单位,这样才能比较大小、进行加减运算。可见,分数对计数单位的依赖程度一点也不比整数低。另一个原因则是:教材中对分数计数单位的强调不够,导致很多学生甚至认识不到分数有计数单位。这既不利于认识分数的本质,也不利于推演分数运算的算理、推导算法。从文化的角度而言,这也许与我们传统的分数命名有关。从《九章算术》开始,我们就把分数 $\frac{2}{5}$ 读作五分之二,这个命名强调了"分"与"取"的过程(平均分成5份,取其中的2份),而并没有强调每份是整体的 $\frac{1}{5}$。不同的是,在英文中,$\frac{2}{5}$ 表示为 two fifths,fifth 是 $\frac{1}{5}$,two fifths 就是 2 个 $\frac{1}{5}$,对分数单位的强调是很明显的。

② 认识分数

概念只是一个称谓,其蕴含的性质和关系才是最重要的。因此,在引入一个概念时,应当涉及这个概念的性质或者关系。分数是一种有大小的新数,其目的是帮助我们度量小于1的量。因此,在强调分数计数单位的同时,也要重视分数的大小比较。分数的认识可以分为3个阶段:第一阶段,举例讲分数,初步感悟"在相同的计数单位上才能比较大小",同时渗透"分子和分母同乘以一个数,分数大小不变";第二阶段,借助通分,将分数转换为相同的计数单位,进行加减运算;第三阶段,建立分数与整数除法的关系,完整认识分数。当然,也可以从概念认识的一般过程,即感性具体、感性一般、理性具体与理性一般来认识分数。

（3）小数的认识

① 认识小数的计数单位

小数 0.1 的计数单位是 $\frac{1}{10}$，0.01 的计数单位是 $\frac{1}{100}$。小数是基于十进位值制来建构的，认识小数的关键是认识基于十进制的小数计数单位。如果把整数、小数的计数单位有序排列在一起，如"10^2、10^1、10^0、10^{-1}、10^{-2}"，我们会发现：小数计数单位是整数计数单位的自然延伸，小数的产生是自然而然的。

② 认识小数

小数是"十进分数"，这里的"分数"只是一个描述计数单位的工具，"十进"（或"十分"）才是本质。可以这样引导学生思考：在认识整数时，个位满十向十位进一，十位满十向百位进一……反过来，把计数单位"百"平均分成十份，一份就是计数单位"十"；把计数单位"十"平均分成十份，一份就是计数单位"个"或"一"。以此类推，把计数单位"个"平均分成十份，一份就是"个"的十分之一，称其为十分位……这样看来，小数作为十进分数，所蕴含的分数意义是非常弱的。

"整数、分数、小数的一致性"教学片段

小数意义的教学重点在于位值制。按照"逢十进一"和"退一作十"的规则建构出来的小数，可以和整数一起构成完整的位值制系统，这正是小数的意义和核心所在。其中，按同样的规则（十进制）来建构小数非常重要，凸显了知识的本质。

综上所述，数的概念的一致性体现为："计数单位"是建构数的基础。因而，认识数的关键是认识"计数单位"。

2. 数的认识的一般教学策略

由于小学生的思维特点是以形象、直观为主，因此在教学过程中要注意学生对数的概念形成过程的体验，使他们能从熟悉的环境中初步建立数感。此外，还要注意整体把握两个学段的相关内容之间的联系。在教学中，鼓励学生进行数学交流，并关注数的应用。《标准》很注重对学生的数感、符号意识的培养，所以在教学过程中，要注意创设合理的情境，使学生能从中抽象出数量关系和变化规律并用符号来表示，发展学生的符号意识，以及从情境中感受大数的意义。

（1）创设问题情境，感受数学与生活的联系

《标准》指出：数的认识教学应提供学生熟悉的情境，使学生感受具体情境中的数量，可以用对应的方法，借助小方块、圆片和小棒等表示相等的数量，然后过渡到用数字表达，使学生体会可以用一个数字符号表示同样的数量；知道不同数位上的数字表示不同的值。教学中应注意，10 以内数的教学重点是使学生体验 1～9 从数量到数的抽象过程，通过 9 再加 1 就是十，体会十的表达与 1～9 的不同是在新的位置上写 1，这个位置叫十位，十位上的 1 表示 1 个十，1 个十用数字符号 10 表达。同理认识百以内数、万以内数。通过数量多少的比较，理解数的大小关系。在这样的教学活动中，帮助学生形成初步的符号意识和数感。

如"千以内数的认识"教学片段①：

（创设情境，引出三位数）

师：同学们，中华慈善博物馆坐落于美丽的南通（课件出示：在博物馆的善道展示屏上，

---

① 居海霞."千以内数的认识"教学实录与反思[J].小学数学教育，2019(1-2)：124.

演绎了 365 个"善"字)。

师：这个数谁会读？

生：三百六十五。

师：是啊，这 365 个"善"字，寓意一年 365 天，每天行善，一日一善。

师：(课件出示：圈出其中的 100 个"善"字)估计一下，老师大约圈了多少个"善"字？

生1：我估计 90 个。

生2：我估计 100 个。

师：你们的眼力不错，这里有 100 个"善"字。365 是一个比 100 大的数。今天我们就一起来认识这样的数。(板书课题：千以内数的认识)

（2）在认识数的过程中，累积数感

数感主要是指关于数与数量、数量关系、运算结果的估计等方面的感悟。建立数感有助于学生理解现实生活中数的意义，理解或表述具体情境中的数量关系。

① 通过实际操作，形成数概念

数的认识的教学重点在于使学生从数量抽象出数，抽象离不开直观的支撑和操作。所以在课堂中教师要引进电子图、计数器、小棒、图形、数位顺序表、算盘等学具，乃至一些学生熟悉的生活用品，如豆子、米粒等也可以作为学具引进课堂，让学生动手拨一拨、数一数、摆一摆、圈一圈、画一画，激发学生的学习热情，提高其学习的兴趣。学生数物品的过程也是在头脑中逐步建立一一对应的过程，学生在操作过程中对数的意义的感知更加具体，且能够知道这个大小和现实的多少之间的关系，这也是数感很重要的本质问题。如在"100 以内数的认识"中，学生利用学具数出 100 根小棒，10 根一捆，10 捆成一大捆。这个数数的过程对后续学习单位、数位都做好了铺垫。

② 结合现实情境，感受数的意义

通过结合具体的情境对数加以感知，从而增加学生的数感。特别是在感受大数的意义时，越是采用学生熟悉的情境，越能够给学生留下深刻的印象。如在感知 1 万这个数的大小时，就可以让学生借助感受 1 万人有多少来实现。如果教师或者家长能带领学生到万人的现场让学生亲身体验万人齐聚的震撼场面那最好了，学生脑海里会留下深刻的印象，对 1 万的大小会有切实的感受。当然也可以采用操作性强一点的方式，1 万张纸大约有多厚？你的 1 万步大约有多长？1 万名学生站成做广播操的队形需要多大的场地？学生可以通过观察再加入一些想象的成分感知到 1 万是一个很可观的数。

③ 帮助学生理解计数系统，深化对数的意义理解

在各种数学活动中，学生在学会简单的一一对应的计数后，逐渐理解了计数系统是以十为基础的，并理解了计数单位。而且排列在序数表中的任何一个数都可以分解成在它之前的两个数，这两个数相加的和刚好等于这个数。数的这种特性被称为数的加法组成，简称数的组成。学生掌握了数的组成，可以进一步理解十进制体系的一些重要特性，如数的分解。数的读法也能明显地表现这种数的分解特征。比如，数 23 可分解为 2 个 10 加上 3 个 1，而且用 20 和 3 表示这个数，使得这种特定的分解数的方式显得尤为突出。理解数是可以分解的，可以帮助学生进一步发展关于数量守恒的概念。同时为计算 20 + 3 的和打下基础。研究表明，尽管数的组成对于学生理解数的概念具有重要意义，但死记硬背这种组成并用程式化的语言背诵是毫无意义的。关键要引导学生理解，并鼓励学生在理解的基础上用自己的

语言表达,从中逐步发展数感。

④ 鼓励学生进行数学交流,关注数的应用

在教学中要提供机会鼓励学生运用数来表示日常生活中的一些事物,并进行交流。教学时可以安排一些活动,如:"你能说一个生活中用小数(或者分数、负数)的例子吗?"学生也许会用小数表示钱、长度、会说质量、时间、面积,还会关注新闻中的生产信息、医学上的用药信息、科技等,渐渐数感就丰富起来了。教学中应该把数的应用渗透在整个小学学习过程中。

⑤ 渗透数学思想方法,加深对数概念的理解

在数的认识教学中,将数学思想方法渗透其中,有利于学生初步体会数学可以帮助人们发现、描述、分析客观世界中多种多样的模式。教学时,要选择那些实际性、趣味性、探索性强的应用问题,强调实际问题数学化的过程,使学生认识到"数"是认识和解决实际问题的重要手段和模型。如 3 只小鸭用韦恩图圈起来这是集合思想的应用,讲授 3>2 时用 3 只兔子对应着 2 个萝卜这是对应思想的体现。由于小学知识的基础性,教材中的数学思想大多是隐性的,因此教师在具备一定的数学专业知识的同时,还要具备深度分析教材的能力。

那么,如何在教学中让学生体验数学文化呢? 我们以分数的教学为例来说明。①

首先,对分数历史要有深入的认识。我国是最早使用分数的国家之一。其实,除法运算也为分数概念的数学化铺平了道路。我们知道,古代中国用算筹来做除法运算,由于筹算没有运算符号和等号,运算就表示为等式变换,筹式表示除法,也就相当于分数。当遇到不能整除的情况时,就把余数作为分子,除数作为分母,于是产生了一个分子在上、分母在下的分数筹算形式,这种"分数"与现在我们所说的分数意义完全不同。

其次,在课堂上渗透历史文化。在课堂上渗透历史文化,绝不能简单地贴标签,而要在看似不经意间带领学生感悟知识产生的过程。分数的产生源于分和量,可以借助"小熊分蜜"引出分数:"2 杯蜜平均分给 2 只小熊;1 杯蜜平均分给 2 只小熊,不够分,需要新的数。"这样引入不仅符合学生的认知基础,更符合分数产生的历史过程。

案例 1:"分数的初步认识"(见图 6-1)教学片段

师:分东西的时候,为了确保公平,你一般怎样分?

生:平均分!

师:看看这里有平均分吗?(出示一个用卡片做的大除号)

生:有呀,上下两个圆就是平均分。

生:这个除号本身就表示平均分。

师:除号与除法密不可分,在数学上,除法只不过是平均分的数学表达。(教师板书:平均分——除法)

可以看出,这个引入是从"除法运算"开始的,思考点在于"除法是平均分的数学表达,而分数可以作为除法的运算结果"。教材把认识分数安排在小学三年级,三年级的孩子已经对除法有了一定的了解,所以采用从除法引入不仅可以展开新知,还可以为后面继续学习分数做准备。

① 刘劲苓,薛铮."数学文化素养"话题之三:分数[J].智汇,2021(6):76-77.

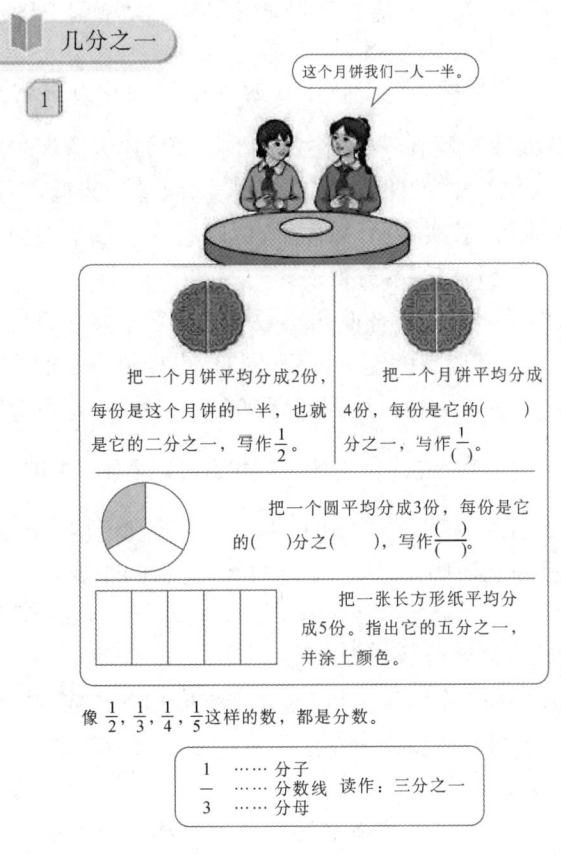

像 $\frac{1}{2}$、$\frac{1}{3}$、$\frac{1}{4}$、$\frac{1}{5}$ 这样的数，都是分数。

图 6-1

案例2："分数的初步认识"教学片段

师：英国著名科学史家李约瑟曾风趣地说："用'儿子'表示分子和用'母亲'表示分母是很有启发意义的，它表明古人所想的真分数，即下面的数（指分母）比上面大（就像怀孕一样），性（阴和阳）的差别使他们想到，乘一个数与除（以）另一个数的作用是等效的。"

师：为什么读写都先要从下面开始，而且先要写这条横线？（板书：$\frac{7}{10}$）以 $\frac{7}{10}$ 为例，这条线表示平均分，所以我们把这条线称为分数线，10表示平均分成的份数，称为分母，7表示其中的几份，称为分子。先有平均分，才有"母"和"子"的产生。所以，无论是读还是写，都要按照它的产生过程来进行。怎么读？大家一起来。（教师指导学生读分数）

师：（指板书）现在大家来看看分数的各个部分。这里最值得一提的就是这个分数线，原来的分数是没有这条线的，只有分子和分母这两个数，直到1175年，阿拉伯数学家海赛尔创造性地在分子和分母之间添了一条线，才有了现在的分数形式。这是不是就更加表明了分数与平均分有关？（学生纷纷点头）

最后，让学生在数学文化的浸润中巩固所学。分数即"细分的先行者"，对于"分"，我国古代著名的哲学家庄子就曾经说出"一尺之棰，日取其半，万世不竭"这样的句子。教学时不仅仅是把这句话介绍给学生，还可以把"它"变成涂色游戏（见图6-2），让学生在一个正方形

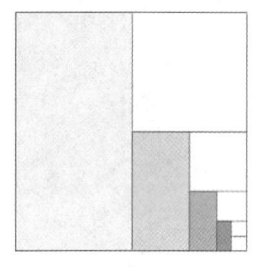

图 6-2

纸中,第一次涂整张纸的 $\frac{1}{2}$,第二次涂剩下图形的 $\frac{1}{2}$,第三次涂再剩下图形的 $\frac{1}{2}$……学生在游戏中感受正方形的大小是有限的,但它可以被无限地分割,在这种"有限"与"无限"的对比中,体会"分"的奥妙。这样的课就很有文化浸润课堂的味道,在数学课上力求"文以化人"。其实,就分数而言,可以利用的数学文化素材远不止这些,可以开发利用的素材很多。

同理,在学习小数时可以让学生体验与小数有关的数学文化,可以通过讲述祖冲之计算圆周率的故事,让学生感知圆周率的逼近过程,同时,也理解小数的十进制名称的表达,感受中国古代数学家的杰出贡献。祖冲之得到圆周率在 3.141 592 6 和 3.141 592 7 之间;根据不同的需要,可近似取作 $\frac{22}{7}$(约率)或 $\frac{355}{113}$(密率)。由此可以看到,祖冲之得到的圆周率精确到小数点后第 6 位,这个结果领先世界约 1 000 年之久。特别值得指出,类似自然数的单位(如个、十、百、千、万等),祖冲之清晰地表达、定义了十进制的小数单位——尺、寸、分、厘、毫、秒、忽,表述到小数点后 7 位。由此可见,中国古代人民对于小数的理解和表达都是深刻的。

（3）多角度多种模型,理解分数的丰富意义

分数意义的理解需要从 4 个维度分析,这 4 个维度相辅相成,共同承担着学生对于分数内涵丰富性认识的建构。教学时要注意帮助学生从多角度分析这 4 个维度。

① 分数的实物模型

实物指半杯牛奶、半个苹果、半块蛋糕等。分数概念的引入就是通过平均分某个实物,取其中的一份或几份认识分数的,这些直观模型即分数的实物模型。

② 分数的面积模型

如平均分某个正方形或圆形纸片,取其中的一份或几份(涂上阴影),这些直观模型即分数的面积模型。

③ 分数的集合模型

此时单位 1 不再真正是 1 个物体了,而是把几个物体看作 1 个整体作为 1 个单位,所取的 1 份也不是 1 个,可能是几个作为 1 份。如把 8 支笔看作单位 1,平均分成 2 份,每份 4 支占整体的 $\frac{1}{2}$。分数的集合模型需要学生有更高程度的抽象能力,其核心是把多个看作整体 1。

④ 分数的数线模型

用数线上的点来表示分数,它把分数化归为抽象的数,而不是具体的事物。分数的数线模型与分数的面积模型有着密切的联系:一个分数可以表示单位面积的一部分,也可表示单位长度的一部分,前者是二维的,后者是线性的,是一维的。数线模型是数轴的前身,是用点来刻画分数的。分数的数线模型相对于面积模型和集合模型来说更加抽象,有一定的难度。

（4）利用知识迁移,建立小数概念

教师一般是利用学生已有的生活经验认读"超市物品价格",引入小数。再根据自然数和小数的联系,通过知识迁移建立小数概念。教学小数的重点是让学生理解小数的意义。

教学时可以使用认识整数、分数时常用的面积模型和线性模型拓展到小数。如把一个圆平均分成 10 份、100 份，其中的若干份既可以用分数表示，也可以用小数表示。这样能够帮助学生理解小数的意义，建立小数的模型，培养学生的数感。

培养数感的过程是循序渐进、潜移默化的过程。教学时要整体把握好两个学段相关内容的递进与衔接。如对于分数意义的学习，就是一个循序渐进的过程，绝不是一两次教学所能全部承载和实现的，需要通过系列设计、多维度建立才能使学生真正理解、熟练应用。当然数感的培养不仅依赖数的认识的知识，还与数的运算紧密相连，所以教学时要有意识地强化与有关运算的联系，探索与之相适应的教学方法，把培养数感的任务落实到具体的教学过程中，这样更有利于学生数感的建立和发展。

（5）凸显计数单位，感悟数的一致性

2022 版《标准》多次强调了"一致性"，明确提出"初步体会数是对数量的抽象，感悟数的概念本质上的一致性，形成数感和符号意识"。不难发现，《标准》强调数是对数量的抽象，注重打通数之间的关联、把握数的一致性。在教学建议中进一步提出，"在理解整数、小数、分数意义的同时，理解整数、小数、分数基于计数单位表达的一致性"。由此可见，建立整数、小数和分数一致性的关键之一是从"计数单位"的角度来打通认识。实际上它们都可以看成计数单位的"累积"，比如 5 可以看成 5 个 1 相加，0.5 可以看成 5 个 0.1 相加，$\frac{5}{7}$ 可以看成 5 个 $\frac{1}{7}$ 相加。

（二）数的运算的教学

1. 理解数的运算意义的一致性：加法是运算意义的基础

人类首先明晰了加法，然后基于加法衍生出了其他运算：减法是加法的逆运算，乘法是加法的简便运算，除法是减法的简便运算。这样就得到了四则运算。因此，所有运算都可以化归为加法运算，加法是所有运算的基础与核心。加法的意义可以用以下两种方法来解释。

（1）借助定义

例如，我们定义 $2 = 1 + 1$，$3 = 2 + 1$（皮亚诺算术公理系统），于是，得到 $1 + 1 = 2$，$2 + 1 = 3$，这利用了"＝"的对称性。但这样的解释脱离了现实背景，没有涉及"等于"的本质。

（2）利用对应的方法来解释加法，从而体现"等于"的本质

例如，$3 + 1 = 4$。过去讲 $3 + 1$ 是 3 个物品再加 1 个物品，就是 4 个物品，所以 $3 + 1 = 4$，但等号的含义没有体现出来。可以这样讲：左边有 3 个物品，右边有 4 个物品，哪边的物品多？右边多，$3 < 4$；如果在 3 个物品里再加 1 个物品，哪边多呢？一样多，所以 $3 + 1 = 4$。在此过程中理解等号和加法的意义，建立数感和符号意识，感悟数学思想。基于加法，可以将四则运算合理地联系起来。

因此，在探究数的运算意义的一致性过程中，要明晰减法、乘法、除法都是在加法的基础上衍生而来的，加法是所有运算的基础与核心。

2. 理解运算算理、算法的一致性：计数单位、运算律与等式的基本性质是算理、算法的基础

数学是一个统一体，数学运算也是一个统一体。数的建构与数的运算都是基于计数单

位进行的,却是两个互逆的过程:一个是经历了很长的历史锤炼组装起来的,一个是慢慢拆解开来的。数的概念是数的运算的基础,数的运算是对数的概念的再应用。

推演数的运算算理,既要基于计数单位,也要基于运算律、等式的基本性质。推导数的运算算法,主要基于计数单位:对于加减运算而言,只有相同计数单位上的数字才能进行运算;对于乘除运算而言(整数除法除外),计数单位与计数单位运算,计数单位上的数字与计数单位上的数字进行运算。

（1）加减法运算的一致性

① 整数加减法运算

整数加减法运算,就是将每一个数按照计数单位进行分解,然后相同计数单位上的数字相加减。例如:$123 + 45 = 100 + 20 + 3 + 40 + 5 = 1(百) + (2 + 4)(十) + (3 + 5)(个) = 168$。可以发现,计数单位上的数字均小于等于9,因而,加法口诀表是所有加减法运算的基础。

② 分数加减法运算

分数相加减时,需要先统一分数单位:同分母分数相加减,分母不变,分子相加减;异分母分数相加减,先化成同分母的分数,再相加减。可见,分数相加减,均是"相同计数单位上的数字相加减",这与整数运算保持了一致。

③ 小数加减法运算

小数四则运算的算理、算法既可以基于整数的算理、算法,也可以基于分数的算理、算法,这充分显示了小数的"两栖性"。无论基于整数加减,还是基于分数加减,均是"相同计数单位上的数字相加减"。

综上所述,加减法运算的一致性体现为:相同计数单位上的数字相加减,计数单位不变。

（2）乘法运算的一致性

探寻乘法运算的算理与算法,当然可以简单地还原成加法,这样做,乘法就找到了源头。但如果一直这样,乘法就永远是攀附在加法上的藤蔓。因而,乘法要建构自己独立的算理与算法。

① 整数乘法运算

在进行整数乘法运算时,就开始使用运算律了。例如:$25 \times 3 = 20 \times 3 + 5 \times 3 = (2 \times 3) \times (10 \times 1) + (5 \times 3) \times (1 \times 1) = 75$。首先,将25基于计数单位进行分解并利用分配律进行拆解;其次,将每一个数都基于计数单位进行分解,利用交换律、结合律,将计数单位上的数字与计数单位上的数字相乘、计数单位与计数单位相乘,得到新的数字与新的计数单位;再次,新的计数单位与新的数字相乘,得到部分积;最后,将两个部分积相加即为最终的运算结果。可见,横式将算理展示得淋漓尽致、清清楚楚。当然,就算法而言,竖式更加清晰一些。

可以发现,整数乘法运算要进行两类运算:计数单位与计数单位相乘(这两个计数单位可以一样、可以不一样),从而得到新的计数单位;计数单位上的数字与计数单位上的数字相乘,得到新的计数单位上的新的数字。计数单位上的数字均小于等于9,因而,乘法口诀表是所有乘法运算的基础。

② 分数乘法运算

基于演绎推理推演分数乘法的算理与算法,涵盖两个方面:证明单位分数相乘,本质上是计数单位相乘得到新的计数单位;证明非单位分数相乘,本质上是计数单位与计数单位相乘,计数单位上的数字与计数单位上的数字相乘。证明过程中要用到等式的基本性质。于是分数乘法运算与整数乘法运算保持了一致。

③ 小数乘法运算

基于整数乘法、分数乘法分别推演小数乘法运算的算理与算法:基于整数乘法,推演小数乘法的算理遇到困难。例如,$0.34 \times 0.2 = (0.3 + 0.04) \times 0.2 = 0.3 \times 0.2 + 0.04 \times 0.2 = (3 \times 2) \times (0.1 \times 0.1) + (4 \times 2) \times (0.01 \times 0.1) = 0.068$。可以发现,小数乘法的算法与整数乘法几乎完全一致。但为什么 $0.1 \times 0.1 = 0.01$? 简单解释就是,在十进制下,$0.1 = \frac{1}{10}$,$\frac{1}{10} \times \frac{1}{10} = \frac{1}{100} = 0.01$,还是要回到分数才能够说明白算理。基于分数乘法,推演算理就很清晰了,同样是"计数单位与计数单位相乘,计数单位上的数字与计数单位上的数字相乘"。

综上所述,乘法运算的一致性体现为:计数单位与计数单位相乘,计数单位上的数字与计数单位上的数字相乘。

(3) 除法运算的一致性

乘除法互为逆运算,除法运算的意义依赖乘法,乘法口诀就自然地成为除法口诀,因而,除法算理与算法的探求要还原为乘法。

① 整数除法运算

例如,$1\,500 \div 4$ 按照以下步骤进行运算:$15(百) \div 4 = 3(百) \cdots\cdots 3(百)$;$30(十) \div 4 = 7(十) \cdots\cdots 2(十)$;$20(个) \div 4 = 5(个)$。最后将所有的商 $3(百)$、$7(十)$ 与 $5(个)$ 组合起来,得到结果 375。被除数被分解成以不同计数单位为单位的若干个部分,上例是 $15(百)$、$30(十)$、$20(个)$ 3 个部分,这些部分分别参与运算,而除数整体参与运算。然后,这些部分分别除以除数,进行试商。每一次的商总是小于等于 9 个计数单位,又将除法运算还原成了乘法口诀表中的乘法运算。上述运算过程还可以表示为:$1\,500 \div 4 = [12(百) + 28(十) + 20(个)] \div 4 = [12(百) + 28(十) + 20(个)] \times \frac{1}{4} = 12(百) \times \frac{1}{4} + 28(十) \times \frac{1}{4} + 20(个) \times \frac{1}{4} = 3(百) + 7(十) + 5(个) = 375$。这就是整数除法的算理。当然,这个过程为了使用乘法分配律,还要使用"除以一个不为零的数等于乘这个数的倒数"。

② 分数除法运算

建立整数除法与分数的关系。"整数除法可以表示成分数的形式",这等价于"除以一个不为零的整数等于乘这个数的倒数",即 $a \div b = a \times \frac{1}{b} = \frac{a}{b}$。这个结论可以类比分数乘法算理的推导,采用演绎推理来证明。这事实上推演了分数除法的算理、推导了分数除法的算法,也建立了整数除法与分数的关系、贯通了整数与分数的运算。

除以一个不为零的数等于乘上它的倒数。基于演绎推理,同理可证

$$\frac{c}{a} \div \frac{d}{b} = \frac{c}{a} \times \frac{b}{d} = \frac{cb}{ad} :$$

$$\frac{c}{a} \div \frac{d}{b} = \frac{c}{a} \times \frac{b}{d} = \left(c \times \frac{1}{a}\right) \times \left(b \times \frac{1}{d}\right)$$

$$= \left(c \times \frac{1}{d}\right) \times \left(b \times \frac{1}{a}\right) = (c \div d) \times \left(\frac{1}{a} \div \frac{1}{b}\right) = \frac{cb}{ad}$$

这个等式之所以写得如此复杂，是想说明：其一，对于分数除法而言，其算理同样是借助演绎推理来推演的，其算法转化为了分数乘法，而分数乘法运算与整数、小数乘法运算保持了一致性；其二，$\frac{c}{a} \div \frac{d}{b} = \frac{b}{a} \times \frac{c}{d}$，这是计数单位与计数单位相除$\left(\frac{1}{a} \div \frac{1}{b}\right)$，计数单位上的数字与计数单位上的数字相除$(c \div d)$，再把所得到的两个商相乘。这再次体现出运算的一致性。

③ 小数除法运算

同小数乘法一样，可以分别基于整数除法、分数除法来推演小数除法运算的算理与算法。小数除法运算可以概括为"披着小数外衣的整数除法运算"，例如，对于$1.5 \div 0.04$，可以利用"商不变规律"将其转化成整数除法，即$1.5 \div 0.04 = 150 \div 4$，于是就可以按照整数除法的运算方法来进行小数除法运算了。小数除法是数的运算主题中较难的内容。从整数除法扩展到小数除法，基本的算理是相似的，需要重点解决的问题是当除到个位或小数的某一位不够除时，如何继续除下去。在计算整数除法时，当被除数小于除数时，不能继续除下去，结果就出现余数。学习了小数后，被除数有余数时还可以继续除，这时需要将余数化为更小的单位，商可以用小数来表示。如何使学生理解当被除数比除数小的时候怎样继续除，以及除得的商如何表示，是小数除法的重点和难点。

综上所述，除法运算的一致性体现为：计数单位与计数单位相除，计数单位上的数字与计数单位上的数字相除。当然，整数除法只有计数单位上的数字参与运算。通过分析可以发现，运算算理、算法的一致性体现为：计数单位、运算律与等式的基本性质是算理、算法的基础。

3. 数的运算的一般教学策略

《标准》中关于不同的运算对小学生的要求也不相同，一般运算要求分3个层次：会、比较熟练和熟练。会是指能够正确地进行计算，计算结果基本准确。比较熟练是指通过训练，能够计算准确，有一定的速度，能适当简化运算的某些中间环节，计算速度快，计算结果准确。熟练是指不仅计算准确、迅速，而且能够根据算理及题目的特点变通、灵活地使用运算法则。小学生是否形成了运算技能，可从其计算时表现出来的特征加以考察。

对照《标准》的理念和要求，在"数的运算"教学中要突出过程性、现实性、探索性和整合性。教学时，应以学生已有的经验为出发点，呈现给学生丰富的问题情境，重视现实问题数学化的过程，突出规律、公式、法则等的形成过程，促进学生在知识与技能、数学思考、问题解决和情感态度方面得到全面的发展。

（1）在丰富的问题情境中，体会运算的意义

① 通过模拟实际生活情境进行加减法的教学

实际生活情境对于学生理解加减法具有十分重要的基础作用，根据情境提出实际问题是学生运算概念发展的重要途径之一。研究表明，当一个数的运算与代表情境中的物体相联系时，才能在学生头脑中获得真正的意义。例如，学生在解决"小红有3支笔，妈妈又给了她2支，她现在有几支笔"的问题时，开始学生会在头脑中假设桌子上有一些笔，联想实际生活解决问题。随着学生的思维抽象水平的提高，他们对具体情境的依赖程度会有所降低，情境的呈现方式也渐渐有所改变。开始会用具体符号表示物体，还可能是线段图或者符号图。最终明确了将两部分的数量合在一起用加法，总数量中去掉一部分用减法。所以，教学时要

注意学生在头脑中思考的可能是有关情境,应尽量让学生接触多样化的加减法情境。

②通过创设本质不同的问题情境进行乘除法的教学

求几个相同加数的和用乘法计算比较简便,可见解决乘法运算的方法之一就是通过重复做加法运算,除法与减法也有类似的关系。由加减法到乘除法,小学生的数学思维产生了一次新的飞跃,他们不仅学会了运算技能,而且拓展了数学视野和应用数学的空间。例如,每本书3元,6本书多少钱? 求6个3的和用乘法计算。6×3表示6个3的和。再如:8个苹果平均分给2个小朋友,每人得几个? 利用了除法的平均分意义。8个苹果,每4个放一个盘子里,可以放几个盘子? 利用了除法的包含除的意义。另外,乘除法与某些生活情境紧密相连,学生可以绕过加减法来理解乘法。例如,1辆汽车有4个轮子,3辆汽车有几个轮子? 这里的1和4就是一种相对恒定的比例关系,每增加1辆车,即将1辆车加到车的集合中,就要将4个轮子加到轮子的集合中,这种方法与加法运算在思维方法上具有本质区别。所以教学时教师要充分为学生提供多种情境,有目的地让学生开展多种活动,使学生有机会在学习乘除法的过程中发展数感和数学思考的能力,而不是仅仅掌握运算技能。

综上可以看出,当数的运算与所代表的情境中的事物相联系时学生才能在头脑中获得真正的意义。情境可以赋予数以意义,从而使抽象的数成为具体的物体,所以在教学过程中教师需要根据学生的心理特点创设学生喜爱的情境,使学生对数的意义理解更透彻。

(2) 在操作、交流和表述中理解算理,掌握算法

①算理

算理就是计算过程中的道理,是指计算过程中的思维方式,解决为什么这样算的问题。如计算"4 + 3"时,就是根据数的组成进行演算的,4是由4个一组成的,3是由3个一组成的,所以把4个一与3个一相加得7个一,也就是7,这就是算理。算理有两层含义:一是列式的依据,即某问题为什么要用加法而不能用减法,这是根据所求问题与条件的关系确定的。如表示两部分的数量合在一起,需要用加法计算,而表示总数量中去掉一部分,则用减法计算。正因为有这些依据,从而构成了加、减、乘、除四则运算。算理是运算的依据,即每一步的运算都有其内在的道理。如计算"54 + 23",为什么4一定要与3相加? 这是因为数字符号所含的意义不同。在小学阶段一共要学习5个运算定律:加法交换律、加法结合律、乘法交换律、乘法结合律和乘法分配律。运用运算定律能保证结果的唯一性,这都是算理。

②算法

算法是进行计算的基本程序或者方法。主要是指计算的法则,就是简约了复杂的思维过程,添加了人为规定后的程式化的操作步骤,解决如何算得方便、准确的问题。如计算"34 - 5",先要列出竖式,数位对齐,个位不够减,向十位借一当十进行计算。小学数学里算法无处不在。如四则运算法则,乘法口诀,先乘除后加减,四则运算时先去小括号再去中括号,最小公倍数的求法,等等,都是重要的算法。解应用题,也是在寻找一种算法。数学中的许多问题,都可以归结为寻找算法的问题。课堂教学就是探寻算法、应用算法直到掌握法则的过程。学生做计算是基于算法,算法来自算理。所以运算教学的重点是让学生理解算理,掌握算法,逐步达到运算的熟练程度。因此,在教学时教师应以清晰的理论指导学生理解算

理,在理解算理的基础上掌握计算方法,最后形成计算技能。

　　③ 重视笔算,加强口算,重视估算

　　笔算教学是计算教学的重点,而算法是具有操作性的,即先做什么、再做什么、最后做什么。教学中要突出算法的教学。小学生仍然以直观形象思维为主,而算理、算法十分抽象,因此结合学生的思维特点处理好运算教学中算理与算法的关系,往往是教学的难点所在。学生多采用学具摆一摆等操作方式,通过自主探索、合作交流,突出计算过程(算法)的表述,明确计算的思维过程。如"42÷2"的教学,通过动手操作"将42根小棒平均分成2份",小组内交流表述出"先分整捆的,再分单根的",用算式表示分小棒的过程:42 = 40 + 2,40÷2 = 20,2÷2 = 1,20 + 1 = 21。这个过程和笔算的过程是一致的。先分整捆的,4捆平均分成2份,每份是2捆,2捆就是20,分得的2写在十位上表示2个十。还剩2根,每份1根,分得的1写在个位上。这样借助小棒的分法理解了算理,也同时明确了算法:"笔算除法,要从被除数的最高位除起;除到被除数的哪一位商就写在哪一位的上面。"

　　口算要基于小学生对数的基本性质和运算的理解。教学中除了要与实际情境相结合,还要逐步过渡为数学的语言符号,还可以请学生互相交流自己的思考和计算过程。这样,由具体实物的操作过渡到半形象、半抽象的计数器的操作,再通过学生在头脑中的表象运演和合理组织语言,使学生逐步理解口算的算理。

　　估算是一种特殊的口算。估算是在理解四舍五入和口算算理基础上学习的,在解决实际问题中利用估算的算法,对结果的合理性做出解释。例如,在购物完准备付账单前就要对所付款进行估算,这种情况下我们一般会估出所付钱款的上限,即知道自己需要准备多少钱就足够付账即可。对不同的计算对象,采用的估算策略也会有所不同,所以教学策略要随着数的认识范围的不断扩大而有所侧重和改变。

　　(3) 在多样化练习中提升运算能力

　　学生掌握了基本的算理与算法、正确的书写格式,还不能说学生有了较高的计算能力。学生计算能力的提高,要通过一定的计算实践来实现。

　　① 培养学生学习的自觉性和良好的计算习惯

　　学生要自觉地、持之以恒地练习、检查、矫正,好的计算习惯是他们学好计算知识、能够正确计算的条件。如在教学"四则混合运算"时,要求学生在练习中按照以下5步去进行:一看清,指看清题号与要求,看清有哪些运算符号,有无括号,有几种运算;二想好,想好运算顺序与运算步骤是怎样的;三勾画,勾画出运算顺序,勾画出每步要算的是什么;四仔细算;五检查与验算,查有无抄错或抄漏之处,查格式正确与否,查有无算错之处,用所学过的验算方法进行验算。

　　② 重视持之以恒的口算训练

　　口算训练能加深学生对算理与算法的理解,提高他们的计算技巧与速度。低年级的教师一般在每天课始利用3~5分钟的时间对学生进行口算训练,出题方式可以是教师出题、学生相互出题,或小组间出题,或玩传统扑克牌的24点游戏等。训练形式可以采用考试、小组竞赛,限时或计时进行训练。开始先训练视算再听算,先要求口算准确无误,再要求有一定速度。在提高学生兴趣的同时,通过有质有量的练习切实有效地提高学生的口算水平。除了小学教材中已讲过的一些口算方法外,适当介绍一些其他口算方法,如一个数乘11的"两边一拉,中间相加"法等。最后,要注意训练的合理性、科学性和针对性。

③ 重视课外练习的实效

适量的笔算练习，能使学生计算能力得以提升。练习题的设计，要做到分类型、有层次，由易到难、由简到繁。照顾到不同水平的学生，使各水平的学生都能提高自身的计算能力。教学时要求学生计算的正确性逐步提高、计算速度逐步加快。学生计算练习，从时间上分为课内练习与课外练习。具有实效的课外练习是对课内练习的一种补充，但不能加重学生的作业负担。

总之，在计算训练中，讲究练习方式方法科学合理、追求练习实效、照顾到学生的心理需求，进而让学生从中熟知运算的法则、性质及规律，逐步提高学生的运算能力。

（三）"数"与"运算"的一致性教学策略

事实上，整数、分数、小数本质上是一个整体：从数形成与发展的角度而言，整数除法运算出现不够除的情形，产生了分数，分数运算不方便，产生了小数；从数组成的角度而言，整数、分数、小数均是基于"计数单位"建构的。加减乘除本质上也是一个整体：从运算意义的角度而言，所有运算都可以还原成加法，加法是所有运算的基础；从运算算理的角度而言，分配律、交换律、结合律（下文均简称"运算律"）与等式的基本性质是所有算理的基础；从运算算法的角度而言，所有运算都可以还原成计数单位与计数单位运算（个别运算，计数单位不参与运算）、计数单位上的数字（本质上是计数单位的个数）与计数单位上的数字运算，加法口诀、乘法口诀是所有算法的基础。

明白了"数"与"运算"的一致性，抓住了统领性概念，就可以拨开笼罩在数及其运算表面的层层面纱，设计合理的教学案例，带领学生经历知识的发生发展过程，建立知识之间的联系，体会知识的本源性、一致性与整体性。

1. 基于计数单位，建立数之间的联系，感悟数的概念的一致性，培养数感和符号意识

建立数之间的联系，就要以计数单位为核心要素来统领数的概念。感悟数的概念的本质，就要带领学生经历由数量到数、由整数到分数再到小数的形成过程。这个过程是知识的发生发展过程，也是数学化的过程。学生经历了这个过程，才能够体会知识的本源性与一致性。

具体来说，就是要带领学生体验计数单位在数的建构中的统领作用，理解数是计数单位多少的表达，感悟"十进位值制"的意义。为了简洁、有效地记数，人类经历了漫长的过程：从非进位制到进位制，从非位值制到位值制，这说的是记数的原则；从实物记数到刻痕记数，从许多个符号到 10 个符号，这说的是记数的符号。在记数过程中，运算律被自然而然地使用着，计数单位发挥着统领作用，这些很容易迁移、推广到分数与小数，这就建立了整数、分数与小数的一致性。正是在这样的过程中，培养了学生的数感与符号意识。

2. 基于运算律、等式的基本性质与计数单位，建立数与运算之间的联系，体会数的运算的一致性，提高运算能力和推理意识

建立数与运算之间的联系、体会数的运算的本质，就要带领学生体会计数单位在数的运算中的统领作用，经历运算意义、算理和算法的探索过程。具体说来包括以下 4 点。其一，要建立"数"与"运算"之间的联系，理解"数的概念是数的运算的基础，数的运算是数的概念的再应用"，体会数的表达与运算方法的一致性。正如前文所说，数的概念是基于计数单位把数组装起来，数的运算是基于计数单位把数拆解开来。其二，要引导学生探索、理解加、減、乘、除运算意义之间的联系,体会所有运算都可以还原为加法,加法运算是所有运算的基础。其三,要引导学生探索、理解所有运算的算理均来自运算律与等式的基本性质,算理的推演既可以通过一个一个算式归纳得到,也可以通过演绎推理得到,而这恰恰是培养学生演绎推理意识的好素材、好机会。其四,要带领学生体会、感悟所有运算的算法均基于计数单位。与此同时,还要引导学生明白,算理是算法的因,算法是算理的果。通过以上过程,培养学生的运算能力和推理意识。

当然,引导学生体会到上述两个一致性,不可急于求成,而要静待花开。我们要整体设计教学,在数的认识、数的运算的每一节课中贯彻上述思想,更要在单元学习结束的时候,在所有数的概念与运算学习结束的时候,进行融会贯通的复习,实现算理贯通、算法统整。

3. 学会用整体的、联系的、发展的眼光看问题,形成科学的思维习惯,发展数学核心素养

在感悟数的概念的一致性的过程中,培养学生的数感和符号意识,这两者均直接指向学生抽象素养的培养:数感是形成抽象能力的经验基础,符号意识是形成抽象能力和推理意识的经验基础。在体会数的运算的一致性的过程中,在推演算理、推导算法的过程中,提高学生的运算能力和推理意识(尤其是演绎推理意识),这些能力均是重要的数学核心素养。

也正是在感悟上述两个一致性的过程中,学生学会了用整体的、联系的、发展的眼光看数学、想问题,形成了理性思维、科学精神。

为了达成上述目标,教师要重视对教学内容的整体分析,深化对数学知识本质的理解,提炼能建立数学知识间的结构与联系、发挥核心作用的数学概念,由此建构数学单元学习主题统整下的脉络清晰、条理分明、相互联系的数学知识体系,进而引导学生体会不同数学知识之间数学学习方法的一致性和可迁移性,帮助学生学会用整体的、联系的、发展的眼光看问题,形成科学的思维习惯,发展数学核心素养。

三、数与运算的教学步骤

数与运算的教学步骤视内容的不同而不同。一般数的认识课,要经历"创设情境(或复习旧知)、导入新课、学习新知、练习巩固"这样 4 个阶段。一般数的运算课,根据技能形成的过程,要经历"创设情境(或复习旧知)、理解算理、厘清算法、练习巩固"这样 4 个阶段。下面介绍一个案例"认识 11～20 各数",可以清楚地看出数的认识的一般教学步骤。

案例:苏教版《数学》一年级上册"认识 11～20 各数"(教材见图 6-3)①

教学过程:

(一)从"十"开始

1. 借助计数故事,感受"十"

我们已经认识了 10 以内的数,你知道古人是怎样计数的吗? 我们来听一个故事:古时候,牧羊人为了管理羊群,羊圈门口每出来一只羊,他就在地上摆一块小石子,当摆到10 块小石子的时候,就换成一块大石子(见图 6-4)。这块大石子表示几?

① 徐丹丹,汤雪峰.抓整体构建,促智慧生成——"认识 11～20 各数"教学设计与评析[J].小学数学教师,2018(7-8):56-59.(有删改)

认识 11～20 各数

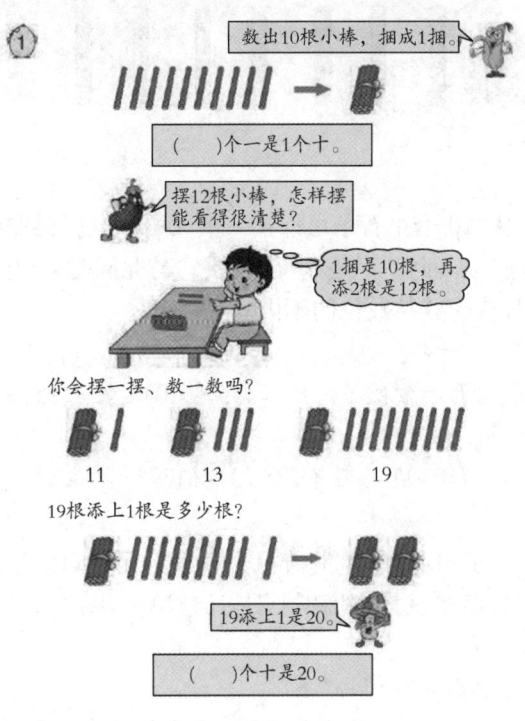

图 6-3

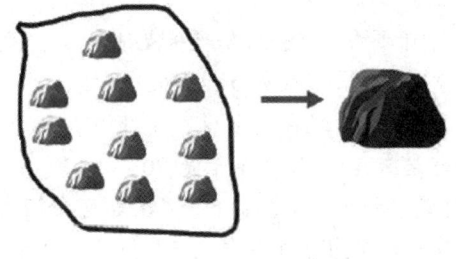

图 6-4

后来,古人又想到在石板、骨头或木头上刻杠计数的方法,如果刻一道杠表示1,那么两道杠就表示2。想一想,10该怎么表示? 有了10道杠,怎么办?

【设计意图】 "十进制"计数法的产生与人类身体的构造特点、古人的生活环境有着密切的联系。通过这部分内容的教学,让学生感悟"十进制"源于生活,应用于生活,是人类的一种自然选择。

2. 通过操作小棒,理解"十"

今天我们要学习认数,但不方便将石子或木板带进课堂,那我们就用小棒来表示。你觉得可以怎样用小棒清楚地表示 10? 请你拿出小棒表示 10(学生操作,教师反馈)。

有的同学一根一根地数,这是几根? 是由几个一组成的? 有的同学将 10 根小棒捆成一捆,变成了"1捆",1捆是1个十(见图6-5)。两种方法数出的小棒根数都是10(板书:10个一就是1个十),怎么拿更方便?

图6-5

【设计意图】　学生从"10个小石子可以换一个大石子"迁移到"把10根小棒捆成1捆"。借助小棒的操作,学生进一步理解"十进制"的特质。与此同时,学生在放小棒的操作活动中体验了数的"合"与"分",感受数与数位的不同。

3. 联系生活实际,体验"十"

有了这个"十",生活就更加方便了。比如,铅笔10支装一盒、餐巾纸10包装一袋、羽毛球10个装一筒等。

古人用1块大石子表示10块小石子,今天我们用一捆表示10根小棒,看来,"以一当十"计数更方便!

【设计意图】　从小石子想起,学生沿着祖先智慧的足迹,回到现实生活,通过身边的一捆、一袋、一桶感受"十"的存在,初步理解"十"是计数单位,感受十个十个数的优越性。

(二)从"十"数起

1. 借助小棒,深入理解数的"分"与"合"

①　下面进行"拿小棒"游戏,规则是老师报数,你们就拿出相对应的小棒根数,看谁拿得又快又好。(11根小棒)你是怎么拿的? 比一比,哪一种拿的方法能很清楚地看出是11根?

小结:通常我们先拿1个十再拿1个一,合起来是11。

(13根小棒)你是怎么拿的? 对,一捆加3根就是13根。

(19根小棒)会拿吗? 再添1根,现在是多少? 是几捆? 几个十? (板书:2个十是20。)

小结:1个十和几个一合起来是十几,2个十是20。

②　(出示11根小棒)这是多少? 对,是11,"十"在哪里? 12中的"十"在哪里?

小结:人类真聪明,用两个数字组合在一起表示"十几",更简洁了! 会接着读吗? (11~20)小棒和数字发生了什么变化?

小结:同学们观察得真仔细,通过比较发现数的变化,比较是学习数学的好方法。

2. 联系生活,体验"十"的价值

①　"十"在生活中作用可真大。如果给你两捆小棒,你会拿18根小棒吗? 怎么拿? 为什么不一根一根地拿?

小结:十个十个地数真方便,帮助我们认识了11~20各数。(板书课题)

②　一起来大声读一读生活中的数(见图6-6)。你在哪里见过这些数?

③　徐老师买了一些草莓,先猜一猜有多少个(见图6-7)? 究竟有多少个,我们来数一数。满十个了怎么办? 圈外还有几个? 圈起来就能很清楚地看出是十几个。小伞的把数也来数一数吧。

图 6-6

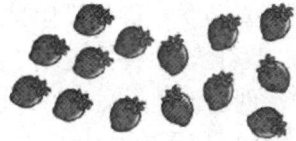 

图 6-7

小结:十的作用真大,帮助我们方便简捷地数出物体的个数。

【设计意图】 在理解计数单位"十"的基础上,引导学生通过观察、操作和思考,认识 11～20 各数的组成。先以 11,13,14,19 为例,让学生初步感知这些数是由 1 个十和几个一组成的,然后让学生自主操作,进一步探究 11～20 各数的组成。在认识 18,19 的基础上巧妙地引出 20,进一步联系计数单位"十"的概念,理解 20 的组成,并进行适当拓展。

(三)关于"十",还能想到什么?

问题一:1 块小石子表示几? 这块大石子呢? 现在呢?(出示 10 块大石子,见图 6-8)这时候该怎么办?(换更大的石头)

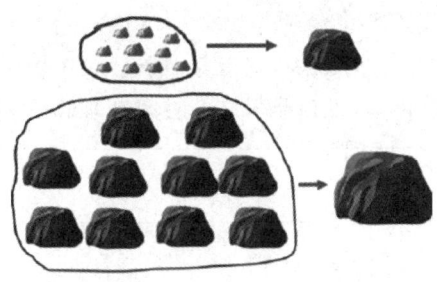

图 6-8

问题二:这是多少根小棒?(1 捆)10 捆小棒该怎么办呢?(见图 6-9)

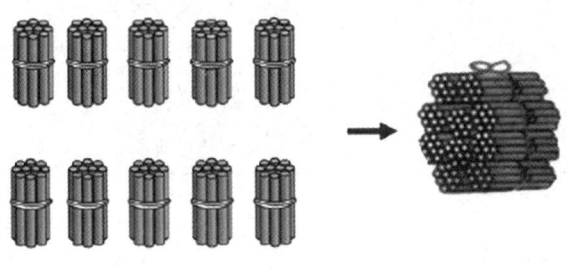

图 6-9

（四）小结

今天学习的"以一当十"，是我们将来学习更大数的基础！

【设计意图】 从小石子、小棒走出来，再次回到小石子和小棒，引申到比 20 更大的数。学生在教师的引领下感受数字符号的发明是人类的伟大创造，实现智慧的超越。

"两位数乘一位数"的教学

总评：这节课从学生已有生活经验、认知基础出发，借助操作体验，使学生对"十"形成了相对完整的认知结构。教师首先立足于学生的学情，以学生已有的知识基础作为新知识的生长点，成就学生的思考。从古至今，从看到做，把计数单位"十"讲得非常到位。其次，教师组织操作问题，唤起学生的操作热情和探究欲望。在观察比较中找一找"十"在哪里；在变与不变中初步感知数位及顺序、大小，感悟用数字推动及创造人类的文明。最后，让学生感知"满十进一"，2 个十是 20，再引申下去，10 个"十"是多少？先看 10 块大石子聚在一起变成多少，再引导学生想象 10 捆小棒捆在一起又变成多少。这 1 块大大的石子、1 大捆小棒就是新的计数单位"百"的雏形。既体现了分与合的思想，也为后续的学习作了延伸和铺垫，体现了数学学习的整体性和系统性。

真题链接

1.（2016 年下半年教资考试真题）根据一年级上册教材"比一比"（教材见图 3-16）回答：依据拟定的教学目标，设计课堂教学的主要教学环节并简要说明理由。（20 分）

答案解析

2.（2014 年上半年教资考试真题）简述题：

（1）根据人教版三年级下册教材"口算乘法"（例 1：300×10；例 2：300×30）回答：什么是运算能力？如何发展学生的运算能力？（10 分）

（2）指导中年段小学生学习，试拟定教学目标。（10 分）

（3）依据拟定的教学目标，设计导入环节并说明理由。（20 分）

习题一

1. 仔细阅读小学数学教材"分数的初步认识"，先拟定教学目标，再设计课堂教学的主要环节并简要说明理由。

2. 根据教材"两位数减一位数的退位减法"，分析教材并说明是如何让小学生理解算理、创造"算法"的。

3. 阅读小学数学教材"分数乘整数"，先拟定教学目标，再设计课堂教学的主要环节并简要说明理由。

第二节 数量关系的教学

数学是研究数量关系和空间形式的科学,数与运算是将数量抽象为数,并以数为对象进行计算。"数量关系"主要是用符号(包括数)或含有符号的式子表达数量之间的关系或规律。数量关系以现实世界种种现象中的数量及其关系为研究对象。数量之间存在各种不同类型的关系:如大小关系、顺序关系、相等关系、包含关系等。数量之间的相等关系与不等关系是数量关系的主要表现形式。小学阶段的数量关系主要涉及数量之间的相等,如加法模型、乘法模型、四则运算意义、运算律、正比例关系等都是表达数量之间的相等关系。小学生经历在具体情境中运用数量关系解决问题的过程,感悟加法模型和乘法模型的意义,可以提高发现和提出问题、分析和解决问题的能力,形成模型意识和初步的应用意识。

一、数量关系的主要内容

"数量关系"重点在于用数和符号对实际情境中数量之间的关系和规律进行表达,重在用数学模型解决问题。

(一)数量关系的主要内容

"数量关系"主题包含用四则运算的意义解决实际问题,理解常见的数量关系并用以解决问题,从数量关系的角度理解字母表示关系和规律、比和比例等内容。具体内容如下:

① 运用数和数的运算解决生活中的简单问题,并探索规律。

② 结合具体情境,选择合适的单位进行估算,体会估算在生活当中的应用。

③ 用计算器进行计算,解决实际问题,探索规律。

④ 认识常见数量关系,如总量 = 分量 + 分量,总价 = 单价 × 数量,路程 = 速度 × 时间;能利用这些关系解决简单的实际问题;能运用常见的数量关系解决实际问题,能合理解释结果的实际意义。

⑤ 能在具体情境中了解等量的等量相等,能根据具体情境理解等式的基本性质。

⑥ 在具体情境中,探索用字母表示事物的关系、性质和规律的方法,感悟用字母表示的一般性。

⑦ 在实际情境中理解比和比例以及按比例分配的含义,能解决简单的问题。

⑧ 通过具体情境,认识成正比的量(如 $\frac{y}{x} = 5$);能探索规律或变化趋势(如 $y = 5x$)。

(二)数量关系的主要内容分析

1. 数量关系的结构特征

"数量关系"主题主要包括以下 4 个方面的内容。

(1)常见的数量关系:加法模型和乘法模型

加法模型,即总量 = 分量 + 分量,表示将一个数量作为整体,这个整体由两个部分合并组成,两个部分还可以扩展为更多的部分。加法模型的变式可以写成:分量 = 总量 − 分量。

乘法模型,即总价＝单价×数量,表示一个数量与另一个数量的倍数关系,也可以看作特殊的加法模型（相同加数的和）,"路程＝速度×时间"也是一种乘法模型。乘法模型的变式可以写成:单价＝总价÷数量,数量＝总价÷单价,速度＝路程÷时间,时间＝路程÷速度。在解决问题时,学生需要从理解问题的情境出发分析其中的数量关系,进而分析问题和解决问题。

（2）运用四则运算的意义解决问题

加、减、乘、除四则运算的意义是进行数的运算的依据,也是学生分析数量关系、解决问题的基础。从一年级学习加减法开始,学生逐步认识四则运算及其关系,并将其用于分析实际情况中的数量关系,随着学习内容的扩展,逐步将四则运算与加法模型和乘法模型建立联系。

（3）字母表示关系或规律

字母表示既是数的进一步抽象,又可将数量关系进行一般化表达。加法模型和乘法模型,以及运算律、计算公式等都可以用字母表示。通过这种表示,可以实现由已知数求未知数的目的。例如,平行四边形的面积公式是 $S = a \times h$,已知面积是 350 cm²,高是 50 cm,底是多少? 可以写成 $350 = a \times 50$。$a = 350 \div 50$,得到底边长是 7 cm。

（4）比和比例

比是对两个数量的倍数关系的表达,也可以用乘法模型来理解,也是一种数量关系。小学阶段只涉及成正比的量,即 $\dfrac{y}{x} = k$ 这样的关系,也可以表示为 $y = kx$。

2. 数量关系的核心概念

（1）加法模型和乘法模型

加法模型和乘法模型是《标准》设计的两类常见的数量关系,包括:总量＝分量＋分量,总价＝单价×数量,路程＝速度×时间。"数量关系"主题重在解决实际问题,解决问题的关键在于分析问题情境中的数量关系,获得一个解决方法（小学阶段多数情况是列出解决问题的算式）。小学数学中的大多数问题都可以利用上述 3 个数量关系及其变式或组合加以分析和解决。例如,一本书 60 页,看了它的 $\dfrac{1}{3}$,还剩多少页? 全书的页数－看了的页数＝剩下的页数（加法模型变式）,看了的页数＝全书的页数×$\dfrac{1}{3}$（乘法模型）,最后得出算式 $60 - 60 \times \dfrac{1}{3}$。建立加法模型和乘法模型,并将其与四则运算的意义联系,可以解决大部分实际问题。

（2）相等

相等是"数与运算""数量关系"两个主题共同的核心概念。在运用模型解决问题时,基本的思路就是寻找数量之间的相等关系。

（3）比

比是一种特殊的数量关系,是两个数量倍数关系的表达。这里的数量与一般问题中的数量不同,常规问题中的数量是常量,比中的数量是一个变量。例如,旗子的长和宽的比是 6∶4,不代表长和宽一定是 6 m 和 4 m,只要长和宽的比是 6∶4 就可以。

教学案例

数量关系的
关键内容

二、数量关系的教学策略

《标准》针对不同学段"数量关系"主题的具体内容给出了比较明确的教学提示。实际教学时要从整体的视角对具体内容进行分析,关注与具体内容相关的核心概念,提炼其中蕴含的核心素养,结合不同学段学生的基础和心理发展特征,选择有针对性的问题情境,设计引发学生思考、促进数量关系理解和运用的教学活动。将数量关系内容的学习与学生问题解决能力紧密联系,让学生在真实情境中发现问题、提出问题,运用数学和其他学科的知识与方法分析问题、解决问题,发展学生的模型意识、应用意识和创新意识。下面结合"加减法认识",简要说明数量关系教学应注重的问题。

《标准》链接

《标准》对"数量关系"的内容要求

1. 整体分析内容,关注核心概念

一年级的加减法认识既是学生学习计算的开始,也是学生理解和运用数量关系解决问题的开始。通过对加减法意义的初步理解,学生体会运用数量关系解决问题的过程,也为以后进一步认识加法模型打下基础。学生从数的认识就开始了解数的大小关系,并从数数的过程中感悟一个数后面再增加一个数就变大,这都为学生理解加减法的意义做了准备。对单元整体的理解包括数和运算两个方面的内容,其核心概念有数的符号表达(单一符号)和加法模型。

《标准》链接

《标准》对"数量关系"的学业要求

2. 确定教学目标,指向核心素养

这一内容所在单元一般是数与运算的整合,因此单元目标体现数的抽象和加减法的意义两个重点。与加减法认识相关的目标是:理解加减法的意义,为建立加法模型打基础,发展符号意识,形成初步的模型意识和应用意识等。

3. 设计教学活动,引发深度学习

《标准》关于加减法认识的教学提示要求"通过具体操作活动,利用对应的方法理解加法的意义,感悟减法是加法的逆运算,创设简单的情境,提出合适的问题,引导学生发现数量关系;利用画图、实物操作等方法,引导学生用学过的知识表达情境中的数量关系,体会几何直观,形成初步的应用意识"。在教学中,教师可以用学生感兴趣的气球作为简单情境,呈现把3个红气球和1个绿气球合并起来的过程,这样的过程用3+1=4表示。然后呈现把4个气球放走1个的过程,这个过程用4-1=3表示。通过这样的情境和表达方式,使学生体会气球合与分的过程,初步感知算式的意义,初步理解算式表达的数量关系。接下来通过说一说、画一画、摆一摆等活动,让学生在解决具体问题的过程中,应用几何直观理解加减法的意义,体会解决问题的道理,解释计算结果的实际意义。从认识加减法的一开始就打通加减法的关系,让学生在初步认识加减法的同时,有意识地初步了解加法模型及其变式,理解运算意义之间的关系,为以后进一步学习奠定基础。

《标准》链接

《标准》对"数量关系"的教学提示

案例:"加法、减法的认识"①,用以说明数量关系的教学策略

(一)创设简单的情境,提出合适的问题,引导学生发现数量关系

片段1:说一说——感悟加减法的意义

① 初步认识加法。

师:(出示小丑图6-10,指着图引导学生)同学们,仔细看图,从图中你知道了什么?

---

① 马云鹏,吴正宪,等.《义务教育数学课程标准(2022年版)》案例式解读(小学)[M].上海:华东师范大学出版社,2022:73+80.(有删改)

生：我发现，小丑一只手里拿着 3 个红气球，另一只手里拿着 1 个绿气球。

师：同学们观察得真仔细，说得也特清楚。仔细看，接下来，发生了什么呢？

（教师借助动画演示：小丑把两只手里的气球合并在一起）

生：我看到小丑把 3 个红气球和 1 个绿气球合起来了。

师：真好，说得又清楚又完整。大家也像他这样说一说，然后同桌之间互相说一说。

图 6-10

（学生在说一说的过程中，初步理解了情境图的意思）

师：你能用手势表示一下吗？（强调合并用加法表示）（板书：3＋1＝4）

师：谁来说说 1,3,4 分别表示什么？为什么用加法？谁能结合情境说一说 4 的含义？

② 初步认识减法。

师：看看（图 6-11）又发生了什么？

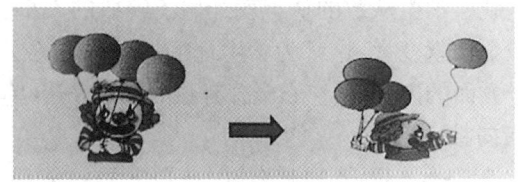

图 6-11

生：小丑放飞了 1 个绿气球，最后手里就剩 3 个红气球了。

师：能用手势表示吗？（从总量中去掉 1，用减法表示）（板书：4－1＝3）

师：谁来说说 4,1,3 分别表示什么？为什么用减法？谁能结合情境说一说 1 的含义？

【设计意图】 本环节呈现了小丑拿气球的图，通过让学生用算式来表示气球合与分的过程，使学生初步感知算式的意义，初步理解算式表达的数量关系，让学生基于"合并"和"去掉"的意义来理解加、减法运算，在解释计算结果的实际意义中感悟结果的意义。

（二）利用画图方法，引导学生用学过的知识表达情境中的数量关系，体会几何直观，形成初步的应用意识

片段 2：画一画——理解加、减法的意义

师：我们再整体观察这两幅图（图 6-10、图 6-11），大家用自己喜欢的方式把这件事记录下来。

（学生静静地思考着，记录着。随后，教师组织学生交流不同的记录方式）

生：我是用文字记录的。左边的 3 个红气球和右边的 1 个绿气球合起来是 4 个气球，放飞 1 个绿气球，还剩 3 个红气球。

生：我先画了 3 个气球（图 6-12），又画了 1 个气球，画个圈表示合起来；又画了 4 个气球，上面的那个表示飞走了 1 个气球，还剩 3 个气球。

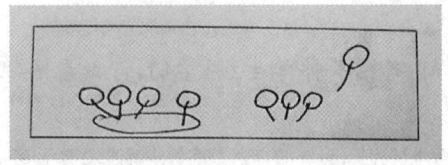

图 6-12

生：我也用画图的方法来记录的。我用一个圆代表1个气球(图6-13)，左边的图表示把3个气球和1个气球合起来是4个气球，右边的图表示从4个气球里飞走了1个气球，飞走的我用虚线来表示。

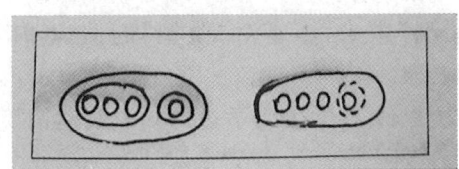

图 6-13

师：同学们既可以画实物图，也可以用图形、文字来记录。

师：再来看看这种想法，谁看懂了？

生：我看懂了第一个算式(3＋1＝4)，(边指边说)这里的3表示左边的3个气球，1表示右边的1个气球，这里的4表示合起来一共是4个气球。

师：理解得特别好，这就是我们要认识的新朋友——加法。3＋1＝4是个加法算式。(指着算式中的"＋")这是加号，表示合起来。这个算式读作：3加1等于4。

师：就像这位同学说的，3＋1＝4表示把3个气球和1个气球合起来是4个气球。我们一起来读读这个算式，再说说算式的意思。

生：我看懂了第二个算式(4－1＝3)，(边指边说)4表示一共有4个气球，1表示飞走了1个气球，3表示还剩3个气球。

师：说得很清楚，这里藏着我们要认识的另一个新朋友——减法。4－1＝3是一个减法算式。(指着算式中的"－")，这是减号，表示飞走、去掉。这个算式读作：4减1等于3。这个算式表示4个气球飞走1个气球，还剩3个气球。我们一起来读读这个算式，再说说算式的意思。

师：3＋1＝4，4－1＝3，这两个算式可以讲小丑和气球的故事。想一想，这两个算式还可以讲其他故事吗？

师：谁来试着讲一个3＋1＝4的故事？

生：我有3支铅笔，小红有1支铅笔，我俩一共有4支铅笔，可以用3＋1＝4来表示。

生：鱼缸里有3条黑金鱼和1条红金鱼，合起来是4条金鱼，可以用3＋1＝4来表示。

师：为什么这些故事都能用3＋1＝4来表示呢？

生：因为都是把3个和1个合起来。

生：只要把3个和1个合起来，就可以用加法3＋1＝4来表示。

师：谁来试着讲一个4－1＝3的故事？

生：树上原来有4只小鸟，飞走了1只，还剩3只小鸟，可以用4－1＝3来表示。

生：妈妈买了4瓶酸奶，我喝了1瓶，还剩3瓶酸奶，可以用4－1＝3来表示。

师：想一想，为什么这些故事都能用4－1＝3来表示呢？

生：我发现同学们讲的故事都是从4个里面去掉1个。和加法一样，只要是从4个里去掉1个，就可以用减法4－1＝3来表示。

【设计意图】　本环节通过让学生画一画,整体感知图形的变化,理解加、减法的意义,抽象加、减法算式。从"总量＝分量＋分量"关联到"分量＝总量－分量",在教学中不仅理解了运算的意义,还初步理解参与运算的总量与分量这两个对象的关系,初步感悟加法模型,让学生理解"求减数的实际问题"都是求"分量"的实际问题,把减法计算的实际问题都纳入"加法模型"中来,丰富对"模型"的认识,使学生对"加法模型"建立初步感知。

（三）利用实物操作等方法,引导学生用学过的知识表达情境中的数量关系,体会几何直观,形成初步的应用意识

片段3:摆一摆——感受加、减法的关系

师:认识了新朋友加法和减法,你能试着用小棒摆出下列图示吗? 摆完后说说它的意思。（学生用小棒认真摆着,说着）

生:我在左边摆出3根小棒（图6-14）,在右边摆出1根小棒,合起来是4根小棒。

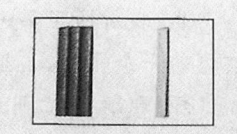

图6-14

师:你能用算式表示吗?

生:3＋1＝4。

生:1＋3＝4。

师:怎么列出了两道算式?

生:我从左边看,左边有3根小棒,右边有1根小棒,列式3＋1＝4。

生:我从右边看,右边有1根小棒,左边有3根小棒,列式1＋3＝4。

师:在摆小棒的过程中,同学们有哪些新发现?

生:我发现可以从左边看,也可以从右边看,这样就列出两道算式。

生:我发现3根小棒和1根小棒合起来,既可以用3＋1＝4表示,也可以用1＋3＝4表示。

师:看来观察的角度不同,我们就可以列出不同的两道算式。你还能观察这张图列一下减法算式吗?

生:从4根小棒里去掉1根小棒,还剩3根小棒,可以用4－1＝3表示。

生:从4根小棒里去掉3根小棒,还剩1根小棒,可以用4－3＝1表示。

师:仔细观察黑板上的4个算式,你又有哪些新的发现?

（板书:1＋3＝4　4－1＝3

　　　　3＋1＝4　4－3＝1）

生:我发现,加法和减法是反过来的。加法是把两个部分合起来,减法是去掉一部分。加、减法正好相反。

生:加、减法是有关系的。我发现,1是一个部分,3是一个部分,合起来就是4这个整体。从4这个整体里,去掉3这个部分,就是1这个部分;去掉1这个部分,就是3这个部分。

生:我根据加法,可以想到减法;根据减法,也能想到加法。

师:你能试着说一说3,1和4这三个数之间有什么关系吗?（根据学生说的完善板书）

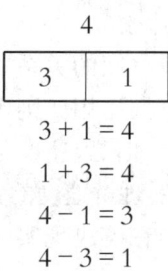

$$3 + 1 = 4$$
$$1 + 3 = 4$$
$$4 - 1 = 3$$
$$4 - 3 = 1$$

师：同学们说得真好！加、减就像一对形影不离的好朋友。

【设计意图】 本环节通过放手让学生动手画画，整体把握问题的结构，形成对问题的结构化认识。在学习的过程中，教师不仅让学生继续深入理解加、减法的意义，同时深入理解3个量之间的关系，帮助学生整体构建加、减法的关系，感受加中有减、减中有加，培养学生初步的模型意识和应用意识。

（四）能在解决问题的过程中，体会解决问题的道理，解释计算结果的实际意义，感悟数学与现实世界的关联，形成初步的模型意识、几何直观和应用意识

片段4：讲故事——初步感悟加法模型

师：同学们一起认识了加法和减法，其实生活中还藏着很多加法和减法的故事。你能用3 + 2 = 5这个加法算式讲一个数学小故事吗？（根据学生的故事板书）

师：大家讲的故事不同，为什么都能用3 + 2 = 5这个加法算式表示呢？你能讲个减法的故事吗？

【设计意图】 本环节中，学生的一幅幅真实可爱的作品，诠释着他们用数学的眼光观察世界的美妙，验证了学生对于加、减法的理解。把两个小长方形合起来就是一个大长方形，小长方形是大长方形的两个部分。运用长方形来表示"合并"的过程，再通过讲故事列举出生活中类似的情境，既丰富了长方形图的现实意义，又借助长方形图加深了学生对现实生活中"合并"意义的理解，使学生初步感悟分量加分量等于总量这一加法模型。

总之，本案例通过说一说、画一画、摆一摆等活动，让学生在解决具体问题中，应用几何直观理解加、减法的意义，体会解决问题的道理，解释计算结果的实际意义。从开始认识加、减法时就沟通加、减的关系，有意识地从加、减法的初步认识时就进行铺垫，使学生感受减法是加法的逆运算，不仅要分别理解加、减的运算意义，还要理解运算意义之间的关系，为数量关系的学习奠定基础。在教学中重视从动态操作表示题目意思变成用静态图形来呈现表达，引导学生发现参与运算对象与运算结果之间的关系，加深对"分量"与"总量"之间关系的认识。让学生学会基于简单的模型把握复杂问题的结构，理解复杂问题常常对应着简单的数学模型，从而培养学生的问题解决能力，发展学生的思维，让学生积累解决问题的经验。

三、数量关系的教学步骤

数量关系的教学步骤视内容的不同而不同。一般的课，要经历"创设情境（或复习旧知）理解情境含义，认识数量关系建立模型，利用数量关系的模型解决问题，练习巩固"这样4个阶段。下面呈现一个案例"路程 = 速度×时间"，可以清楚地看出数量关系的一般教学步骤。

案例："路程＝速度×时间"的教学片段①

本节课的"速度、时间、路程"3 个量之间的关系，是乘法的模型之一，与"单价、数量、总价"是两类基本的数量关系，是在学生掌握运用四则运算意义解决问题的基础上，进一步学习数量关系，为解决实际问题打下基础。但是，速度是一个比较抽象的概念，是路程和时间的比。本课的教学重点是借助现实情境，理解速度的含义，进而掌握速度、时间、路程之间的数量关系，并能解决生活中的实际问题；在解决现实问题的过程中，进一步体会"模型"的价值，形成模型意识和应用意识。

本案例强调"在真实的情境中，发现常见数量关系，合理利用常见数量关系解决问题"。怎样使学生发现和理解路程＝速度×时间，并运用这个数量关系解决问题？以速度作为突破口是一种容易理解的方式。速度是一个较为抽象的概念，路程是具体的、直观的，时间也是学生已经了解的概念。当路程一定时，比时间就能知道谁快谁慢；当时间一定时，比路程也可以解决快慢的问题；而当路程和时间都不相同时，比什么？比的是单位时间内所走的路程。也就是具体情境中体会速度是一把尺子，一把刻画"快慢"的尺子，而这把尺子既和路程有关系，也和时间有关系。

教学过程：

（一）创设情境——看谁跑得快？寻找比较快慢的尺子

师：请大家看小视频，你看到了什么？有什么发现？

生 1：我看到了 3 个小朋友赛跑，小军第一个冲向终点，小明第二个，小利第三个。

生 2：小军 8.2 秒，小明 8.4 秒，小利 8.5 秒，所以小军最快，小利最慢。

师：你所说的快和慢指的是什么？

生 2：快慢是指他们的速度。

生 3：同样的距离，谁用的时间短谁就快，谁用的时间长谁就慢。

师：你的感觉真好！快慢就可以用速度来体现。还有一件事，小红和小芳从家到学校，小红用了 3 分钟，小芳用了 10 分钟，谁快谁慢呢？

生 4：我认为小红快，小红用的时间短。

生 5：我不同意，小红和小芳从家到学校的路程一样吗？要是一样的话，就是小红快。可要是路程不一样呢？

师：我听出来了，路程一样，比时间能比出快慢。路程不一样，只看时间就不行了。你们想要点什么信息？

生 6：我想知道小红和小芳从家到学校的距离。

师：速度的快慢不是一个因素——时间能决定的，还要看路程的远近。时间和路程两个因素才能决定速度。你想要小红和小芳到学校的路程，请看表 6-2 中的信息，你能知道小红和小芳谁快吗？

① 马云鹏，吴正宪，等.《义务教育数学课程标准（2022 年版）》案例式解读（小学）[M].上海：华东师范大学出版社，2022：73＋80.（有删改）

表 6-2　小红和小芳从家到学校的时间与路程

学生姓名	时间	路程
小红	3 分钟	200 米
小芳	10 分钟	800 米

师：请你们自己写一写，画一画。

生 1：$800 \div 200 = 4$，$3 \times 4 = 12$ 分钟，$12 > 10$，小红比小芳慢。

师：谁看懂了她的想法？

生 2：我看懂了，这相当于 800 米步行，假设小红也走 800 米，需要多长时间。800 是 200 的 4 倍，步行的时间就是 3 的 4 倍，路程一样比时间，谁用时少谁就快，所以小芳比小红快。

师：小红和小芳步行从家到学校，路程不一样，时间也不一样，把不一样的路程转化成相同的，比时间就能知道快慢了。

生 3：我有问题，200 米和 800 米路程恰好是倍数关系，它们要不是倍数关系，用这种方法就不好比较了。那该怎么办呢？

师：好问题！会提问题就是会学习的表现，请看作品 2，你看懂了吗？看懂了什么？

[小红 $200 \div 3 \approx 67$（米）；小芳 $800 \div 10 = 80$（米），$80 > 67$，所以小芳快]

生 4：先求小红和小芳每分钟步行多少米，接着通过比较两个人每分钟步行多少米，就能得出小芳比小红快。

师：我们可以把每分钟步行 67 米，写成 67 米/分，把每分钟步行 80 米，写成 80 米/分。这样就更清楚地说明速度和路程、时间两个量有关系。作品 2 是通过什么来比快慢的？

生 5：通过比每分钟走多少米来比快慢的，也就是通过求出速度就知道快慢了。

师：速度是什么呢？

生 6：速度就是衡量谁快谁慢的，我们平时说的快慢就是速度。

生 7：速度就是 1 分钟走几米。

师：这样比快慢公平吗？

生 8：这样比公平，都是求 1 分钟走多远。

师：速度就是一把公平的尺子，可以比出谁快谁慢。你们是怎么找到这把公平的尺子的？

生 8：速度 = 路程 ÷ 时间。

【设计意图】《标准》要求："在具体情境中，认识常见数量关系：路程 = 速度 × 时间，能利用这一数量关系解决简单的实际问题。"记住这个数量关系容易，更重要的是理解这一数量关系，而建立"速度"概念是理解这一数量关系的关键。速度是一个复合概念，和时间、路程都有关系。片段中以谁跑得快为核心问题，利用儿童在体育课中跑步的经验和儿童上学的真实情境，一方面学生能够感受到数学来源于生活；另一方面，能对接学生关于"跑得快"的经验，开展"速度、时间、路程"之间关系的讨论。把不容易理解的速度可视化，让儿童在感知的基础上理解，把抽象的"速度"概念看作一个标准、一把尺子，一把比快慢的公平标尺。

（二）深入分析数量关系，建立模型——深入理解速度概念

师：观光巴士 3 小时行驶 210 千米，小轿车 4 小时行驶 320 千米，这两辆车，哪辆车的速度快呢？

生 1：我画图解决的，想知道哪辆车的速度快，就得先求每小时行多少千米。3 小时行驶 210 千米，就是把 210 千米平均分成 3 份，每小时行多少路程就是速度。

生 2：我的算式：$210 \div 3 = 70$（千米/时）；$320 \div 4 = 80$（千米/时）。70 千米/时＜80 千米/时，所以小轿车的速度快。

师：你们对速度又有什么新的认识？

生 3：速度可以是每分钟行多少米，也可以是每小时行多少千米，还可以是每秒行多少米。

师：每小时、每分钟、每秒行的路程叫速度。

师：你怎样检验这个题目做对了呢？

生 3：我用速度×时间＝路程，也就是 $70 \times 3 = 210$（千米），$80 \times 4 = 320$（千米），所以做对了。

生 4：我用路程÷速度＝时间，也就是 210 里面有 3 个 70，320 里面有 4 个 80，所以做对了。

（教师板书：速度×时间＝路程，路程÷速度＝时间）

师：速度、时间、路程，知道了其中的两个量，根据乘、除法意义就能求出第三个量。

师：想一想，速度、时间、路程之间具有怎样的关系呢？你可以借助图说一说。

生 1：速度×时间＝路程，速度相当于每份数，时间相当于份数，路程相当于总数，因为每份数×份数＝总数，所以，速度×时间＝路程。

生 2：路程÷速度＝时间，路程相当于总数，速度相当于每份数，时间相当于份数，因为总数÷每份数＝份数，所以，路程÷速度＝时间。我们学习的速度也是如此。

师：是呀，你们把路程、时间和速度这 3 个量之间的关系和我们学过的每份数、份数和总数建立了联系。其实单价、数量和总价也是乘法模型，它们也和每份数、份数和总数有关系。到底有怎样的关系呢？

生 3：单价×数量＝总价、速度×时间＝路程，这两个数量关系是一致的，都和每份数、份数和总数有关系。

【设计意图】《标准》教学提示中指出："应设计合适的问题情境，引导学生分析和表达情境中的数量关系，启发学生用数学的语言表达现实世界，形成初步的模型意识、几何直观和应用意识。"片段中从"两辆车谁的速度快"进一步理解速度的含义，在此基础上感知"路程、时间和速度"三者之间的关系，与"单价、数量、总价"这个数量关系是一致的，都和每份数、份数和总数有关系，建立了模型，为后续学习做好了铺垫。

（三）在解决问题中应用模型——什么是"提速"

师：请你阅读下面的资料，随着我国科技的发展，火车提速了。什么叫"提速"了？你是怎么理解的？提速了多少？（出示表 6-3）

表6-3　列车时刻表

车次	始发站:北京南	终点站:上海虹桥
D709	19:46	7:44(上海站)
G121	10:28	16:28
G17	15:00	19:56

生1:这是从北京南站到上海虹桥站的2个车次、到上海站1个车次的列车行程表,其中D709次列车始发时间是19:46,到站时间是7:44,列车行完全程需要的时间大约是12小时;G121次列车始发时间是10:28,到站时间是16:28,列车行完全程需要的时间是6小时;G17次列车始发时间是15:00,到站时间是19:56,列车行完全程需要的时间大约是5小时。同样是从北京南到上海虹桥站,路程是一样的,用的时间短说明提速了。

生2:同样的路程需要的时间越来越短,就说明提速了。路程一定,比时间,时间短的速度快。从原来的12小时到6小时,速度提高了1倍,从6小时到不足5小时,所以高铁G17比G121的速度快,可以说"提速了";而D709次列车虽然也是从北京南站出发,但终点站是上海站,不是上海虹桥站,说明它们的路程不一样。

师:非常严谨,观察很细致。要想知道"提速了,速度到底提高了多少",你有什么想法?

生3:我想知道从北京到上海有多远?知道了路程,每个车次列车行驶的时间我们都能算出来,根据路程÷时间=速度。

师:从北京到上海的铁路大约是1460千米。先列式,然后用计算器算一算。

生4:D709动车的速度:$1460÷12≈121.7$(千米/时);G121高铁的速度:$1460÷6≈243.3$(千米/时);G17高铁的速度约为$1460÷5=292$(千米/时)。从每小时121.7千米到每小时243.3千米,速度提高到原来的两倍,再到每小时大约300千米,比D709每小时提高了约180千米,真的提速了。

师:是呀,从不同车次列车运行的时间依次是12小时、6小时、5小时,速度也由大约120千米/时到240多千米/时再到约300千米/时,原来需要在车上睡一个晚上,现在半天就能到了。你们知道吗?从北京到新疆乌鲁木齐没有动车,你猜猜坐绿皮火车去需要多长时间?

生5:我需要两个信息,一个是北京到乌鲁木齐的路程,另一个是北京到乌鲁木齐坐绿皮车需要的时间。

师:我还真查过资料,北京到乌鲁木齐的铁路大约是3768千米,绿皮车需要行驶31小时52分。

生6:用$3768÷32$,用计算器计算出绿皮车的速度大约是118千米/时。而高铁的速度是300千米/时,高铁的确是提速了,而且速度提高到原来的两倍以上。

师:是呀,坐绿皮车从北京去乌鲁木齐大约需要32小时,要是有动车了,按照300千米/时计算,大约12.6小时就能到了。从这组数据中也能感受到火车提速了,这背后体现了我国科技的发展,国家越来越强大了。

师：课后请你阅读资料，说说你的想法和感受。（资料：赛车1小时行驶300千米；猎豹1小时奔跑120千米；苏炳添百米突破10秒——9.83秒；川剧变脸14秒变了28张脸；打完一套24式太极拳大约要12分钟；蜗牛1小时爬8米）

学生对这些生活情境中的素材特别感兴趣，从1秒、1分、1小时等多个层面谈自己对速度概念的理解。

【设计意图】《标准》学业要求指出："能在真实的情境中，发现常见数量关系，感悟利用常见数量关系解决问题……形成初步的模型意识、几何直观和应用意识。"结合我国科技的发展体会"提速"的真正含义，学生可以从两个不同方面进行解释：一是路程一定，时间用得越短，就是提速了；二是运用"路程÷时间＝速度"的数量关系进行计算，真真切切感受到每小时行的路程越来越多，培养了学生的应用意识和模型意识。

总评：通过这一典型案例，具体理解了《标准》中有关数量关系的内容要求、学业要求和教学提示的含义、价值和教学设计的要点。在解决问题中，不仅仅是感悟和运用3个量之间的关系，解决实际问题，更重要的是利用原有经验，感受"速度"概念，认识速度的单位是复合单位，把抽象的"速度"概念看成一个标准、一把比快慢的公平尺子。我们说的"速度"并不是一成不变的，而是平均速度。如随着我国科技的发展，高铁速度达到300千米/时，并不是匀速的，利用启动和到站时的速度举例，学生就理解了。在理解"速度"概念的基础上去分析"路程＝速度×时间"这三数量之间的关系，感悟行程问题中的"速度、时间、路程"这一乘法模型，并沟通它们与"每份数、份数、总数"的内在联系，在解决问题中应用概念，沟通联系，拓展数量关系，形成结构，让学生体会数学和生活的紧密联系，形成初步的模型意识和应用意识。

真 题 链 接

1.（2015年下半年教资考试真题）根据四年级上册教材"三位数乘两位数——末尾有0的乘法、路程速度时间的关系"（见图6-15）回答：

（1）什么是模型思想？指出本节课的模型并列举小学数学中的模型。（10分）

（2）拟定教学目标。（10分）

（3）依据拟定的教学目标，设计新授环节的教学活动并说明理由。（20分）

2.（2016年上半年教资考试真题）简述题：

根据人教版四年级上册内容"估算"（四年级同学去秋游，每套车票和门票49元，一共需要104套，应该准备多少钱买票？）回答：

（1）简述估算与精算的区别。（10分）

（2）如指导中年段小学生学习，试拟定教学目标。（10分）

（3）依据拟定的教学目标，设计新授环节的教学活动并说明理由。（20分）

5　解答下面的问题。

（1）一辆汽车每小时行70千米，4小时行多少千米？

_____

（2）李东骑自行车每分钟行225米，10分钟行多少米？

_____

这两个问题有什么共同点？

都是知道每小时或每分钟行的路程。

还知道行了几小时或几分钟，求一共行……

一共行了多长的路，叫作路程；每小时（或每分钟等）行的路程，叫作速度；行了几小时（或几分钟等），叫作时间。

上面汽车的速度，可以写成70千米/时，读作70千米每时。根据上面的例子，可以得出下面的数量关系。

速度×时间=路程

✏ 做一做

❶ 你还知道其他交通工具的速度吗？按照上面例5中汽车速度的形式写一写。

❷ 不解答，只说出下面各题已知的是什么，要求的是什么：
（1）小林每分钟走60米，他15分钟走多少米？
（2）声音每秒传播340米，传播1 700米要用多长时间？

图6-15

3.（2022年上半年教资考试真题）请认真阅读下述材料（图6-16、图6-17），并按要求作答。

（1）什么是符号意识？在教学情境中，如何发展小学生的符号意识？（8分）

（2）如果指导五年级小学生学习上述内容，拟定教学目标。（10分）

（3）根据拟定的教学目标，设计新授环节的教学活动并说明理由。（22分）

答案解析

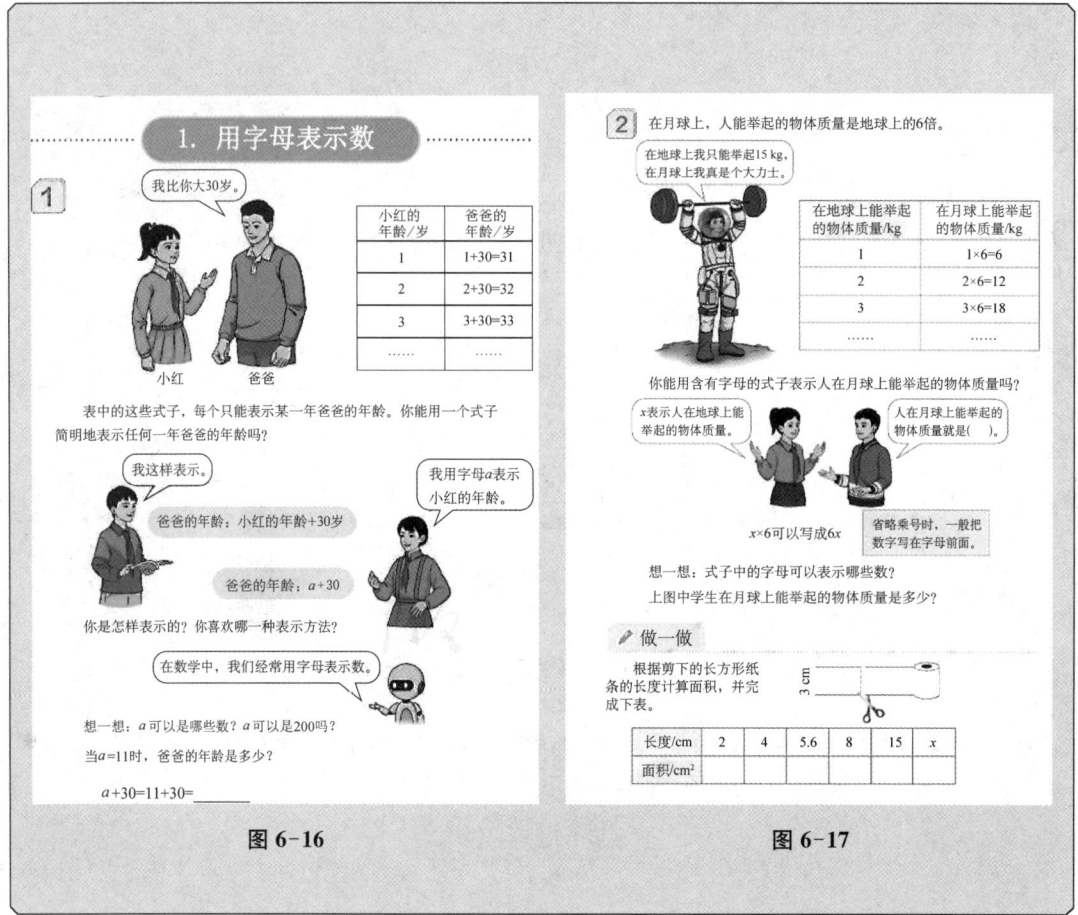

图 6-16   图 6-17

习题二

1. 仔细阅读小学数学教材"用字母表示数"，先拟定教学目标，再设计课堂教学的主要环节并简要说明理由。

2. 仔细阅读小学数学教材"比的意义"，先拟定教学目标，再设计课堂教学的主要环节并简要说明理由。

本章小结

数学是研究数量关系和空间形式的科学，数与运算是将数量抽象为数，并以数为对象进行计算。数量关系是运用数与符号对实际问题中数量之间的关系、性质或规律的表达。本章内容先是引导学生熟知了数的认识与运算、数量关系的具体内容，接着给出了每部分内容的教学策略，最后给出了一般的教学步骤。每部分内容都紧扣《标准》的课程内容、学业要求和教学提示，突出了核心素养的教学。

复习题

1. 简述小学数学教材中数与代数主要包含哪些内容。
2. 根据下列教材,拟定教学目标,设计主要的教学活动并说明理由。之后再观看视频,并试着评析。
   (1) 2,5 的倍数特征;
   (2) 用四舍法试商;
   (3) 三位数加减法。

2,5 的倍数特征　　　用四舍法试商　　　三位数加减法

本章主要参考文献

[1] 陈雪梅,高红志,刘月艳.小学数学课程与教学概论[M].北京:北京师范大学出版社,2016.
[2] 陈孝平,杨旭.小学数学课程与教学[M].西安:陕西师范大学出版社,2017.
[3] 马云鹏,吴正宪,等.《义务教育数学课程标准(2022 年版)》案例式解读(小学)[M].上海:华东师范大学出版社,2022.
[4] 史宁中,曹一鸣.义务教育数学课程标准(2022 年版)解读[M].北京:北京师范大学出版社,2022.
[5] 孔企平.小学数学课程与教学[M].上海:华东师范大学出版社,2016.
[6] 沈丹丹.小学数学教学设计与案例分析[M].北京:中国人民大学出版社,2016.
[7] 杨豫晖.义务教育课程标准(2011 年版)案例式解读(小学数学)[M].北京:教育科学出版社,2012.
[8] 中华人民共和国教育部.义务教育数学课程标准(2022 年版)[S].北京:北京师范大学出版社,2022.

第七章

图形与几何的教学

知识结构

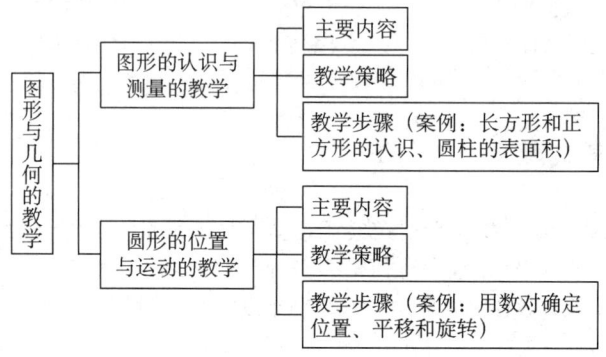

学习目标

1. 了解图形与几何内容在小学数学中的地位,掌握图形与几何的内容结构。
2. 了解图形与几何的教学要求,掌握其教学的主要策略。
3. 根据小学数学教师的基本要求,能写出完整的教学设计并实施课堂教学。

学习重点

写出教案并实施课堂教学。

学习导引

　　"图形与几何"是义务教育阶段学生数学学习的重要领域。它是在"几何初步知识"的基础上发展起来的。这部分内容主要涉及现实世界中的物体、几何体和平面图形的形状、大小、位置关系及其变换,是人们更好地认识和描述生活世界并进行交流的重要工具。"图形与几何"在小学设"图形的认识与测量"和"图形的位置与运动"两个主题(见表 7-1),所对应的核心素养侧重空间观念、几何直观、量感和推理意识。本章主要探索"图形与几何"两个主题内容的教育价值、设计思路、内容安排及以核心素养为导向的教学策略。

表 7-1　义务教育阶段"图形与几何"领域主题

第一学段 （1～2 年级）	第二学段 （3～4 年级）	第三学段 （5～6 年级）
1. 图形的认识与测量(3)	1. 图形的认识与测量(7) 2. 图形的位置与运动(3)	1. 图形的认识与测量(7) 2. 图形的位置与运动(5)

注：括号里的数字表示的是条目数量。

 **案例导入**

　　在"几何学"的理论体系中，"点"和"直线"都被作为原始概念。它们本身是不定义的，却是定义其他概念的基础。目前中学数学教材进行了描述性的词语解释：一点在空间沿着同一个方向及其相反方向运动所成的图形，叫作直线。直线上从某一点起朝向一边的部分，叫作射线。直线上任意两点之间的部分，叫作线段。这些都是描述式的词语解释。小学教材只是通过实例让学生认识这些概念。小学教材在认识这些内容时出现了两种观点：一是先让学生认识"直线"，再作为"直线"的一部分认识"线段"和"射线"；二是先让学生认识"线段"，然后把"射线"和"直线"作为"线段"向一方或两方无限延长的结果。有教师认为第二种方式符合学生思维从有限到无限、从直觉到想象的发展规律。你认为哪种编排顺序比较合适？为什么？"直线可以无限延长""线段不能延长"，这些说法对吗？

第一节　图形的认识与测量的教学

　　"图形的认识与测量"包括立体图形和平面图形的认识、线段长度的测量，以及图形的周长、面积和体积的计算。"图形的认识与测量"主题由图形的认识、图形的测量两部分组成。图形的认识主要是对图形的抽象，学生经历从实际物体抽象出几何图形的过程，认识图形的特征，感悟点、线、面、体的关系；积累观察和思考的经验，逐步建立空间观念。图形的测量重点是确定图形的大小，学生经历统一度量单位的过程，感受统一度量单位的意义，基于度量单位理解图形长度、角度、周长、面积、体积；在推导一些常见图形的周长、面积、体积计算方法的过程中，感悟数学度量方法，逐步形成量感和推理意识。

一、图形的认识和测量的主要内容

（一）图形的认识的主要内容

1. 图形的认识的主要内容

小学阶段图形的认识的内容主要包括两个方面：一是对图形的基本构成要素及自身特

征的认识，诸如对图形点、线、面、角的认识，三角形内角和的认识等；二是对图形的各要素之间、图形与图形之间关系的认识，如立体图形和平面图形的形状、大小、位置关系及其变换。教材编排时是先认识立体图形，再认识平面图形，最后回到立体图形。在认识平面图形的过程中，顺势介绍直线、射线、线段、角、垂线、平行线等图形的概念，然后再循环认识立体图形。从不同角度观察立体图形，所看到的图形是不同的，而用不同图形的侧面来想象物体形状，这需要学生在头脑中积累一些图像结构。

　　图形的认识基本上分3个阶段来完成（见表7-2）。第一学段，先从整体上把握图形的外部特征，只要学生看到物体后，脑中马上反映出这个物体的名称即可，反之亦然。第二、三学段，再从图形的各部分结构及名称、图形的特征等方面进一步认识图形。这种分段设计、循序发展的编排方式遵循了儿童的认知规律，突出了"以生为本"的理念。其中，发展学生的空间观念、培养学生的几何直观是这部分内容的核心。

表7-2　图形的认识的主要内容编排

学段	主要内容
第一学段	1. 通过实物和模型辨认简单的立体图形和平面图形，能对图形分类，会用简单图形拼图
第二学段	1. 认识线段、射线和直线，认识角，认识三角形和四边形 2. 根据具体事物、照片或直观图辨认从不同角度观察到的简单物体
第三学段	1. 认识圆和扇形，认识长方体、正方体、圆柱、圆锥 2. 能辨认简单物体不同方向（前面、侧面、上面）的形状图

　　小学3个学段都有"图形的认识"内容，从生活到数学，从立体到平面，由浅入深，从整体到局部，不断拓宽学生认识图形的视野。到第三学段，不仅内容的广度有所发展，深度也有所增加。例如，在图形的认识中，同样都是认识"三角形"，第三学段不仅要求知道三角形的定义，还要求知道三角形任意两边之和大于第三边，知道三角形内角和等于180°，并能够基于事实作出推断。

2. 图形的认识的内容分析

　　图形的认识主要就是对图形的抽象。图形与数量一样，都是人们在日常生活和生产实践中遇到的最为本原的数学对象。所谓"认识"，可以通俗地解读为"叫什么名字""有什么特点"。即便如此，图形的认识过程中也蕴含着不同情况的抽象。有一种是"概念"，从多个物体中抽象出本质的属性，能够清晰地表达出名称。例如，不管是茶叶盒、收纳箱、粉笔盒或者快递箱子，去除颜色、图案、大小、材质之外，本质上它们都有一个共同的名字叫"长方体"。另外一种是"定义"。虽然人们在长期日常生活和生产实践中逐步发明了一些术语并且能够进行交流，但要给出这些术语的确切定义是非常困难的。这不仅需要把握术语含义的本质，而且必须进行高度的抽象概括。欧几里得的《原本》中给出的定义成了沿用至今的"典范"：点是没有部分的，线只有长度没有宽度，面只有长度和宽度，直线是它上面的点一样平放着的线，平面是它上面的线一样平放着的面……有了这些基本的定义，或者说默认了这些基本的定义和前提，才有讨论确定物体的"特征"的可能和便利。数学概念的定义有不同的方式，有的是非正式的描述性定义，对被定义的对象作适当的描述或说明；有的是正式的比较严谨的定义，需要抓住被定义对象的本质特征，揭示一类事物的本质属性。认识图形的过程中对于"特征"的揭示，也有不同的程度，最初就是描述性定义，如"像这样的图形叫三角形"；当再次学习时,就会有关键特点的提炼,如"三条线段首尾相接围成的图形叫三角形"。

不同的图形有不同的特征,但图形之间有着内在的联系。即使都是线,线段的一端如果无限延长,就成了射线;如果让其两端无限延长,就成了直线。即使都是平面图形中的四边形,它们之间也有着紧密的关联:如果两组对边中,只有一组对边平行,那么这个四边形就是梯形;如果两组对边都平行,那么这个四边形就是平行四边形;如果两组对边平行,且四个角也相等,那么这个四边形就是矩形;如果两组对边平行,四个角、四条边都分别相等,那么这个四边形就是正方形。

不同的图形有不同的维度,不同维度之间的图形也存在着对应的关系。如果一个长方形沿着垂直于这个长方形面的方向平移,就会形成一个长方体;如果一个长方形绕着它的一边旋转,就会形成一个圆柱;如果一个直角三角形绕着它的一条直角边旋转,就会形成一个圆锥。让学生通过操作、想象,勾连起不同图形之间的关系,在这个过程中培养学生的空间观念。

尺规作图是指用没有刻度的直尺和圆规作图。尺规作图是起源于古希腊的数学课题。只使用圆规和直尺,并且只准许使用有限次,来解决不同的平面几何作图题。尺规作图使用的直尺和圆规带有想象性质,跟现实中的并非完全相同:一是直尺必须没有刻度,无限长,且只能使用直尺的固定一侧。只可以用它来将两个点连在一起,不可以在上面画刻度;二是圆规可以开至无限宽,但上面亦不能有刻度。它只可以拉开之前构造过的长度。义务教育阶段,最基本、最常用的尺规作图,通常称为基本作图。一些复杂的尺规作图都是由基本作图组成的。《标准》在第二学段提及要及早引入圆规。在认识线段的基础上,利用直尺和圆规作给定线段的等长线段,感知线段长度与两点间距离的关系,增强几何直观。利用直尺和圆规作图的方法,引导学生自主探索三角形的周长,让学生通过操作,感受把三角形三条边画到同一条直线上、一条一条加在一起的过程,感知线段长度的可加性,理解三角形的周长,归纳出长方形和正方形周长的计算公式。第三学段会用圆规画圆,加深对圆概念的理解。

(二) 图形的测量的主要内容

1. 图形的测量的主要内容

小学阶段关于测量的内容可以分为 3 个部分,一是对度量单位及其统一性意义的理解,二是关于图形的长度、面积和体积的测量问题,三是对于估测的感受和简单应用(见表 7-3)。

小学数学教材中"图形的认识"的有关知识

表 7-3　图形的测量的主要内容编排

学段	主要内容
第一学段	1. 通过活动体会建立统一度量单位的重要性,认识长度单位米、厘米。能估测一些物体的长度,并进行测量
第二学段	1. 认识长度单位米和千米,知道分米、毫米 2. 认识面积单位平方厘米、平方分米、平方米;能进行简单的单位换算 3. 结合实例认识周长和面积;探索并掌握长方形、正方形的周长和面积的计算公式
第三学段	1. 知道面积单位平方千米、公顷,知道体积(或容积)单位立方米、立方分米、立方厘米,以及容积单位升、毫升 2. 探索并掌握平行四边形、三角形和梯形的面积计算公式,探索圆的周长和面积计算公式,探索并掌握长方体、正方体、圆柱和圆锥体积的计算公式,会估计不规则图形的面积和体积,能解决简单的实际问题

　　度量单位包括长度单位(米、厘米、分米、毫米、千米等)、面积单位(平方米、平方分米、平方厘米、平方毫米、公顷、平方千米等)、体积单位(立方米、立方分米、立方厘米、立方毫米)、容积单位(升、毫升)。测量是指用刻度尺和量角器计量长度和角度,用计算公式计算图形的周长、面积、体积,用测量工具丈量土地。测量活动的重点是把握图形的大小,理解不同的度量单位是教学的重点。测量的教学内容不是单纯的图形周长、面积和体积的计算与进行简单的单位换算,而是强调对量的实际意义的理解,让学生在参与测量的过程中,自己选择测量的工具和测量方法,从而进一步掌握有关测量的知识和技能。

　　估测含义有两层:一是对估计的结果进行检验,二是掌握测量的方法。利用已有的长度单位的表象来进行估测是最常用的方法,教材重视提供丰富的资源,帮助学生建立相应长度单位的表象。这一内容的重点是帮助学生对熟悉的物体长度进行估计,并鼓励测量方法的多样化,注意将估测与精确测量有机结合,帮助学生逐步提高估测的水平。例如,在学生初步建立了米和厘米的概念以后,教师可以让学生估计一下教室的长和宽或数学课本的长、宽是多少,然后进行实际测量。一方面,可以对估计的结果进行验证;另一方面,可以使学生感受一些熟悉物体的实际长度,形成参照标准,进而能对其他物体的长度进行估测。

　　其中,发展学生的空间观念、培养学生的几何直观、感悟数学度量方法,逐步形成量感和推理意识是这部分内容的核心。

2. 图形的测量的内容分析

　　使得图形成为数学研究对象的真正动力,是土地测量等生产实践。根据有关史料记载,古埃及人创造了一套土地面积测量方法以及面积计算公式,包括三角形、长方形和梯形的面积计算公式,还包括圆面积的近似计算公式。现存的文献表明,古埃及人并没有给出面积的定义,但是古埃及人很清楚地知道,面积是对平面物体大小的度量,他们很可能就是用长乘宽来度量长方形的面积,并且把这种度量作为最基本的面积度量元素。可见测量对于几何的意义。

　　度量单位是度量的核心,度量单位的统一是使度量从个别的、特殊的测量活动成为一般化的、可以在更大范围内应用和交流的测量活动的前提。

　　计量长短用的器具称为"度",测定计算容积的器皿称为"量",测量物体轻重的工具称为"衡"。在我国,直到秦代才由秦始皇统一了度量衡,这种统一历史悠久、意义深远。在这之前,群雄并立,各国度量衡大小不一,常有"八寸车轮走不了七寸路"的现象,不同地域、不同人群有不同的"尺寸"。现在,世界各国普遍采用国际制单位,北京的"米"和纽约的"米"一样长。

　　图形的测量重点是确定图形的大小。一维图形的大小是对图形长度的度量,二维图形的大小是对图形面积的度量,三维图形的大小是对图形体积的度量。

　　一维图形中,直线和射线都可以无限延伸,无法度量。线段有两个端点,可以度量长度。在两点之间的所有连线中,线段最短,也就是长度最小。两点之间所连线段的长度称为两点之间的距离。在平面几何中,两点之间的距离应当是最基本的,除了可以定义线段的长度,也可以定义平行、长方形,甚至可以定义角。通常情况下,角的大小是用张开的程度来表示的,而张开的程度不是准确的角的大小的度量,角度可以用单位圆上弧的长度或两点之间的距离来表示。这样,角的度量与线段的度量就统一起来了。

　　三角形和长方形都是二维图形,但它们的周长还是长度。可以用直尺和圆规将相关的边长首尾相接"移动"到同一条直线上,将一周的长度转变为一条线段的长度。圆周也可以化曲为直,即将圆周"滚"成一条线段来度量。对二维封闭图形的大小,度量的是图形的面积。图形的面积用含有多少个面积单位来刻画,通过直观操作和数学推理得到相应的公式。将未知的图形转化成长方形,利用长方形面积计算公式,得到其他图形的面积公式。

对三维图形的大小,度量的是图形的体积。度量平面图形面积的单位是正方形,类似的,度量立体图形体积的单位是正方体。度量立体图形的表面积,需要将立体图形的表面转化成平面图形,进而度量其面积。

知识卡片

小学数学教材中"图形的测量"的有关知识

二、图形的认识与测量的教学策略

(一)图形的认识的教学策略

空间观念主要是指根据物体特征抽象出几何图形,根据几何图形想象出所描述的实际物体;想象出物体的方位和相互之间的位置关系;描述图形的运动和变化;依据语言的描述画出图形等。

《标准》链接

《标准》对"图形的认识与测量"的内容要求

1. 利用现实背景,认识基本图形

人们生活在三维空间中,丰富多彩的图形世界为图形的认识的学习提供了大量现实有趣的素材。因此,教师对教学内容情境的设置要贴近学生的现实生活和日常经验,可使数学由陌生变为熟悉,有助于增强数学与生活的密切联系。例如:"角的认识"可从生活中见到的"角"(课桌的一个角,剪刀的两个刀片张开的角等)开始学习。而"直线、射线、线段"的认识则可从"铁路上铁轨给我们直线向两方无限延伸的印象,手电筒发出的光给我们射线的印象,数学作业本上的每一条横线都给我们线段的印象"开始。认识平行可以从双杠、铁轨、雪板、扶梯、扶栏等来感知平行的概念。立体图形的认识可从积木、饮料罐、粉笔盒、魔方、篮球等开始学习,以此来帮助学生借助具体实物抽象出几何图形。

《标准》链接

《标准》对"图形的认识与测量"的学业要求

2. 借助观察操作、交流合作等活动,认识图形的本质特征

借助学具进行操作活动,通过探索与交流,深化学生对空间观念的理解。小学的几何知识属于直观实验几何,学生对图形的认识主要依赖于知觉。因此,通过观察、操作、自主探索与合作交流,培养学生初步的空间观念。同时要加强互逆过程的练习,一是经历由具体到抽象的过程,要让学生进行看一看、折一折、摆一摆、量一量等具体操作活动。二是根据几何图形想象出所描述的实际物体,有利于实现对图形本质特征的理解和掌握。小学不同学段学生的认知能力不同,教学方法也应该有所区别,第一、二学段宜"先动手,再抽象",第二、三学段则适合"先想象,再动手"。如通过在袋子里摸物体的游戏感知立体图形的特征,通过测量平行四边形的边得到"对边平行、对边相等",通过手撕、拼、量得到三角形的内角和是180°、三角形的两边之和大于第三边,从而实现在操作中认识图形的本质特征。

《标准》链接

《标准》对"图形的认识与测量"的教学提示

《标准》在第三学段教学提示中指出,"图形的认识教学要引导学生经历基于给定线段用直尺和圆规画三角形的过程",这一作图任务对学生既有挑战性又能激发其探索兴趣。所以在学习三角形的时候,可以借助尺规作图,学生自主探索给定三边作三角形的过程,感受弧的价值,并在操作中体会"不是任意的三条线段都能作出三角形"。以下案例"给定三边作三角形",以学生在作三角形时遇到的困惑为切入点,鼓励学生围绕困惑开展深入思考和讨论,经历寻找第三个顶点的过程。

第七章　图形与几何的教学

案例："给定三边作三角形"教学片段

（1）回顾所学（回顾之前尺规作等长线段的方法），唤起学生的学习经验。

（2）呈现挑战情境，尝试作出三角形的底边。

教师给出挑战任务（见图7-1）：用给定的三条线段画一个三角形。引导学生思考作一个三角形第一步应该做什么，尝试画出三角形的底边。

挑战一：用尺规画一个三角形

活动要求：用下面的三条线段画一个三角形。

线段 a：＿＿＿＿＿＿＿＿

线段 b：＿＿＿＿＿＿＿＿＿

线段 c：＿＿＿＿＿＿＿＿＿＿

图 7-1

学生利用作等长线段的方法，第一步在纸上画一条射线；第二步是用圆规的针尖和笔尖分别对准给定线段的两个端点，量出线段 c 的长度；第三步是将圆规的针尖固定在射线的端点上，用笔尖画一段弧，弧与射线的交点就是线段 c 的另一个端点。

（3）聚焦问题，探索如何确定第三个顶点。

学生尝试作图，根据线段 a,b 的长度，再从 c 的两个端点出发来凑第三个顶点，发现很难找到一个合适的位置让线段 a,b 相交，很难找到第三个顶点（见图7-2）。

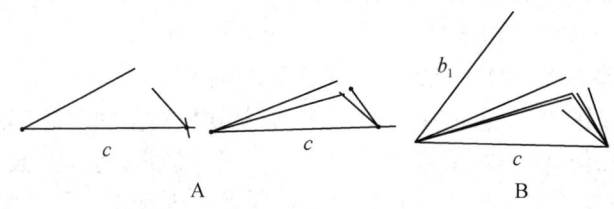

图 7-2

教师鼓励学生，小组合作，继续调整边的位置，体会圆规画出的弧线上的点到已知点的距离相等。最终发现：画弧找交点，确定第三个顶点（见图7-3）。

（4）建立联系，体会作图方法背后的道理（见图7-4）。

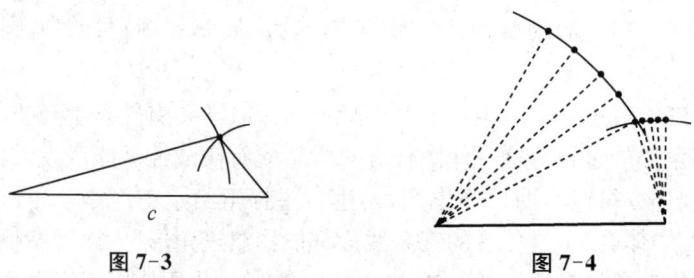

图 7-3　　　　　　　　　　图 7-4

（5）用尺规画等腰三角形，初步感悟三角形三边关系。

总之,尺规作图不仅需要操作,更需要思考,需要不断想象、思考、操作、反思。在此过程中,学生也逐渐体会到尺规作图不仅是一项技能,更是帮助思考和解决问题的好助手。学生在经历寻找第三个顶点的过程中,进一步感受尺规作图的价值,在增强动手能力的同时发展几何直观和推理意识。

3. 运用变式,加强知识的理解

在学生初步掌握了几何图形的基本特征之后,要注意变换语言叙述方式或图形的表达形式,这样既加深了学生对图形本质特征的认识,又能使学生排除干扰,抓住本质特征去理解和掌握概念。例如,学习"角的初步认识",除了让学生感知标准位置的角外,还应让他们全面观察不同位置、长短和大小的角,通过这些变式图形排除大小、长短、位置等无关特征对基本属性的干扰,从而更好地突出"角有一个顶点,两条边"的本质属性。

4. 运用现代教学技术,构建从具体到抽象表征的能力

教师运用多媒体技术制作和演示课件,有利于突破时间和空间的限制,多角度展示物体的隐性特征,更好地促进学生空间观念的发展。如利用计算机技术的优势,直观呈现由"物体"抽象出"几何图形"的过程,这是发展空间想象力与抽象思维能力的重要途径之一。

考虑到学生的年龄特点和认知水平,在第一学段认识图形时可淡化图形的特征,只要能够"识别"即可。到了第二学段再认识图形时,可尝试提炼、概括关键特征。在教学过程中,也要关注"提炼特征"的方法指导,让学生学会学习;通常从"点、线、面、角"的维度去考察几何图形,同时要沟通特点与特点之间的关系,让学生感受图形的本质属性,如三角形的三个顶点、三条边、三个角,以及它们之间的关系。

(二)测量的教学策略

测量来源于现实生活中的土地测量,因此教学时要让学生感受到数学来源于生活、应用于生活的道理。同时动手操作、实际度量,切实感悟量感、发展空间观念。

1. 提供现实素材,强调对量的实际意义的理解

课程内容选择要贴近学生的实际,才能有利于学生体验与理解、思考与探索。测量内容的选择也要贴近学生熟悉的现实生活,紧密联系学生的生活经验,拓宽几何学习的背景,沟通生活中的数学与教科书上数学的联系,使生活与数学融为一体,有利于学生对量的实际意义的理解。如测量课桌一条边的长度,教师可以鼓励学生用自己喜欢的方式进行测量。有的学生用手一拃一拃地量,有的学生用课本、文具盒等测量。学生交流各自的测量结果,发现同一物体的长度,由于采用了不同的测量工具,就会得出不同的数据,从而引起学生的认知冲突,使学生体会到建立统一度量单位的重要性。

2. 注重实际探索,强调对测量过程的体验

测量的重点在于体验测量的过程。教学中,教师要注重组织学生开展测量活动,由学生自己选择测量工具和测量方式,并交流各自的测量结果和体会,这是确保理解量的意义、体验测量过程的关键。并在此基础上逐步抽象,归纳得出关于图形与几何的一些基本结论。需要注意的是测量活动不仅要关注结果的准确性,还要关注学生是否积极参与测量活动,能否采用不同的测量方法。计算过程要避免繁杂的单位换算,而应该着重引导学生理解测量的实际意义和作用。例如:在教学"周长的认识"时,教师设计动物运动会跑道,一个是四边形,另一个是月牙形。教师先提出问题:跑道的长度就是这个图形的什么?到底哪条跑道长呢?然后要求学生利用手中学具,同桌合作,选择合适的测量工具,并把数据记录下来,数据取整厘米数。最后学生汇报测量四边形和月牙形周长的测量方法(曲→直),解决"比一比哪条跑道长"的问题。学生在猜测后有进一步测量的需求,活动兴趣浓厚。通过实际的测量活动,"化曲为直"的数学思想得到自然渗透,同时学生测量长度的活动体验也更为深刻。

3. 加强估测教学,建立估测的参照体系

估测是测量的一个重要组成部分,估测活动不仅是发展学生空间观念的载体,也是发展学生解决问题策略的重要途径。合理估计度量的结果正是发展学生量感的重要活动。教学中,需要让学生解决"教室的面积大约有多大""学校的操场有多大"等这样的实际问题。日常生活中,存在着大量不规则的平面图形,计算时没有现成的公式,但有时候又需要测量它们的面积。《标准》对内容的设置注重和现实生活的接轨,测量不规则图形面积主要的方法是运用估计,善于把不规则图形转化为一个近似的规则图形是实施这一内容的重点。估计不规则图形面积的策略有两类:一类是直接估计(如图 7-5);另一类是需要经过割补后才能估计。教材中多处有用方格纸估计不规则图形的面积。不管是哪类问题,要给学生足够的实践探索时间和空间,帮助学生建立图形及物体大小的参照体系,并逐步渗透转化等数学思想方法。估测活动,不仅要注重获得的结果,更要注重学生的积极参与和相互合作,以发展学生的实践能力。案例"教室有多大"的设计就是通过创设真实情境,鼓励学生根据实际问题的需要选择度量单位,让学生经历选择合适度量单位的过程。活动中注重对估测方法的交流,让学生在交流中积累估测经验,并将估测方法迁移到其他情境中,感受估测的应用价值,助力量感的发展和形成。

3. 先估一估, 再量一量, 并算出下面图形的面积。

4. 先估一估, 再量一量, 算一算。

	长	宽	面积	周长
数学书封面				
教室的地面				
家里一个房间的地面				

图 7-5

案例:北师大版三年级下册"面积"单元中设计的估测活动"教室有多大"①

活动一:明确任务,选择单位

师:同学们,要估测教室的面积,大家觉得用什么样的单位比较合适?

生:教室的面积很大,我想到要用一个大点儿的面积单位表示教室的面积,用平方米做单位比较合适。

师:大家和他的想法一样吗? 为什么一下子就想到用平方米做单位?

生:1平方厘米只有指甲盖那么大,1平方分米也只有手掌面那么大,这两个面积单位都太小了。教室的面积比较大,用平方米做单位合适。

---

① 孙晓天,张丹.义务教育课程标准(2022年版)课例式解读 小学数学[M].北京:教育科学出版社,2022:141-148.(有删改)

生:用平方米做单位好估计,我们可以 1 平方米、1 平方米地数。

师:同学们真会思考,估测前都能根据实际情况选择合适的面积单位。教室的面积大约是多少平方米呢?

生:35 平方米/50 平方米/100 平方米。

师:选择了合适的面积单位后,大家都想用一个具体的数去刻画教室的面积。不急不急,我们不能凭空猜测,估测也要有依据。

【设计意图】 在结合真实情境明确测量对象后,重点是能根据估测对象的属性选择合适的度量单位,同时唤起学生对面积单位大小的真实感受,产生用数刻画量的大小的想法。

活动二:设计方案,合作估测

估测教室的面积对三年级学生来说有一定挑战。如何估测? 采用什么样的估测方法? 需要分几步实施? 都需要思考。因此,活动以小组合作的形式展开。

师:(呈现学习任务单)我们一起明确一下需要我们做什么。

活动任务:估测教室的面积大约是多少。

活动要求:

1. 小组讨论估测方法和步骤;

2. 小组成员分工并进行估测;

3. 填写活动记录单。

小组活动记录单

小组成员及分工:

师:小组合作完成活动任务,并做好汇报准备。

[第 3 小组汇报]

生 1:我们组用脚长来测教室的长和宽,再用公式计算。用脚长来测时要一步(一脚)紧贴着一步(一脚)走直。一步(一脚)的长度大约 25 厘米,计数时发现 25,25 地往后数不太好数,就改为走两步(两脚)数一次。两步(两脚)的长度约 50 厘米,50,100,150,…。宽约 700 厘米,也就是 7 米。测长数到 1 050 时,小李同学又走了一步,所以长是 1 075 厘米,大约 11 米。

生 2:我们怕估得不准,又测了一遍,检查结果一样。教室的长约 11 米,宽约 7 米,11 × 7 = 77(平方米),教室的面积大约是 77 平方米。

师:听了第 3 小组的发言,同学们有什么想法?

生:他们组选择用脚做测量工具,找脚一样大的两位同学分别测量长和宽,标准统一,估测得就准。

生:活动中他们还认真观察、思考,及时调整为用两只脚的长度做标准,方便计数。他们做完后又检查了一遍,我们组也应该这样。

[第 1 小组汇报]

师:同学们很会倾听别人的发言,善于学习和思考。同样是估测长和宽(见表 7-4),第 1 小组的估测方法、过程好像也合理,估测结果怎么和第 3 小组的差别那么大呢? (略)

表 7-4　估测

估测对象	估测方法	估测过程	估测结果
教室的面积			

生 1：第 1 小组的"1 米尺"出了问题。用臂长做标准可以，但两臂展开长不是 1 米。因为三年级男生身高 140 厘米左右，两臂展开的长度也应该是 140 厘米左右。

生 2：活动单上记录教室长"7 臂多 2 个一拃"，7 个 140 是 980，教室长 980 厘米左右，大约 10 米；宽"5 臂多 5 个一拃"，5 个 140 厘米是 7 米。10×7＝70（平方米）。臂长估计准确了，和第 3 小组估测的结果就接近了。

师：估测过程中标准的建立至关重要。估测教室的长，选择了合适的长度单位"米"，要对 1 米有正确的感知，在头脑中形成一把虚拟的米尺，或者像同学们说的，要清楚"身体尺"的长度，这样才能有效估测。

【设计意图】　对于估测的交流，方法和过程尤为重要，为此在交流分享中，教师可以适时制造"冲突"，鼓励学生在比较估测结果的基础上反思方法，引发学生的质疑和讨论。在生生交流中，教师要抓住选择的"标准"的长度、估测的方法、对估测结果的反思等，帮助学生深入讨论。生生之间的交流，既能使大家互相启发，又能促进对方法的反思。

［第 4 小组汇报］

生 1：我们组估测前半个教室的面积约 35 平方米，整个教室的面积比两个 35 平方米还多一些，大约是 75 平方米。

生 2：4 块小地毯的面积约 1 平方米。以空调为界，我们把教室分成前、后两半。两个人数前半个教室的面积，另两个人数后半个教室的面积，最后再相加。教室的面积大约是 75 平方米。

师：我在参加你们组的活动时，两个人汇报后半个教室的面积约 18 平方米。根据你们估测的数据，教室的面积大约 53 平方米。后来你们组调整了吗？怎么想到要调整的？

生 3：我记录时修改了。前半个教室的面积约 35 平方米。他们说后半个教室的面积约 18 平方米，我觉得不可能，感觉后半个教室的面积比前半个教室还大呢，肯定是 35 平方米以上，但没时间数了，我就写了 40 平方米。

师：你用前半个教室的面积做标准，估测后半个教室的面积，有理有据，方法可取。但同样是半个教室的面积，估测的结果差那么多，问题出在哪儿了？

学生描述：半个教室的地面是长方形，从长方形的长边数起，4 块小地毯面积约 1 平方米，4 块 4 块地数，长边一排有 7 个 1 平方米；宽边有这样的 5 排，7×5＝35（平方米）。另两名学生没有数小地毯的块数，而是利用对 1 平方米大小的感知，想象在后半个教室铺一个一个的面积单位，没有做到密铺，数的时候也没有按顺序。

生 3：如果你们组内及时交流数面积单位个数的方法，就不用在记录时修改数据了，估测的结果也会合理。

生 4：数面积单位个数的方法与估测长和宽的方法有联系，估测长和宽也是想象长边可以摆几个面积单位，宽边可以摆几排，再算出面积单位的总个数，也就是教室的面积。

生 5：在估测黑板面积时想象用 1 平方米的面积单位去摆，一个挨着一个（边说边比画），摆 3 次,黑板的面积约 3 平方米。教室的面积比黑板大多了,再这样一个一个摆面积单位就不好想象了。比如估测操场的面积,就不可能想象一个个地摆 1 平方米的面积单位。

生 6:对,我同意他的想法,估测操场的面积,最好是步测长和宽。步测长和宽是对线段长度的估计,用好我们的"身体尺"就可以比较准确地估测,然后再用公式计算。

师:通过交流分享,大家沟通了估测长、宽和估计面积单位个数之间的联系,还感受到在面对不同的实际情境时要合理选择估测方法,这就是交流的好处。

【设计意图】 此环节鼓励学生在体会不同估测方法价值的同时,切身感受到选择合适的估测方法可以提高估测的准确度。由于通常人们对一维长度的感知能力强于对二维面积大小的感知,因此可以鼓励学生先估计长与宽再计算面积。在此基础上,找到不同方法之间的联系:都是数面积单位的个数。在交流分享中,学生打通了估测长度与估测面积之间的联系,把测量的经验、方法、策略融为一体,再一次提升了量感。

活动三:根据情境,合理选择

面对几个小组汇报的不同估测结果,学生产生了精确测量的想法。学生利用工具测量后得到数据:教室长 10 米 50 厘米,宽 6 米 90 厘米。

师:结合测量数据,大家想说点什么?

生 1:哇,第 3 小组用脚长测量的方法估计得真准,长约 11 米,宽约 7 米,教室的面积约 77 平方米。

生 2:教室的面积不到 77 平方米,应该比 77 平方米小一些。

生 3:如果想更准确,可以估成长 10 米 50 厘米。

生 4:估测教室的长和宽,没必要那么精确,大致就可以了吧。

师:大家想一想,如果我们想知道这间教室能放多少套桌椅,估成 77 平方米是不是就够了? 但如果要购买地毯又不想浪费呢?

生 1:那就要用厘米做单位了。

生 2:可能要精确测量了。

师:确实,单位和方法的选择与要解决的问题密切相关。

【设计意图】 估测后用工具测量,通过估测数据与测量数据的对比,既肯定了大家的估测结果,又使学生感受到选择合理的估测方法很重要。在此基础上,教师通过列举生活中要解决的问题,帮助学生感悟估测时需要根据度量对象及解决的问题合理选择度量单位和方法。

活动四:回归生活,拓展应用

教师引导学生回归生活,寻找生活中的估测问题。学生借助估测教室面积的活动经验,寻找身边的实际问题,提出可以估测桌面面积、墙壁面积、门的面积等,还想到在卧室摆放家具时可以先估测房间的面积,用步测长和宽的方法估测操场面积比较可行,也可以先估测篮球场的面积,再用篮球场的面积做标准估计操场面积,等等。

【设计意图】 此活动引导学生再次回归生活,寻找生活中的真实问题,激励学生将估测应用于生活,迁移所学方法和已有经验,根据实际情境选择合适的估测策略,在不断应用中发展量感。

可见,估测无疑是发展学生量感的重要活动,"能合理估计度量的结果"本身就是量感的重要表现。同时,在估测中学生需要选择合适的度量单位和度量方法,对度量单位的实际意

"图形的认识与测量"的教学策略

义有合理的把握,这些都将促进量感的发展。目前在教学中虽然有不少估测活动,但经常会流于形式,让学生说说自己的估测结果和理由就结束了。如何在估测活动中助力量感形成,上述案例提供了富有启发的做法。

三、图形的认识与测量的教学步骤

图形的认识与测量的教学步骤视内容的不同而不同。一般图形的认识课,要经历"创设真实情境提出问题、引导探索学习新知、练习巩固"这样 3 个阶段。新知学习根据概念教学的步骤进行。一般测量的课,要经历"创设情境提出问题、动手操作尝试探究、展示分享、形成方法(公式)、练习巩固"这样 4 个阶段。下面介绍一个案例"圆柱的表面积",可以清楚地看出测量课的一般教学程序。

案例:苏教版《数学》六年级下册"圆柱的表面积"(教材见图 7-6、图 7-7)①

"长方形和正方形的认识"的教学

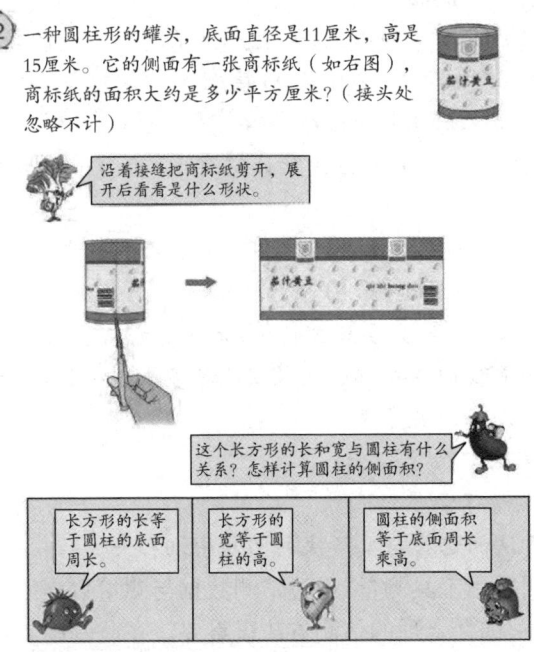

② 一种圆柱形的罐头,底面直径是11厘米,高是15厘米。它的侧面有一张商标纸(如右图),商标纸的面积大约是多少平方厘米?(接头处忽略不计)

沿着接缝把商标纸剪开,展开后看看是什么形状。

这个长方形的长和宽与圆柱有什么关系?怎样计算圆柱的侧面积?

长方形的长等于圆柱的底面周长。

长方形的宽等于圆柱的高。

圆柱的侧面积等于底面周长乘高。

列式计算商标纸的面积。

也可以这样计算: $11\pi \times 15 = 165\pi$ (平方厘米)

答:商标纸的面积大约是_____平方厘米。

图 7-6

教学过程:

(一)复习旧知,引出新课,激活思维

师:同学们,我们学习了长方体的表面积,请你们想一想,什么是长方体的表面积呢?

师:拿出你们带来的圆柱形物体,什么是圆柱的表面积呢?(圆柱的侧面积加上两个底

---

① 古彩莲.渗透数学思想发展思维能力——"圆柱的表面积"教学设计与评析[J].数学学习与研究,2017(12):102-104.(有删改)

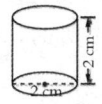

③ 把右边圆柱的侧面沿高展开, 得到的长方形的长和宽各是多少厘米? 圆柱的底面半径是多少厘米?

你能在下面的方格纸上画出这个圆柱的展开图吗?

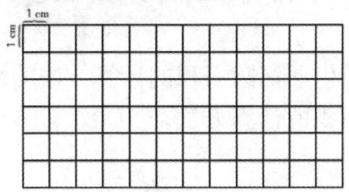

圆柱的侧面积与两个底面积的和, 叫作圆柱的表面积。

怎样计算这个圆柱的表面积? 先想一想, 再计算。

答: 这个圆柱的表面积是_____平方厘米。

练一练

1. 一个圆柱, 底面周长是31.4厘米, 高是6厘米。它的侧面积是多少平方厘米?

2. 计算圆柱的表面积。(单位: cm)

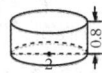 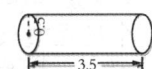

图 7-7

面的面积的和叫作圆柱的表面积)

教师板书圆柱表面积的概念, 学生齐读。

师: 要想做一个圆柱形纸盒需多大的硬纸板, 是算什么呢? (算圆柱的表面积)

板书课题。

【设计意图】 教师引导学生复习了长方体的表面积的意义, 在教师的启发下, 学生们通过摸一摸、想一想、说一说, 悟出了圆柱体的表面积的含义。这是教师引导学生将已学的知识、技能, 从已知的对象中迁移到未知的对象中来的过程。这样做, 既有利于学生对所学知识的理解, 又有利于沟通新旧知识之间的联系。这一环节很好地渗透了类比的数学思想方法。

(二) 合作探究, 学习新知

1. 动手操作, 活跃思维

师: 我们理解了圆柱表面积的含义, 那么圆柱表面积怎么算呢?

生: 一个侧面积加两个底面积。

教师板书: 圆柱表面积＝侧面积＋底面积×2。

师: 底面积怎么算? (圆的面积, 再把圆的面积乘2)还记得我们是怎么推导出圆的面积公式的吗? (把圆剪拼成近似的长方形, 发现长方形的长相当于圆周长的一半, 宽相当于圆的半径, 长方形的面积＝长×宽, 圆的面积＝πr^2)

师：把圆剪拼成长方形来观察，这就是转化，转化是一种数学思想。

师：圆柱的侧面是一个曲面，它的面积怎么算呢？同学们能不能用转化的方法找出圆柱的侧面积的计算方法呢？

要求：利用学具，小组合作并分析讨论，完成答题卡。

① 圆柱体侧面展开后是一个怎样的图形呢？你能想办法说明吗？

② 怎样求圆柱的侧面积？

【设计意图】 通过启发学生回忆圆面积的计算方法的来由，使学生的思维被打开，从而想到了用转化来探究圆柱侧面积的计算方法。

2. 汇报交流，培养思维

小组展示汇报1：圆柱侧面展开图是一个长方形的情况。长方形的长等于圆柱底面的周长，这个长方形的宽等于圆柱的高。因为长方形的面积等于长乘宽，所以圆柱的侧面积等于底面周长乘高。（教师板书：侧面积＝底面周长×高）

小组展示汇报2：圆柱侧面展开图是一个平行四边形的情况。（学生用学具演示并讲解）

小组展示汇报3：圆柱侧面展开图是一个正方形的情况。（学生用学具演示并讲解）

师：同学们，大家知道了圆柱侧面积等于底面周长乘高，如果用 $S_{侧}$ 表示圆柱的侧面积，C 表示底面周长，h 表示高，那么 $S_{侧} = Ch$，用字母还可以怎样表示？（$S_{侧} = 2\pi rh$ $S_{侧} = \pi dh$）这样我们得到了圆柱侧面积的计算公式。

【设计意图】 让学生展示探究结果，在这个过程中，学生说，教师课件演示，数形结合，生动形象，使学生一目了然。在这个过程中，学生发现圆柱可以转化成长方形、平行四边形、正方形，虽然转化的图形不同，但结果一样，都是圆柱侧面积等于底面周长乘高。通过渗透转化、数形结合的数学思想方法，让学生的思维在说说、看看、想想的过程中得到了很好的培养。

3. 总结方法，发展思维

师：同学们，通过转化我们探究出了圆柱侧面积的计算方法。如果要算圆柱的表面积，先算什么？再算什么？

师：转化的方法为什么好？

生：转化让我想到了圆柱表面积的另外一种计算方法——把圆柱的表面转化成一个大长方形，算长方形的面积就可以了。

【设计意图】 这一环节，在教师的引导下，学生明白圆柱体的表面积的计算方法及步骤。教师的"转化的方法为什么好"这个问题，刺激了学生思考的积极性，让学生想出圆柱表面积的另外一种计算方法。这个过程再次渗透了转化的思想，在转化思想的指导下，学生的思维得到了很好的发展。转化思想是数学思想的重要组成部分，它是从未知领域发展，通过数学元素之间的因果联系向已知领域转化，从中找出它们之间的本质联系，解决问题的一种思想方法。让学生了解、掌握和运用"转化"的数学思想方法，不仅有利于提高学生数学学习的效率，开发学生的智力，提高学生的数学能力，发展学生的数学思维，还能为学生的后继学习和未来发展乃至终身发展奠定坚实的基础。

4. 运用新知，培养能力

例题：现有一个圆柱纸盒，底面半径是 10 cm，高是 30 cm，这样的纸盒至少需要多大的

纸板？（板书题目）

（三）灵活运用，发展能力（略）

（四）回顾全课，谈谈收获

总评：《标准》强调学习"图形与几何"应注重所学知识与日常生活的密切联系，应注重使学生在观察、操作等活动中获得对图形的直观经验。案例中，教师充分利用现实素材，通过摸一摸、想一想、说一说，引导学生理解圆柱体的表面积的含义。在观察、操作和实验探究等活动中，通过"转化"的方法来探究圆柱侧面积的计算方法，提高了学生的空间想象能力和操作能力，为以后的学习打下了坚实的基础。

真 题 链 接

1.（2017年下半年教资考试真题）根据五年级上册教材"三角形的面积"（教材见图 4-11）回答：

（1）简述《义务教育数学课程标准（2011 版）》中"四基"的内容；（8分）

答案解析

（2）如指导高年段小学生学习上述内容，试拟定教学目标；（12分）

（3）依据拟定的教学目标，设计课堂教学的导入环节并简要说明理由。（20分）

2.（2019年上半年教资考试真题）结合《标准》回答：

（1）简述《标准》关于"长度、面积、体积"教学的基本要求。

（2）如指导小学高年段学生学习，试拟定"长方体体积"一课的教学目标。

（3）依据拟定的教学目标，设计课堂教学的导入环节，并简要说明理由。

习题一

1. 写出"长方形、三角形、梯形、圆、平行、垂直、平行四边形的高"的定义，并说明小学课堂上如何分析这些概念。

2. 根据文中"长方形和正方形的认识"教学片段，仔细阅读小学教材并写出本课时的完整教案。

3. 阅读小学数学教材"认识图形"，先拟定教学目标，再设计课堂教学的主要环节并简要说明理由。

4. 根据文中"圆柱的表面积"教学片段，仔细阅读小学教材并写出本课时的完整教案。

5. 阅读小学数学教材"米和厘米"，先拟定教学目标，再设计课堂教学的主要环节并简要说明理由。

第二节　图形的位置与运动的教学

生活中人们经常需要确定物体的位置,包括物体与物体的相对位置和物体相对于观察者的位置。从数学的角度来认识物体的相对位置,对于学生建立空间观念和解决日常生活中的有关问题都是非常必要的。这部分内容为学生将来在初中阶段学习平面直角坐标系、高中学习极坐标系奠定了基础。运动是研究图形性质的一种有效方法,也是一种基本的数学思想。

一、图形的位置与运动的主要内容

"图形的位置与运动"包括确定点的位置,认识图形的平移、旋转、轴对称。学生结合实际情境判断物体的位置,探索用数对表示平面上点的位置,增强空间观念和应用意识。学生经历对现实生活中图形运动的抽象过程,认识平移、旋转、轴对称的特征,体会运动前后图形的变与不变,感受数学的美,逐步形成空间观念和几何直观。

(一) 图形的位置的主要内容

1. 图形的位置的主要内容

图形的位置的主要内容安排在第三学段。包括能根据参照点的方向和距离确定物体的位置,在实际情境中描述简单的路线图,用有序数对(限于自然数)表示点的位置;了解比例尺,利用方格纸按比例将简单图形放大或缩小;能在方格纸上进行简单图形的平移和旋转,认识轴对称图形和对称轴;能在方格纸上补全简单的轴对称图形,能从平移、旋转和轴对称的角度欣赏生活中的图案;能借助方格纸设计简单图案,感受数学的美,形成空间观念。

2. 图形的位置的内容分析

确定图形的位置,重点是确定点的位置。实数集是数的一个集合,直线是点的一个集合。实数有大小关系,而直线上的点也有位置关系。现在在两个集合之间建立一个映射:使实数集中的数和直线上的点一一对应起来,且直线上任何线段的长度等于两个端点对应的数值之差。这样的一个映射其实就是数轴。

数轴是解析几何的基础,借助它可以实现数与形的结合,将代数和几何建立联系。从一维图形来看,数轴上的一个点只能代表一个数;从二维图形来看,一个点就要用两个数的组合来表示,这样就形成了平面直角坐标系。平面直角坐标系是由两条相互垂直的数轴构成的。建立平面直角坐标系后,就可以用一个有序数对表示平面上的一个点,如(1, 2)、(3, 1)等,一般地,可以表示成(x, y),在小学阶段,x, y均为自然数。

在学习了平面直角坐标系中用一个有序数对表示一个点之后,可以用一组数对表示更多的点,连点成线,由线成形,进而为后续系统学习解析几何奠定基础,发展空间观念和推理意识,形成会用数学的语言表达现实世界的核心素养。更广义地理解,图形的位置也包括点与线之间的位置关系(如三角形的高)、线与线之间的位置关系(如相交和平行)、线与面之间的位置关系(如长方体的棱与面),以及面与面之间的位置关系(如长方体的面与面)。

（二）图形的运动的主要内容

1. 图形的运动的主要内容

图形的运动的主要内容安排在第二、三学段。第二学段的主要内容是：结合实例，感受平移、旋转、轴对称现象。第三学段的主要内容是：图形的运动和图形的位置有机融合。

2. 图形的运动的内容分析

现实世界的图形千变万化。变换以后图形形状不变的运动就是刚体运动。有 3 种运动形式最为基本，这就是平移、旋转与反射。反射变换也就是轴对称。

在平面上，如果一个图形运动后图形上任意两点之间的距离不变，那么这个运动就是刚体运动。刚体运动所生成的变换是全等变换。平移变换、旋转变换和反射变换都是全等变换。

设定一条始点为 O 的射线为参照系。如果图形上的每一点都沿这条射线方向移动相同的距离，那么这种运动就是平移。一个图形经过一次平移得到另一个图形，意味着原图形上的所有点都按照同一方向移动了同样的距离。

设定一条始点为 O 的射线为参照系。设点 X 是图形上的任意一点，如果图形运动后点 X 位移到点 Z，且点 Z 到点 O 的距离等于点 X 到点 O 的距离，同时 OZ 与这条射线的夹角比 OX 与这条射线的夹角增加个给定角度，那么这种运动就是旋转。一个图形经过一次旋转得到另一个图形，意味着原图形上的所有点都绕着定点 O、按照同一方向旋转了相同的角度 α。其中，定点 O 叫作旋转中心，定角 α 叫作旋转角。

设定一条直线为参照系。如果图形运动后图形上每一点到这条直线的距离都不变，那么排除图形原地不动的情况后，这种运动就是反射。一个图形经过一次反射得到另一个图形，意味着原图形以给定直线为轴翻转到这条直线的另一侧，也就是通常所说的轴对称。

作为刚体运动的平移、旋转和轴对称并不是孤立存在的，它们之间存在着密切的联系。例如，如图 7-8，要将平面上的线段 MN（刚体）运动后得到线段 $M'N'$，可以先将线段 MN 平移，得到线段 $M'N_1$，然后绕点 M' 旋转一个角度，就可以得到线段 $M'N'$（见图 7-8）。

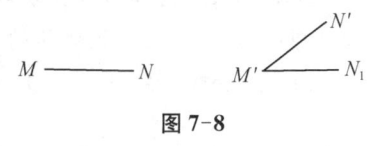

图 7-8

实际上，对于平面上两条长度相等的线段而言，总可以从一条线段的位置和状态，通过平移和旋转两种运动，将其中的一条变成另外一条。对于平面上两个全等三角形而言，总可以通过平移，或者加上旋转，或者加上反射，将其中的一个变成另外一个。一般地，平面上的刚体几何图形，尽管它可以处于不同位置，但是都能通过平移、旋转、反射 3 种运动及其组合，由一个位置变换到另一个位置。

二、图形的位置与运动的教学策略

（一）图形的位置的教学策略

1. 联系生活环境，借助直观经验深化理解

学生最先感知的是三维世界，是"空间图形"。学生的现实空间为学生认识位置与方向提供了很好的学习环境，是学生认识方向不可缺少的资源。学生认识"图形与位置"的过程就是深入认识和理解现实世界的过程。例如，在教"东南西北"时，教师可以让学生在早晨观察太阳从东边升起的情境，晚上在星空下找北斗星，以及观察学生熟悉的校园的坐落朝向，

自己家居住的房屋的朝向等。这些学生熟悉的环境，都为学生认识方向与位置提供了认知的背景。再如，为了让学生熟悉路线图以及描述的方法，可以以学生最熟悉的校园环境为背景，描述不同的路线图。教师在教学中可以出示一张学校的平面图（图内有几条不同的线路），让学生根据这些线路，描述不同的行走路线。由于学校的环境是学生十分熟悉的，他们在共同讨论中也便于自己纠正一些不正确的描述方法。在此基础上，再让学生画一些学校到家、学校到车站等的路线示意图，并注明学生所熟悉的参照物。这样的实践活动能帮助学生在二维与三维的转化中不断积累对周围环境感知的经验，有利于发展学生的空间观念和几何直觉。

2. 加强互动交流，通过自主探究深化理解

图形与位置的教学，要在学生认知发展水平和已有知识经验的基础上，引导学生通过观察、操作、推理等手段，逐步认识平面图形的位置关系及变换。教学强调教师与学生的互动、学生与学生的互动、学生与教学环境的互动，在认知互动、情感互动和实践互动中，给学生留有足够的时间去独立思考和自主探究，有利于深化学生对空间观念的理解。

例如："位置与方向"的教学片段（借助动手操作，解开学生困惑）

师：在小组内借助手势，相互说一说蓝宝石的位置，一分钟后请小组汇报。

组1：蓝宝石的位置是在中心位置的北偏东30°方向上，距离是150米。

师：你能用手势来指一指吗？

（学生先指着北方，然后慢慢向东方旋转，所以是北偏东；在这个方向上旋转了30°。）

组2：我觉得蓝宝石的位置也可以说东偏北60°，两个意思是一样的。

师：东偏北60°是什么意思？也请你上来指一指。

（学生先找到东方，然后慢慢向北方旋转，所以是东偏北；因为这个角是30°，那么另一个角就是60°，即在这个方向上旋转了60°，所以是东偏北60°。）

师：现在知道怎么找物体的方向了吗？

组3：（借助手势）从开始的方向向最后位置的方向旋转，旋转经过的角度就是最后的角度了。

思维是从动作开始的，在这个教学片段中，当学生在对物体的位置角度描述起来有困难时，教师先请学生运用手势让抽象化的数学语言变得更加具体可见，再引导全班学生一边用手势比画一边用数学语言描述。学生通过动手实践活动，在体验操作中积累了数学活动经验，将抽象的数学知识变得具体可视化。

（二）图形的运动的教学策略

1. 联系生活经验，从变换角度认识图形

小学生对平移、旋转和轴对称的认识，上升到对"点"的运动规律的认识，存在着较大难度，而"点"的运动规律体现着图形变换方式的本质特征，也是学生后续学习图形的全等变换及更复杂的图形运动变换的基础。因此，在教学中，教师要充分利用学生的感性经验，尽可能地呈现动态实物、动态图形的运动，以此抽象出图形中关键点的运动。让学生经历大量的观察，积累直接经验，为准确理解图形运动的本质打下良好的基础。

如"图形的旋转"教学片段：

（1）呈现生活实例，引出研究问题

师：（出示钟面）看一看，钟面上哪些物体在运动？怎样运动？

师：对，是钟面上的指针在旋转，它们是怎么旋转的呢？（出示课题）

师：看来同学们已经初步认识了生活中的旋转现象，今天我们进一步学习图形的旋转，从数学的角度研究图形旋转到底有哪些特征。

（2）借助表针，明确旋转三要素

① 认识旋转要素：旋转方向。

教师手动拨针，请学生观察思考。

问题1：请同学们看屏幕，注意观察表针是怎么运动的？

问题2：这个表针的旋转（顺时针拨动、逆时针拨动）有什么不同？

问题3：什么叫顺时针旋转？能用箭头表示一下吗？与顺时针相反的方向叫什么？用箭头怎么表示？

② 认识旋转要素：旋转中心、旋转角度。

动态出示表针的运动，并提问。

问题1：注意观察，表针的顺时针旋转和逆时针旋转都是绕着哪一个点进行的？

问题2：表针在旋转过程中有什么相同和不同的地方？

问题3：你是怎么知道表针旋转了90°？

师：一定要说清"表针是绕哪个点旋转""是向什么方向旋转""转动了多少度"这3点。

2. 设计操作与想象，明确图形运动的内涵

教师不要停留在单纯介绍图形运动的知识上，而应组织学生进行实际操作，从操作中体会图形运动的方法。教学时可以通过看一看、画一画、剪一剪等操作活动，引导学生通过想象、猜测和推理去进行探究活动。如在教学"轴对称图形"时，可先引导学生观察生活中的对称现象和一些对称图片（如长方形、正方形、圆形图片），在观察中初步感知轴对称图形和对称轴的特点；接着让学生动手对折图片找到对称轴，体验对称的特点；再让学生动手画出对称轴，在操作中进一步感知轴对称的特点，然后用语言归纳出轴对称图形的本质；最后在方格纸上补全一个简单的轴对称图形，找到画轴对称图形的方法。

另外，这部分内容可以通过与信息技术的整合，促进学生对图形的运动的理解。例如：运用"几何画板"等软件作为探索工具，在图形的运动的学习过程中使学生直观地理解变换对现实生活的意义。

知识卡片

"图形的位置与运动"的教学策略

三、图形的位置与运动的教学步骤

图形的位置的教学步骤视内容的不同而不同。一般图形的位置课，要经历"生活情境导入""唤醒经验学习新知""开展探究活动深入新知""实际应用巩固新知"这样4个阶段。一般图形的运动课，要经历"创设情境提出问题""建立概念""内化新知"这样3个阶段。下面介绍一个案例"用数对确定位置①"，可以清楚地看出图形的位置课的一般教学程序。

"用数对确定位置"是在初步认识了简单方位和路线的基础上，进一步认识用数对确定平面内点的位置。"用数对确定位置"可以看作直角坐标系的初步，用一对有序数对表示平

① 马云鹏，吴正宪，等.《义务教育数学课程标准（2022年版）》案例式解读（小学）［M］.上海：华东师范大学出版社，2022：224-231.（有删改）

"平移和旋转"
的教学

面上的一个点，进而可以用一组数对表示更多的点，连点成线，由线形成图形，其本质是数与形的结合。教学的重点是通过结合学生熟悉的教室座位等具体情境，引导学生逐步抽象出可以用有序数对表示点的位置，理解有序数对与方格纸上点的对应关系，形成"会用数学语言表达现实世界"的核心素养。

案例：北师大版《数学》四年级上册"用数对确定位置"（教材见图 7-9）。

教学过程：

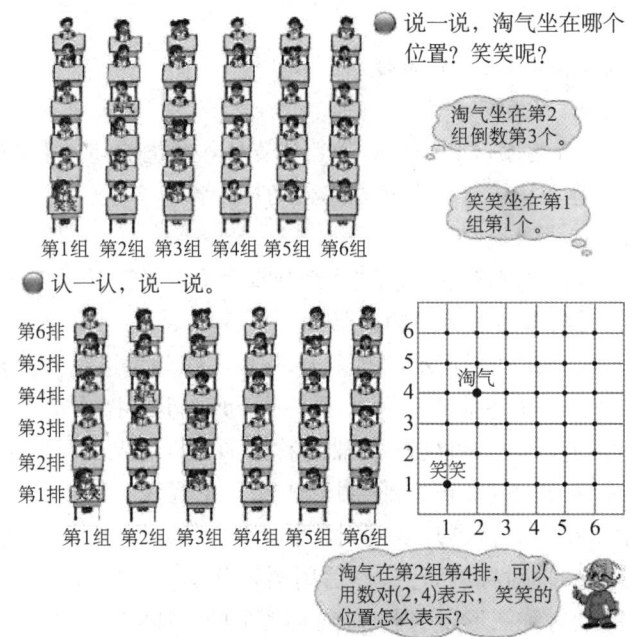

图 7-9

（一）借助生活情境，初步感知有序数对

师：同学们，在教室里，要告诉别人你的位置，该怎么表述？我们先以数学课代表的位置来讨论试试。

生：第 3 组，第 4 个。

生：第 3 列，第 4 行。

师：你们是从哪里开始数的？第 1 列在哪里？第 1 行在哪里？

生：列是从左往右数的，行是从前往后数的。

（教师引导全体学生数一遍）

师:我们用数学的方法可以怎样表示数学课代表的位置呢?

生:→3↑4。

生:3,4。

生:(3,4)。

师:比一比,这几种不同的表示方法有什么相同点? 你喜欢哪一种?

生:都用了两个数,一个数表示列,一个数表示行。

(教师辨析不同的表示方法,引出数对概念)

师:在数学上可以用数对(3,4)来表示数学课代表的位置。

生:3表示第3列,4表示第4行。

[学生读一读:数学课代表的位置是(3,4)]

师:你能用这样的数对向我介绍语文课代表的位置吗?

生:(3,5)。

【设计意图】 《标准》在教学提示中指出,"结合教室里学生的位置、电影院里观众的位置等熟悉的情境,引导学生借助方格纸上的点,用有序数对表示具体的位置"。本案例从学生身边熟悉的座位情境入手,说一说数学课代表的位置是"第几列第几行",探索生活中多元的位置表征方法,通过辨析比较,初步认识可以用一对数(即数对)来表示位置,初步体会数对表示位置的简洁性和优越性。然后,通过描述语文课代表的位置及时进行练习,让学生初步掌握在具体的情境中用数对表示位置的方法。

(二)建立数形对应,体会有序数对的意义

师:现在把我们的位置显示到屏幕上,你还能找到自己的位置吗?(课件演示教室变网格,见图7-10)

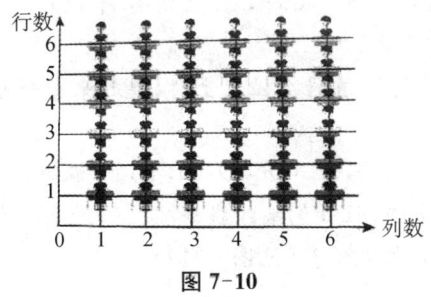

图7-10

师:原点在哪里? 横轴表示什么? 纵轴表示什么?

生:原点在(0,0),横轴表示列,纵轴表示行。

师:这个点的位置用数对怎么表示?(课件出示一个小圆点)你是怎么看的? 联系实际看看这个人是谁?(从点到人)

生:用数对(1,1)表示,是我们班第1列第1行的同学。

师:(指定一位学生)他的位置在屏幕上应该是在哪里? 先确定位置,再说出数对。(从人到点)

师:同学们,看来每个人的位置都能找到对应的点,每个点的位置都有对应的数对,根据这些知识,我们一起来玩一玩数学游戏。

游戏1:猜一猜我的好朋友是谁?(将自己和好朋友的位置,用数对形式标在网格坐标

中，让大家猜一猜你的好朋友是谁）

游戏2：看数对，换座位

① 从信封里拿出一张红卡片，上面写有一个数对，这个数对就是你的新位置。

② 根据数对，先想一想你的新座位在哪里，然后坐到新位置上，有困难的同学到讲台上找老师。

③ 讨论：这两位同学遇到困难，他们为什么找不到座位？请帮忙补充完整。

出示：$(\square, 3)(3, \square)$

④ 说理：强调数对特点，要用两个数表示位置，(a, b)中a和b缺一不可。

⑤ 观察$(5, 3)$和$(3, 5)$，找一找它们的区别在哪里。（突出数对的又一个特点：数字相同，位置不同，意义不同）

【设计意图】《标准》在学业要求中指出，"能在方格纸上用有序数对（限于自然数）确定点的位置，理解有序数对与对应点的关系"。本案例中借助信息技术，将学生的位置表逐步抽象成一张坐标网格，让学生掌握在坐标网格中用数对表示物体的相对位置。在这个教学过程中，学生从认识身边的座位，逐步抽象出数学坐标网格位置的表示方法，充分体验由具体到抽象的数学认知过程。通过"从点到人"再"从人到点"的相互对应，在数形对应中帮助学生直观理解有序数对与相应点的一一对应关系，发展学生的空间观念，进而通过"猜一猜""看数对换座位"等游戏活动，让学生感悟用数对确定位置的特征：两个数字缺一不可，相同的数字处在不同位置，表示的意义不同。学生经历"具体—抽象—应用"的认识过程，明晰了数对的概念，掌握了数对的特点，理解了数对与点位置的对应关系。

（三）利用数形结合，发展空间观念

师：根据呈现的数对所对应点的位置，想象连起来是什么图形？

［课件出示：$A(2, 3)$ $B(3, 5)$ $C(5, 3)$］（见图7-11）

生：连起来是三角形。

师：若还有一个点D，当点D在什么位置上时，连起来是一个平行四边形？请写出点D的位置：$D_1(\quad, \quad)$ $D_2(\quad, \quad)$ $D_3(\quad, \quad)$。

学生给出答案：$D_1(6, 5)$ $D_2(4, 1)$ $D_3(0, 5)$。（课件演示，验证答案）

师：同学们的想象力非常强，让我们继续挑战吧！如果将三角形ABC向上平移3格，你能说出A_1, B_1, C_1 3个顶点的位置吗？（见图7-12）

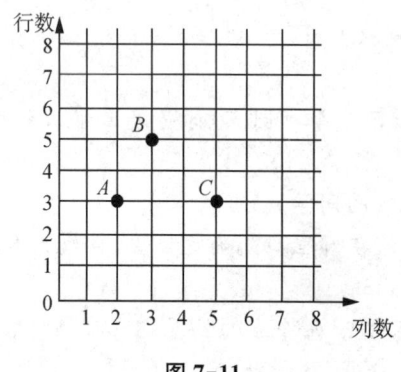

图7-11

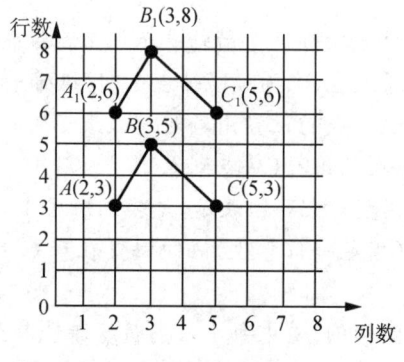

图7-12

生：A_1（2，6）　B_1（3，8）　C_1（5，6）。

师：观察数对的变化，你有什么发现？

生：向上移3格，列数不变，行数增加3。

（课件演示，验证结果）

师：想象一下，如果下移3格呢？

生：向下移3格，列数不变，行数减少3。

（课件演示，验证结果）

师：通过前面的学习活动，你有什么收获呢？

生：上下平移，列数不变，行数增加或减少。

师：如果左右平移，数对的变化规律，你有怎样的猜想呢？

生：我认为左右平移，行数不变，列数增加或减少。

师：真的是这样吗？请你画一画，试一试，验证一下。

（课件演示，验证结论）

师：为什么图形向一个方向平移，无论平移多少格，平移后的图形形状都是不变的？

生：我发现一个图形向一个方向平移一定的格数，它的每一个点都向同一个方向平移相同的格数，因此平移后的图形形状是不变的，只是位置发生了变化。

师：通过数对来描述图形的平移，我们不仅发现了数对的变化规律，而且还可以更直观地理解为什么平移不会改变图形的形状。

【设计意图】《标准》指出，"有条件的学校可以借助信息技术，通过动态演示点的运动帮助学生理解图形位置确定方式的合理性"。教师应重视数学内部不同领域的综合，重视对学生数学思想和数学核心素养的培养。本片段很好地体现了借助信息技术，通过动态演示，感悟数形结合，促进思维发展。先由数想形，通过观察数对想象出图形，然后，平移图形由形想数，写出数对，最后观察平移前后的位置和数对中数的变化情况，推理出一般数学规律。通过丰富的探究活动，让学生经历描一描、画一画、想一想等学习过程，发展空间观念和想象能力。在探究图形平移活动中，发现数对的变化规律，初步培养了学生的推理意识，并通过数对量化描述，增强了对平移概念的理解。

（四）应用数学知识，解决实际问题

师：这是学校周围的建筑物布局图，你能说清楚它们之间的位置吗？（课件只出示地名，见图7-13）

生：说不清楚。

师：怎样才能说清楚？

生：加上坐标网格。

师：是这个意思吗？（课件出示坐标网格）

师：大家一起来说说它们的具体位置。

（学生一一回答）

师：今天所学的知识在生活中有哪些用途？

生：可以帮我们定位。

师：在地球上我们是如何定位的呢？让我们一起看看

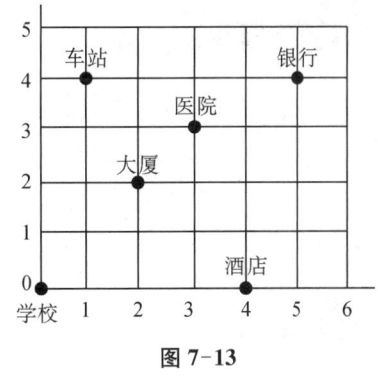

图7-13

图7-14

地球的经纬度知识吧!

（课件展示视频,见图7-14,学生学习地球经纬度,观看北斗三号导航系统）

【设计意图】 《标准》强调"数学与现实生活的联系""形成'会用数学的语言表达现实世界'的核心素养"。因此案例中通过多种形式的练习,一方面巩固所学的新知,应用知识解决实际问题,初步感受数学知识和生活的密切联系,增强学生的应用意识;另一方面拓展课外知识,培养学生的探究欲望和对科学的热爱,培育科学精神。如果结合军事演练素材,还可以渗透国防教育。

总评:"用数对确定位置"一课,通过学生熟悉的教室座位情境引入,经历从具体情境逐步抽象出数学概念的学习过程,从数与形结合的视角,利用数对的变化刻画点的位置变化,让学生体会点的位置与数对中数的一一对应关系,积极探究图形平移中的数对变化规律,并将所学知识应用到实际问题解决中。本案例不仅实现了《标准》中的目标"能在方格纸上用有序数对(限于自然数)确定点的位置,理解有序数对与对应点的关系",也形成了"会用数学的语言表达现实世界"的核心素养,而且关注学生在获得基础知识、基本技能的同时,积极探索真实情境与数学问题中蕴藏的数学规律,积累丰富的活动经验,培养空间观念和应用意识。

习题二

1. 阅读小学数学教材"轴对称图形",先拟定教学目标,再设计课堂教学的主要环节并简要说明理由。

2. 根据教材"用数对确定位置"回答:

(1) 什么是符号化思想? 如何培养学生的符号化思想?

(2) 如何指导低年段小学生学习上述内容,试拟定教学目标。

(3) 依据拟定的教学目标,设计课堂教学的主要环节并简要说明理由。

本章小结

"图形与几何"的知识在日常生活和生产中有着广泛的应用,对学生建立空间观念、几何直观、量感与推理意识都有着不可替代的作用。本章内容先是熟知了图形的认识与测量、图形的位置与运动的具体内容,接着给出了每部分内容的教学策略,最后给出了一般的教学步骤。每部分内容都紧扣《标准》的课程内容、学业要求和教学提示,突出了核心素养的教学。

复习题

1. 简述小学数学教材中图形与几何主要包含哪些内容?

2. 根据以下教材内容,拟定教学目标,设计主要的教学活动并说明理由:

（1）厘米的认识；

（2）观察物体；

（3）圆的周长。

厘米的认识

观察物体

圆的周长

本章主要参考文献

［1］陈孝平,杨旭.小学数学课程与教学[M].西安:陕西师范大学出版社,2017.

［2］高荆.小学数学课程教学概论[M].济南:山东科学技术出版社,2002.

［3］孔企平.小学数学课程与教学[M].上海:华东师范大学出版社,2016.

［4］栗玲.小学数学课程与教学论[M].北京:中国社会科学出版社,2012.

［5］马云鹏.小学数学教学论[M].北京:人民教育出版社,2013.

［6］马云鹏,吴正宪,等.《义务教育数学课程标准(2022年版)》案例式解读(小学)[M].上海:华东师范大学出版社,2022.

［7］史宁中,曹一鸣.义务教育数学课程标准(2022年版)解读[M].北京:北京师范大学出版社,2022.

［8］中华人民共和国教育部.义务教育数学课程标准(2011年版)[S].北京:北京师范大学出版社,2012.

第八章

统计与概率的教学

 **知识结构**

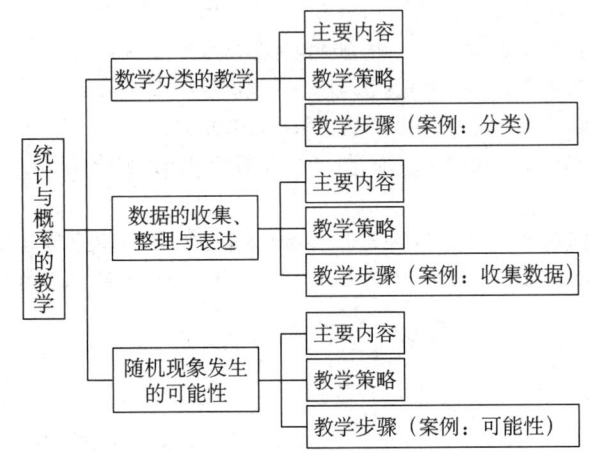

 **学习目标**

1. 了解统计与概率内容在小学数学中的地位,掌握统计与概率的内容结构。
2. 了解统计与概率的教学要求,掌握其教学的主要策略。
3. 根据小学数学教师的基本要求,能写出完整的教学设计并实施课堂教学。

 **学习重点**

写出教案并实施课堂教学。

 **学习导引**

"统计与概率"主要研究现实生活中的数据和客观世界中的随机现象。其相关知识和思想方法对大数据时代的社会公民十分重要,也是义务教育阶段数学学习的重要领域之一。小学

阶段"统计与概率"内容主要包括"数据分类""数据的收集、整理与表达"和"随机现象发生的可能性"3个主题(见表8-1)。学生通过学习,经历数据收集、整理与表达的过程,掌握相关的方法,感悟数据中蕴含的事物特征,将数据作为判断和预测的依据,形成数据意识和数据观念。本章主要探索"统计与概率"3个主题内容的内容安排、学业要求及以核心素养为导向的教学策略。

表8-1 义务教育阶段"统计与概率"领域主题

第一学段 (1～2 年级)	第二学段 (3～4 年级)	第三学段 (5～6 年级)
数据分类	数据的收集、整理与表达	数据的收集、整理与表达,随机现象发生的可能性

案例导入

天气预报:"明天下雨的机会是 80％。"那么,下列与其意思最接近的是:

A. 明天肯定会下雨;

B. 明天肯定不会下雨;

C. 假如一年中有 10 天预报"明天下雨的机会是 80％",在这 10 天中有 8 天左右第二天会下雨;

D. 假如一年中有 10 天预报"明天下雨的机会是 80％",在这 10 天中恰好有 8 天第二天会下雨。

某学生的答案是 D。理由:因为 80％很接近 100％,说明下雨占 80％,不下雨占 20％,80％＞20％,所以明天肯定会下雨。

你认为学生的回答对吗? 如果是你的课堂上出现了这样的情况,你会怎么办?

第一节 数据分类的教学

　　分类既是一种数学思想,也是认识概念、学习图形特征和解决问题的方法。数据分类是统计与概率的重要基础,在小学阶段学习数据分类思想和掌握数据分类方法,对后续学习有着重要的意义。

　　"数据分类"的本质是根据信息对事物进行分类。学生经历从事物分类到数据分类的过程,感悟如何根据事物的不同属性确定标准,依据标准区分事物,形成不同的类。在学习统计图表时,学生将进一步认识数据的分类,从中感悟对事物共性的抽象过程,不仅为统计学习,也为数学学习奠定基础。

一、数据分类的主要内容

(一) 数据分类的主要内容

"数据分类"主题要求从事物分类逐步过渡到数据分类。主要有两类问题:一是按照给定的标准进行分类,如垃圾分类的实践活动;二是由学生自己制订标准进行分类,学生可以用图画、表格等记录分类结果,感受分类结果的多样性。

(二) 数据分类的内容分析

数据分类可以从两个层面理解。一是对事物分类。在数学学习过程中学生经常会遇到分类问题,如生活中物体的分类、数的分类、图形的分类等。这类对事物的分类可以看作初级的数据分类,即在一组事物中把具有相同属性的事物作为一类,如按大小、颜色、形状、摆放的位置等进行分类。对事物分类体现了抽象概括的过程,也可以对分类结果进行数字化处理,即把事物的不同属性用数据赋值。例如:用 A,B 表示大、小;用 1,2,3 表示红、黄、蓝。这些都可以看成数据分类。二是对调查获得的数据分类。在解决问题时学生经常需要调查研究、收集数据,并对获得的数据进行整理,数据整理的第一步就是分类。例如,调查某地区二年级小学生身高,可以把收集的小学生身高的所有数据按照以下标准分类:小于或等于 120 cm, 120 cm～125 cm, 125 cm～130 cm, 130 cm～135 cm, 135 cm～140 cm 140 cm～145 cm, 145 cm～150 cm,大于 150 cm(不包括左端点,包括右端点)。这种分类是《标准》强调的数据分类,即按照需要将收集的数据分段进行整理和分类,通过对数据分类挖掘数据蕴含的信息,有利于作出预测和决策,有助于问题解决。

生活中存在大量的分类问题,经筛选后可以成为学生学习数据分类的内容素材。学生往往只凭借直观感觉分类,没有真正明确分类的标准是什么,有的学生在分类时把不同的分类标准混在一起,不能按同一标准分类。同时,学生很难体会分类的必要性与价值,自觉分类意识不强。所以教学时可以设计实践活动,要求学生把一些原来无序的物品进行分类整理。例如,在整理房间的实践活动中,让学生先把衣服、学习用品、玩具分好类,再将它们分别放在衣柜、书桌、玩具箱中;在整理书包的实践活动中,让学生尝试按照物品用途、课表中的科目等多种分类标准,将文具和书本进行分类。这些活动都可以为学生学习数据分类积累经验。

不论是按给定的标准分类还是按学生自己制订的标准分类,都会因分类标准不同而导致分类结果不同。分类标准主要有以下两种:按单一标准分类和逐层分类。数据分类贯穿统计学习的始终,在后续统计图表、统计量的学习中,基础的内容依然是数据分类。数据分类是根据信息对事物进行分类,为人们认识现实世界提供依据。

《标准》对"数据分类"的内容要求指出,第一学段(1～2 年级)会对物体、图形或数据进行分类,初步了解分类与分类标准的关系,形成初步的数据意识。

二、数据分类的教学策略

(一) 对接生活经验,在亲自参与的活动中学会事物分类

低年级学生可以从身边力所能及的事情做起。教师可以鼓励学生参与家庭垃圾分类的实践活动,培养学生的分类意识和劳动习惯。学生在家长的指导下,按照有关部门规定的垃圾分类标准对家庭产生的垃圾进行分类,并与家长交流具体的分类方法。通过这样的实践活动给学生创设自主探究、动手操作、合作交流的机会,鼓励学生大胆尝试,激发学生学习的兴趣和自信,引导学生遵守法律法规,做守规矩的好公民。

教学中还可以引导学生经历初级的分类,即事物分类,分类的过程就是对事物共同属性的抽象过程。结合学生熟悉的生活场景,开展分类活动,让学生在实践活动中激活已有的分

《标准》链接

《标准》对"数据分类"的学业要求与教学提示

类经验,促进新经验生成,帮助学生在活动中学会对事物简单分类。如对生活用品、学具、玩具等进行分类。学生在亲身参与的活动中感悟分类的价值,学会分类的方法,为后续学习数据分类积累感性经验。

(二) 经历统计过程,学会数据分类方法

一方面,要让学生从整体的视角确定分类标准,做到不重不漏,通过分类提取有效信息,初步体会数据分类的必要性。另一方面,分类后初步感受分类结果在同一标准下的一致性和在不同标准下的多样性,学会分类方法。

方法1:数据赋值

教学中要让学生经历亲自收集数据、整理数据的过程,在此过程中逐步学会给数据赋值的方法。

例如,"统计本班学生人数。其中,男生有多少人,女生有多少人?"在分类记录统计结果时,可以引导学生用1表示男生,用2表示女生。

又如,"为合理进行垃圾分类,学校要重新设计垃圾桶的数量和位置。放几个垃圾桶合适? 放在哪儿合适?"为解决问题,让学生根据垃圾分类的标准,调查学校每天产生垃圾的情况,并分别用A,B,C,D表示厨余垃圾、可回收物、有害垃圾、其他垃圾,进行记录;引导学生深入讨论"如何根据每类垃圾的数量确定垃圾桶的数量""如何根据教学楼的位置确定垃圾桶的摆放位置"等问题,不断发现新问题,并解决新问题。

在这样的学习活动中,让学生体会数学不仅源于生活,还能应用于生活,经历由"事物分类"到"数据分类"的过渡过程。不论用数字还是用符号做记录,都是数据分类的表现形式,这也为后续利用数据分段的方法进行数据分类奠定基础。

方法2:数据分段

除了给数据赋值外,根据需要,还可以对数据进行分段整理。如前面的例子,调查某地区二年级小学生身高,可以把收集的小学生身高的所有数据按照不同数据段进行分类。这是《标准》所强调的数据分类方法,学生经历收集数据、整理数据和分析数据的过程,利用数据分类发现数据背后隐藏的信息,分析问题,作出合理决策。通过解决问题的过程,促使学生感受数据的力量,发展数据意识。

三、数据分类的教学步骤

数据分类教学要对接学生生活经验,引导学生在亲身体验的活动中学会对事物分类;带领学生经历统计过程,学会分类方法;鼓励学生应用数据分类解决真实问题,感悟数据分类的意义和应用价值。一般要经历"创设情境,产生分类需求;经历分类过程,学习分类方法;巩固练习,应用分类解决问题"3个阶段。

案例:《分类》教学片段

(一) 激趣导入

师:小朋友们,你们去过森林吗? 今天我们一起到大森林里去玩吧。

课件一:(动画)森林里,动物们纷纷到兔宝宝超市购物,各种商品杂乱地放在柜台上,兔宝宝东找找西找找,忙得满头大汗。

师:看到这儿,你们有什么话要对兔宝宝说啊?

生:兔宝宝,你的货物摆得太乱了,如果你把相同的东西摆在一起,就不会那么忙了。

师：你是怎么想到这个方法的？

生：超市里都是按不同的物品摆放的。

师：你们说得真好。请大家看屏幕，我们帮兔宝宝重新摆放这些物品吧。

【设计意图】　通过动画讲述故事的情境来吸引学生，激发学生的学习兴趣，并让学生初步感知"分类思想"在日常生活中的作用。

（二）初步体验按指定的标准分类

师：大家桌子上有一个信封，里面都装有一件东西，有3个组桌上放了提示牌，请你们根据每组桌上的提示牌找准自己的位子坐下。所带东西不属于这3类的小朋友，坐到没有提示牌的小组。比一比，看谁找得准。

师：有提示牌小组的小朋友们互相看一看，如果有没坐对位子的，帮他找一找位子。没有提示牌的小组就商量着根据你们的东西，给小组起个名字。

师：现在我们有4个组了，可每个组还缺个组长呢，请每个组赶紧选一个最爱发言、声音响亮的小朋友当组长。

师：哪个小组长说一说，你们小组都有些什么？

（生依次回答，没有提示牌的小组最后说）

师：你们小组的名字想好了吗？

生：我们组的东西有各种图形，就叫图形类吧。

师：像我们这样按一定的要求，把大家分组就是分类。（揭题）今天我们就一起来研究分类的知识。

【设计意图】　让学生根据手上的物品，按提示牌找座位，就是按指定标准分类。这种单一标准下的分类结果是既定的，不可改变的。学生肯定能分成4个组。其中3个组是教师给定的名称，指定标准，有一个让学生通过手上的物品合作概括出小组的名称，就是对儿童逻辑思维能力的培养。组长是小组学习不可缺少的核心组织者，所以在同学们坐成4个组后，必须推荐一名组长。教师提出选组长的要求，让学生自主推荐，将主动权完全交给学生，学生融入了小组集体之中。

（三）分组探究：按不同标准分类的方法

师：开动脑筋想一想，你们小组的这些东西还能再分类吗？请每个组的组长带大家一起讨论。先讨论可以把什么样的东西放在一起（分类方法），再分别放在篮子里（动手操作）。

【设计意图】　每个小组将组内的商品再分类，就是让学生按照自己的一定标准分类。本环节先让学生在小组内讨论分类方法，即什么样的东西放在一起，再动手操作。学生可以充分发表自己的意见，也可以有几种不同的分类标准，学生将零散的、个别的知识系统化和条理化，从而形成有关分类的概念。

（四）汇报分类情况，交流评价

师：我们来参观一下各小组分类的情况。请各小组的代表给大家介绍你们是怎么分的，其他小组的小朋友可以说说你的看法，也可以给他们提提建议。

第一组：我们组把苹果放在一起，梨放在一起，香蕉放在一起，葡萄放在一起。

生：我认为他们小组分得很合理，很好。

生：我觉得他们小组分得可以，但我想苹果还可以按大小分开，大的可卖得贵一些，小的便宜一点。

师:你真有经济头脑。

生:我想把梨也分开放,因为有的是青皮的,有的是黑皮的。

师:你观察得很仔细。

第二组:我们组分的是饮料,我们把矿泉水放在了一起,可乐放在了一起,橙汁放在了一起。

生:我认为他们这样分让我看得很清楚。

生:我认为他们这样分可以,可我的想法和他们不同。我想按包装分,瓶装的放在一起,罐装的放在一起。

第三组:我们组分的是笔。铅笔放在一起,彩笔放在一起。

师:你的想法真好。

第四组:我们把圆形放在一起,三角形放在一起,正方形放在一起。

生:我看可以按颜色分,红色的放在一起,黄色的放在一起。

师:你是按颜色分的,很好。

师:同学们都按不同的标准把组内的东西分得很好,有的按品种分,有的按颜色分,有的按形状分……还说出了不同的意见,个个都很能干。

【设计意图】 各组依次参观的形式新颖,符合一年级儿童好奇心强、好动的心理特征,并且也将各组的分类情况充分展示。由本组成员介绍完分的方法后,其他小组成员自由评价,符合目前新课程标准的要求,让学生人人参与到数学活动之中,自主地位充分体现,合作学习交流使教师仅仅成为学生活动的组织者、引导者与合作者。学生交流后,教师再小结,起到了画龙点睛的作用。

(五) 运用所学知识,解决实际问题

1. 你能按要求给下面的东西分类吗?(课件出示书上题目)

2. 在日常生活中,很多地方要用到分类的知识,你知道哪些分类的知识?

生:家里的东西是分类放的,鞋子放在鞋柜里,衣服放在衣柜里。

生:一家人一家人在一起。

……

师:大家说得真好,只要大家平时留心观察生活,就会发现好多数学知识。

【设计意图】 通过让学生说说生活中的分类现象,让学生体会分类思维在日常生活中的广泛应用,使学生明确数学来源于生活,生活中处处有数学。

3. 出示课件:大森林里许多动物依次出现,定格为一幅画面。(花、树、草、大象、熊猫、老虎、狮子、猫、狗、松鼠、鸡、鸭、马、猴子、青蛙、鱼、燕子、鸽子等)

师:你们能把画面中所有的东西分类吗? 小组商量后说一说。

生:花、草、树都是植物,大象……都是动物。

生:大象、熊猫、猴子……是野生动物,鸡、鸭、猫、狗是家养动物。

师:你懂的知识真多。

生:鱼是水生动物,青蛙、乌龟是两栖动物。

师:你真是一个动物学的小专家。

……

师:小朋友们知识面真广,想了许多分类的方法。

【设计意图】 用学生十分喜爱的动物录像,将学生带入一个美丽的动物王国,让学生观察后小组讨论,如何将画面中的所有东西分类,学生的思维开阔,能按自己不同的标准分类。只要能说出自己的道理,都是正确的。教师根据学生的回答,在电脑上用鼠标拖动动物,初步渗透信息技术教育。

案例中,从学生已有的生活经验出发,以学生感兴趣的动画场景为情境,鼓励学生在活动中学会物体的简单分类。使学生在亲身参与的动手活动中感悟分类的价值,在分类的过程中认识事物的共性与区别,学会分类的方法,并将分类方法用到实践中,感受与数学语言表达世界,形成初步的数据意识。

 习题一

以小学数学教材中"逐层分类"为例,说明在教学中让学生经历从事物分类到数据分类的过程对其数据意识培养的意义和作用。

第二节 数据的收集、整理与表达的教学

"数据的收集、整理与表达"包括数据的收集,用统计图表、平均数、百分数表达数据,在学习过程中,要让学生初步感受现实生活中存在大量数据,其中蕴含着有价值的信息,利用统计图表和统计量可以呈现和刻画这些信息,形成初步的数据意识。

一、数据的收集、整理与表达的主要内容

（一）数据的收集、整理与表达的主要内容

"数据的收集、整理与表达"是小学阶段统计教学的核心内容,包括数据的收集,用统计图表、平均数、百分数表达数据等。统计图包括条形统计图、折线统计图、扇形统计图。

（二）数据收集、整理与表达的内容分析

1. 数据的收集

数据收集的方法包括调查、实验、测量、查阅资料等;整理、描述和分析数据的方法包括分类、排序、图表等。这部分内容要求一是在真实情境中收集数据,二是要选择合适方法整理数据,三是用多种方式记录、表达数据。统计教学重在培育学生收集数据的自觉性,让学生知道要想解决问题,首先得进行调查研究,学会收集、整理、记录、分析数据,并能根据数据背后隐藏的信息分析问题,作出合理决策。如学校要为全校学生定制校服,选择哪种款式?以什么颜色为主色调? 真实的情境引发真实的问题,怎样进行统计? 首先要对学生的意见进行调查。在统计的过程中,学生根据问题情境选择合适的收集数据的方法,运用不同方式记录数据、呈现结果,清晰地看出数据分类以及每类数据数量的多少,从而为校服款式和颜色的选择提供依据。通过这样的活动让学生感受到,收集、整理、分析数据是解决问题的一种重要方法,现实生活中可以通过调查研究对数据进行收集、整理、分析,在此基础上作出预

测和决策。

2. 统计图

统计图是描述数据的重要手段,小学阶段主要包括条形统计图、折线统计图、扇形统计图。在绘制统计图时,通常用横轴表示数据的类别,纵轴表示数量的多少。对于收集到的具体问题中的数据,要先进行分类,确定每类数据的数量,再绘制成统计图。条形统计图直观呈现了不同类数据的数量,反映了数据分布的状态。折线统计图不仅能表示数量的多少,还能清楚地反映数量的增减变化。折线统计图的主要功能是表达数据的变化趋势,根据数据的发展趋势人们可以作出简单的判断和预测。扇形统计图能直观表达部分和整体的关系,可以与百分数的学习有机结合。

内容不仅包括统计图的基本结构和主要特点,知道从统计图中获得数据本身的信息,还要能发现数据背后隐含的信息。3 种统计图各具优势,条形统计图有利于直观形象地表示数量的多少,将不同类别事物的数量进行比较。折线统计图有利于直观了解数据的增减变化,通过观察折线的"陡峭程度"及"走势",可以在连续的变化中发现问题、综合分析、得出结论、作出预测,为决策提供有力支撑。扇形统计图有利于直观表示部分和整体的关系,用百分数表示各部分所占的百分比及其差异。条形统计图和折线统计图还有单式和复式统计图之分,复式统计图的价值在于把一组相关联的数据信息整合在一起,便于展开部分与部分、部分与整体、整体与整体之间的比较,进而作出科学决策。

3. 统计量

小学统计量主要包括平均数、百分数等。

平均数的本质是刻画一组数据的整体水平,反映数据的集中趋势,具有代表性。平均数介于最大数和最小数之间,它可以通过刻画一组数据的集中程度表达总体的集中状况,从而帮助人们作出预测和判断。学生在学习中感受平均数中蕴含的统计思想,初步体会平均数的统计意义,形成初步的数据意识。

百分数的本质是对两个数量倍数关系的表达。一方面,百分数可以表达确定数据,如饮料中果汁的含量、税率、利息和折扣等;另一方面,它可以表达随机数据,如某篮球运动员罚球命中率、某城市雾霾天数所占比例等。百分数像一把标尺,方便人们进行比较,运用百分数刻画数据的分布,能更好地把握一组数据中的信息,为人们判断和决策提供依据。百分数的学习可以帮助学生形成数据意识和应用意识。

教学中要强化百分数的统计意义,要结合具体情境,利用现实问题中的随机数据引入百分数,引导学生探索百分数的意义,帮助学生了解百分数的统计意义,解决与百分数有关的简单实际问题。平均数与百分数的教学不仅仅是让学生掌握平均数、百分数的计算方法,更重要的是帮助学生了解其统计意义,形成数据意识。

《标准》链接

《标准》中"数据收集、整理与表达"的内容要求

二、数据的收集、整理与表达的教学策略

"数据的收集、整理与表达"是小学统计教学的核心内容。教师在教学中要培养学生的数据意识,让学生在生活、学习中能主动收集、整理、描述、分析数据,从而运用数据解决实际问题。

1. 注重挖掘德育要素,发挥统计教学的育人功能

在教学中要注重挖掘统计教学独有的育人功能,不仅使学生获得统计知识,更重要的是

培养学生的统计素养，使学生形成尊重事实、善于合作、勇于实践、不断反思的优秀品质。

（1）要重视培养学生调查研究、尊重事实的做事自觉性

在教学中要创设现实情境，让学生知道解决问题首先要进行调查研究，形成对数据的来源、处理、结果进行合理质疑的意识，以及用数据说话的习惯。引导学生通过对数据的整理、分析，体会数据中蕴含着信息，并从足够的数据中发现规律，进行合理的判断和预测，培养学生尊重事实、实事求是的科学精神。

（2）要重视学生核心素养的培育

在教学中要积极开展综合实践活动，使学生在自主探究和合作交流中经历收集数据、整理数据和分析数据的过程。例如，可以设计学生所熟悉的"班级组织体育比赛"活动，让学生调查全班同学最喜欢的体育活动，鼓励学生收集、整理数据，并根据数据决定体育比赛的项目。通过这样的实践活动促使学生用数学的眼光看待生活中的现实问题，用数学的思维思考解决问题的思路和方法，选择合适的方式有条理地交流和表达问题解决的方法或设想。

（3）要重视培养学生的爱国情怀和责任担当

注重发挥情境、素材的育人功能。例如，以中国高速铁路运营里程的逐年增长，中国科技、航天事业飞速发展等为背景开展教学，让学生感受祖国的发展和人民生活水平的提高，激发学生的爱国热情。可以让学生根据解决问题的需要，自主从报纸、杂志、电视、互联网等媒体上获取数据，或者通过其他合适的方式获取数据，给学生留有自主解决问题的空间，培养学生不怕困难的品质、不断反思的习惯，培育学生的担当精神。

2. 注重经历统计的全过程，培养学生的数据意识

学生数据意识的培养不是一朝一夕的事，应渗透在学生的整个学习过程中，使学生逐渐获得素养的提升。

（1）在现实情境中产生收集和整理数据的需要

通过创设真实的情境，如十字路口的交通情况、班级学生身高和视力情况、图书馆各类书籍的数量等，让学生经历简单的数据收集和整理过程，了解简单的收集数据的方法，学会呈现数据整理的结果，对收集、整理数据的方法形成丰富的体验。教师要鼓励学生开展调查研究，培养学生自觉收集、积累数据的习惯，为解决问题打下基础。

（2）在问题解决中经历数据描述和分析的过程

在教学中要鼓励学生根据实际问题及具体情境选择合适的方式来描述和分析数据，在描述和分析中，使学生体会数据中蕴含着丰富的信息，体会运用数据进行表达与交流的作用，养成用数据说话的习惯，要避免为了统计而统计。应帮助学生强化对数据意义的感悟，让学生知道运用数据可以解释和分析现实问题，体会数据的力量。

（3）在判断和预测中感悟数据的随机性

在教学中可以引导学生借助生活经验感受数据的随机性。例如，让学生记录自己每天上学途中所用的时间，学生会发现每天所用的时间都不一样，但当具备足够的数据以后，就能知道自己上学途中所需的大概时间，从而确定每天上学出发的大概时刻，让学生感悟借助数据进行判断和决策会更科学、更理性。

3. 注重优化教与学方式，开展综合实践活动

优化教与学方式，开展综合实践活动是提高学生应用意识的重要路径。统计教学要站在育人的高度，重视开展综合实践活动，打破学科壁垒，使学生不被单一学科的知识体系所

《标准》链接

《标准》中"数据收集、整理与表达"的学业要求

《标准》链接

《标准》中"数据的收集、整理与表达"的教学提示

束缚,能综合运用知识解决实际生活中的真问题;把现实生活与课程内容融为一体,把数学和其他学科融为一体,使学生在获取知识的同时,感悟统计的价值,提高应用意识。

（1）鼓励学生自主发现、提出问题

明确活动主题,通过开展跨学科主题学习活动,让学生经历问题解决的全过程,在活动中不断发现问题、提出问题、分析问题、解决问题。活动前指导学生从整体角度思考问题,制订研究计划,并不断调整和完善;给学生自主尝试和探究的机会,让学生真正经历解决问题的全过程,在做中体验,在做中感悟;活动后引导学生对活动的整个过程进行反思,并展示、汇报研究的过程和结果,分享成果和收获,积累活动经验。

（2）设计挑战性的学习任务

挑战性学习任务可以激发学生潜力、激活学生思维。学生在不断寻找答案的过程中,实现从未知到已知的转化,积累活动和思考的经验、提升自主解决问题的能力和勇气,发展迁移能力,促进高阶思维的发展。例如,在班级中开展"小种植"活动,学生分别用水培和土培的方式种植豆芽,每天观察和记录豆芽的生长情况;在观察和记录过程中,产生"豆芽哪一天长到最高""哪些天长得比较快""水培豆芽和土培豆芽,哪个长得更快些"等问题;针对问题开展研究,通过收集、整理和分析数据解决问题。

（3）设计实践作业

教学不仅要在课堂上下功夫,也要重视作业设计和实施。作业是课堂学习的延续,是学习再一次发生的载体,设计高质量的作业对促进学生自主学习格外重要。在统计教学中,不仅应在课堂上引导学生学习数据的分析和表达,也要重视通过实践作业让学生经历问题提出、数据收集等过程。教师可以在学期初或单元学习之前给学生布置实践作业,如在学习折线统计图之前开展种豆芽、种蒜苗、观察某一地区气温变化等实践活动,并让学生收集和记录数据,要给学生留有足够的思考、创造空间,有效调动学生探究的积极性,培养学生的创新意识。通过这样的学习,学生就能经历统计的全过程,形成数据意识。

三、数据的收集、整理与表达的教学步骤

"数据的收集、整理与表达"的教学步骤视内容不同而不同。一般的课,要经历"创设情境产生需求、经历统计过程、学习新知、练习巩固"这样 4 个阶段。下面介绍一个案例"收集数据",可以清楚地看出统计课的一般教学步骤。

案例:"收集数据"（教材见图 8-1）①

教学过程:

（一）创设情境,产生调查的需要

1. 创设情境,明确调查目的

师:同学们,学校食堂准备了 4 种餐后水果,分别是苹果、香蕉、梨、橘子。在这几种水果中,你最喜欢哪一种水果?

师:看来同学们喜欢的水果都不太一样。可是学校食堂规定:每班只能选择一种水果,你想选择哪种呢?你们的选择都不一样,应该听谁的?到底应该选哪种水果?

生:听大多数人的,看看大多数人喜欢哪种水果就选哪种水果。

---

① 杨琪,孙向晶,冯文凯."收集数据"教学实录与评析[J].小学数学教育,2018(05):40-42.(有删改)

八 调查与记录

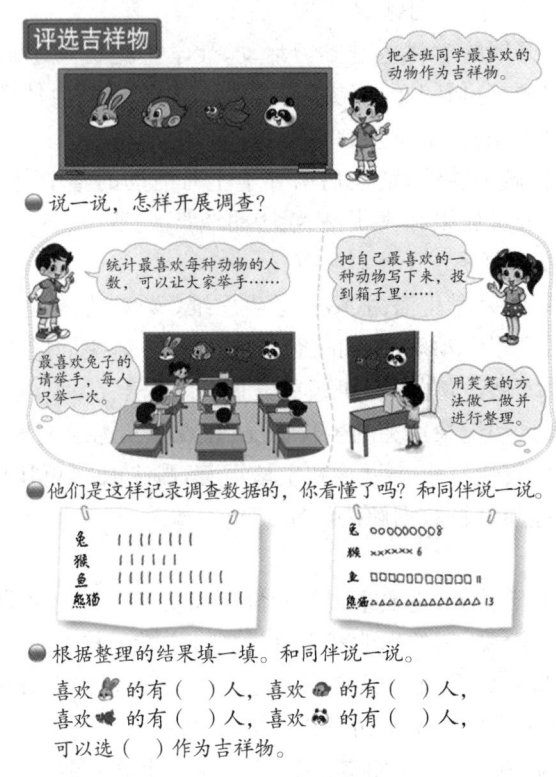

图 8-1

师：怎样才能知道大多数人都喜欢什么水果呢？（投票）

师：真是个好想法，那咱们就来投票，调查一下咱们班同学都喜欢哪种水果。

2. 整理投票结果，呈现象形统计图

师：请你拿出学具袋，里面有这 4 种水果卡片，拿出你最喜欢的水果卡片，然后把其他卡片再放回学具袋。比一比，看谁能又好又快地完成任务？（学生活动，教师巡视。教师在黑板上贴出苹果、香蕉、梨、橘子卡片）

师：现在，将你们选出的水果卡片贴在黑板上相应的卡片上面，我们来依次投票。（学生贴卡片）看着投票结果，你们发现什么了？

生：我发现喜欢苹果的人最多。

师：真会观察！现在老师想知道咱们班喜欢每种水果的分别有多少人，怎么办？

生：数一数。

师：那咱们一起来数一数。（学生数出来之后，教师将数据填在表格里）

3. 分析数据，解决问题

师：像我们刚才这样投票、分类的过程在数学上叫作收集数据。（板书：收集数据）再将收集上来的数据数一数，填在表格里叫作整理数据。数据的收集与整理是一种非常好的数学方法，它能帮我们解决很多数学问题。还记得我们刚才的问题吗？咱们班只能选一种水果，你觉得应该选哪种水果？为什么？

生:我觉得应该选苹果,因为喜欢苹果的人最多。

师:真会思考!现在请你观察表格,通过表格你能知道这次我们班一共有多少人参与调查吗?(33人,因为我们班就是33人)

生:可以,把喜欢每种水果的人数加起来就是参与这次调查的人数。

师:你们真会思考问题。除了这些,你还能知道什么信息?

生:我还知道喜欢梨的人数最少。我知道喜欢橘子的人数第二多。

师:看来,通过收集得到的数据,真的能帮我们解决很多问题呢!

【设计意图】 在解决选择水果问题时,学生出现了不同的选择。此时教师引导学生由关注自己的选择到尊重大多数人的选择,学生想到了用投票方式来收集数据解决问题。当学生依次将自己选出的水果卡片贴在黑板上时,自然地呈现出一幅象形统计图。可以说用投票的方式收集数据源于学生解决问题的需要,用象形统计图整理数据的方法巧妙恰当,最后将数据整理在统计表中,并对收集到的数据进行分析,最终解决问题。学生经历了"收集数据—整理数据—分析数据"的统计过程,初步感受到统计的价值。

(二)经历过程,优化统计方法

1. 创设情境,制造矛盾

师:刚才我们通过投票知道了咱们班应该选苹果。要想知道全校同学喜欢哪种水果的人数最多应该怎么办?(投票)那是不是让每一个人都投票?(是)现在我们要调查整个学校的同学分别喜欢吃什么水果有些困难,咱们可以先从一班同学开始调查。怎么调查一班同学都喜欢吃什么水果?(投票)现在也不能让他们过来投票啊,还有其他办法吗?(下课去问问)老师已经在课间采访了一班同学,记录了他们喜欢水果的情况,你们听一听。

2. 提供素材,优化记录方法

用课件播放录音。

师:他们在说什么呢?(他们在说自己喜欢的是哪种水果)现在老师已经把数据收集上来了,接下来我们要对数据进行——整理。怎样整理数据呢?(可以把他们说的水果记下来。)请你拿出手中的纸,准备好记录一下。

用课件播放录音。由于录音的播放速度较快,学生记几个就记不下来了。

师:(故作惊讶状)怎么啦?你们怎么不记了?那怎么办啊?赶紧想个办法。(分工合作)

师:是个好办法!请组长拿出一号信封,分配记录任务。(学生活动)

师:我看到你们都拿到了写着不同水果的纸条,一会儿这个纸条怎么用啊?

用课件播放录音,学生记录数据,全班分享记录结果。

组1:喜欢苹果的有17人,喜欢香蕉的有5人,喜欢梨的有6人,喜欢橘子的有8人……

师:你们记录的数据都不一样,老师在上课之前也和你们做了相同的工作,来看看老师记录的数据。有哪一组和老师记录的是完全一样的?

师:为什么有的小组全记对了,有的小组只记对一两个数据?你们都是用什么方法记录的?(画〇,写数字,写汉字,画"正"字)同学们,这么多种记录方法,你最喜欢哪一种?为什么?

生1:我最喜欢写数字的方法,我觉得很简单。

生2:我最喜欢画〇的方法,因为〇好画。

生3:我最喜欢写"正"字的方法,因为它不仅好写,而且还好数。

师：你能具体说一说怎么数吗？

生：一个"正"字就是 5 笔，两个"正"字就是 10 笔，不用一个一个地数。

师：你观察得真仔细，用"正"字记录不仅记得快，而且好数。前面同学的方法都是一个一个地数，而用"正"字就可以 5 个 5 个地数。你们真的太会思考了。

师：那你们为什么没人选写字的方法？

师：分析得挺有道理的。看来记录方法是否合理直接影响了我们所记录的数据是否准确又快速。这一次我们记录的数据是有问题的，并不能用来作为解决问题的依据。所以我们还要再记录一次，用真实准确的数据来说明问题。

课件播放录音。几乎所有的学生都能记准确。

3. 分析数据，解决问题

师：数据整理出来了，我们现在该做什么了？（分析数据）

师：观察表格，你知道这次一共调查了一班多少名同学吗？

生：36 人，$17 + 5 + 6 + 8 = 36$（人）。

师：继续观察，你还能获取哪些数学信息？

师：通过调查、分析，我们又知道了一班同学喜欢哪种水果的人数最多。而且，在记录的过程中，你们还发现了一个特别好的记录方法——"正"字记录法。还想不想用这个方法解决更多的问题？

【设计意图】　数据分析观念一定是在统计过程中培养的，所以让学生经历统计过程是非常重要的。通过问题情境"要想知道全校同学喜欢哪种水果的人数最多应该怎么办"，学生感受到收集数据时调查对象范围扩大了，调查不方便，就可以先从一个班开始调查，培养了学生解决问题的能力，进一步培养学生的数据意识。教师采用播放录音的方法让学生来记录数据：（1）学生产生了合作的需求，体会到了分工合作的优越性；（2）在小组统计的过程中，如果一个人记录的数据不准确，就导致小组汇总的数据出现问题，所以每个人都要对收集的数据负责；（3）学生用自己喜欢的方式记录数据，分享自己的记录方法，并在比较的过程中感受了画"正"字这种记录方法的优越性；（4）当第三次播放录音后，学生虽然已经分工合作了，但是统计的结果仍然出现了问题，此时教师第四次播放录音，学生记录数据的做法正是让学生明确在统计时收集的数据必须准确，培养学生实事求是的态度。

（三）巩固练习，熟练"正"字记录法

1. 收集数据

师：学校组织去动物园进行实践活动，咱们班应该去哪个动物场馆呢？老师已经提前调查出了动物园里最受欢迎的 4 种动物是老虎、长颈鹿、熊猫、大象。要想知道咱们班去哪一个场馆该怎么办？（投票）请你拿出手中的选票，在你最喜欢的动物下面画□。画完后迅速交给组长，组长收齐后就交给老师。

2. 整理数据

师：请一组同学到黑板上来记录选票。请一名同学唱票，一名同学监票。底下的同学还是以小组合作的方式分工记录。（学生唱票，黑板前的 4 名学生用"正"字记录法进行统计。）

3. 分析数据

师：检查一下你记录的数据和黑板上记录的数据相同吗？把数据填在表格上，观察表格，你发现了什么？（我发现喜欢熊猫的人最多）如果下一次咱们去动物园进行实践活动，你有什么好的建议?

【设计意图】 在解决"动物园实践活动中学生先去参观哪个场馆"这个问题时,学生第三次完整地经历统计过程,在这个统计过程中学生模拟了现实生活中真实的投票情境。教师的设计意图不仅仅是让学生复习巩固本节课学习的新知,更重要的是使学生建立起数学与现实生活的密切联系,切身感受数学知识的应用价值。

(四)归纳总结,内化升华

师:同学们,刚才我们通过收集数据、再对数据进行整理、最后分析数据帮助我们解决了生活中的很多问题。其实,在我们的生活中,还有很多问题需要统计。比如,想了解咱们班同学报课外班的情况,或者了解一下咱们班同学最喜欢的老师,或者想了解咱们班同学最喜欢吃的蔬菜等。希望你在生活中能够运用这样的数学方法发现和解决更多的实际问题。

总评:本节课突出体现了以下4个方面的特点。

1. 在问题解决中产生对数据的需求,培养数据意识

本节课教师创设3个问题情境,学生要面临3次问题解决,很好地培养了学生的数据意识。

2. 在统计过程中发展数据分析观念

学生完整地经历了3次收集数据、描述数据、分析数据的统计活动过程,教师采用小组合作的方式让学生收集数据,用自己认为比较好的方式记录,从而准确收集数据,感受到用来分析的数据必须是正确的。在发展学生数据分析观念的同时,学生体验到的是对数据负责,用数据说话的实事求是的科学态度。

3. 在不同的统计活动中不断获取收集、整理数据的方法

第一次的收集整理源于学生的真实想法——投票,自然呈现出象形统计图和统计表。第二次的收集整理采用调查法,整理数据时在多种记录中体会到了画"正"字的优势。第三次的参观动物园的活动模拟了真实的民主选举的情景。让学生经历投票、唱票、监票、统计等活动过程,综合应用本节课的知识来解决与现实生活密切联系的问题,培养了学生适应未来社会生活的能力,学生切身感受数学知识的应用与价值。

4. 在记录中体会到分工合作的优越性

教师4次播放录音让学生记录数据,当学生分工合作时,记录的数据也准确多了,学生感受到了分工合作的优越性。在大数据的时代,学会分工合作同样是学生适应未来生活需要的一项本领和技能。所以,本节课的分工合作不是追求课堂活动组织形式表面的多样性,而是培养学生适应未来学习和生活的能力。

总之,本节课的教学不仅很好地培养了学生的数据分析观念,而且遵循着从数学教学到数学教育的教学理念与追求,发挥着数学教学的育人价值。

习题二

1. 简述"数据的收集、整理与表达"在小学数学中的主要教学内容。

2. 阅读小学数学教材"百分数",拟定教学目标,设计课堂教学的主要环节并说明理由。

第三节　随机现象发生的可能性的教学

　　"统计与概率"是义务教育阶段帮助学生从不确定的角度观察世界的教学内容。统计学与概率论都是研究随机现象的学科，二者从不同的角度研究如何刻画随机现象。统计学侧重用数据来刻画随机现象；概率论侧重建立理论模型来刻画随机现象，是从数量上研究随机性，从偶然性因素和影响中寻求必然的数量规律，并对这些偶然性因素和影响进行数量的刻画与分析。随机性本是概率论中的概念，简单来说就是"偶然中的必然"。"可能性"教学所研究的问题本质上是随机现象，是非确定性的，需要根据较多的数据进行推断，也就是通过特殊结果来推断一般结论，因而有助于培养学生的归纳能力和创新意识。

一、随机现象发生的可能性的主要内容

　　《标准》在"随机现象发生的可能性"主题的内容要求中提到：通过实例感受简单的随机现象及其结果发生的可能性。在实际情境中，对一些简单随机现象发生可能性的大小作出定性描述。

　　小学阶段有关可能性的教学内容主要包括两个方面：一是通过实例帮助学生认识生活中有些事情的发生是不确定的，在不确定事件中可能发生不同结果，它们的可能性是有大小的；二是引导学生初步学会根据所有可能发生的情况，正确判断某种结果发生可能性的大小，大小用百分数来表示。侧重引导学生结合具体实例认识可能性及其大小，从整体上感受有关简单随机事件发生的可能性，作出定性描述。

　　国际著名数理统计学家陈希孺说："统计规律的教育意义是看问题不可绝对化，习惯于从统计规律看问题的人在思想上不会偏执一端。"统计与概率的教学不是知识点的传授，也不是技能的训练，而应是一种意识、一种思想的滋润。它提供的是一种不确定的思维方式，即随机思想。渗透随机思想是我们把握"可能性"教学的核心。

　　《标准》中"随机现象发生的可能性"的内容要求指出，第三学段（5～6年级）学生应：(1)通过实例感受简单的随机现象及其结果发生的可能性；(2)在实际情境中，对一些简单随机现象发生可能性的大小作出定性描述。

二、随机现象发生的可能性的教学策略

　　《标准》对随机现象发生的可能性给出了教学提示。教学提示的内容符合学生的认知特点，建议利用丰富多样的统计活动帮助学生积累随机性体验，从而打通统计与概率之间的"隔断墙"；组织学生经历摸球试验，通过试验，了解简单的随机现象，定性描述随机现象发生可能性的大小，体会数据中蕴含的信息可以帮助人们进行判断；引导学生感知对于同样的事情每次收集到的数据可能不同，但只要有足够多的数据就可能从中发现规律，使学生感悟数据的随机性，发展数据意识。

（一）重视在试验活动中体验随机性

　　让学生经历收集数据、在数据分析的基础上估计可能性大小的活动过程，把握简单随机

事件发生的可能性大小。一方面可以根据所有可能发生的结果对其中某种结果出现的可能性大小作出判断；另一方面也可以通过大量重复试验，由某种结果发生的频率估计相应的可能性大小。比如掷硬币游戏，正面朝上和反面朝上的可能性一样，都是 50%，而试验的结果往往与认为的不一样。试验活动不仅有助于学生丰富和加深对可能性大小的认识，也有助于学生初步感知对于同样的事情每次收集到的数据有可能不同，但只要有足够的数据，就可能从中发现一些规律，体会数据的随机性。

对于可能性，要设计多样的体验活动，引导学生获得相对完整的认识。例如，可以设计以下"摸球游戏"：学生事先不知道盒子里球的数量和颜色，通过多次摸球后的数据进行推断。首先从只装有 2 个红球的口袋里任意摸出 1 个球，摸 20 次，结果摸到的全是红球，推断盒子里全部是红球，没有其他颜色。接着从装有 1 个红球和 1 个黄球的口袋里任意摸出 1 个球，有可能是红球，也有可能是黄球，"摸到红球"这件事情是不确定的；摸 20 次，结果有 11 次是红球，9 次是黄球，从而推断盒子里有红球也有黄球。最后，从装有 3 个红球和 1 个黄球的口袋里任意摸出 1 个球，摸 20 次，通过数据发现摸到红球的次数比摸到黄球的次数多，从而推断盒子里有红球也有黄球，而且红球的个数比黄球的个数多。学生在操作活动中体验事件发生的确定性和不确定性，列出简单试验所有可能发生的结果，感受随机现象结果发生的可能性是有大小的，对随机现象结果发生的可能性的大小进行推断。

(二) 重视从生活经验中发展数据意识

现实世界中随机现象普遍存在，许多随机现象发生可能性的大小是可以预测的。学生在学习可能性之前积累了不少生活经验，教师要结合这些生活经验，帮助学生感受确定性事件和不确定性事件。让学生列举生活中的随机现象，引导学生在现实情境中感受简单的随机现象，利用已有的生活经验，判断事件发生可能性的大小，为决策提供依据。例如：根据经验判断某地冬天下雪的可能性；记录每天上学途中所需的时间，确定合适的出发时刻；根据天气预报中的降水概率，判断出门是否需要带伞。在这样的活动中，让学生体会数学与生活的密切联系。

总之，随机现象发生的可能性的教学，要让学生在试验活动和生活经验中感知随机性，鼓励学生通过数据体会随机现象。教学中不能操之过急，不能仅仅关注结论本身，更重要的是让学生经历过程，积累活动经验，逐步学会用数学的眼光观察现实世界，尝试用数学的语言解释生活中的现象，发展数据意识和推理意识。

三、随机现象发生的可能性大小的教学步骤

随机现象发生的可能性大小的教学步骤视内容的不同而不同。一般的课，要经历"情境导入、初步感知、验证猜测、练习巩固"这样 4 个阶段。下面介绍一个案例"可能性"（见图 8-2，图 8-3），可以清楚地看出概率课的一般教学步骤。

教学过程：

（一）激趣导入

师：同学们，喜欢玩游戏吗？那我们先来玩一个猜测游戏，瞧老师这长相，你猜老师今年可能多少岁了？

生：我猜老师今年可能 28 岁。（老师已经跟 28 岁说拜拜了）

生：我猜老师今年可能 42 岁。（告诉你，42 岁是我将来的年龄）

八　可能性

● 与同桌轮流掷10次硬币，先猜哪面朝上，再把实际结果记录下来。说说你有什么发现。

第几次	1	2	3	4	5	6	7	8	9	10
我的猜测										
掷的结果										

可能是正面朝上，也可能是反面朝上。

我有时能猜对，有时猜不对。

● 说说下面事情发生的情况。

明天会下雨吗？　我能中一等奖吗？　下一个路口我会遇到红灯吗？

摸奖箱

再举一个生活中类似的例子说一说。

● 说一说，每个盒子里可能摸出什么颜色的球？有几种可能？再连一连。

10个黄球　　10个白球　　5个白球 5个黄球

可能是黄球　　不可能是黄球　　一定是黄球

图 8-2

练一练

1. 每次摸出1个球，看完颜色后放回摇匀。
   （1）摸一次，笑笑可能摸到什么颜色的球？
   （2）与同桌轮流摸球，先猜能摸到什么颜色的球，再实际做一做。
   （3）如果前3次摸到的球是"黄球""黄球""黄球"，下一次会摸到什么球？

你摸出的球可能是……

4个黄球 2个白球

2. 下面城市的冬天会下雪吗？请用"一定""可能""不可能"说一说。

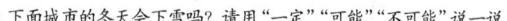

哈尔滨

郑州

三亚

3. 将下面这些卡片混在一起，从中任意选取一张卡片，这张卡片可能是什么？

4. 用"一定""可能""不可能"说说生活中一些事情发生的可能性。

图 8-3

生：可能 35 岁。（高了）

生：可能 30 岁。（低了）

师：看来在没有告诉大家结果时，大家只能猜测老师今年可能是多少岁，这其实就是生活中的可能性。这节课我们就一同来研究可能性的问题。（板书：可能性）

【设计意图】　教师借助猜年龄的小游戏，使学生很快地消除了紧张情绪并进入学习状态。且教师顺势引出可能性，让学生在猜测的同时不断地进行数学思考，为本节课的教学打下基础。

（二）初步感知

师：今天，老师为大家准备了 3 袋礼物，里面都装了 10 个球，想不想看看里面有些什么颜色的球？（师生共同观察袋子里的球）

师：现在，如果你特别想摸出一个白球，你会选择去几号袋里摸？

师：说说理由？（因为一号袋里全是白球，所以一摸就摸到白球）

师：奇怪！你们干吗不选二号袋呢？（因为二号袋里没有白球）

师：那可能摸到白球吗？（不可能）（板书：不可能）

师：我很好奇的是，三号袋里也有白球，你们为什么不去选？

生：三号袋里有白球，也有黄球，不一定摸到白球，也不一定摸到黄球。

师：同意吗？是心里感觉摸得不踏实，对吧？看来大家观点还是一致的，都觉得有可能

摸到白球,也有可能摸到黄球。(板书:可能)

师:那你们觉得摸到哪种球的可能性更大?(白球)

师:光这样想、这样说是不够的,老师为每个组都准备了一个袋子,里面也装着9个白球和1个黄球,你们想动手来试一试吗? 不着急,我们先来看看活动规则。

用课件出示活动规则:

(1) 小组成员轮流摸球,一共摸20次,每次从袋子中摸出一个球,并在表格中记录一次(摸到白球画"○",摸到黄球打"√"),记录完再放回去。

(2) 为了公平合理,在下一个同学摸之前,先把袋子摇一摇再摸。

(3) 摸完后完成实验报告。

【设计意图】 教师设计的摸球活动是学生喜欢的游戏之一。基于学生已有的生活经验,先让学生观察袋子里的球,目的是排除确定性的情况。再说说三号袋子里的摸球情况,最后根据游戏规则摸球,让学生知道研究可能性就是从随机现象中感受和体验数据的随机性。

(三) 验证猜测

1. 小组合作摸球,填写实验报告单

表 8-2　小组合作摸球统计

次数	1	2	3	4	5	6	7	8	9	10	11	12	13	14	15	16	17	18	19	20
颜色																				

实验报告:我们组共摸球(　　)次,其中摸到白球(　　)次,黄球(　　)次。

实验证明,摸到(　　)球的可能性大,摸到(　　)球的可能性小。

2. 学生汇报实验报告,教师填写汇报情况

表 8-3　小组活动情况统计表

小组	摸球次数	摸到白球的次数	摸到黄球的次数	摸到(　)球的可能性大	摸到(　)球的可能性小
第(　)小组					
第(　)小组					
第(　)小组					
第(　)小组					
......					

师:从上面的统计表中,你发现了什么?(学生小组汇报)

师:和这三组一样都是摸到白球次数多、摸到黄球次数少的请举手。好,请同学们观察这张摸球统计表,说一说你还发现了什么?(学生交流、汇报)

师:(小结)当袋子中既有白球又有黄球时,摸到白球和黄球的可能性都有。又因为白球的数量多,所以摸到白球的可能性大(板书:大);因为黄球的数量少,所以摸到黄球的可能性小(板书:小)。

【设计意图】 这样设计集知识性、趣味性、活动性于一体,有效地突破了教学的重点和难点。让学生在实践操作中验证自己的猜测,感受事件发生的可能性是有大有小的,同时在

活动交流中培养合作学习的意识和能力。

(四)巩固提高

师:同学们真善于发现,但不知道同学们是否还能灵活应用呢? 接下来,老师想考考你们,有没有信心?

1. 想一想

(1)如果从你们小组任意站起一位同学,是男生的可能性大,还是女生的可能性大? 为什么?

(2)如果从我们班任意站起一位同学,是戴眼镜的可能性大,还是不戴眼镜的可能性大? 为什么?

(3)如果从我们现场任意站起一个人,是老师的可能性大,还是学生的可能性大? 为什么?

2. 试一试

在装有 8 个白球、4 个黄球、2 个红球的箱子中摸球。摸的时候会出现哪些结果? 摸到哪种球的可能性最大? 摸到哪种球的可能性最小?

3. 连一连

学生独立思考并动手连一连,然后进行交流(见图 8-4)。

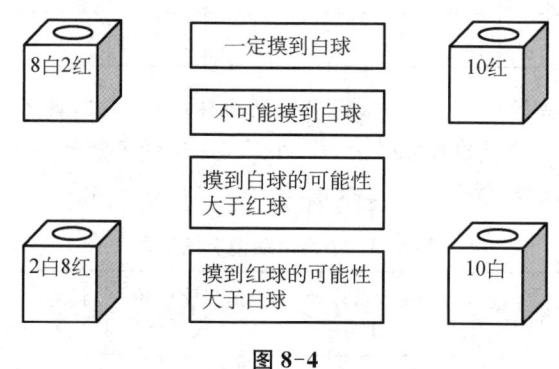

图 8-4

4. 说一说

你能用一定、经常、偶尔、不可能等词语说一说生活中一些事情发生的可能性吗?

师:同学们,生活中还有很多例子,只要我们仔细观察、善于思考,就能发现生活中的数学知识。

5. 玩一玩

师:老师这里一共有 9 张牌,其中大王 1 张,小王 2 张,黑桃 9 有 6 张。温馨提示:翻到大王为一等奖;翻到小王为二等奖;翻到黑桃 9 就什么奖励都没有。

师:下面我们在全班同学中选出一名幸运之星,到底选谁呢? 为了公平起见,我建议以抽签的形式来选出今天的幸运之星,好吗? (出示事先准备好的学生名单,放入盒子里摇一摇)

师:在没有抽之前,想一想,你觉得你自己有没有可能被抽到? 为什么? (翻牌游戏)

师:继续翻下去,思考一下中奖的机会还大吗? 或还有可能中一等奖吗? 为什么? 如果你想让你们的中奖机会更大一些,你会如何改变这些牌的数量?

师:假如你是小店的老板,搞抽奖活动,你是希望顾客中奖的机会大一些,还是小一些呢？为什么？

生：我希望顾客中奖的机会小一些，因为要是顾客中奖机会很大，我就要出很多钱买奖品。

师：所以，我们不要随便去参与抽奖活动。

【设计意图】 练习的设计提供了有层次的材料，通过想、试、连、说等多层次的练习，促使学生进行有意义的学习，这样可以使学生了解身边一些事情发生的可能性，进一步感受和体验数学知识与生活的联系，真正体验到学习的愉悦，保护了学生的自信心。

（五）回顾总结

师：同学们，这节课学得开心吗？谈一谈你这节课的收获。

师：同学们，这节课就要结束了，我们就要说再见了，说到"再见"，不知道以后我们能不能再见面？是一定能，还是可能，还是不可能呢？

总评：本节课突出体现了以下3个方面的特点。

1. 创造性地使用教材

教师不拘泥于教材，从调整教学内容入手。这节课的内容由原来三年级上册调整到现在的四年级上册，基于学生在理解层面上有了一定的提高，所以教师结合以前的教材将现今教材进行整合，把两课时的内容融合在了一起，不但让学生理解了事件发生的可能性，还让学生明白了事件发生的可能性有大小之分。这样的整合对于四年级的学生来说并没有加大难度，反而给学生增加了思维的深度，同时也体现了教师深厚的数学素养和非凡的教育智慧。

2. 数学活动游戏化

《标准》强调："学生应当有足够的时间和空间经历观察、实验、猜测、计算、推理、验证等活动过程。"因此，教学活动的设计要符合学生的认知过程。本节课教师根据学生的年龄特征和知识内容精心设计了各种各样的游戏，"课前猜老师的年龄—课中学生摸球活动—课尾师生玩扑克牌"，整节课师生都沉醉在快乐的游戏中，在游戏中学习知识、在游戏中感受知识、在游戏中掌握知识。真正体现了集知识性、趣味性、活动性于一体，有效地突破了教学的重点和难点。最为考究的是整节课的游戏带给学生的是"动而不乱"。

3. 评价重视学习体验

"你观察得真仔细""你的发现太有价值了""把掌声送给他"……这样的评价在本节课中屡屡出现。在整个教学过程中，教师十分关注学生的学习表现，真诚地对学生的表现作出及时评价。在让学生用表情告诉大家翻牌结果时，更是让在场听课的教师忍俊不禁。课堂中教师与学生的一问一答，既是师生之间的精彩互动，也是师生之间的真实情感交流，在这样愉悦、轻松的氛围中，学生既掌握了数学知识，也获得了积极的情感体验。

本节课的教学设计充分诠释了教师是学生学习活动的组织者、引导者、参与者，教师要真实地站在课堂上，为学生今后的发展引路、铺垫。

真题链接

1. （2017年上半年教资考试真题）根据六年级上册教材"扇形统计图"（教材见图4-9、图4-10）回答：

（1）请列出在教学"统计与概率"时设计的3种统计图，并分析3种统计图之间的联系和区别。（10分）

答案解析

（2）如何指导高年段学生学习这一内容？试拟定教学目标。（10分）

（3）依据制定的目标，设计本节课主要教学环节并简要说明设计意图。（20分）

2.（2018年上半年教资考试真题）根据北师大版一年级上册教材"整理房间"（教材见图3-18、图3-19）回答：

（1）什么是分类思想？如何培养学生的分类思想？（10分）

（2）如何指导小学一年级学生学习上述内容？试拟定教学目标。（10分）

（3）针对"整理房间"的教学内容，设计教学活动方案并简要说明理由。（20分）

3.（2020年上半年教资真题）

材料：五（2）班要选10名同学组队参加集体舞比赛，下面是20名候选队员的身高（单位：米）：

1.32　1.33　1.44　1.45　1.46　1.46　1.47　1.47　1.48　1.48　1.49　1.50

1.51　1.52　1.52　1.52　1.52　1.52　1.52　1.52

根据以上数据，你认为参赛队员身高多少合适？

上面这组数据中，1.52出现次数最多，是这组数据的众数，众数能够反映一组数据的集中情况。

根据上面材料，完成下列任务：

（1）什么是众数？众数有什么特点？（10分）

（2）如指导高年级学生学习上述内容，试拟定教学目标。（10分）

（3）依据拟定的教学目标，设计新授环节的教学活动并简要说明理由。（20分）

习题三

1. 简述"随机现象发生的可能性"在小学数学中的主要教学内容，并说明和学生生活的联系。

2. 举例说明"随机现象发生的可能性"内容的教学重点。

本章小结

"统计与概率"是义务教育数学课程的重要内容，主要研究现实生活中的数据和客观世界中的随机现象。本章先详细解读了《标准》在该领域的3个主题：数据分类，数据的收集、整理与表达，随机现象发生的可能性的具体内容；接着给出了每部分内容的教学策略，最后给出了一般的教学步骤。每部分内容都紧扣《标准》的课程内容、学业要求和教学提示，突出了核心素养的教学。

复习题

1. 简述统计与概率之间的联系。
2. 请列出在教学"统计与概率"时设计的 3 种统计图,并分析 3 种统计图之间的联系和区别。
3. 根据教材"条形统计图"拟定教学目标,设计主要的教学活动并说明理由。

本章主要参考文献

[1] 孔企平.小学数学课程与教学[M].上海:华东师范大学出版社,2016.
[2] 范文贵.小学数学教学论[M].上海:华东师范大学出版社,2011.
[3] 贾福录,宋燕晖,张丹.数据分析观念的理解——《义务教育数学课程标准(2011 年版)》解析之九[J].小学数学教育,2012(Z2):34-35.
[4] 杨庆余.小学数学课程与教学[M].北京:高等教育出版社,2004.
[5] 马云鹏.小学数学教学论[M].北京:人民教育出版社,2013.

第九章

综合与实践的教学

知识结构

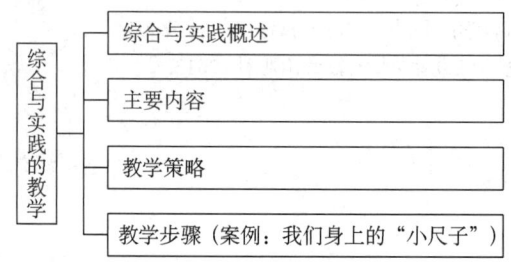

综合与实践的教学
- 综合与实践概述
- 主要内容
- 教学策略
- 教学步骤（案例：我们身上的"小尺子"）

学习目标

1. 了解综合与实践内容在小学数学中的地位,掌握综合与实践的内容结构。
2. 了解综合与实践的教学要求,掌握其教学的主要策略。
3. 根据小学数学教师的基本要求,能写出完整的教学设计并实施课堂教学。

学习重点

写出教案并实施课堂教学。

学习导引

　　"综合与实践"是数学学习的重要领域,主要包括主题活动和项目学习等。第一、二、三学段采用主题式学习,第三学段适当采用项目式学习。"综合与实践"重在培养学生在实际情境和真实问题中,运用数学和其他学科的知识与方法,经历发现问题、提出问题、分析问题、解决问题的过程。在解决问题的过程中,学生感悟数学知识之间、数学与其他学科之间、数学与科学技术和社会生活之间的联系,积累活动经验,感悟思想方法,形成和发展模型意识、创新意识,提高解决实际问题的能力。在活动中培养学生"会用数学的眼光观察现实世界,会用数学的思维思考现实世界,会用数学的语言表达现实世界"。

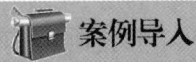 案例导入

教学片段:从身边事中发现问题

师:这几天听新闻,我们的地铁又开通了新的线路,以后大家出行就更方便了。你乘坐过地铁吗?有什么感受?

生(答案很多):坐地铁很快,我每天都坐地铁上学;地铁里很干净;地铁挺准时的,我爸爸坐地铁上班,每天从家出发的时间基本上是固定的;我知道地铁两站之间的时间规定好了,就不变了……

师:是的,地铁给我们的生活带来了很多便利,是很多人的主要交通工具。想一想,除了这些我们知道的信息,对于地铁你还有哪些想知道的?

生:我知道在不同的站上车,去不同的地方,地铁票的价格是不一样的。这是怎么规定的呢?

生:这个周末爸爸妈妈要带我去姥姥家,我们要从火车西站坐到汽车东站,我想知道这大约需要多长时间。

生:我从家到学校坐地铁1号线,两站,用时8分钟,那1号线的其他站之间,各需要多长时间呢?

生:早晨上班、上学时,地铁站里人很多,我想知道一天中地铁能运送多少人。

……

《标准》在"综合与实践"第二学段的"教学提示"中指出,"本学段可自行设计主题活动的内容,但要指向综合数学知识、融合其他学科知识的现实情境和真实问题,设计具有操作性的活动"。地铁等公共交通工具是人们生活的重要组成部分,其中也蕴藏着数学信息与问题,教师抓住"地铁开通新线路"这一事件,引导学生从身边熟悉的、习以为常的事物中挖掘数学信息、提出数学问题,进而展开探究学习。如果是你,你会如何设计"地铁中的数学"呢?

"综合与实践"作为数学课程内容领域之一,其教育价值已经被数学教育研究者与实践者充分认可。在中小学开展数学综合与实践活动,有助于加深学生对数学知识的理解,培养学生的应用意识、创新意识,使学生在问题解决过程中提高模型意识、创新意识及问题解决能力,并建立对数学学习的良好情感与态度。"综合与实践"内容设置的目的是让学生在解决数学问题和现实问题的过程中,学习如何观察、判断、理解、思考、表达、反思等,这正是核心素养导向课程理念的直接体现。同时综合与实践有利于实现课程统整的跨学科实践,在部分主题活动及项目学习中,数学及其他学科的知识相互融合,沟通了数学内部、数学与生活、数学与其他学科的联系,顺应了国际数学课程改革趋势,实现了课程统整的跨学科实践。在这样的学习中,学生必须综合应用知识来解决问题,其问题意识、应用意识及创新意识将得以发展。《标准》中"综合与实践"领域提供了综合性、实践性、现实性、活动性更强的内容,教师可参照相关内容,指导学生改变学习方式,让学习真正发生,积极引导学生经历数学知识发生、发展和应用的全过程,引导学生做到学以启思、学以致用,实现学科育人。

一、综合与实践概述

综合：综合运用所学的数学知识解决生活中的实际问题，也可以指把数学和其他学科联系起来解决实际问题。

实践：学生立足于教材、校本课程和学生实际，脑、眼、手等多个器官参与的学科领域内的活动，是一个探索过程。

综合与实践是一类以问题为载体，以学生自主参与为主的学习活动。在学习活动中，学生将综合运用"数与代数""图形与几何""统计与概率"等知识和方法解决问题。《标准》要求"综合与实践"的教学活动应当保证每学期至少一次，可以在课堂上完成，也可以课内与课外相结合，提倡把这种教学形式体现在日常教学活动中。

"综合与实践"领域内容明确了主题式学习和项目式学习为主要学习方式。

主题式学习是指在一个或者系列主题下，学生通过操作、探究、交流等具体活动，进行数学知识的学习或应用。主题式学习可在一个中心主题统领下，分若干个小的主题进行，每个小的主题还可以由几个具体的活动组成。

项目式学习是以问题为驱动，学生在真实的、多样的情境中，应用包括数学知识在内的多学科知识，使用适切的策略、方法，在实践、探究中解决情境中的问题，获得发展。

二、综合与实践的主要内容

（一）综合与实践的主要内容

综合与实践主要包括主题活动和项目学习等。第一、第二、第三学段主要采用主题式学习，第三学段可适当采用项目式学习。

主题活动分为两类：第一类，融入数学知识学习的主题活动。在这类活动中，学生将学习和理解数学知识，感悟知识的意义，主要涉及量、方向与位置、负数等知识的学习。第二类，运用数学知识及其他学科知识的主题活动。在这类活动中，学生将综合运用数学知识解决问题，体会数学知识的价值，以及数学与其他学科的关联。在主题活动中，学生将面对现实的背景，从数学的角度发现并提出问题，综合运用数学和其他学科的知识与方法，分析并解决问题。

项目式学习的设计以解决现实问题为重点，综合应用数学和其他学科知识解决问题，体会数学知识的价值，以及数学与其他学科的关联。

《标准》列举了主题活动和项目学习的名称及具体活动内容（见表9-1），仅供参考。

表 9-1　"综合与实践"主要内容编排

学段	涉及的数学知识	主题活动、项目学习的名称
第一学段	"认识货币单位，认识时间单位时、分、秒，认识东、南、西、北四个方向"等	主题活动 1：数学游戏分享 主题活动 2：欢乐购物街 主题活动 3：时间在哪里 主题活动 4：我的教室 主题活动 5：身体上的尺子 主题活动 6：数学连环画

学段	涉及的数学知识	主题活动、项目学习的名称
第二学段	"认识年、月、日,认识常用的质量单位,认识方向"等	主题活动1:年、月、日的秘密 主题活动2:曹冲称象的故事 主题活动3:寻找"宝藏" 主题活动4:度量衡的故事
第三学段	"了解负数"等	主题活动1:如何表达具有相反意义的量 主题活动2:校园平面图 主题活动3:体育中的数学 项目学习1:营养午餐 项目学习2:水是生命之源

《标准》列举了 3 个学段综合与实践的主要内容,在综合与实践各学段的内容要求中给出了具体的主题活动、项目学习的名称,以及活动应包含的基本内容,附录中给出了部分主题活动、项目学习的活动设计,可以作为教材编写、教师设计综合与实践活动的主要参考。教学时可以使用不同的主题名称,设计不同的活动内容,但主题内容的选取要根据学生的接受能力以及学校的条件等来确定,从而达到主题活动的内容要求和学业要求。

(二) 综合与实践的内容分析

综合与实践内容主要包含 3 类:融入数学知识学习的内容、主要体现数学知识与方法综合的内容、主要凸显跨学科实践的内容。这个分类并不是绝对的。在融入数学知识学习的内容中,也可以包含综合应用数学与其他学科知识和方法的具体活动环节或问题;相同的内容主题,完全可以视学校的课程实施条件,分别设计成主要应用数学知识和方法的综合与实践活动,或综合运用数学与其他学科知识的综合与实践活动。

1. 融入数学知识学习的内容

融入数学知识学习的综合与实践内容,在第一、第二、第三学段都有所涉及,综合与实践中的数学知识学习涉及常见的量、方向与位置、负数等。其中,第一学段有认识人民币、认识时间单位、认识基本方向和位置;第二学段有认识年、月、日,认识质量单位,认识主要方向;第三学段有负数。

"欢乐购物街"内容包括"认识元、角、分,知道元、角、分之间的关系;会在真实或模拟的情境中合理使用人民币""在实际情境中认识人民币,能进行简单的单位换算,了解货币的意义,具有勤俭节约的意识,形成初步的金融素养"。但这些指向数学知识学习的要求并不是活动的全部,《标准》也提出了数学知识学习的情境要求,如"实际情境""模拟购物活动",以及学生素养发展的要求,包括"货币多少的量感""使用货币的经验"等数学素养,也包括"能清晰表达和交流信息""金融素养"等共通性素养。

"年、月、日的秘密"内容包括"知道 24 时记时法;认识年、月、日,知道它们之间的关系;能运用年、月、日的知识解释生活中的问题,提高初步的应用意识。了解中国古代如何认识一年四季,了解中华优秀传统文化"。《标准》也提出了"能运用年、月、日的知识解释生活中的问题,提高初步的应用意识""知道一年四季的重要性,了解中国古代是如何通过土圭之法确定一年四季的,培养家国情怀"等相关历史文化的学习要求和核心素养发展。

"如何表达具有相反意义的量"内容包括：在熟悉的情境中了解具有相反意义的数量，知道负数在情境中表达的具体意义，感悟这些负数可以表达与正数意义相反的量，进一步发展数感。也就是指在真实情境中，通过具体事例体会相反意义的量，如温度、海拔等，能表达具体情境中负数的实际意义，能通过对多个事例的归纳、比较，感悟负数可以表达与正数相反意义的量。《标准》明确了"在熟悉的情境中""在真实的情境中"等学习活动的背景、条件，以及"能通过对多个事例的归纳、比较，感悟负数可以表达与正数相反意义的量"等对学习过程和方法的要求。

2. 主要体现数学知识与方法综合的内容

主要体现数学知识与方法综合的内容，可在各学段进行设计与实施，而且不限于《标准》所列举的主题。各领域数学知识的学习与综合应用，都可以设计合适的情境和问题，让学生在参与活动、解决问题的过程中体会数学知识间的联系，感受数学知识、思想、方法在解决问题中的作用与价值。

"身体上的尺子"内容包括"运用学过的测量长度的知识，发现自己身体上的一些'长度'；利用这些'长度'作为单位，测量空间或其他物体，积累测量经验，发展量感"。如用身体尺测量教室以及身边某些物体的长度；能记录测量的结果，能与他人交流、分享测量的经验，发展量感。应该说，这个活动的设计，将发展"量感"这个核心素养的培养要求融入具体的、多样的、变化的测量活动中。学生需要应用学习过的测量长度的知识，在用身体上的"尺子"测量长度的活动中，与同伴合作、交往，积累测量经验，感悟测量的本质。

"度量衡的故事"是在学生学习了"度、衡"的单位及测量知识之后，在学习"量"的单位及测量知识之前，借助度量衡漫长的历史发展过程中的数学要素，帮助学生发展量感、理解度量本质，进一步理解计量单位的含义，感受科学发展与度量精确的关系。"度量衡的故事"内容包括"知道中国在秦朝统一了度量衡，指导学生查阅资料，理解度量衡的意义，知道最初的度量方法都是借助日常用品，加深对量和计量单位的理解，丰富并发展量感"。要求学生会查找资料，理解度量衡的意义，提升学习的意识与能力；了解最初的度量方法都是借助日常用品，了解度量的本质就是表达量的多少，知道计量单位是人为规定的；了解计量单位的发展历史，知道科学发展与精确度量的关系；在教师的指导下，能对不同的量进行分类、整理、比较，丰富并发展量感。这些内容涉及对量的分类、比较等数学思想方法，也涉及查找、整理资料，从资料中归纳信息等共通的学习方法与能力。

"校园平面图"内容包括"在实际情境中，综合应用比例尺、方向、位置、测量等知识，绘制校园平面简图，标明重要场所；交流绘制成果，反思绘制过程，形成初步的应用意识和创新意识"。在上述主题活动中，学生将"综合应用比例尺、方向、位置、测量等知识"，经历合作绘制自己学校校园平面简图的全过程。在这个过程中，学生可能遇到诸多问题，比如学校校园轮廓或建筑物轮廓不规则、校园内主要建筑物之间位置关系复杂、缺乏测量长距离的经验、测量后得到的数据不能使用合适的比例尺缩小、绘图误差较大等。解决这些问题的过程，正是灵活应用数学知识的过程，因此提出了能制订并修正方案、能按照校园的方位及场所位置等绘图、能反思绘制过程中的经验与不足等具体的活动要求。需要说明的是，虽然上述主题活动被归类到"主要体现数学知识与方法综合的内容"，但是在进行教学设计与实施时，可以依据本校的情况对这些内容进行加工和改造。例如，主题活动"校园平面图"的核心任务是绘制校园平面图，学生主要应用数学知识便可以完成这个任务，如果学校的建筑物朝向、采光，校园分区、绿化,一些特殊建筑材料及装饰材料的使用,建筑历史、风格等方面有独到之处,那么教师可以指导学生适当查阅相关的资料和数据,综合利用多学科的知识,让学生在解决核心问题的同时,加深对学校的认识和理解。

3. 主要凸显跨学科实践的内容

主要凸显跨学科实践的内容,也可以在各学段进行设计与实施。《标准》列举了一些跨学科主题活动及项目学习,这些内容为教材编写及教学实践提供了示例。同时,倡导根据本地区、本学校的实际情况,打破学科界限,创造性地设计其他跨学科主题活动或项目学习内容,让学生在综合性、实践性更强的情境中,开展有目的、有设计、有步骤、有合作、有反思的实践活动,增强问题解决能力,发展模型意识。

比如第一学段主题活动"数学连环画",内容包括"结合自己的生活,运用学过的数学知识记录自己的经历,或述说一个含有数学知识的小故事,表达对数量关系的理解,感受数学知识与现实生活的联系"。这个活动是低年级开展跨学科实践的示例。类似这样的主题活动可以打破"低年级无法进行跨学科实践活动"的误解。在这样的主题活动中,学生要借助书面表达、口头表达及绘画等技能,呈现生活中的场景、故事、数量、关系等,并通过介绍自己的数学连环画和听他人介绍等具体的活动,练习数学化的表达与交流。这个主题活动涉及语文、美术等学科,学生描述的具体场景中可能还涉及其他学科的知识。在活动中学生能够感受到,数学就在生活中,学科知识之间是没有界限的。

比如第二学段主题活动"制订旅游计划",《标准》例 58 对此活动进行了简略设计。制订旅游计划包括多方面的内容,如交通、住宿、餐饮、参观等,不但涉及地理信息、人文信息,还涉及交通信息、景区信息等,这些信息甚至很难简单地归属到某一个学科。同时,信息之间相互关联和影响,学生需要调用生活经验,查找资料并充分整合信息,进行统筹规划。学生在这样的主题活动中,将经历从统筹规划的角度梳理、抽象出事物关键要素的过程,提高规划能力和应用能力,积累实践活动的经验。

比如第三学段项目学习"水是生命之源",内容包括"调查了解生活中人们使用淡水的习惯及用量,结合淡水资源分布、中国人均淡水占有量、城市生活用水的处理等信息,发现、提出并解决问题;制订校园或家庭节水方案,尝试设计节水工具或方法,提高环保意识,形成初步的应用意识和创新意识"。这个项目学习涉及水资源分布、水资源保护与利用、家庭生活用水情况、城市供水及污水处理等多方面的内容。可以指导学生根据实际情况选择 1 个或 2 个感兴趣的问题,围绕所选择的问题展开较深入的研究。在活动中,学生需要提取已有的知识和经验,综合运用不同学科或领域的知识和方法,甚至在项目推进过程中展开学习,从而解决核心问题。通过经历从数学的角度研究社会问题的过程,学生将在更广阔的视野下感受数学的应用及价值。

《标准》链接

《标准》对"综合与实践"的内容要求

《标准》列举的综合与实践内容,并未覆盖数学教材编写和学校进行数学综合与实践活动设计的全部内容。数学课程改革倡导在教材编写和教学实践中创造性地设计和实施符合学生需求、契合学校资源环境的综合与实践活动。因此,问题性、综合性、实践性、过程性、现实性,成为设计综合与实践内容所遵循的基本准则。

三、综合与实践的教学策略

综合与实践为学校、教师创造性地设计和实施活动提供了较大的空间,是改变教与学方

《标准》对"综合与实践"的学业要求

《标准》对"综合与实践"的教学提示

式的重要内容载体。教学时应结合《标准》对综合与实践内容的新定位、新要求，根据不同学段学生的年龄特征与认知水平，合理设计综合与实践的主题与内容，因地制宜地开展实践与探索。学生将在现实的情境中做数学、用数学，自主地发现、选择和确定问题，选择处理问题的策略、解决问题的程序和步骤，理解数学知识的本质和数学的价值，这就决定了综合与实践的活动设计将不同于其他数学知识的教学策略。

对于以"融入数学知识学习为主"的主题内容，活动的名称、具体活动设计可与《标准》中的有所不同，只要能达成相对应主题的内容要求及其学业要求即可。对于"运用数学知识及其他学科知识"的主题活动或项目学习，《标准》中列举的主题及案例为教学实践提供了参考，可以根据学校课程实施的条件、资源去创编主题内容，以实现课程目标。在教学实施过程中，应充分挖掘数学知识之间的联系、数学在生活中的应用、数学与其他学科关系，设计内容丰富、形式多样、富有趣味的主题活动，达到巩固认识、加深理解、体验应用、感悟联系等活动目的，提高学生的应用意识与创新意识。

（一）关注真实情境创设

数学是一门注重逻辑的学科，其知识呈现过于抽象，易导致学生在学习时产生理解受阻、缺乏学习兴趣等问题。通过创设契合学生认知水平的情境，有利于引导学生进行有意义的理解学习，也能将抽象、乏味的数学课堂变得生动、活泼。另一方面，现实问题作为"综合与实践"领域的重要载体，其引入离不开真实情境的创设，只有真实的情境才蕴含着生活中的问题，才有助于培养学生解决实际问题的能力。

如主题活动"欢乐购物街"，购物是学生在平时生活中经常接触的活动，他们的文具、书本、食物等物品的获得，都离不开基于"买—卖"的交易活动。教学中通过举办购物活动这一情境，涉及人民币的基本单位、人民币的主要面值、人民币的换算关系等多种问题，等待学生去发现、解决。

（二）凸显跨学科内容

为培养全面发展的人，需要将分科学习的内容转变为学生的现实活动，一旦学生活动，就一定是跨学科的。在小学数学"综合与实践"领域主题式教学实施过程中，除了教授数学学科内知识与方法外，还要有数学与其他学科联系，学习跨学科知识与方法，这将有助于拓宽学生的学习视野，收获完整的学习体验，对事物形成更为全面的认识，从而提升跨学科素养。

如主题活动"欢乐购物街"，其涉及的跨学科问题就有"如何制作商品标签""如何绘制店铺宣传海报"，需要学生结合美术学科的内容来进行。另外，为了开阔学生的视野，感受数学与世界的联系，通过视频与课件呈现中国货币的发展历史以及现代国家的基本货币的教学环节中，也涉及历史学科。

（三）强调主题中轴性

在主题式活动教学实施中，主题是绝对的中心，教学目标、内容、问题、过程、评价、动机等所有环节的设计，以及教师行为和学生行为，都要围绕主题这一中轴来进行。既定的主题蕴含着应该实现怎样的教学目标，引导确定后续所有环节的设计与达成。主题还可以进一步细分为中心主题与子主题，子主题是在对中心主题进行分解后产生的，子主题的设计也要围绕中心主题来进行。

如在第一学段"欢乐购物街"主题活动中可以设计如下子主题：筹备购物街、购物进行时、货币小课堂。又如在第三学段"水是生命之源"项目学习中可以设计如下子主题:用水习惯大调查、滴水实验、制订节水方案。

(四) 注重实践活动参与

实践是引发学生进行思考的关键,只有学生在实践活动中亲历动手操作、认真思考、合作探究的整个过程,才能对学习内容有更深入的理解,提升其实践能力、合作与沟通能力。在教学实施过程中应遵循"从做中学"的教学理念,注重基于小组合作的动手实验、收集数据、走访调查、实地观测等多种实践活动参与,力求保障实践活动形式丰富、内容真实、因地制宜,从而让学生亲身参与和感受实践活动的全过程,在实践中不断学习和成长。

如在"水是生命之源"项目学习中设计"用水习惯大调查"的实践活动(见表 9-2),旨在实际行动中让学生学会制订调查方案,能与他人友好交流并展开调查,根据调查结果思考问题。

表 9-2　用水习惯调查方案

	姓名	分工
调查人员及分工情况		
调查对象		
调查内容	1.	
	2.	
	3.	
	4.	
	······	
调查步骤	1.	
	2.	
	3.	
	······	
调查结果		

(五) 体现学生自主探索

由于小学数学"综合与实践"领域活动形式的多样化,以及学习内容的丰富性,因此很多时候都需要学生自主参与活动,在学习过程中积极体验和感悟。教师应作为引导者的角色,积极引导学生自然进入情境,为学生提供学习材料,并在活动过程中保持关注,在学生有困难时予以适当指导,确保学生顺利进行自主探索知识、发现问题、寻找规律、得出结论,从中积累活动经验,促进思维发展,提升自主学习意识和能力,培育核心素养,体会数学知识之间、数学与现实世界之间、数学与其他学科之间的关联。

如在"水是生命之源"项目学习中引导学生开展"滴水实验"(见表9-3),了解一个水龙头未拧紧、半开或全开时在一年内浪费的用水量,掌握科学实验的基本步骤,历经实验、观察、比较等过程,提高对数学的应用意识,培养节约用水的意识及习惯,感受数学与科学之间的联系。

表9-3　滴水实验报告

实验数据	1. 水龙头未拧紧1分钟:
	2. 水龙头半开1分钟:
	3. 水龙头全开1分钟:
计算过程	
实验结论	

（六）注重数学思想方法的培养

综合与实践本身是一个方法性很强的学习领域,多样化的活动形式有机会让学生尝试各种新型的学习方式,再加上内容的综合性,使得这部分内容的教学更多地体现思想方法的多样性。学生作为学习的主体,要全程参与,在思考中解决问题。

如"水是生命之源"项目学习的思想方法主要涉及数学和科学两个学科。在数学学科方面,数形结合思想体现在将调查所得数据绘制成图表;转化思想体现在计算用水量的问题时,将其转化为计算装水的容器的容积。在科学学科方面,实验法体现在滴水实验的设计及实施上;比较法体现在通过对实验数据进行比较分析,得出一年大约会浪费的用水量。

（七）注重多元化教学评价

主题式教学的评价设计应关注过程性评价和创新性评价,力求做到评价形式丰富、评价维度多元、评价主体多样。如在"欢乐购物街"主题活动中所设计的购物记录单,需要学生自行回顾并填写购物过程中的主要行为以及购物小结,指导学生关注自身的活动过程;教学活动结束后,及时组织学生对自己在整个主题式教学活动中的表现及收获进行回顾、总结与反思,并填写"学生自评五星表";在学生提出问题解决方案后,教师及时反馈其具有的创意性;在"学生自评五星"表中增加"能自主思考并提出解决问题的策略或方法"一项。

四、综合与实践的教学步骤

综合与实践教学是比较特殊的课型,以动手实验操作、合作探究活动为主要形式。综合与实践的教学步骤视任务的复杂程度不同而不同。一般的综合与实践课,要经历"创设情境,提出问题;自主实践,探究问题;合作交流,解决问题;展示成果,实践问题;巩固升华,反思延伸"这样5个阶段。下面介绍的案例,可以清楚地看出综合与实践课的一般教学步骤。

主题式案例:青岛版(数学)一年级下册"我们身上的'小尺子'"(见图9-1)

我们身上的"小尺子"

图9-1

教学过程有如下5个阶段。

(一)创设情境,提出问题

师:我们之前认识了长度单位,还学会了用尺子来测量物体的长度,但是如果我们身边没有现成的测量工具,你会想到用哪些方法来测量物体的长度呢? 小组内交流,说说你所能想到的方法。

生:可以用"拃"作尺子来测量。

生:可以用自己的身高作尺子来测量物体的高度。

生:还可以用脚来测量。

师:同学们真聪明,想出这么多的办法。其实我们身上的尺子除了"拃"、身高、脚以外还有许多小尺子,比如步长、拳头的周长、一"庹"(tuǒ)长(指认读"庹",出示课件并解释"庹":两臂左右平伸,两手之间的距离)。

师:我们身上有许多比较固定的长度,这些比较固定的长度可以看作我们身上的一把把"小尺子"。灵活运用这些"小尺子",就能测量物体的长度。今天这节课我们就来研究如何使用我们身上的"小尺子"。(板书课题)

【设计意图】 由一年级旧知识引出,让学生用迁移的方法找出新的身体"小尺子",培养学生的度量意识,让其充分交流,使思维产生碰撞,迸发出火花,认识身上的"小尺子",从而明确主题。

(二)自主实践,探究问题

设计活动一:小组合作测量身上的"小尺子"的长度

师:既然知道了我们身上有这么多的"小尺子",你知道它们的长度吗? 会测量它们的长度吗?

师:请同学们4人一组,制订测量"小尺子"的活动方案。

预设方案:

(1) 先确定被测量的"小尺子"。

(2) 小组分工合作,明确各自任务。

任务清单:(4项任务,4名同学,依次轮流担当)

a. 被测量人身上的"小尺子"。

b. 测量时负责尺子的首端(即零刻度线)。

c. 测量时负责尺子的末端,并读出数据。

d. 记录测量数据。

（3）出示课件,下发表格(见表9-4)。

表9-4　测量身上的"小尺子"

测量对象	1号同学	2号同学	3号同学	4号同学
拳头一周的长(厘米)				
脚长(厘米)				
步长(厘米)				
一庹长(厘米)				
一拃长(厘米)				
身高(厘米)				
……				

（4）温馨提示:教师出示课件,讲解注意事项,加深学生认识,使学生测量数据更加准确。

温馨提示:

测量伸开手臂的长度时,被测量学生的双臂要伸直,十指要伸开。

测量身高时,头不能抬太高,也不能低太低。

把尺子的"0"刻度对准物体的一端,尺子要拉直放平,再看物体的另一端对的刻度是几。

测量步长时,正常走路,从脚尖到脚尖为一步,或从脚后跟到脚后跟为一步。

测量拳头的周长时,攥起拳头,沿中间鼓起的小骨头绕一圈,即拳头一周的长度。

（5）以小组为单位展开测量活动,并把测得的数据填入表格。

（6）教师巡视指导,对测量存在困难的小组予以指导、帮助。

师:仔细观察所测得的数据,你会有什么发现?

（预设:4名同学的"小尺子"有的不一样长）

师:为什么会这样呢?

生:因为每一名同学的身高不一样,手臂长短不一样,手的大小不一样,所以每个人身上的长度不一样。而且同学们不断长身体,随着年龄的增长,我们身上的"小尺子"的长度也是不断变化的。

生:我还发现一庹的长度大约等于身高,小小拳头的周长就有脚长那么长(见图9-2)。

我拳头一周的长是18厘米,脚长19厘米,长度很接近。

我的一庹长118厘米,身高120厘米,长度也很接近。

图9-2

师:瞧,多神奇呀!因此,用我们身上的"小尺子"测量物体时,一定要先确定我们身上"小尺子"的长度。

【设计意图】 在测量、汇报、展示的活动中,通过小组合作的方式不仅巩固了使用测量工具测量长度的方法,而且能积累学生的活动经验,培养学生的度量意识与数感,发展学生的核心素养。

(三)合作交流,解决问题

设计活动二:估一估,测一测——构建"身体尺"与米尺的关系

师:刚才我们动手测量了自己身上的"小尺子",你们想不想知道自己身上的"小尺子"与米尺之间的关系呢?估一估大约几拃是1米?几步是1米?几脚是1米?(出示表9-5)

表9-5 身上的"小尺子"与米尺的关系

1米				
大约有( )拃	大约有( )脚	大约有( )步	大约有( )庹	大约有( )拳

师:小组合作估一估、测一测,并填写表格。

师:同样是1米,为什么有的同学是6拃,有的同学是7拃,有的同学是8拃呢?

(预设:每个人的手不一样,有的人手大,有的人手小)

(四)展示成果,实践问题

设计活动三:用"身体尺"量物体的长度

(1)合理选择

师:认识了几种"身体尺",还知道1米大约可以用几拃、几步、几脚来量,我们就可以选用"身体尺"来测量一些物体的长度。那么测量物体要选用哪种"身体尺"呢?比如:量课桌的长,你准备选择哪种"身体尺"?量黑板的长、教室的长呢?(见图9-3)先自己想一想,再同桌说一说,并说出你的理由。

图 9-3

学生独立思考,同桌交流。

生:课桌比较短,可以用拃来量;黑板比较长,高度也合适,可以用庹来量;教室的长,可以用步来量,也可以用脚来量。

师:在实际测量中,被测量的物体不同,选用的"身体尺"有时也会不同,我们要根据被测量物体的特点(长、短、高、矮),灵活选择恰当的"身体尺"来测量。

【设计意图】 这里提出问题让学生思考、交流,可以使学生体会不同的"身体尺"适合不同的测量对象,培养学生灵活应用的意识,提高解决问题的能力。

（2）实际测量

师：下面，我们就在教室或校园里选择一些物体，用"身体尺"量出它们的长度。每个小组先讨论一下，你们准备选择测量什么物体的长？选用哪种"身体尺"？再合作测量，记录结果，注意分工要明确。

（3）交流汇报，感受"身体尺"的优势和不足。

师：请小组长汇报一下，你们小组测量了什么？用的哪种"身体尺"？测量的结果是多少？能不能得出大约多少米或多少厘米？

生：我测量课桌的长用的是拃，量了 5 下，课桌长约 80 厘米。

生：黑板的长度是 4 米 80 厘米，我量了 4 度，一度是 1 米 20 厘米，4 度就是 4 米 80 厘米，大约 5 米。

生：我估计一下我们的教室长度是 10 米。我先测量出我的一步大约是 50 厘米，从这一头到那一头我走了 20 步。

师：观察测量的数据，都有所不同，我们测量的结果准确吗？要想测量准确的结果还需要用到什么？

师：既然测量结果不准确，那咱们这节课为什么还要用"身体尺"？

【设计意图】　在对同一物体长度进行测量时，感受"身体尺"的不同，测量结果不够准确，从而帮助学生体会到"身体尺"的不足之处。

（五）巩固升华，反思延伸

设计活动四：问卷调查

师：同学们这节课表现不错，都能积极参与实践活动，遇到问题能够协商解决，相信同学们一定收获不少，请结合这节课所学内容完成问卷调查。（小组长对每一位组员作出评价，每个学生也要对自己作出相应的评价）

1. 播放课件（见图 9-4）

---

1. 我们学过的长度单位有（　　　）。

　　A. 千米　　　　　B. 米　　　　　　C. 分米　　　　　D. 厘米

2. 我们身上的"小尺子"有（　　　）。

　　A. 拃　　　　　　B. 度　　　　　　C. 步　　　　　　D. 身高

　　E. 拳头　　　　　F. 脚

3. 你（　　　）拃大约是 1 米？

　　A. 6　　　　　　　B. 7　　　　　　　C. 8

4. 你认为身上的"小尺子"是否有用？（　　　）。

　　A. 用处很大　　　B. 用处一般　　　C. 没有多大用处

5. 在今后的生活学习中，你能否主动运用身上的"小尺子"解决实际遇到的问题？

　　（　　　）。

　　A. 是　　　　　　B. 否

6. 小组之间的合作你感到满意吗？（　　　）。

　　A. 非常满意　　　B. 基本满意　　　C. 不满意

7. 在这节课中你对自己的评价是（　　　）。

　　A. 优秀　　　　　B. 良好　　　　　C. 一般　　　　　D. 差

8. 组长对你作出的评价是(　　)。

　　A. 优秀　　　　　B. 良好　　　　　C. 一般　　　　　D. 差

9. 通过这节实践活动课,你认为数学与生活的关系(　　)。

　　A. 非常紧密　　　B. 联系一般　　　C. 没有太大联系

简答题:

1. 谈谈你这节课有哪些收获?

图 9-4

2. 指名展示自己的结果

3. 师生共同交流这节课的收获

生:我的收获是测量前一定要估算,然后根据物体的长度选择合适的"小尺子"进行测量。

生:用拃、庹、步长……作尺子测量物体的长度很方便。

生:同学之间的合作很重要,有些活动任务一个人根本无法完成。

生:我通过测量知道身高与1庹的长度,1拳的周长与脚长的长度都非常接近,人体真的很神奇。

师:同学们,数学来源于生活,生活离不开数学,在日常生活实践中,我们要善于观察、善于思考,做一个生活中的有心人、细心人,这样才能发现数学的奥妙与神奇。同时,要把学到的知识运用到生活中去,只有这样知识才能转化为能力,我们才能感受到数学的魅力。

课外实践作业:

警察叔叔在破案时,会通过罪犯留下的一个脚印,推测出他的身高,你知道这是为什么吗?(因为一个成年人的身高大约等于 7 只脚合起来的长度)

总评:

本节课充分体现了实践活动课的特点,教学设计以主题活动为主,放手让学生去估一估、量一量、试一试,学生通过活动运用所学知识解决实际问题,达到了学以致用的目的,从而验证了生活处处有数学,激发了学习数学的兴趣。学生在解决实际问题的过程中,感受到数学学习的过程性和体验性,既培养了动手操作能力,又培养了核心素养。

1. 密切数学与生活的联系,让学生在真实的生活情境中学习数学

一开课,提供课堂中的实际素材,结合多媒体教室的真实场景,让学生以小组为单位,测量自己的身高、步长、双手平伸时两指尖的距离以及腰围、头围等,激发学生学习的兴趣,很好地体现了生活中处处有数学。

2. 注重培养学生动手操作能力,让学生在操作中不知不觉地领悟到所学的知识

创设了大量的动手操作、动口表达的合作学习实践活动,把操作、观察与语言表达紧密结合,让学生通过自己的实践与交流来获得知识、得到发展,使数学学习成为学生发现问题、提出问题、分析问题、解决问题的过程,充分体现数学学习的过程性和体验性。例如,在学生对课桌的测量结果出现多样的记录方法后,教师及时组织学生评价交流;再如,鼓励学生大胆提出在测量门的高度中发现的问题,并及时组织学生分析问题、解决问题。

3. 教学形式、学习方式灵活多样,让学生在师生互动、生生互动中学习

纵观整节课,教师在不断引导学生提出问题、解决问题。教师把自己定位于数学学习的组织者、引导者、合作者的位置，真正实现教为学服务，更好地发挥学生的独立性、自主性、创造性。在课堂教学中，教师给学生创设一个又一个的情境，引发一环又一环的问题，促使学生层层深入地思考，不断地体验与感悟，让学生自觉地、全身心地投入学习活动中，用心发现、用心思考、真诚交流，时而困惑，时而高兴，在跌宕起伏的情感体验中自主完成对知识的建构。

习　题

1. 请小组合作，从"人教版""北师版""苏教版""青岛版""西师版""翼教版"等教材中任选两个版本，分别了解"综合与实践"内容选择、编排方式，并进行对照整理，分析不同版本教材的共同点与各自的特色，形成小组学习报告。

2. 根据小学数学六年级下册教材"节约水资源"进行教学设计。

本章小结

综合与实践，是学生在教师指导下，综合已有的知识和经验，经过自主探究和合作交流等学习方式，解决日常生活和社会实践中具有一定挑战性和综合性的实际问题的学习活动。综合与实践的教学目标就是帮助学生积累数学活动经验，培养学生的应用意识和创新意识。教师不仅要精心设计教学活动，密切关注活动过程，保证实践效果，充分体现学生的自主学习，还要给学生提供开放的学习环境，注重过程，鼓励创新。

复习题

根据下列教材，试着分析教材，拟定教学目标，设计主要的教学活动并说明理由。

1. 青岛版四年级下册教材"图形的密铺"；
2. 青岛版六年级上册教材"远离肥胖"。

本章主要参考文献

［1］中华人民共和国教育部.义务教育数学课程标准(2022年版)［S］.北京:北京师范大学出版社,2022.

［2］马云鹏.小学数学教学论［M］.北京:人民教育出版社,2013.

［3］范文贵.小学数学教学论［M］.上海:华东师范大学出版社,2011.

第十章

小学数学教学评价

知识结构

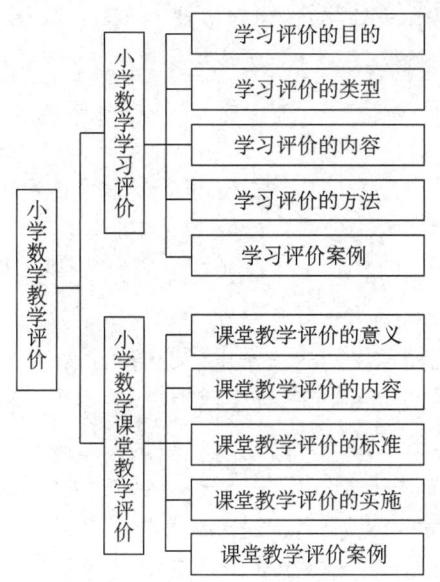

小学数学教学评价
- 小学数学学习评价
  - 学习评价的目的
  - 学习评价的类型
  - 学习评价的内容
  - 学习评价的方法
  - 学习评价案例
- 小学数学课堂教学评价
  - 课堂教学评价的意义
  - 课堂教学评价的内容
  - 课堂教学评价的标准
  - 课堂教学评价的实施
  - 课堂教学评价案例

学习目标

1. 了解小学数学学习评价的目的,掌握小学数学学习评价的基本类型。
2. 理解小学数学学习评价的内容,初步掌握小学数学学习评价的方法。
3. 了解小学数学课堂教学评价的内容,初步掌握评价标准,运用相关知识对小学数学课堂教学进行评价。

学习重点

1. 掌握小学数学学习评价的类型和方法。

2. 掌握小学数学课堂教学评价的方法及评价实施过程。

 学习导引

　　小学数学教学评价是小学数学教学活动的重要环节,了解并掌握小学数学教学评价的类型和方法,对于有效地开展教学活动,提高小学数学教学质量是非常有益的。本章主要介绍小学数学学习评价的目的、类型,评价内容及评价方法,小学数学课堂教学评价的意义、评价内容、评价标准及实施等内容。在学习过程中,注意联系教学实践,掌握教学评价的实施方法。

案例导入

　　在教学"小数乘法"时①,教师出示一道题目:小明去超市买苹果,苹果 3.8 元/千克,他一共买了 4 千克,请问小明应该付多少钱?

　　师:同学们,该怎样解这道题呢?

　　生 1:3.8×4＝3.8＋3.8＋3.8＋3.8＝15.2(元),因为 3.8×4 表示的是 4 个3.8相加。

　　师:这位同学把小数乘法变成小数加法进行计算,虽然这个方法比较麻烦,却能帮助我们更好地理解算式的含义。

　　生 2:我先把 3.8 元转化成 38 角,算出买 4 千克苹果要 152 角,再把 152 角转化成 15.2 元。

　　师:这位同学借助元和角之间的关系来解这道题,这个方法将数学知识与日常生活紧密结合起来,让数学从生活中来,到生活中去,这也是一种学习数学的好方法。

　　在这个教学案例中,教师并不是简单地评价学生的回答是否正确,而是清楚地揭示了隐藏在答案背后的思考方法和学习方法。这样的评价无论是对回答问题的学生还是对倾听解题过程的学生,都具有促进思维发展的作用。

　　小学数学教学评价是对小学数学教学活动的过程和结果的价值判断,它包括对小学生数学学习的评价和教师的课堂教学评价。小学数学教学评价是小学数学教学过程中一个十分重要的环节,作为一名小学教师,应该掌握教学评价的有关理论和方法,并且能够及时地进行教学评价,不断改进教学,激励学生的学习热情,帮助学生认识自我、树立信心、提高学习质量。

---

① 曹艳.浅谈如何评价学生的数学学习[J].小学数学教学参考,2018(14):64.

第一节　小学数学学习评价

　　小学数学学习评价是小学数学教学过程的重要组成部分,它贯穿于整个教学活动之中,也是在小学数学教学中进行科学管理的重要手段。客观、真实、发展的数学学习评价是提高小学数学教学质量必不可少的一项工作。

　　小学数学学习评价是对小学生的数学学习过程与结果作出的价值判断,是对小学生的数学学习情况的一种综合性评价,是小学数学课程评价的核心。[①] 通过学生学习的考查与评价,可以客观地了解学生达到预定教学目标的程度,也有助于教师检查自己的教学效果,总结经验教训,及时改进教学。因此,数学学习评价对提高小学数学教学质量具有十分重要的意义。

一、小学数学学习评价的目的

　　《基础教育课程改革纲要(试行)》中指出:要"建立促进学生全面发展的评价体系。评价不仅要关注学生的学业成绩,而且要发现和发展学生多方面的潜能,了解学生发展中的需求,帮助学生认识自我,建立自信。发挥评价的教育功能,促进学生在原有水平上的发展"。基于此,《标准》中提出:小学数学学习评价的主要目的是全面了解学生数学学习的过程和结果,激励学生学习和改进教师教学。

　　具体来讲,小学数学学习评价的目的主要包括以下4个方面:反映学生数学学习的成就和进步,激励学生的数学学习;诊断学生在数学学习中存在的困难,及时调控和改善教学过程;全面了解学生数学学习的过程,帮助学生认识到自己在解题策略、思维和习惯上的长处与不足;使学生形成正确的学习预期,形成积极的学习态度、情感和价值观,帮助学生认识自我,树立信心。

　　根据《标准》的基本理念要求,在进行小学数学学习评价时,要对传统的数学学习评价进行改革,对一些传统的、不符合新时代要求的数学学习评价功能适当削弱,对那些适应现代教学评价理念,有利于促进学生发展的评价功能应适当加强。应加强和削弱的内容见表10-1。

表 10-1　关于学生数学学习评价应加强和削弱的方面对照表

应加强的方面	应削弱的方面
评价的诊断和促进功能	评价的甄别功能
评价是教学过程中一个有机组成部分	评价简化为单一的终结性评价
对学生知道什么、是怎么思考的评价	评价学生不知道什么
关注学生自身的发展	与他人的比较(分等排序)

---

① 范文贵.小学数学教学论(第二版)[M].上海:华东师范大学出版社,2016.

（续表）

应加强的方面	应削弱的方面
数学情感与态度的形成和发展	仅关注数学知识与技能的理解和掌握
学生在学习过程中的变化和发展	仅关注学生数学学习的结果
使用多样化的手段	仅使用纸笔测验
评价主体多样化	只有教师对学生的评价
定性评价与定量评价相结合	只有定量评价

真 题 链 接

（2016 年下半年教资考试真题）教育行政部门制定小学教学质量评价标准应依据（　　）。

A. 教学计划　　　　　　　　B. 课程标准

C. 教学模式　　　　　　　　D. 考试成绩

参考答案

二、小学数学学习评价的类型

数学学习评价的分类是一个相对的概念，按照不同的标准可以分为不同的种类。

（一）按照评价标准分类

1. 绝对性评价

绝对性评价，也称为标准参照评价，是以具体体现教学目标的标准作业为准，测定学生是否达到标准以及达标的程度如何。在小学数学学习评价中，评价标准主要是指数学教学目标。传统考试所采用的百分制评分法，得 60 分及以上为及格，60 分以下为不及格，就是采用的绝对性评价。

绝对性评价是用来衡量学生的实际水平的，它关心的是学生掌握了什么或没掌握什么，以及能做什么或不能做什么，而不是比较学生之间的相对位置。这种评价的方法有助于测定各个阶段实现数学教学目标的程度，确定是否进行下一个目标的教学，也有助于对每个学生的指导。当然这种评价方法也有缺点，因为数学试题的编制很难充分、正确地体现教学目标，所以教师无法充分利用严格意义上的绝对性评价。

2. 相对性评价

相对性评价是以个体的成绩与同一团体的平均成绩或常模相互比较，从而测定每个被评价对象成绩的适当等级。这种评价以常模为参照点，常模实际上就是团体测验的平均成绩，以学生个体的成绩与常模比较，就可以确定学生在团体中的位置，知道他的成绩在团体中属于哪个等级。

相对性评价重视每个评价对象在团体中的相对位置，可以评出名次，分出等级。其优点在于相互比较之下确定每个评价对象的位置或名次，比较客观、公正，可作为分类排队、编班和选优的依据。其缺点是重在排队选优，对于个人的努力状况及进步的程度不重视，尤其对于后进者的努力缺少适当评价，缺乏激励作用。

3. 个体内差异评价

个体内差异评价是以评价对象自身状况为基准,对评价对象进行价值判断。在这种方法中,评价对象只与自身状况进行比较,包括自身现在成绩同过去成绩的比较,以及自身不同侧面的比较。

个体内差异评价充分照顾了学生个体的差异,有利于教师贯彻因材施教原则。但是,它只是将评价对象与自身状况进行比较,既不是按照一定客观标准进行评价,也不是评价对象间的相互衡量,这种评价难以了解个体在总体中的相对位置。

以上3种评价方法各有优缺点,在进行评价时要根据实际需要选用合适的方法,而且还可将各种方法结合起来使用。

真题链接

(2016年下半年教资考试真题)虽然小明的期末测验成绩不高,但与期中相比有所提高,老师仍颁给他"学习进步奖"。这种评价属于(   )。

A. 相对性评价　　　　　　　　B. 绝对性评价

C. 个体内差异评价　　　　　　D. 终结性评价

参考答案

(二)按照评价功能分类

1. 诊断性评价

诊断性评价,又称准备性评价,是指为查明学生的学习准备状况及影响学习的因素而实施的测定。一般在学年、学期开学前或开学时进行,其目的是了解学生是否具有达到新的数学教学目标所必需的基础知识和技能,以便确定教学的起点和进度。诊断性评价可以帮助教师更深入地了解学生的学习背景和现有发展水平,更好地促进教师根据不同的教学内容和不同学生的个性特点选择不同的教学方法和组织形式,促进每一个学生在现有基础上得到最佳发展。

2. 形成性评价

形成性评价是在教学进行过程中为改进和完善教学活动而进行的对学生学习过程及结果的测定。一般在教学过程中进行,可以通过课堂提问、单元测验、期中数学测验来实施。其目的在于了解数学教学的结果以及学生学习数学的情况,以便教师及时调整或改进教学工作,使数学教学在不断的测评、反馈、修正或改进过程中趋于完善。

3. 终结性评价

终结性评价也称为总结性评价,是在一门课程或一个教学阶段结束后对学生学习结果的评定。这类评价的主要目的是评定学生的学业成绩,确定学生达到教育目标的程度,证明学生掌握知识、技能的程度和能力水平,以为确定学生在后继教程中的学习起点,预言学生在后继教程中成功的可能性,以及为制订新的教育目标提供依据。终结性评价着眼于某门课程或某个教学阶段结束后学生学业成绩的全面评定,因而评价的概括水平一般比较高,考试或测验所包括的内容范围也比较广,评价的次数比较少,一般一学期进行一次,期末考试、毕业考试均属此类评价。

这3类评价类型的划分是相对的，它们功能侧重不同，既有联系也有区别，具体比较如表10-2所示。

表 10-2　诊断性评价、形成性评价和终结性评价对照①

种类	诊断性评价	形成性评价	终结性评价
作用	查明学习准备和不利因素	确定学习效果	评定学业成绩
主要目的	合理安置学生，考虑区别对待，采取补救措施	改进学习过程，调整教学方案	证明学生已达到的水平，预言在后继教学过程中成功的可能性
评价重点	素质、过程	过程	结果
手段	特殊编制的测验、学籍档案和观察记录分析	形成性测验、作业、日常观察	考试
测试内容	必要的预备性知识、技能的特定样本，与学生行为有关的生理、心理、环境的样本	课题和单元目标样本	课程总教学目标样本
试题难度	较低	依据教学任务而定	中等
分数解释	常模参照、目标参照	目标参照	常模参照
实施时间	课程或学期、学年开始时，教学过程中需要时	每节课或单元教学结束后，经常进行	课程或一段教学过程结束后，一般每学期一次
主要特点		"前瞻式"	"回顾式"

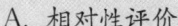

真题链接

1. （2018年下半年教资考试真题）小明数学考试经常得不到高分，但数学老师从小明较好的计算能力、图形感知能力、逻辑推理能力等方面分析，认为小明具有较强的数学学习潜力。这种评价属于（　　）。

A. 相对性评价　　　　　　　　　B. 绝对性评价

C. 诊断性评价　　　　　　　　　D. 个体内差异评价

答案解析

2. （2022年上半年教资考试真题）老师建立了记录学生学习成就，持续进步信息的连续表现作品以及其他相关资料的档案袋，据此对学生进行评价，这种评价属于（　　）。

A. 绝对评价　　　　　　　　　　B. 相对评价

C. 过程性评价　　　　　　　　　D. 终结性评价

（三）按照评价方法分类

1. 定性评价

定性评价是指对数学教学评价的内容，通过观察、调查收集的信息，舍弃非本质的离散

①　施良方，崔允漷.教学理论：课堂教学的原理、策略与研究[M].上海：华东师范大学出版社，1999.

现象,筛选出反映趋势的信息,对事物本质进行决策性断定。[①] 比如,对学生的学习结果评出等级、写出评语等都属于定性评价。

2. 定量评价

定量评价是指对数学教学评价的内容,通过教育测量、统计等方法与手段,收集数据材料(包括数值型数据和非数值型数据),进行定量分析、处理,找到集中趋势的量化指标和离散度,得出综合性定量描述与判断。传统考试对学生的学习结果用具体分数评价的方式就属于定量评价。

为了更加全面地反映学生的学习过程与结果,应将定量评价与定性评价相结合,这样才能更好地促进学生的发展。

三、小学数学学习评价的内容

(一) 数学知识与技能

数学知识与技能是学生数学学习的主要内容,对于学生数学基础知识和基本技能的评价,应该遵循《标准》的基本理念,考查学生对基础知识和基本技能的理解与掌握程度。评价时应将学段目标作为本学段结束时学生应达到的水平来评价,应允许一部分学生经过一段时间的努力,随着知识和技能的积累逐步达到。对此,教师可以选择推迟做出判断的方法,即如果学生对自己某次考查答卷觉得不满意,教师可以鼓励学生提出申请,并允许重新解答,学生通过努力,改正原答卷的错误后,教师可以就第二次答卷给以评价,并给出鼓励性评语。这种“推迟判断”,淡化了评价的甄别功能,能较好地反映学生的纵向发展。特别是对于学习有困难的学生,这种“推迟判断”能让他们看到自己的进步,感受到获得成功的喜悦,从而树立信心,激发学习动力。

评价应该结合实际背景和解决问题的过程进行。对概念、公式和法则的考查评价,应当更多地关注对知识本身意义的理解和在理解基础上的应用。

对数与代数学习的评价,应主要考查学生对数与运算意义的理解和应用,包括能否运用数与计算的知识描述并解决实际问题;能否运用合理的计算策略正确地进行运算;是否有对计算结果进行估算和验算的习惯;能否有效地利用计算器探求规律等。

对图形与几何学习的评价,应结合直观素材和具体情境,评价学生对图形基本性质的认识和空间观念的发展。

对统计与概率学习的评价,重点应放在考查学生是否理解各种统计图表的特性和统计量的意义;能否选择适当的统计图表和统计量来表达数据;能否体会事件发生可能性大小的意义等。纯粹的计算题,如计算给定数据的平均数,不应成为考查评价的主要内容。

对于综合与实践学习的评价,很难在一次书面考试中完成。因此,教师应注重评价学生参与活动的过程,不宜把这一类活动或问题纳入书面考试(或测验)的范围之中。

(二) 发现问题和解决问题的能力

对发现问题和解决问题能力的考查可以通过两个方面进行:一方面,适当加强对数学学习过程和方法的考查,如考查学生能否在教师的引导下从现实生活中发现和提出数学问题;能否探索出解决问题的有效方法,并试图寻找其他方法;能否与他人合作;能否表达解决问

---

① 金成梁.小学数学课程与教学论[M].南京:南京大学出版社,2005.

题的过程，并尝试解释所得结果；是否具有回顾与分析解决问题过程的意识等。另一方面，可以通过设置一个类似现实生活的情境，或者用"解释、说明、联系、区别、对比、分析、推断、解决、发现、概括"等方式促进学生较高层次思维的发展，或者用渐进式问题通过测验对学生分析和解决问题的能力加以考查。

（三）情感与态度

研究表明，学生数学学习的效果和创造能力与其对数学的认识、态度和情感有着密切的关系。学生对数学的认识、态度和情感与其在数学认知上的发展是共同发展并相互影响和促进的。因此，了解学生对数学的认识、态度和情感，将帮助教师为学生创设有利于开展创造性思维活动的条件，了解学生的数学学习行为，诊断其在数学学习上的困难及原因，便于教师有针对性地选择个性化教学指导策略。

对情感与态度的评价主要是考查学生积极的数学情感的形成与科学的数学学习态度的建立程度。通常可以通过学生在数学学习过程中的表现来进行评价，有时也可以通过自我评价、数学日记或临床观察等方式评价。

对学生数学学习的评价，既要关注学生知识与技能的理解和掌握，也要关注他们情感态度的形成和发展；既要关注学生数学学习的结果，也要关注他们在学习过程中的变化和发展。

四、小学数学学习评价的方法

基于评价内容的多维化，小学数学学习评价的手段和形式应多样化。评价方式应包括书面测验、口头测验、活动报告、课堂观察、课后访谈、课内外作业、成长记录等，可以采用线上线下相结合的方式。通常情况下，小学数学学习评价的方法可分为日常检查、纸笔测验和表现性评价。[1]

（一）日常检查

日常检查主要是通过包括口头提问、板演、作业、课堂练习或检查、课堂观察等形式，了解学生掌握和运用知识的情况。这是日常教学中最常见的测量方法，往往贯穿于教学过程之中，这种评价方式便于教师及时了解学生。

教师在进行日常检查时，应尽量给学生提供高水平的、具有启发性的提问或作业。通过在课堂中的口头提问、板演、作业或练习检查，不仅能及时反映出某一学生个体对知识或技能的习得水平，使其错误能获得及时的矫正，还能直观地反映个体习得水平在班级群体中的相对位置。这种评价方法具有个别性的特点，教师往往就是通过这些个别的评价来推断班级群体在知识或技能上的获得性水平，从而确定教学进程。要克服这种评价方式的弊端，教师可以运用"追问"策略。比如，当学生完成一个回答之后，教师就可以追问："你是怎么想的？""有没有其他不同的想法？""还有什么方法可以证明（说明）？"等等。

课堂观察是评价学生学习过程的一条有效途径，观察可以是非正式的，也可以是正式的。教师可以随时记录学生的一些重要信息，也可以运用课堂观察记录表，对学生的数学学习活动情况从知识技能掌握情况、是否认真、是否积极、是否自信、是否善于与人合作以及思维的条理性、创造性等方面进行比较系统的观察。

① 马云鹏.小学数学教学论(第四版)[M].北京:人民教育出版社,2013:227.

（二）纸笔测验

纸笔测验作为考试评价的手段之一，是考查学生课程目标达成状况的常用方式。合理地设计考试内容，有利于多维目标的实现，既要考查学生对知识技能的理解掌握程度，还要注意对学生的思维能力、分析与解决问题能力、数学思维方法以及数学交流等能力的考查，这样才有助于全面考查学生的数学学业成绩，及时反馈教学成效，不断改进教学，提高教学质量。

新课程强调评价方法应该多样化，将单纯纸笔测验改为口试、笔试、实际操作相结合的多元化考试方式。实行"开放式"测试，根据学生的知识基础、智力和学习发展情况，实行因人而异的测试形式[①]：对于一些学习成绩优秀、应用能力强的学生，可由学生提出申请，实行"免试"；对于个别基础差、接受慢、理解、应用知识差的学生，可由学生提出申请实行"延期测试"或降低试题的难度，容许在学习上有时间差和过程差，使他们最高的水平得到展示，使考试成为一种激励手段。

考试要注意体现工具性和人文性的统一。在试卷上，通过设计适当的鼓励性、期待性的引导语，能消除学生对考试的紧张和恐惧。同时，试题的评价要有层次性，教师可以根据学生答案的不同，判断学生所具备的学习水平，从而改进自己的教学。

（三）表现性评价

让学生通过完成具有一定现实情境的任务来考查学生数学学习状况的评价称为表现性评价。它是一种基于表现性任务的评价，表现性任务一般是现实生活中的实例和应用，是经过精心设计的、具有情境性的具体任务或活动。要完成表现性任务需要学生对概念的理解和数学能力的运用相结合。通过对学生完成表现性任务过程的考查，能够评价学生多方面的表现，包括相关知识与技能、对问题的理解能力、完成任务所采取的策略、表现出来的态度与信心，以及运用所学知识解决问题的能力等。

1. 开放性问题

开放性问题是指一个较为复杂、开放性的问题情境。在解决该问题的过程中，能够展现学生多方面的知识与能力。例如，给你一张书单（书单中列出若干种图书的价格），要你按照书单去购买一些书。如果你手中有 100 元钱，尽量使用这些钱去买书，你能买些什么书？

学生在解决这个问题中，需要有关人民币的知识，也需要整数和小数运算的知识与技能，还需要涉及一般的购物常识，因而可以考查学生对问题的综合理解运用，以及解决问题的不同方法和思考的方式。这样的开放性问题不仅能反映学生对习得知识的理解水平，还能有效地评价学生将知识运用于现实情境的能力以及问题解决策略等水平。

2. 调查和实验

调查和实验是表现性评价中动手实践活动的一种常见形式。通过学生的调查和实验，可以帮助教师评价学生对信息价值的理解水平以及处理信息的策略性水平，不仅能反映学生的动手能力，还能反映学生数学学习的认知方式和认知水平。例如，调查今年 7 月份我们这个地区的气温的数据信息，并将这些数据信息用一个合适的方法进行统计，然后解释一下这些数据信息处理的结果，并作出一些推断。

---

① 范文贵.小学数学教学论（第二版）[M].上海：华东师范大学出版社，2016.

3. 数学日记

数学日记是通过学生记录自己学习数学的过程和体会，了解和评价学生数学学习情况的一种评价方式。数学日记不仅用于评价学生的数学知识，而且用于评价学生数学思维的方式。写数学日记为学生提供了用数学语言或自己的语言表达自己对数学的理解、认识、应用以及情感的机会。数学日记不仅可以用来评价学生的数学学习能力、问题解决策略水平，还有助于教师培养和评价学生的自我反省能力。

4. 成长记录袋

成长记录袋是将学生具有代表性的学习成就或进步信息的一些作品、评价结果以及其他相关记录和资料汇集起来，以了解学生学习和成长过程的评价方式。成长记录主要是学生自己选定的资料的汇集，其主要元素是学生作品，同时包括学生对完成作品过程的描述或记录，还包括学生本人、教师、同伴和家长对作品的评价。

成长记录作为一种物质化的资料在显示学生学习成果，尤其是显示关于学生持续进步的信息方面具有重要作用。成长记录中的材料应让学生自主选择，并与教师共同确定。教师可以引导学生自己在成长记录袋中收录反映学习进步的重要资料，如最满意的作业、最喜爱的小制作、印象最深刻的问题、在日常生活中发现的有意义的数学问题、解决问题的方案和过程、解决问题的反思、阅读数学读物的体会、活动报告或数学小论文等。成长记录的内容可以设计成包含学期开始、学期中和学期结束 3 个阶段的学习资料，以反映学生数学学习的进步历程，增强他们学好数学的信心。

各种评价方式都有自己的特点，都是为一定的评价目的和内容服务的。因此，评价时需根据评价内容和评价目标，结合学生学习的特点选择评价方法，确定评价手段，以更好地促进学生的发展。

五、小学数学学习评价案例

（一）课堂即时评价案例

在教学"长方形的周长"时，学生通过动手测量书本、课桌等实物，知道了把四条边的长度相加就是实物的周长。

师：如果说知道了长方形的长、宽，会求周长吗？

生 1：我会，把四条边相加。

生 2：太麻烦了，把两条长加两条宽。

生 3：我是把长加宽乘 2。

师指图说：长＋宽×2，请观察。

学生们马上发现错了。

师：发现了什么问题？

生 4：从图上观察生 3 只求了三条边。三条边不是周长，缺了一条。应该长乘 2，宽也乘 2，再相加，才是周长。

这时，生 3 也发现自己少算了一条边，也举手找出自己的错因，并能及时评价自己的对错。

生 5：还可以先求长加宽的和，再乘 2。

教师又取出任意一个长方形让学生动手量长、宽后计算周长。学生再次获得求长方形周长的结论，正确率高多了。

简析

有效的课堂教学即时评价和反馈,能使教师掌握学生的真实情况,了解学生的切实需要,从而对自己的教学活动进行相应的调整,以达到预期的教学目标。因此,教师对学生的重要反馈,诸如答问、质疑、课内解题练习(包括板演)、作业等,应及时作出评价,评定其好坏、正误,及时向学生输出这些评价信息,让学生尽快知晓自己见解的正确与否,使正确的得以强化,错误的得以及时发现并设法改正。按心理学观点,教师恰到好处评价讲解,是教师复杂的思维活动的"精化"和"外显"。即时评价,能及时唤起学生相应的复杂思维活动,这样做,久而久之,潜移默化地影响着学生的思维品质和思维习惯,有利于学生掌握良好的思维方法、学习方法和评价方法。

在该案例中,教师通过一系列的诱导、探索活动,启迪学生及时评定自己的认识,学生终于实现认知的飞跃,知道长方形周长的求法和多样算法。课堂即时评价,使教师对学生的评价能提高学生的学习热情和学习效率;同时,有效的课堂即时评价和反馈,使教师的专业素养得到不断提高,真正地使课堂教学得以高效、高质量进行,从而达到预设的教学目标。

(二) 评价内容改革——纸笔测验评价案例

在纸笔测验中,根据不同考查内容的需要,设计如下检测题目。

题目1:你的朋友不明白 $35 \div 7$ 是什么意思,你来帮帮他。你可以使用图片或图形。

题目2:找出既是 2 和 3 的倍数,又是 5 的倍数的最小的一个三位数,你是怎么想的?

题目3:某校六年级有学生 297 人,数学组的老师准备给每人买一个圆规,每个圆规定价为 9 元。请你估计一下,老师至少要带(　　)元钱。

A. 2 000　　　　B. 2 700　　　　C. 2 970　　　　D. 3 000

简析

《标准》中指出,要采用多样化的评价方式。评价方式多样化体现在多种评价方法的运用,包括书面测试、口头测试、开放式问题、活动报告、课堂观察、课后访谈、课内外作业、成长记录等。不可否认,纸笔测验仍然是评价学生的基础知识和基本技能的重要手段,如何科学地设计试题和测验形式显得尤为重要。在进行测验时,以数学课程标准为评价基准,关注的重心在于评价对象达到目标的程度,而不是评价对象在团体中所处的相对位置,这样的纸笔测验会更加科学、合理。

书面测试的关键是要注意测试题目的有效性,否则就不能达到检测的目的。因此,题目内容上应该恰当设计。对于基础知识的测验,不侧重于考查学生对具体知识的记忆和掌握情况,而是重视考查学生对知识的真正理解和在解决问题的情境中的运用。对于技能的测验,不侧重于考查学生对某个单一技能的熟练程度,而是重视考查学生在具体情境中技能的选择和运用。

在案例中,题目1没有直接问学生除法的意义是什么,而是通过一个具体的问题的解释,来达到考查学生对除法意义的认识的目的。题目2没有直接考查学生对"2,3,5的倍数的特征"的记忆和掌握情况,但在解决这个问题的时候,学生要用到相关的知识和技能。个位上是 0,2,4,6,8 的数是 2 的倍数,个位上是 0 或 5 的数是 5 的倍数,根据题意,这个三位数的个位必须是 0。各个数位上的数加起来的和是 3 的倍数,那么这个数就是 3 的倍数,得出这个三位数的十位和百位的和最小是 3,$1 + 2 + 0 = 3$,根据题意,1 应该放在百位上。在解决这个题目的时候,要尝试筛选先使用题目中的哪一个信息,培养了学生的分析、综合的数学思维能力。题目 3 是为了检测学生对估算方法的掌握情况和运用估算知识解决实际问题的能力。在脱离具体情境进行乘法估算时，为了简便计算，可以把其中一个因数看成"整十"或"整百"的数计算，也可以把两个因数都看成"整十""整百"的数计算，至于往大估计还是往小估计都没有关系，但在具体情境下进行估算时就要考虑实际情况了。

（三）评价主体多元化——学生自评和互评案例

评价主体应包括教师、学生、家长等。评价时，应综合运用教师评价、学生自我评价、学生相互评价、家长评价等方式，对学生的学习情况进行全方位考查。

特级教师吴正宪在教学"分数的初步认识"时，在学生初步认识了分数 $\frac{1}{2}$ 后，吴老师问学生："把一张圆纸片分成两份，其中一份占 $\frac{1}{2}$，这句话正确吗？"

对于吴老师的提问，有的学生回答"正确"，有的学生回答"错误"。对此，吴老师没有立即对学生的回答做出评价，而是把学生分成两组，然后说："既然大家对这个问题有不同意见，那我们来开个辩论会吧！认为正确的同学为正方，认为错误的同学为反方，请正反两方推选代表，阐述己方所持观点的理由。"

正方派出的两位学生拿出事先准备好的一张圆纸片，从中间对折后撕开，并拿出其中一份说："我们把一张圆纸片分成两份，其中的一份难道不占 $\frac{1}{2}$ 吗？"反方学生见状，不甘示弱地拿出一张圆纸片，撕成大小不等的两片，并拿出较小的那一片，向正方学生反驳道："像这样把圆纸片分成两份，这一小份难道也占 $\frac{1}{2}$ 吗？"就这样，两组学生各抒己见，谁也说服不了对方。

此时，吴老师还是没有做出评价，而是说："认为对方正确的同学，可以站到对方的队伍中去。"正方一些学生陆续站到了反方那边，最后还剩下两名正方代表仍坚持自己的意见，吴老师走到这两名学生的身边说："能说说你们的理由吗？"

生（正方）：这个问题是说把一张圆纸片分成两份，我们把圆纸片平均分成两份，难道其中一份不是 $\frac{1}{2}$ 吗？

生（反方）：你们是平均分成两份，可问题中并没有说平均分啊，难道像我们这样任意分成的两份，其中一份也占 $\frac{1}{2}$ 吗？

生（正方）：……

师：正方同学还有什么想说的吗？

（正方代表无言以对。）

师：一个物体是否占整体的 $\frac{1}{2}$，关键是看什么呢？

生（齐）：是否平均分！

简析

传统的课堂评价只有教师对学生的评价，却忽视了处于这个评价生态系统中的学生与学生之间的影响。这样单一的评价会使学生缺乏学习的主动性和对问题的求知欲。因此，评价主体未必总是教师，可以让学生成为评价主体。《标准》中特别强调学生的自我评价和学生之间的相互评价,教师要充分相信学生,给予他们自评和互评的机会,这不但是学生认识自己的有效途径,也能为学生的自我修正提供最有利的条件。学生通过自评和互评,不仅可以了解自己的学习是否进步,发现并及时纠正错误,还可以养成自我检查、自我评定的学习习惯,更重要的是可以培养学生的自我意识和独立人格。在案例中,吴老师的提问使学生产生了质疑和争论,这时如果吴老师简单地评价谁对谁错,那么学生要么对这个问题一知半解,要么觉得自己的表达欲望被抑制,这会使得整个课堂索然无味。因此,吴老师在学生出现意见分歧时,通过辩论的形式让学生进行互评的做法是非常恰当的。学生在教师的引导下,自己树观点、摆事实、讲理由,最终通过辩论理顺了自己的思路,与对方达成了共识,这种立足于学生逐步感悟的评价,远比教师的直白评价有效得多。学生通过自评与互评,点燃了心中求知的"火焰",让课堂焕发光彩。

(四)表现性评价——开放性题目案例

评价内容:三年级下册"计算经过时间"。

评价形式:根据问题情境中的开放性题目,学生完成表现性任务。

评价过程:出示"周末聚会邀请函",内容中注明本班同学周末聚会活动的日期为 6 月 8 日,时间为 14:00,集合地点为学校门口。然后,出示问题情境:这一天,在去聚会的路上,妈妈要你帮忙拿一份快递,这将用掉你 20 分钟,你须用半小时为聚会做准备,路上还须花掉 25 分钟。现在的时间为 12:20,请判断你来得及到达学校门口集合吗?说明理由。

简析

传统的纸笔检测方式在测评学生对数学知识和技能的理解与应用方面较高效,而对于学生学习成长过程中的操作实践、语言表达、创新能力的考查就比较欠缺。表现性评价则是体现过程性的重要评价方式,它有助于直接、真实地考查学生的学习过程,特别是考查高阶思维能力和综合运用所学知识解决实际问题的能力。表现性评价仍可以选取纸笔检测的优势部分,利用开放性的题目也是实施表现性评价的一方面。开放性的题目能促进学生主动思考、自主探究、全方位思考问题,学生的数感、符号意识、推理能力等核心能力都可以体现出来,便于教师了解学生对知识与技能的掌握情况,把握学生数学思考的灵活度和深刻度。

在案例中,通过判断是否来得及到达集合地点这个任务可以考查学生对计算经过时间的掌握情况,能了解学生分析和解决问题的能力,同时还能发现面对真实问题时,学生不同的数学思考方法:结合实物操作、画图倒推、分步计算倒推,或者语言说明……反映了学生思维的严密性、解决实际问题的灵活度和语言表达的完整性。这种评价方式,能比较客观、真实、全面地反映学生的数学知识掌握情况与分析问题、解决问题的能力。

习题一

1. 小学数学学习评价的主要目的是什么?
2. 请结合不同的分类标准,谈谈小学数学学习评价的主要类型。
3. 小学数学学习评价的主要方法有哪些?
4. 教学实践:结合你的教学实践,设计一个表现性评价案例。

第二节　小学数学课堂教学评价

一、小学数学课堂教学评价的意义

课堂教学是教师教学工作的核心，是使学生获得知识，形成技能，发展智力和能力，习得良好数学学习习惯、态度和情感的基本途径。小学数学课堂教学的质量如何，直接关系到整个小学数学教学质量。因此，要提高教育教学质量，就要提高课堂教学质量，就要对课堂教学质量进行评价，找出影响课堂教学质量的原因，及时改进教学。

小学数学课堂教学评价就是按照数学课程标准的基本理念和小学数学课堂教学目标，对教师和学生在课堂教学中的行为及其引起的变化进行价值判断。进行科学的课堂教学评价，能充分发挥评价的诊断、反思、激励、导向等作用，对于探索小学数学教学规律、及时改进教学、提高教师的教学水平和学生的学习效果，具有十分重要的意义。

二、小学数学课堂教学评价的内容

对小学数学课堂教学质量进行评价，必须依据明确的评价指标体系。为使课堂教学评价客观、全面，评价的指标体系应该覆盖小学数学课堂教学过程的全部要素。从基础教育课程改革的要求看，课堂教学评价内容主要包含教学目标、教学内容、教学过程、教学方法与手段、教师素质、教学效果等方面。

（一）教学目标

一堂课的教学目标就是这堂课应达到的要求。教学目标既是教学活动的出发点，也是教学活动的归宿，因此它是小学数学课堂教学评价的依据，对整个小学数学教学过程具有重要的导向作用。小学数学课堂教学目标的制定必须正确处理《标准》、教学内容和学生实际水平之间的关系，从知识与技能、数学思考、问题解决以及情感与态度4个方面统一考虑设计。教学目标应该具体、明确、全面，易于操作，易于评价。教学目标应该贯穿于整个教学过程，落实在每个教学环节中。

（二）教学内容

教学内容既是教师教学的重要资源，也是学生学习的主要对象，因此它是小学数学课堂教学评价的重要内容。教师根据制定的教学目标，确定教学内容和范围，安排设计学生的数学学习内容。这些内容应是现实的、有意义的、富有挑战性的，是科学的、分量和难度适合学生实际的，是学生通过努力可以掌握的，有利于学生主动地进行观察、实验、猜测、验证、推理与交流等数学活动的。

教学内容的安排要重视数学思想方法的合理渗透。要注意通过设置实际情境和探索性、开放性的问题，给学生以自主探索的机会，使学生能够在观察、操作、讨论交流、归纳、分析和整理的过程中，理解数学问题的提出、数学概念的形成、数学结论的获得以及数学知识的应用，从而培养其创新意识，形成初步解决问题的能力。

(三) 教学过程

教学过程的核心问题是教学结构。数学课堂教学结构的设计要符合儿童的认知规律，做到结构严密、安排合理、层次清楚、过渡自然。具体来讲，复习检查的内容重点要突出，针对性要强；导入新课时要讲究导入艺术，能激起学生的求知欲；进行新课时能正确处理教与学的关系，充分体现教师的主导作用和学生的主体作用的统一；巩固练习要分层次进行，练习的数量、难度、坡度都要恰当。练习的形式要灵活多样，题型新颖，寓练于乐。这样，能使得教学活动在教师有目的、有计划、有步骤的组织下，围绕教学目标有序地展开，组成一个能够促使学生获取知识、培养能力、促进个性全面发展的整体结构。此外，还要十分重视数学教学过程中的反馈与调控，能运用多渠道传递教学信息，并能及时地进行信息反馈，及时地调整教学进程，保证数学课堂教学始终围绕教学目标开展教与学的活动。

(四) 教学方法与手段

教学方法与手段是服务于数学课堂教学目标的，是课堂教学评价中的重要因素。数学教师应根据不同学段的学生实际、教学目标和教材特点，灵活地选择教学方法和教学手段，并且能根据实际情况将各种教学方法与手段有机结合起来，讲求实效，坚持启发式教学，充分发挥学生的主体作用。教学方法与手段的选择运用，要有利于学生的思维能力、动手操作能力、语言表达能力以及解决实际问题能力的培养；要善于引导学生开展自主学习、合作学习和探索学习，充分利用自主探究与合作交流的方式去学习数学；要根据教学内容和学生特点，充分利用现代信息技术，创设良好的学习情境，充分激发学生的学习兴趣，让学生积极主动地进行数学学习。

(五) 教师素质

教师是课堂教学活动的策划者和组织者，其在课堂教学中的行为会直接影响课堂教学的效果，因此教师的素质是课堂教学评价的重要内容之一。小学数学教师的素质主要包括思想观念素质、心理素质、文化科学素质和组织调控教学活动的能力，以及教师的教态语言、板书设计、教学资源的开发与使用等方面。教师的素质也是教师教学活动的专业技能，是衡量课堂教学的重要指标。

(六) 教学效果

教学效果是评价小学数学课堂教学的一项重要指标。一堂课的教学效果如何，可以通过当堂验收或从课堂中学生学习活动反馈的信息进行判断。课堂教学效果应该是学生学习的效果，它主要从学生认知目标、过程与方法目标、情感目标 3 个方面来评价。它包括学生能否掌握基础知识和基本技能，正确应用以解决相关问题，创造性地思考，从多个角度思考问题；能否认真积极地参与学习活动，积极主动回答回题，参与讨论、研究，善于与他人交流合作、动手操作，具有较强的问题意识，提出不同的见解；能否有较强的求知欲和浓厚的学习兴趣，主动参与谈论、探索、思考与操作，遇到困难时能利用各种方法去克服困难，持之以恒地完成学习任务，并通过所学知识解决个人及社会生活中的相关问题。

以上是评价小学数学课堂教学质量的主要指标，但不仅限于这些内容。在评价时，还可以关注其他方面的内容，如教师在课堂教学中的独具个性的教学特色或教学风格等。

三、小学数学课堂教学评价的标准

根据基础教育课程改革的要求，对课堂教学的评价应采用定性评价与定量评价相结合的方式进行。针对小学数学课堂教学评价的内容指标，对各项指标赋予不同的权重，形成小学数学课堂教学评价表（见表 10-3），可以用评价表对小学数学课堂教学实施评价。这是一个以定量评价为主、定性评价为辅的小学数学课堂评价表，具体使用时可以按定量评价所得的分数将评价结果分成等级。例如，可将得 90～100 分者评定为优，得 75～89 分者评定为良，得 60～74 分者评定为一般，得 59 分以下者评定为较差。在评价表中，要求评价者对评价对象写出总评，即给出定性评价，这样会使评价更加全面。

表 10-3　小学数学课堂教学评价表

学校_____　班级_____　执教者_____
课题_____　日期_____　评价人_____

评价内容	评价标准	评分			
		完全达到	大部分达到	基本达到	部分达到
教学目标	教学目标明确、具体，符合数学课程标准要求，切合教学实际	10	8	6	4
教学内容	教学内容科学准确，容量适当、难度合理，突出重点，抓住关键，分散难点。结合教学内容渗透数学思想方法，体现育人功能	15	12	9	6
教学过程	课堂教学结构安排恰当，时间分配合理，层次合理，过渡自然。教学过程体现学生对数学知识的主动建构和能力的主动发展。师生间信息沟通顺畅，教师能及时有效调控教学过程	25	20	15	10
教学方法与手段	教学方法选择应符合教学内容和学生特点，采用启发式教学，充分发挥学生主体作用。教学手段运用恰当。做好多种教学方法与手段的优化组合	15	12	9	6
教师素质	教态亲切自然，语言准确生动，板书规范美观，演示操作熟练。数学素养和教学素养高，课堂教学组织能力与应变能力强	15	12	9	6
教学效果	实现预定教学目标。学生思维活跃，有较好的参与度，课内解决问题的正确率高	20	16	12	8
总评		总分：　　　　　（等级：　　）			

四、小学数学课堂教学评价的实施

小学数学课堂教学评价的实施可以通过多种途径，如领导评价、同行评价、学生评价和自我评价等，可利用多种方法，如听课评价法、观察法、访谈法、测验法、问卷调查法、表现性评定等，来对课堂教学的情况做出综合评定。下面主要就教学中最常用的听课评价法进行介绍。

（一）听课评价法的应用

听课评价法是目前评价教师课堂教学能力和效果的最主要方式。在运用听课评价法对小学数学课堂教学进行评价时,具体实施步骤包括 3 个方面。

1. 课前准备

听课评价应该收集、了解与即将要评价的课有关的资料和信息,在条件许可的情况下,可以提前向被评价者介绍评价的目的、内容,了解教师教学的实际情况,为评价活动的实施奠定基础。为保证听课效果,听课前应做好如下两个方面的准备。

(1) 熟悉教学目标,把握教学内容

课堂教学评价应该有针对性,这需要对教学目标和课程标准的理解与把握。教师应明确这节课教学的三维目标,了解教材编排体系,弄清新旧知识的内在联系,熟知教学内容的重点、难点。

(2) 了解被评价课的教学设计

听课之前,应该了解这节课的教学设计,设想如果自己来上这堂课,应该如何上?还应该了解评价对象的教学设计,以便在随堂听课和课后的讨论中进行相应的评价,也能使在听课和评价时做到有的放矢。

2. 课中听课

听课是复杂的脑力劳动,需要评价者多种感官和大脑思维的积极参与。同时,评价者要想获得理想的听课效果,在听课时就要集中精力,全身心地投入。

(1) 仔细观察

课堂教学成功与否不仅仅在于教师讲了多少,更在于学生学会了多少,是怎样学会的。所以,听课既要听教师的"讲",也要看学生的"学",做到听看结合。

听课时听什么呢?首先听教师的教学过程和教学语言,仔细思考评价对象讲的重点是否突出,详略是否得当;其次是听评价对象讲得是否清楚明白,学生能否听懂,教学语言是否简洁清晰;三是听评价对象的提问和教学启发是否得当;四是听学生的讨论和师生之间的交流是否恰当、富有创造性;五是听学生的反馈。

听课时看什么呢?首先看教师:精神是否饱满,教态是否亲切自然,板书是否合理,运用教具是否熟练,教法的选择是否得当,学法指导是否得法,活动的安排是否合理,对课堂教学中出现的各种问题的处理是否巧妙,即看评价对象的主导作用发挥得如何。其次看学生:是静坐呆听、死记硬背,还是情绪饱满、精神振奋;参与教学活动是否积极、思维是否活跃;与教师情感是否交融;分析问题、解决问题的能力如何,即看学生主体作用发挥得如何。

(2) 认真记录

听课记录是重要的教学资料,是课堂教学评价的依据,应全面、真实、具体。其中可以包括情境创设、教师点拨与引导、师生的双边活动、教法选择、学法运用、练习设计、教学反馈、课堂的亮点与失误等,还应包括听课者的评析与建议。

听课记录主要包括两个方面的内容:一是课堂教学实录,二是课堂教学评点。通常在听课记录本上的左边是实录,右边是评点。记录要有重点,要详略得当,教学过程可作简明扼要的记录,讲课中符合教学规律的好的做法或存在不足的问题可作较详细记录,并加批注。

课堂教学实录中,首先是教学的基本信息,包括听课的时间、学校、班级、学科、课题、执教者等;其次是教学过程,包括教学环节及各环节时间安排,教学内容的设计处理,以及师生活动情况等;再者是板书内容。课堂教学实录有 3 种记录方式:一是简录,简要记录教学步骤、方法、板书等;二是详录,比较详细地把教学步骤都记下来;三是实录,即把教师从开始讲课直到下课的所有师生活动情况都记录下来。

课堂教学评点是评价者对本节课教学的优缺点的初步分析思考，以及据此提出的相应建议。一般包括：教材处理与教学思路、目标，教学重点、难点、关键点，课堂结构设计，教学方法的选择，教学手段的运用，教学基本功，教学思想等。课堂评点往往是在听课过程中的及时点评，是课后评课的主要依据。

（3）思考评价

在听课过程中要全身心地投入，积极思考，根据听课前的准备，认真思考评价对象的教学过程，并将实际教学与课前预设的方案及以往经验进行对照，以便寻找课堂教学中突出的亮点和教学中存在的问题。对于课堂教学过程中发现的优缺点，评价者应依据教育教学理论和《标准》给予过程性评价，即指出优点在于体现了《标准》中哪方面的理念，依据了什么教学原理等；同时应指出缺点与不足，怎样改可能效果更好，依据是什么等，并将这些思考评价及时进行记录。

3. 课后评课

在听课的基础上，课后要对所听的课进行分析整理、客观评议，即评课。评课时可以先听授课者的教学设计说明和课后反思，再做出评价。评课没有固定的模式，一般先说明听完课的整体印象；再细致说教学设计和课堂教学中体现出来的优点；最后说明课堂教学的不足，并针对不足给出解决问题的办法。评课重点在于根据课堂反馈问题提出合理的修改建议，以提高授课教师的水平。课后评课也是一种交流，是一个共同反思、共同提高的过程。总之，评课者应该充分与授课教师交流切磋，使评价更全面、客观，指导建议更有针对性。

（二）课堂教学评价的注意事项

对课堂教学质量进行评价是一项细致复杂的工作，为了客观公正、全面有效地评价小学数学课堂教学，应注意以下问题。

1. 关注整体，全面评价

课堂教学是一个多因素互相作用下的有机整体。作为评价者，应该从小学数学教学过程的整体出发，掌握统一的评价标准，注意全面评价，既要重视教学效果的评价，也要注重教学过程的评价。

2. 实事求是，客观评价

对课堂教学应实事求是地做出客观的评价。要抓住主要问题进行分析，从实际出发，既不要轻描淡写或客套恭维，也要避免主观臆断、只提缺点，对不同类型的课在评价时可以有所侧重。评价要体现"以人为本"的思想，充分发挥授课教师自我评价的主体性，进一步激发教师改进教学的积极性。

3. 有效评价，改进教学

开展课堂教学评价的主要目的是更好地改进教学工作，提高教学效率。评价时，要把数学课堂教学评价与改进数学课堂教学结合起来，分析成功的做法，剖析问题与不足，探讨改进教学的可能性与措施，从而充分发挥课堂教学评价的促进功能和发展功能。

五、小学数学课堂教学评价案例

（一）小学数学听课记录

案例：人教版《数学》二年级上册"角的初步认识"听课记录（见表 10-4）

表 10-4　听课记录表

××年×月×日

学校	××小学	班级	二(1)	执教者	张老师
科目	数学	课题	角的初步认识	课型	新授课

教学过程	点评
一、创设情境,初步感知 谈话:看老师手中拿的是什么?(三角板)你能找出它有多少个角吗? 二、组织活动,探究新知 1. 认识角 投影显示:出示课本里的图片。 谈话:找一找,图片上哪些像角?(学生回答) 追问:角在我们的生活中无处不在。一个角有几个顶点?几条边?能从我们身边的一些物体的面上找到角吗?找到后指出它们的顶点和边。 2. 折一个角 谈话:我们已经认识了角,能用自己灵巧的小手折一个角吗?看谁折得快、折得好?(用准备好的白纸折角) 3. 角的大小比较 (1)提问:能使你折的角变得再大一些吗?你是怎么做的?能把它变得小一些吗?又是怎么做到的? (2)钟面上的时针和分针转动时,形成了大小不同的角,同学们能比较出哪个角大些吗?用什么方法比较? (3)谈话:观察老师手上的这两个三角形(两个纸做的一大一小的三角形),哪个三角形大些呢?还是一样大呢?你知道角的大小和什么有关吗? 三、巩固应用,拓展延伸 1. 课本练习第1题 谈话:机灵的小猴找来了一些图形,想考考小朋友,敢接受它的挑战吗?投影展示图形:哪些是角,哪些不是角?是角的,你能指出它的顶点和边吗?指名回答。 2. 课本练习第2题 谈话:好学的小猫觉得小朋友学得不错,于是来请教我们了。(投影展示:图中各有几个角,说给同桌听。) 3. 课本练习第3题、第5题 谈话:聪明的小兔看到大家的本领这么棒,终于忍不住也要来考考我们,(投影展示题目)同桌讨论后在班内交流。 4. 课本练习第4题 谈话:山羊老师对大家很满意,决定带小朋友玩一玩。(动手拉、合剪刀)说说你看到的角有什么变化。 四、总结全课,布置作业 谈话:通过这节课的学习,你有什么收获?回家给爸爸妈妈展示一下你今天学到的本领,找找你们家哪些物体上有角。	充分利用教具,调动学生已有的生活经验,激发学生探求新知的强烈欲望,使学生获得对角的感性认识。 通过"看""找",体会角在面上,初步建立对角的概念。 让学生用喜欢的方法折一个角(应用长短不一的纸条),在实践中探索不同的折角方法,给学生留出充分的思考及表现自我的时间和空间。但是,学生说得少,老师抢话多。 用活动角突破了难点,但学生缺少倾听同伴发言的习惯。 借助现代化教学手段,使练习更加生动有趣,激发学生的兴趣,练习层次性强。

总 评	1. 引导学生善于从日常生活中发现数学问题,激活生活经验 　让学生充分体验数学知识,理解数学知识,并将数学知识应用于实践活动。通过"在生活中常见的物体面上找角",使学生觉得数学与生活密切联系,增进了学生对数学价值和作用的认识,激发了学生学习数学的热情。

（续表）

教学过程	点　评
总评	2. 引导学生动手实践、自主探索，促进数学思考 　　注重引导学生动手实践，在操作中理解知识，发展思维。一改教师主宰课堂的局面，大胆放手，变过去的单纯看教师演示为学生自己动手，调动学生的主动性。本节课设计"找""说""做"的环节，帮助学生在数学活动中认识角、感悟角的大小，使得学习兴趣较为浓厚，也有效地培养了学生的观察能力、操作能力、表达能力及分析、概括能力。 　　3. 问题 　　学具选择应为长短不一的纸条；学生表述少；学生缺少倾听；教师评价手段单一。

简析

该案例中，听课记录的项目齐全，内容完整。教学过程的记录中，将教师的主要教学环节、教学思路简明清晰、层次条理地作了记录和呈现，并且听课者结合教师的教学活动设计与实施进行了自己的思考，用点评的方式将听课中的随堂思考进行了简要记录。下课后，结合听课记录，对整堂课进行了系统整理，形成了对这节课的课堂教学总评意见。翔实的、有思考的听课记录，无论对听课者还是执教者的教学水平提升，都有着非常重要的作用。

（二）小学数学评课稿

案例：人教版《数学》二年级上册"角的初步认识"评课稿

"角的初步认识"是二年级上册的内容，是在学生已经初步认识长方形、正方形、三角形的基础上教学的。角在生活中应用非常广泛，但是二年级的孩子对角的认识大多还停留在"尖尖的一点"这一生活层面上，很难抽象出数学中角的形象。本节课张老师将重点放在帮助学生建立起"角"的正确表象、初步感知角是有大小的上，整个教学过程环环相扣，连贯、流畅、自然。张老师对新课程理念体会得较深刻，教学方法把握得当，营造了一个和谐的学习氛围，体现了"以学生为主体"的教学思想。具体作以下4点评述。

1. 整节课的流程非常清楚，脉络清晰且环环相扣

本课的设计，先通过生活中的例子感知角，到学生自己动手，在活动中探索角，最后到练习巩固角。课堂脉络非常清晰。

2. 本节课的教学设计以活动贯穿教学过程的始终，非常适合低年级学生的学习特点，有利于难点的突破

二年级的学生，对直观的事物更感兴趣，也更喜欢动手操作。本节课教师设计了指角、表示角、找角、做角、画角、比较角等多种形式的活动，先引导学生从"生活角"中抽象出"数学角"，再通过找一找的活动，学生能很好地初步感知角的形状，建立角的表象，理解角的组成，认识角的各部分名称。最后利用折角道具，引导学生在操作活动中进一步巩固角的特征以及感悟角的大小和变化特点，着重使学生理解角的大小和两边张开的大小有关，与角的两边的长短无关。整个过程，学生都是在动手中学习的。

3. 练习设计层次性强，有利于巩固角的知识

在巩固练习的环节上，老师根据较低年级学生的心理特点设计了有层次的练习。首先是判断角、数角、做游戏——变角及比较角的大小，题目由易到难，由浅入深，由会到熟，循序渐进。根据学生在练习过程中的表现可知，这节课的教学目标是达成了的，学生不仅认识了角、会判断角的大小，而且还会画角。

4. 张老师个人教学素质很好

语言表达简洁清晰,板书设计合理。整节课张老师的教学是富有激情的,态度相当和蔼,给学生创设了一个良好的学习氛围,最大限度地提高了学生的学习热情。

总之,张老师的这节课能紧密结合学生的知识水平和生活实际,教学设计符合小学生的认知规律。本节课展现出的数学学习不是一个简单的、被动的接受过程,而是学生自己体验、探索、实践活动的过程。但是,也应注意以下4点。

1. 学具选择上,应选择纸条

折角时,给学生提供长短不一的纸条做学具让学生折角,比白纸更能突出角度大小和谁有关。用纸条折出的角的边看似有长有短,这是生活中的角。当抽象为数学中的角时,因为组成角的边是射线,所以角的大小只和两边张开的大小有关。其实也可以用学生常见的细吸管、细铁丝等做活动角,效果也很好。学具选择上尽量剔除无关因素,应重在突出事物的本质。

2. 应注意培养学生倾听的习惯

小学生都很有发言欲,但是当别人发言时,却不一定会认真倾听。在本节课,有2次集体鼓掌对发言同学给予回应;请学生复述同学的发言0次;用自己的话转述其他人的操作过程0次;学生发言时,其他学生没有辅助行为,还有3个人是没有认真倾听的。所以,我觉得教师可以在课堂上抽选一两个学生适当地进行复述或转述,或者提醒学生记录下其他同学的发言,与自己所想的作比较,这样可以培养学生的倾听习惯。

3. 教师的评价手段需要丰富

老师在教学过程中没有用丰富实际的言语和行动对学生进行及时的鼓励,或给予学生及时的肯定。课堂反馈也是我们课堂教学的一部分,其中教师的评价作用尤为重要。本节课虽然教师有不断地鼓励学生,使学生的自信心有了提高,思维也活跃了起来,但是相比之下,教师的评价手段还是比较单一,只有口头上"很好""你真棒"之类的表扬。所以我想,如果教师用有针对性的丰富的语言表扬学生,如果能根据二年级学生特点,再运用奖励红花、智慧星或小组之间整体性评价等方法,应该会更好地调动学生的积极性,使得教学氛围更活跃。

4. 注意增加学生的表述

本节课在教学活动过程中教师注重了学生的动手能力,学生在活动中能够自己操作学具、探索知识,但是动口的能力还有些欠缺,学生表述自己的操作过程比较少,大都是教师在描述学生的操作过程。所以,我觉得教师可以再给学生一些时间,让学生自己表达完整。数学课本身也有训练学生语言表达的目标。

以上是我听完课后的一些想法,希望能和老师们一起交流,不当之处,请张老师和其他老师们批评指正。

简析

评课稿是听课者根据听课记录整理而成的关于一节课的评课意见文稿。该案例中,听课者结合自己的听课感受,先从整体上对这节课的特点与特色进行了整理,体现了听课者对课堂教学的鉴赏能力。在此基础上,又着重对本课表现出来的优点进行了思考,这样可以从他人身上学习借鉴教学经验,取他人之长补己之短。最后,听课者结合自己的理解,就本课的教学提出了教学建议,与执教者和其他听课教师进行切磋,以更好地开拓大家的教学视野,拓展教学思路,集思广益,达到整体提升教研水平的目的。

 **习题二**

1. 小学数学课堂教学评价的内容有哪些?
2. 课堂教学评价时应该注意什么问题?
3. 教学实践:到小学听一节数学课(或观摩一节小学数学课堂教学视频),填写一份评价表,对该节课进行评价,并提出改进建议。

本章小结

小学数学学习评价和小学数学课堂教学评价是小学数学教育评价中的两大重要内容,也是新课程改革中的重要关注点。随着课堂教学评价主体由单一向多元的转变,不同的评价主体可以从需要出发选择合适的评价方法进行评价。将定性与定量的评价方法结合,是现代课堂评价发展的必然趋势。在教学中掌握小学数学教学评价的基本方法,合理有效地运用评价,才能充分发挥评价对教师的教和学生的学的最大功能。

复习题

1. 你对当前我国小学数学学习评价有何看法?
2. 搜集小学数学课堂教学案例,运用所学理论进行教学评价,并尝试撰写文章分析教学案例。

本章主要参考文献

[1] 范文贵.小学数学教学论(第二版)[M].上海:华东师范大学出版社,2016.
[2] 施良方,崔允漷.教学理论:课堂教学的原理、策略与研究[M].上海:华东师范大学出版社,1999.
[3] 马云鹏.小学数学教学论(第四版)[M].北京:人民教育出版社,2013.
[4] 李光树.小学数学教学论[M].北京:人民教育出版社,2003.
[5] 高荆.小学数学课程教学概论(上册)[M].济南:山东科学技术出版社,2002.
[6] 金成梁.小学数学课程与教学论[M].南京:南京大学出版社,2008.
[7] 赵秀云,张良朋.小学教学实施[M].济南:山东人民出版社,2014.
[8] 杨庆余.小学数学课程与教学[M].北京:中国人民大学出版社,2010.

图书在版编目(CIP)数据

小学数学课程与教学/赵宝荣,于文艳主编. —2 版. —上海:复旦大学出版社,2024.7
ISBN 978-7-309-16821-1

Ⅰ.①小⋯ Ⅱ.①赵⋯ ②于⋯ Ⅲ.①小学数学课-教学研究 Ⅳ.①G623.502

中国国家版本馆 CIP 数据核字(2023)第 072154 号

小学数学课程与教学(第二版)
赵宝荣 于文艳 主编
责任编辑/赵连光

复旦大学出版社有限公司出版发行
上海市国权路 579 号 邮编:200433
网址:fupnet@ fudanpress.com http://www.fudanpress.com
门市零售:86-21-65102580 团体订购:86-21-65104505
出版部电话:86-21-65642845
上海华业装潢印刷厂有限公司

开本 890 毫米×1240 毫米 1/16 印张 18 字数 438 千字
2024 年 7 月第 2 版第 2 次印刷
印数 4 101—8 200

ISBN 978-7-309-16821-1/G · 2492
定价:55.00 元